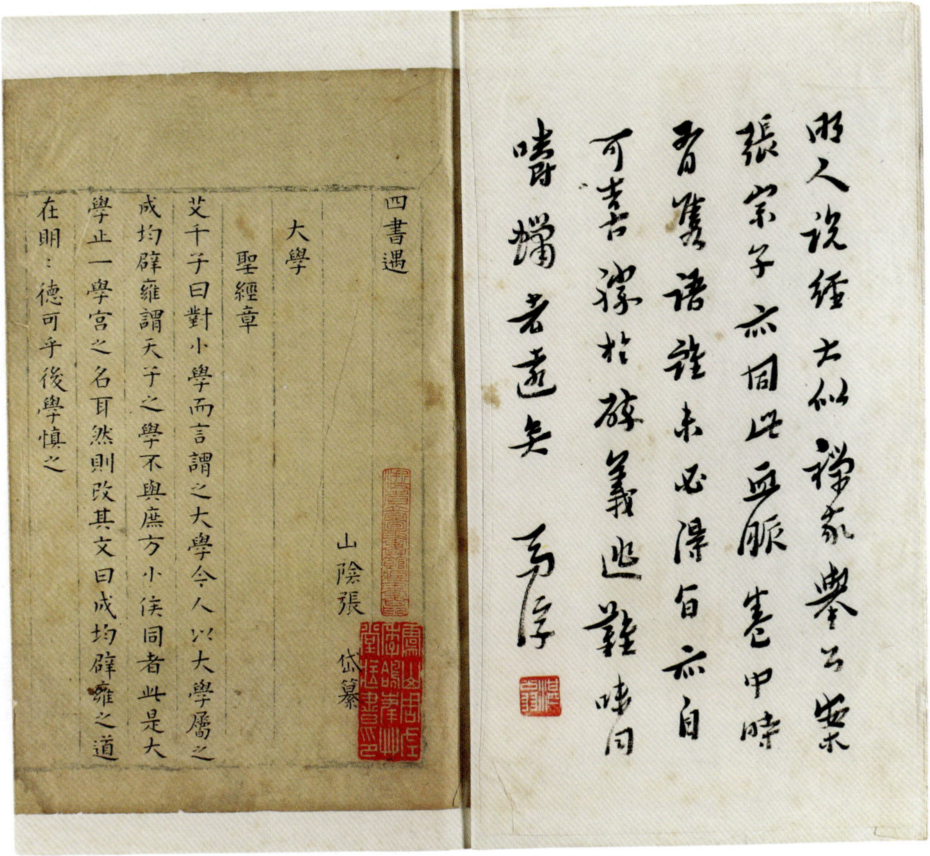
四書遇

大學

聖經章

山陰張岱纂

艾千子曰對小學而言謂之大學今人以大學屬之成均辟雍謂天子之學不與庶方小侯同者此是大學止一學宮之名耳然則改其文曰成均辟雍之道在明〻德可乎後學慎之

明人說經大似禪家舉公案張宗子亦同此血脈卷中時有雋語雖未必得旨亦自可喜視於疏義逃難味同嚼蠟者遠矣

馬浮

浙江圖書館所藏《四書遇》書影，右爲馬一浮題記

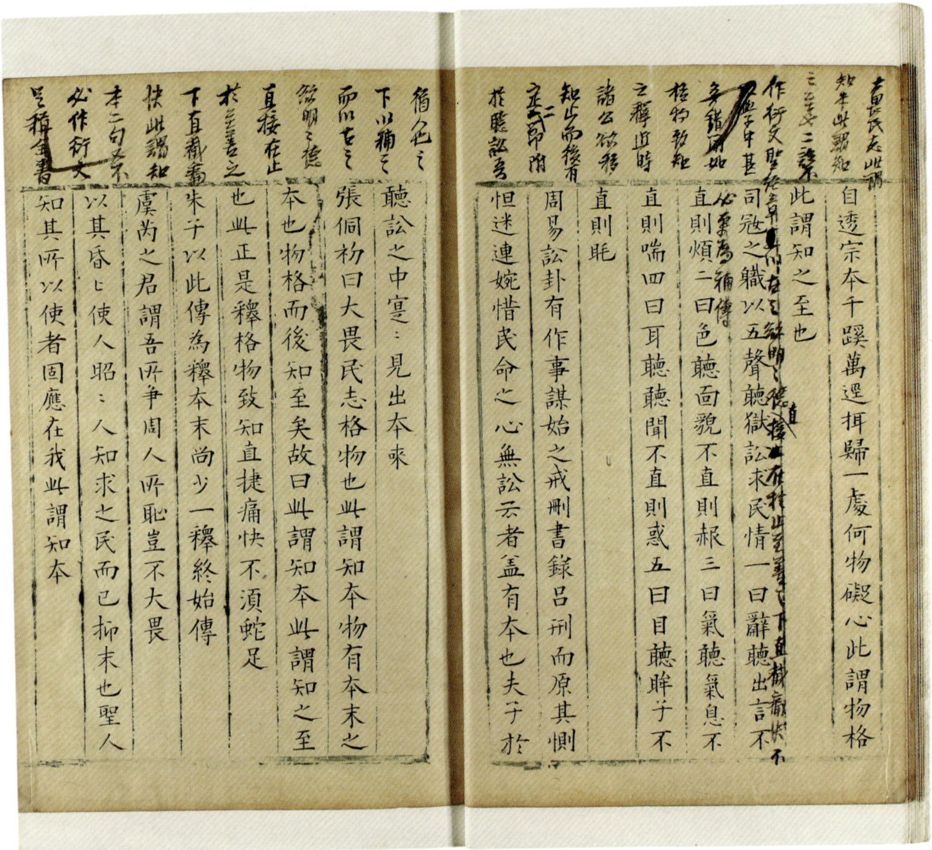
自透宗本千蹊萬逕揖歸一處何物礙心此謂物格

此謂知之至也

司寇之職以五聲聽獄訟求民情一曰辭聽出言不直則煩二曰色聽面貌不直則赧三曰氣聽氣息不直則喘四曰耳聽聽聞不直則惑五曰目聽眸子不直則眊

周易訟卦有作事謀始之戒刪書錄呂刑而原其惻怛迷連婉惜民命之心無訟云者蓋有本也夫子於聽訟之中寔寔見出本來

張侗初曰大畏民志格物也此謂知本物有本末之本也物格而後知至矣故曰此謂知本此謂知之至也此正是釋格物致知直捷痛快不須蛇足

朱子以此傳為釋本末尚少一釋終始傳

虞芮之君謂吾所爭周人所恥豈不大畏

以其昏昏使人昭昭人知求之民而已抑末也聖人知其所以使者固應在我此謂知本

《四書遇》内頁書影

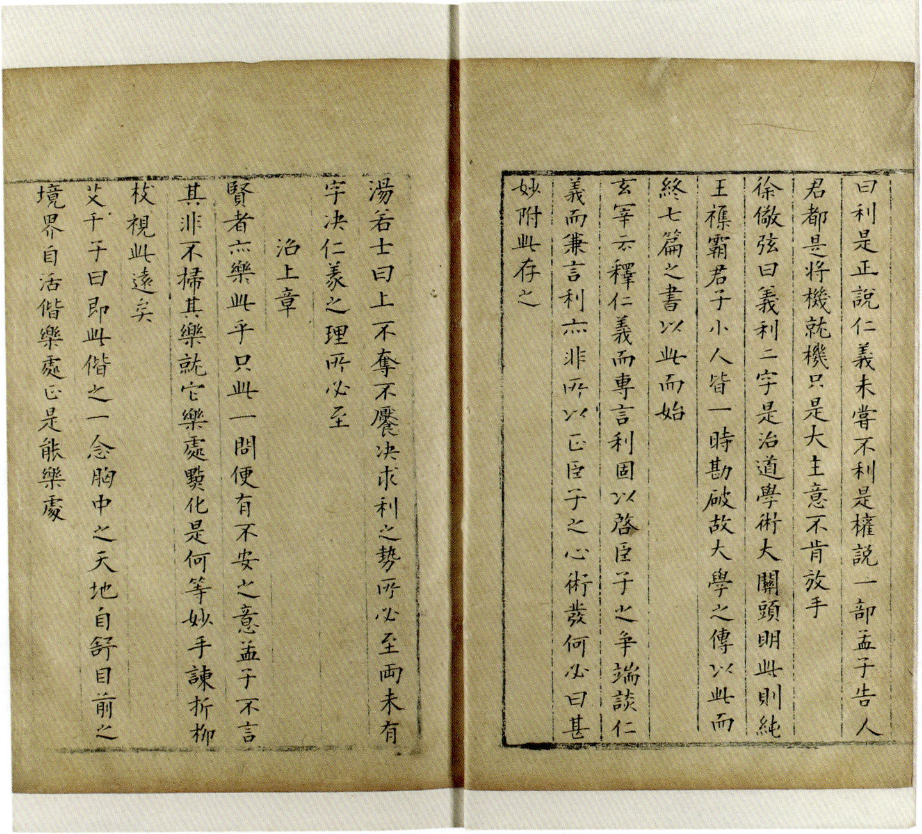
曰利是正說仁義未嘗不利是權說一部孟子告人
君都是将機就機只是大主意不肯放手
徐儆弦曰義利二字是治道學術大關頭明此則純
王襍霸君子小人皆一時勘破故大學之傳以此而
終七篇之書以此而始
玄宰云釋仁義而專言利固以啓臣子之爭端談仁
義而兼言利亦非所以正臣子之心術若何必曰甚
妙附此存之

湯若士曰上不奪不饜決求利之勢所必至而未有
字決仁義之理所必至
沼上章
賢者亦樂此乎只此一問便有不安之意孟子不言
其非不掃其樂就它樂處點化是何等妙手諫折柳
枝視此遠矣
艾千子曰卽此偕之一念胸中之天地自舒目前之
境界自活偕樂處正是能樂處

《四書遇》内頁書影

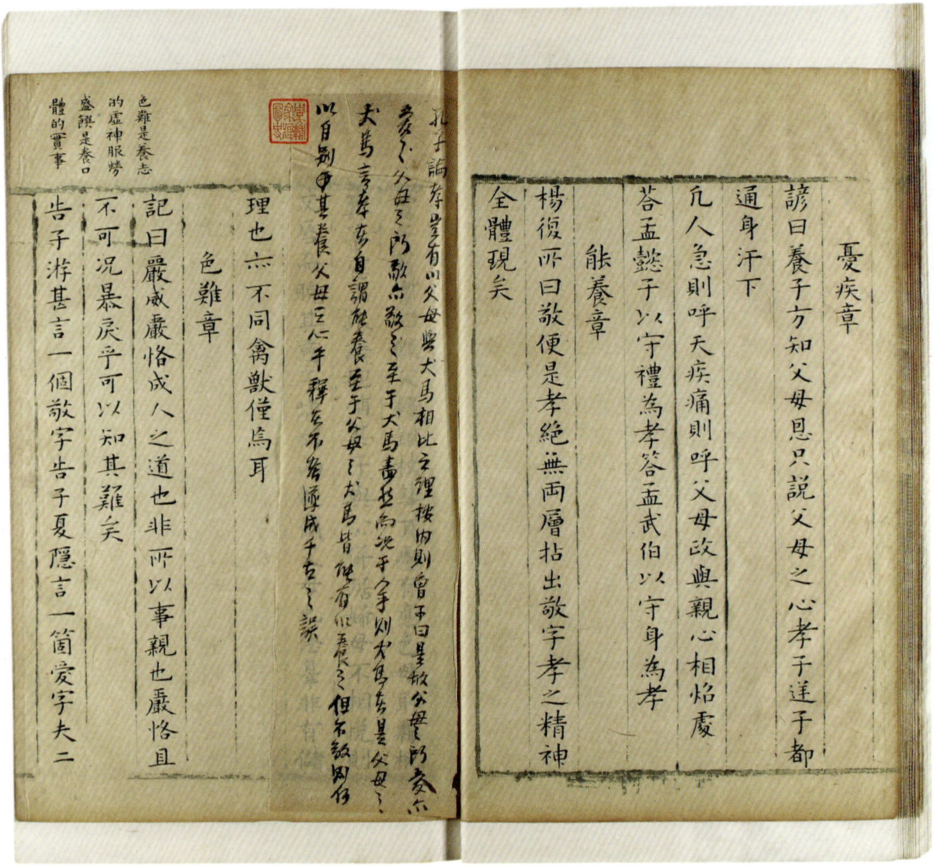

憂疾章

諺曰養子方知父母恩只說父母之心孝子逢子都
通身汗下

凡人急則呼天疾痛則呼父母政與親心相熖處

荅孟懿子以守禮為孝荅孟武伯以守身為孝

能養章

楊復所曰敬便是孝絕無兩層拈出敬字孝之精神
全體現矣

孔子論孝豈有以父母與犬馬相比之理按內則曾子曰是故父母之所愛亦愛之父母之所敬亦敬之至于犬馬盡然而況于人乎則犬馬亦是父母之犬馬言孝者自謂能養至于父母之犬馬皆能有以養之但不敬則何以自別乎其養父母之心乎釋者不察遂成千古之誤

理也亦不同禽獸僅烏耳

色難是養志的虛神服勞盛饌是養口體的實事

色難章

記曰嚴威嚴恪成人之道也非所以事親也嚴恪且
不可況暴戾乎可以知其難矣

告子游甚言一個敬字告子夏隱言一箇愛字夫二

《四書遇》内頁書影

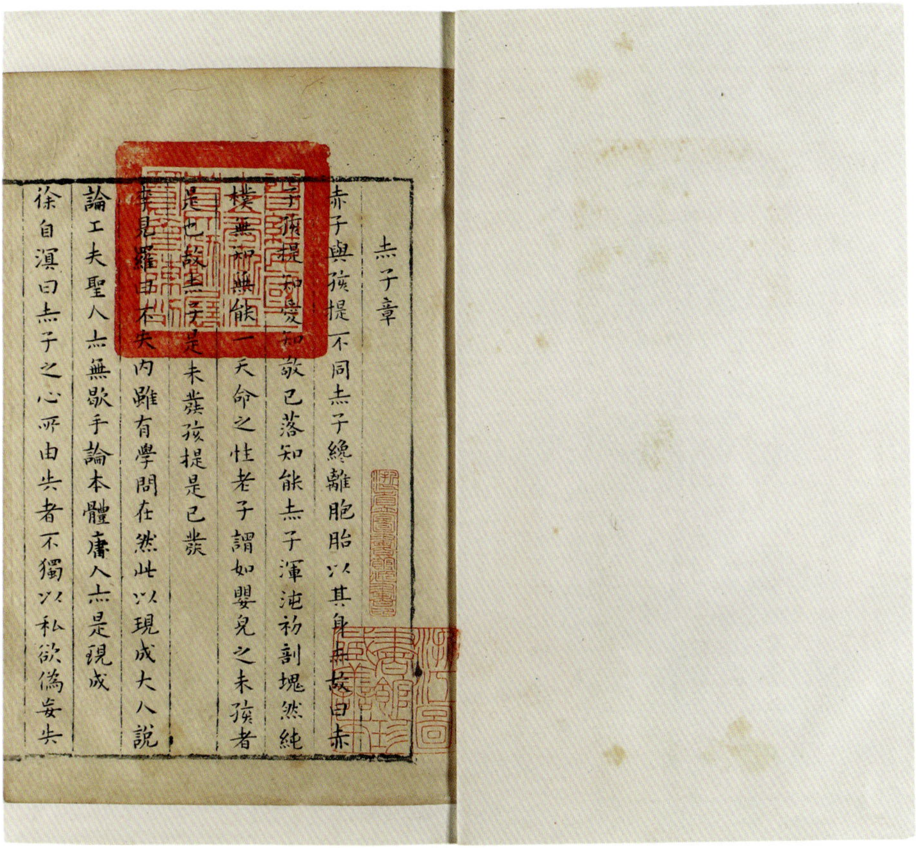
赤子章
赤子與孩提不同赤子纔離胞胎以其身無故曰赤子孩提知愛知敬已落知能赤子渾沌初剖塊然純樸無知無能一天命之性老子謂如嬰兒之未孩者是也故赤子是未荄孩提是已荄
李見羅曰不失內雖有學問在然此以現成大人說論工夫聖人亦無歇手論本體庸人亦是現成
徐自溟曰赤子之心所由失者不獨以私欲偽妄失

《四書遇》内頁書影

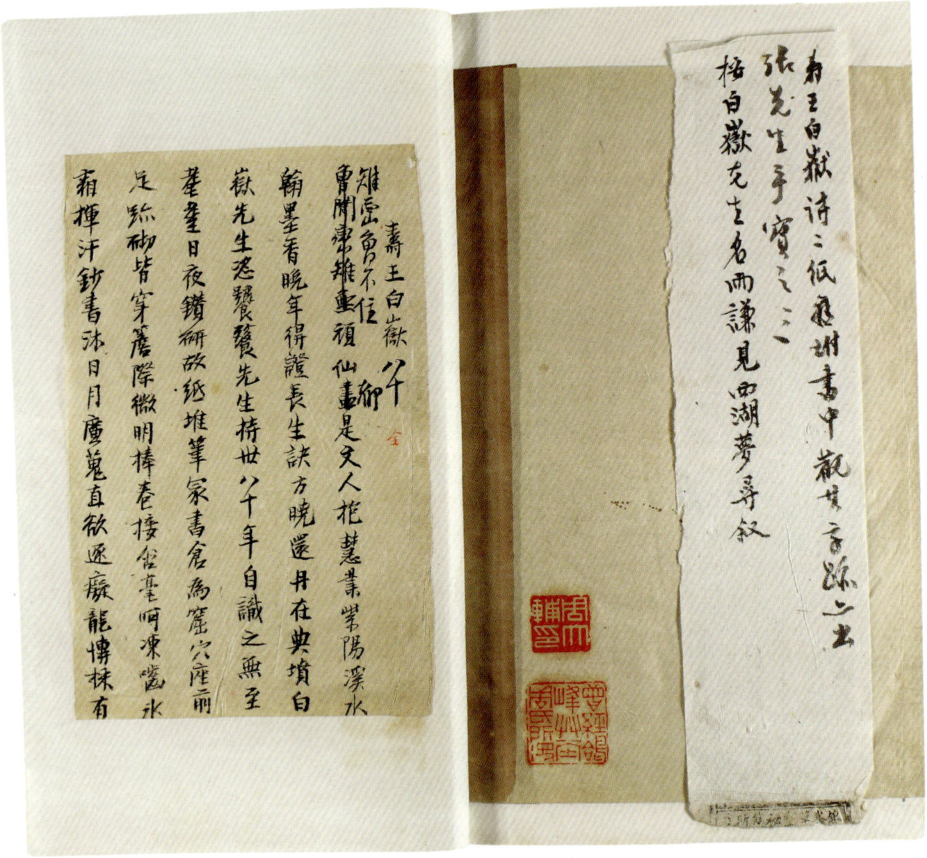

《四書遇》夾附簽條

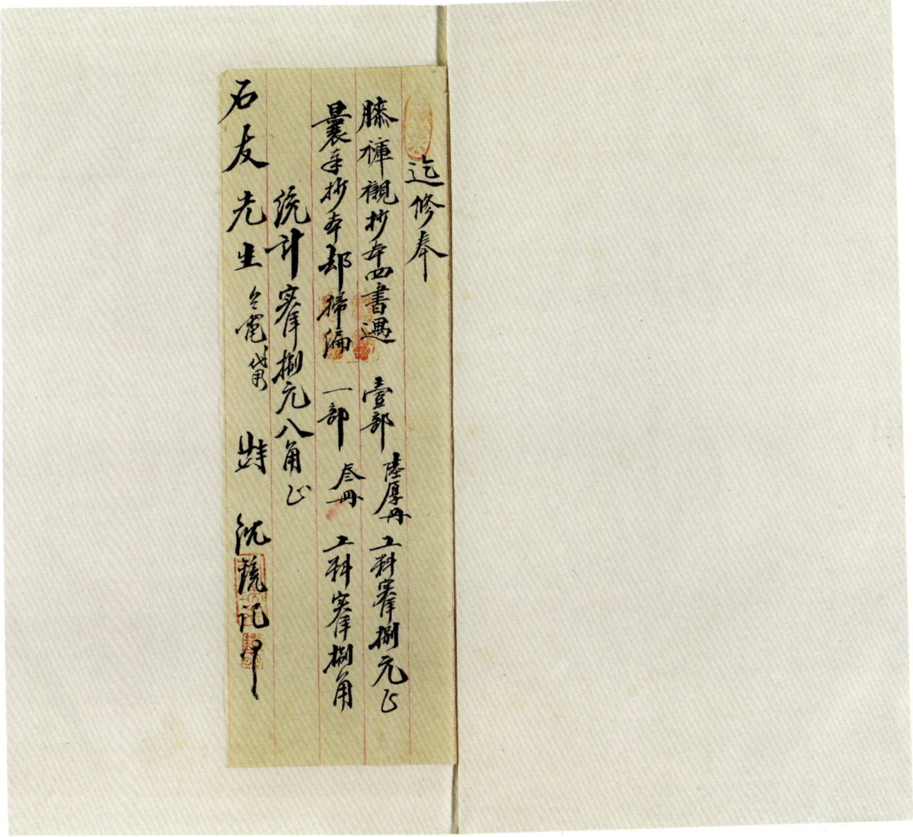

《四書遇》夾附簽條

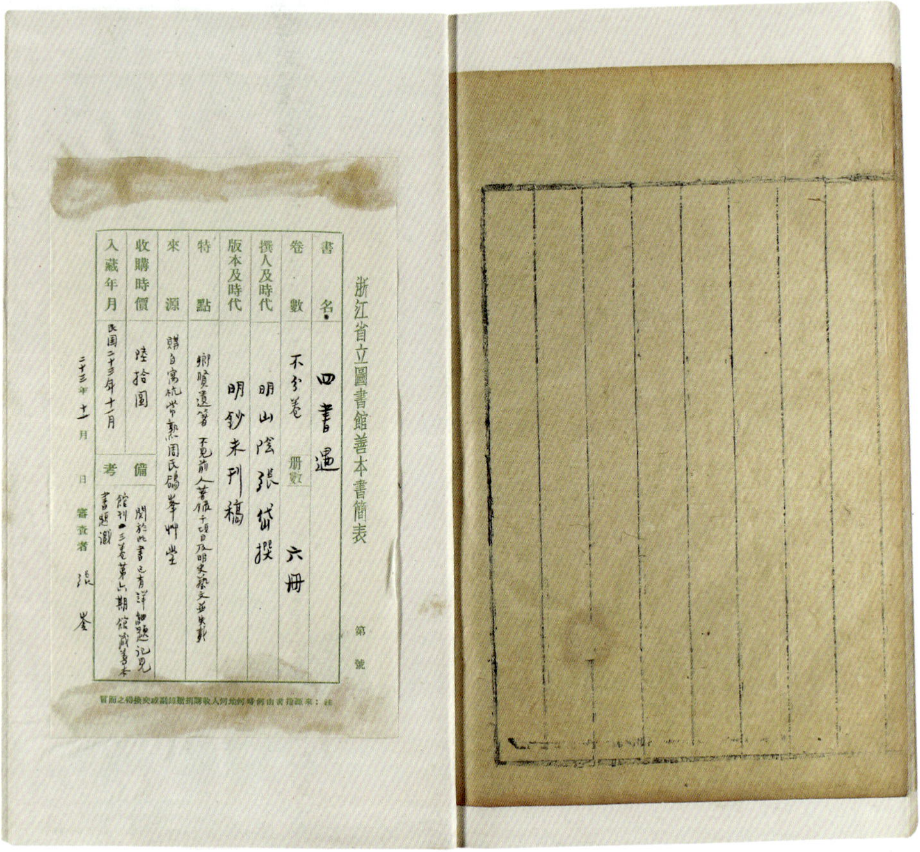

浙江圖書館著録的版本信息

四書遇

張岱全集

〔明〕張　岱　著　朱宏達　點校

浙江出版聯合集團
浙江古籍出版社

出版説明

一、本書正文據浙江省圖書館甲級特藏抄稿本《四書遇》整理。凡原抄本中張岱親筆所作眉批、補記及浮箋，統列各章正文之後，於校記中説明。

二、原抄本不附「四書」原文，爲便讀者，今據朱熹《四書章句集注》將原文分别附在各章正文之後。《集注》有某一章，而原抄本闕失此章正文者，標明闕失，此章仍照録不删。正文分章、序次偶有與《集注》不同者，均從《集注》，於校記中説明。

三、原抄本共六册，不分卷，無句逗，今爲加新式標點。惟因本書徵引廣博，又未嚴格抄用原文，故正文引語，除已核對者外，只加冒號，不用引號。

四、正文引語凡出自經史諸子及北宋以前名家著作者，多已核對原書，於校記中註明書名、篇名或卷數，時或摘録其文，列在「四書」原文之後。

五、本書以繁體漢字排印。凡原抄本中使用之異體字，如：「恠」（怪）、「辠」（罪）、「咲」（笑）等；俗體字，如：「賢」（賢）、「悪」（惡）、「攄」（據）等，一律改爲正體。至如「正」作「政」、「由」作「繇」、「實」作「寔」等，本可通用，則一仍其舊。遇有明顯錯字、脱字，逕予改正補足，擇要於校記中説明。

六、本書附録(一)《壽王白嶽八十》七言古詩一首,原夾附抄本末頁,雖内容與本書無關,因出張岱親筆,今仍照録,以存原貌。

前言

據浙江省圖書館特藏抄稿本刊印問世的《四書遇》，是明末清初著名散文家張岱的一部語録體讀經著作。

張岱（一五九七——一六八五？）字宗子，改字石公，號陶庵，又號蝶庵。浙江山陰（今紹興）人。他出身在一個由巴蜀遷來江南的世宦之家。高祖天復是嘉靖二十六年進士，曾任雲南臬司副使。曾祖父張元忭受業王畿，是陽明學派的思想家，隆慶五年進士第一人，官至翰林院侍讀、詹事府左諭德。祖父張汝霖是萬曆二十三年（一五九五）進士，曾任廣西參議。父親張耀芳晚年任山東兗州魯王府的右長史，是魯獻王的親信。張岱就是憑著家世的通顯和富裕，在前半生過着紈袴子弟的豪華生活。同時，他又十分愛好讀書吟詩，乃至包括練習八股文和試帖詩。用張岱自己的話來說：一方面好美婢，好孌童，好美食，好駿馬，好華燈，好烟火，好鼓吹，好古董，好花鳥（《自爲墓志銘》）；一方面又好舉業，好古作，好遊覽，好詩詞，好書畫，好作史，好參禪（《祭周戬伯文》）。稱得上是張羅於百般遊藝，舉網於無涯學海，乃至有道必問，無藝不精了。

明亡以後，張岱披髪入山，避居剡溪，生活發生根本的變化。「布衣蔬食，常至斷炊」。其時，他已年近半百，漸入老境，但仍能以明代愛國遺民的身分矢志勵節在窮困中堅持著述，直至老死。

張岱一生，著述弘富。據其《自爲墓誌銘》所載共有十五種。晚年又撰有《越中三不朽圖讚》等數種。其中文集如《瑯嬛文集》，史學論著如《石匱書》，散文小品集如《陶庵夢憶》、《西湖夢尋》等已先後問世，有的並爲世人所熟知。但張岱的某些著作如《古今義烈傳》、《夜航船》、《快園道古》等，則沉寂三百餘年，未有印本；人們但知其目，未得一睹其書。《四書遇》也是其中未刊的一種。日本學者松枝茂夫〔一〕在《讀張岱〈陶庵夢憶〉》的長篇論文中說：張岱的著作「大半已經亡佚，無由得見了」，深致其遺憾之情，這是完全可以理解的。

張岱既能以清新流麗和富有詩意的筆觸描敘出昔日三吴都會的人情風土，名物掌故，又能以「不隱惡，不揚善」的嚴肅態度和傳統史筆，寫出明史巨著《石匱書》。他寫《石匱書》，歷經明清之交，前後有四十年之久（《與李硯翁》）。同時，他又以差不多同樣長的時間堅持撰寫讀「四書」心得，終於完成了一部首尾完整的經學著作《四書遇》。張岱一生的心血和成就，就凝聚和包含着如此不同的幾個方面，表明他確是明清之際思想文化史上的大家。

《四書遇》係抄稿本，是浙江省圖書館於一九三四年購得。原藏寓杭常熟周氏鴿峰草堂。首頁有「虞山周左季鴿峰草堂藏書印」記，長方白文。下孟卷首有「周大輔〔二〕白文方記，「曾經鴿峰草堂周氏所得」朱文方記。一九三六年浙江文獻展覽會曾將此書展覽。或稱此書係「鄉賢手澤，三百年來輾轉遷流，完好無恙，不至如《史闕》之難免劫灰，而顛倒錯亂，有賴後人之爬梳整緝者，爲尤可珍矣。」（《浙江圖書館館刊》三卷第六期《館藏善本書提識十》）

《四書遇》題張岱纂，總六册，不分卷。原書僅撰作者心得札記，不附録四書原文。次序按《大學》、《中庸》、《論語》（分上論下論）、《孟子》（分上孟下孟）排列。全書以讀《論語》心得爲最多，篇幅最長，共三册。餘則爲讀《孟子》心得二册；讀《大學》、《中庸》心得合一册。書係白棉紙藍格，端楷謄抄，並有張岱親筆書寫的眉批、增删和另加浮箋共約十數處。其中浮箋三紙，即《論語·爲政·能養章》「孔子論孝」條；《論語·八佾·器小章》「正義曰婦人謂嫁曰歸」條；《論語·公冶長·子路章》「古人惟安車乃坐」條。親筆增易二條，即《論語·鄉黨·厩焚章》「金罍子言厩焚」條；《論語·微子·逸民章》「虞仲次夷齊後」條。由上述正楷謄抄及張岱親筆增易等情來看，抄稿本《四書遇》是一部清抄本，已經張岱審訂增改，最後覆核，只是來不及付梓印行罷了。

《四書遇》其書並不見諸前人著録，清初黄虞稷撰寫的考查明代典籍的重要目録《千頃堂書目》和《明史·藝文志》及以後的《四庫全書總目》均無記載。雖然，《四書遇》確係張岱所著則無可疑。因爲：

一、張岱《自爲墓誌銘》中説自己平生「好著書，其所成者，有《石匱書》、《張氏家譜》、《義烈傳》、《瑯嬛文集》、《明易》、《大易用》、《史闕》、《四書遇》、《夢憶》、《説鈴》、《昌谷解》、《快園道古》、《傒囊十集》、《西湖夢尋》、《一卷冰雪文》行世。」可見，在他自己所開列的書目中，是分明寫着《四書遇》這一著作的。

二、《四書遇》抄稿本無序跋，但《瑯嬛文集》中有《〈四書遇序〉》一篇，稱：「余幼遵大父教，不讀朱注。凡看經書，未嘗敢以各家注疏横據胸中；正襟危坐，朗誦白文數十餘過，其意義忽然有省，間有不能强解者，無意無義，貯之胸中，或一年，或二年，或讀他書，或聽人議論，或見山川雲物，鳥獸蟲魚，觸目驚心，忽與此書有悟，取而出之，名曰《四書遇》。」這裏敘其著述主旨及經過甚詳，與抄稿本《四書遇》内容也完全相符。另有《與祁文載》一篇（收入《瑯嬛文集》）稱：「余解『四書』『五經』，未嘗敢以注疏講章先立成見，必正襟危坐，將白文朗誦數十餘過，其意義忽然有省……故人能熟讀經文，深思義味，莊子所謂『思之思之，神鬼通之』，政謂此也。諸解具在，皆弟於朗誦白文，忽然有得，第恐錯入魔境，耑望明眼人爲弟指迷，顒禱，顒禱！」所述情況與上引諸文一致，且這裏説的「諸解」可能就是指已經完篇的《四書遇》。

三、近代著名學者，張岱的同鄉馬一浮先生在抄稿本《四書遇》的扉頁上，有親筆題記一篇，稱：「明人説經，大似禪家舉公案，張宗子亦同此血脈。卷中時有雋語，雖未必得旨，亦自可喜，勝於碎義逃難、味同嚼蠟者遠矣。」馬一浮不但認定張岱是抄稿本《四書遇》的作者，而且對該書作出了自己的評價。

張岱在《〈四書遇〉序》中説：他讀「四書」，决不因襲前人注脚，强調在電光石火般的一閃中間悟出某種妙解。隨有所得，即有所記。而《四書遇》又是語録體著作。所以《四書遇》決非一時一地之作。至其起訖之年代，可以從下引兩條材料中約略推知：

其一，「刺虎不斃，斷蛇不死，其傷人愈多。君子之遇小人政不可不慎。近日楊、左之御魏璫是其鑒也。」（《四書遇》《論語·泰伯·好由章》）這裏的「楊、左」指東林黨人楊漣、左光斗。「魏璫」指魏忠賢。據《明史紀事本末》熹宗天啓四年（一六二四）楊、左等人彈劾魏忠賢二十四罪。「先是漣疏成，意欲於午朝面奏，出疾雷掩耳之計。繕寫甫竟，次日免朝。恐再宿則機洩且害也，遂循例封進，故忠賢得以彌縫。」從第二年，即天啓五年（一六二五）秋七月開始，魏閹興大獄，把楊、左等人投入監獄，施以酷刑，竟至慘死。其時，張岱約當而立之年，是所目睹親聞者。「近日」二字説明，《四書遇》開始寫作的上限最遲在明天啓年間，張岱三十歲之前。

其二，「余遭亂世，見夷狄之有君，較之中華更甚，芟夷宗黨，誅戮功臣，十停去九，而寂不敢動。如吾明建文之稍虐宗藩而靖難兵起，有愧於夷狄多矣。」這裏的「亂世」，是指清兵入關後對中國的統治。「夷狄」是對清政府的貶稱。明建文元年（一三九九）惠帝削藩不成而靖難兵起，已是歷史的陳迹。而清政府芟削宗藩務求盡去，却是張岱親見體驗的。事實並不如孔子所説：「夷狄之有君，不如諸夏之亡也。」由此可以推知《四書遇》的寫作一直延至明亡入清以後。然《〈四書遇〉序》云：「余遭亂離兩載，東奔西走，身無長物，丟棄無餘，獨於此書，收之篋底，不遺隻字。」據此記載看來，《四書遇》在甲申明亡之前已經基本定稿，入清以後或有增補。其結集下限最遲不得超過康熙四年（一六六五），張岱六十九歲自爲墓誌銘之前。

總之，《四書遇》是張岱以全副精神而爲之的一部著作。自四部七略乃至宋明時人關於儒道釋薈粹瑣屑之論，無不旁證博引。僅引用語録所涉及到的人物，就有二百六十七人之多。張岱之苦心孤詣於此書亦可見其一斑了。且同一人物前後稱呼又頗有異同，如引蘇軾語就有蘇子、蘇長公、坡公、東坡、子瞻六種不同稱呼，此雖屬末節細微，然亦可佐證《四書遇》寫作時間前後延續之久。

《四書遇》全書對宋儒程朱以及他們創立的理論體係，有所非議，有所批判。或校定句讀，或詮釋字句，或調整章次，或訂正學脈，計有三十多條。這對於封建社會中後期被奉爲正宗的理學權威著作《四書集注》，無疑是個不小的衝擊，表現出張岱能擺脱某些傳統思想束縛和他對程朱理學的蔑視。

然而，張岱批判程朱的武器和理論根據，仍不免是明末思想界十分流行的陸王心學，例如《中庸·無息章》：「博厚配地，高明配天，悠久無疆。」朱注：「此言聖人與天地同體。」張岱批駁説：「博厚六字是功，不可云同體，聖人與天地同體在至誠，不在博厚、高明、悠久。」就是説只要具備至誠之心，就可與天地同體。這和王陽明「心是宇宙的本體」，陸象山「宇宙就是吾心，吾心便是宇宙」，幾乎是一脈相承的。張岱明確説過：「總見心學不可少有間斷，孟子拔茅和孟母斷機是一般教法。」（《四書遇》《孟子·盡心·山徑章》「拔茅」原是孟子對高子的批評：「今茅塞子之心矣。」「斷機」本來是孟母以客觀具體事物喻學習之不可中斷。張岱將兩者合爲一談，把認識主體的自我（心），淩駕於被當作喻體的客觀事物之上，附會心學，顯然是主觀至上的唯心主義，它可以説是貫串《四書遇》全書的核心。

陸象山認爲只要向内探索認識本心，就可瞭解宇宙萬物，客觀事物不待外求。王陽明主張「心外無物」。張岱同樣認爲：「聖人論人，必論其心。」（《四書遇》《論語·述而·衛君章》）「故學者不可輕語通達，先務正心。」（《四書遇》《孟子·盡心上·孤孽章》）「認得本心，一生更無餘事。」（《四書遇》《孟子·盡心上·如此章》引張侗初語）「心體中打疊得乾浄，聖賢學問自一了百當。」（《四書遇》《孟子·盡心上·如此章》引張汝霖語）這一類「本心」高於一切，決定一切的觀點，自然是「心爲本體」論。這顯然是對程朱理學的批判，是以主觀唯心論批判客觀唯心論，兩者似乎没有本質的區别，但這是傳統的主張向内凝聚的方法論的繼續，在封建社會末期的明季社會，還是帶有批判正統和啓發自覺的意義。

應當説明，張岱雖然已經打出陸王心學旗號，但有時也偶而主張調和陸朱，意圖異中求同，合二而一。他説：「世爲陸象山者，則曰我尊德性；爲朱晦庵者，則曰我道問學。昔有兄弟兩分其遺産，諸几桌椅之屬，悉中裂而半破之，雖曰無不均之嘆，兩不適於用矣，豈不惜哉！」（《四書遇》《中庸·大哉章》）這裏張岱似乎又采取了不偏不倚的態度。然而貫串全書的還是和陸王相同的觀點和方法論，甚而至於發爲情不自禁的讚嘆。如「顔子博我以文，約我以禮，之見，程朱皆不及。」（《四書遇》《論語·雍也·吾憂章》）遂有卓爾之見，全重『我』字。此但云博學以文，約之以禮，則僅可以弗畔而已。此陸象山入微

明中葉以後，力圖復興陸象山心學，用以取代程朱理學者，不乏其人，除王陽明外，還有他的弟子王畿、王艮等。他們一方面看到了作爲封建社會正宗思想的程朱理學已日趨腐朽，因而表示不滿；一方面又急不暇擇地從傳統中尋求出路，力圖從道德上政治上挽救明朝社會危機。歷史證明他們的努力不會有多大積極效果，但在客觀上有利於打破封建思想長期桎梏的沉悶局面。張岱崇拜心學，顯然是這一哲學思潮影響下的産物。他「宗陸而有悖於朱」，這是經學著作《四書遇》反映出來的張岱的基本觀點。

從《四書遇》我們還可以知道，張岱常吸取佛學禪宗和道學中所謂微言大義或論證方法，來解釋天命心性等儒學基本觀點。尊儒佛合一論，以禪理陶治儒經。例如其對《論語·子罕·緼袍章》的解釋是：「此即佛家破執之説。蓋：『執則非獨未得者不得進，即已得者亦塊磊不化之物矣。』」對《孟子·盡心下·寡視章》的解釋是：「養心在盡心下一等工夫，道曰：『不見可欲，使心不亂。』釋曰：『心如墻壁，可以入道。』即此寡欲養心之旨。」又引劉元城語曰：「孔子佛氏之言相爲表裏，孔子言毋意，毋必，毋固，毋我；而佛言無我，無人，無衆生，無壽者，其意若出一人。」（《四書遇》《論語·子罕·絶四章》）

當然，張岱《四書遇》還稱不上陽儒陰釋，但明季儒道釋糅雜的風氣他是有所樂染，而且津

津樂道的。如他以佛典《涅槃經》「衆盲摸象」的故事，來説明孟子性善説、荀子性惡説、告子性無善惡諸説的片面和不合理性。（《四書遇》《孟子·告子上·性善章》）以釋家言「心地平則盡世界一切皆平」，來解釋孔子語「君子坦蕩蕩，小人常戚戚」。（《四書遇》《論語·述而·坦蕩章》）以參禪絶處逢生法，來論證《論語·雍也·從井章》（《四書遇》《論語·雍也·從井章》）。甚至概括説：「孔子是佛，子貢是菩薩。佛惟清淨無爲，而菩薩則神通廣大。」（《四書遇》《論語·子張·宫墻章》）這些解釋未必符合「四書」的原意，但張岱以散文家大手筆，把儒家經典語、諸子百家語和禪宗機鋒語陶冶在一起，説得娓娓動聽，文采斐然，這是枯燥乏味的高頭講章和酸腐味極重的理學著作所不能比擬的。

《四書遇》有三分之一的篇幅是談孟子的。張岱基本上肯定孟子。像孟子「失其本心」説，「求其放心」説，「攻其邪心」説，即「誅心」説等，張岱就不止一次地加以引申，掘井及泉，發爲讚嘆。但當孔孟立説彼此有異，或相抵觸時，張岱則大膽訂孟以尊孔，決不像程朱那樣曲爲之辯，自圓其尊孟之説。例如：

「孟子説性善，亦只説得情一邊，性安得有善之可名？且如以惻隱爲仁之端，而舉乍見孺子入井以驗之。然今人乍見美色而心蕩，乍見金銀而心動，此亦非出於矯强，可俱謂之真心邪！」（《四書遇》《孟子·告子上·性善章》）這裏，批評了孟子的性善論。

「三説紛紛，一傍着『性相近』立説，一傍着『習相遠也』立説，一傍着『唯上智與下愚不移』

立說。故引孔子作斷案，三說不攻自破。」（《四書遇》《孟子・告子上・性善章》）

這裏，不僅批評了孟子性善說，甚至連荀子性惡說，告子人性無善惡說，也都受到了批評。

孟軻在封建儒學的所謂道統中，被捧上很高的地位。所謂儒學道統由堯授與舜，舜授與禹，禹傳與湯，湯傳與文、武、周公，文、武、周公傳與孔、孟。這樣，孟軻便成爲道統傳授中最後一位大師，成了僅次於「至聖」孔丘的「亞聖」。張岱對這種看法並不以爲然。他在讀了《孟子・盡心下・道統章》後寫道：「此孟子一片憂危惕厲之心，蓋既以私淑，而又恐其不得與斯文道統幾絶也。作自任看者，吾不謂然。」張岱的意思是，孟子自稱「私淑」，所以並非道統嫡傳。況且，這裏明確反對道統「自任」說，還有批判程朱在儒學道統傳授中自我獨尊的意思。因爲朱熹《孟子集注》在此章即孟子全書的終了有這麼一段話：

「有宋元豐八年（一〇八五），河南程顥伯淳卒，潞公文彦博題其墓曰：明道先生。而其弟頤正叔序之曰：周公殁，聖人之道不行。孟軻死，聖人之學不傳。……先生生乎千四百年之後，得不傳之學於遺經，以興起斯文爲己任。辨異端，闢邪說，使聖人之道焕然復明於世。」

朱熹的意思是二程在孟軻死後千四百年，繼承了儒家的道統，而他自己又是程頤的四傳弟子，得以繼承二程之道統，是當然的儒學道統嫡傳。這種儒學道統新論的觀點，是張岱所不會同意的。因此，確切地說張岱的反道統論，主要不是反對韓愈發明的孟軻傳宗論，而是反對朱熹發明的儒學道統新模式，否定程朱在儒學道統傳授中的地位。

由這點出發，張岱竭力推尊本真的孔子，反對程朱神化孔子。「固知後之以文宣王謚孔子者，俱不知孔子者也。」（《四書遇》《論語·子罕·爲臣章》）同時，張岱對程朱以來空談性理的俗儒非常反感，敢於提出：「儒者全無實用」，「吾儒大而無用，只爲倚門傍户，體既不真，用亦不實」。像這類對俗儒的有力鞭撻和批判的言論，可以説是作者有感於明季積貧積弱的現實而發的不滿和牢騷，表現出張岱積極用世的進步傾向。

《四書遇》不僅爲我們深入研究、全面考察張岱，提供了重要的原始資料，還由於該書的旁證博引、廣採衆説，而給明季學者及其著作，提供校勘、辨訛、考證的依據。就《四書遇》所引語録涉及的二百六十七人中，除去唐宋元明著名學者及有著作傳世的人而外，有不少張岱同時代人，得賴此書以傳世。就所引證的典籍來説，亦可作考證、校勘、辨訛之資。例如：學術界對李贄《四書評》之真僞頗有疑辭，而僞作之説幾佔上風〔三〕。

今按《四書評》僞作説源出周亮工《因樹屋書影》第一卷：「當温陵（按即李贄）《焚》、《藏書》盛行時，坊間種種借温陵之名以行世者，如《四書第一評》、《第二評》、《水滸傳》、《琵琶》、《拜月》諸評，皆出文通（按指葉文通）手。」我們在整理《四書遇》過程中，發現張岱對李贄的《四書評》深信不疑。《四書遇》引李贄語十八條（其中一條註明是《四書評》）經查覈，其中十二條與今本（即以萬曆刻本爲底本的一九七五年排印本）相同或基本相同。另有六條則今本《四書評》失載，或可補萬曆本之不足。或係出諸李贄其他著作。據此，即可證明：①張岱每以李贄語釋「四書」，而不以爲狂悖，是引爲知己者。②《四書評》實有其書，爲李贄所作。至少張岱如此認定。因爲張岱距離李贄約後半個世紀，而比周亮工早半個世紀左右。李贄死時，張岱約當及冠之年，對於李贄想必有所實聞。況以張岱之博洽多聞，析理入微，豈至真僞不辨？清代欽定《四庫全書》載周亮工《書影》，而不載《四書遇》。世僅知《四書遇》之書名，而未見其書，故誤以爲《書影》所論，乃李贄死後評論《四書評》真僞的最早的權威性評論。殊不知張岱早在《書影》問世前，就對《四書評》加以引用，并且陶冶發揮，表達了他對該書深信勿疑的態度。這個例子説明，《四書遇》在校勘、辨訛、考證方面的價值也是值得我們重視的。

《四書遇》抄稿本後附有白綿紙兩張，有張岱親筆書寫的《壽王白嶽八十》七言古詩一首：

雉巒曾不住頑仙，都是文人抱慧業。紫陽溪水翰墨香，晚年得證長生訣。方曉還丹在典墳，白嶽先生恣饕餮。先生持世八十年，自識之無至耄耋。日夜鑽研故紙堆，筆塚書倉爲窟穴。屋前足跡砌當穿，簷際微明捧卷接。含毫呵凍嚙冰霜，揮汗鈔書休日月。廣蒐直欲逐癡龍，博採有時類魏蝶。《廉書》千卷積如山，儕輩見之皆吐□。□書無不洞筋骸〔四〕，牛背眼光如缺列。生金頑鐵入陶冶，一到紙爐同點雪。更能端確似温公，字字楷書敢褻越？立言不朽自千秋，金籙丹書藏柳篋。第恐人言行秘書，後車將到皤溪碣。

全詩借賀壽，着重讚揚王白嶽孜孜以求，寒暑不輟，潛心學術的刻苦鑽研精神。並對白嶽撰的《廉書》作了高度的評價，認爲這是一部不朽的著作。全詩一氣呵成，情摯語切，感人至深。

據《紹興府志》卷六十二《隱逸傳》：王白嶽名王雨謙，初名王佐。山陰人。性倜儻，好任俠，沉勇多力。明末海内大亂，諸名士皆掉臂談兵，雨謙亦受沈將軍刀法。揮霍起舞，悉中程度。倪元璐戒雨謙藏鋒鍔爲萬人敵，遂折節一意讀書。」晚年與女夫俞公轂共輯《廉書》。年九十而卒。

今按王雨謙不但是張岱的同鄉，且爲摯友。曾代爲編定《瑯嬛文集》，並爲《西湖夢尋》作序，序文今存。《廉書》抄稿本亦尚存。《瑯嬛文集》卷一有張岱《〈廉書〉小序》一篇。序云：「……先生瀏覽群書，博中求約。如燒丹抱朴，止取九轉靈砂；煮海張生，但索百朋寶母。烹天得渣，鍊道取髓，四庫五車，收拾略盡……蓋先生以俊俏眼從書隙中偶然覷着幾筆，勾勒其書法、章法、句法、字法，與人各别，遂成異書。」以此可知《廉書》是王白嶽博覽群書，博中求約編成的一部探討文章修辭的類書。又《瑯嬛文集》載有《書王白嶽》一文，稱：「……其所廣搜博覽者，上入九天，下入重淵，摘星辰於弱水，探驪龍於延津，想見其一股鋭氣，一片苦心，一番猛力。熱則揮汗成漿，冷則呵冰出水，埋頭折肱，穴研髡毫。三十年以來，真非一朝一夕之功，亦非一手一足之烈也。」記王白嶽勤苦寫作《廉書》狀甚詳，與上引古詩内容完全一致。且古詩手迹與張岱《四書遇》親筆書寫的眉批、浮箋完全相同。所以，這首古詩雖不載於今存張岱著作，而是張岱所作則確切無疑。張岱的詩作存世不多，佚詩《壽王白嶽八十》的發現，是整理《四書遇》的一個意外收穫。不但有助於我們於張、王兩人友誼的考察，也爲研究張岱，評介他的文學成就，提供了一份不可多得的珍貴資料。

以上是我對《四書遇》的初步認識，其中包括這個抄稿本的發現經過及其價值。

這個點校本是想給讀者提供些方便。凡引證的典籍和唐宋前名家語録，大部分作了核對，凡有所校正，都在每章後出了校記。惟限於水平，錯誤在所難免，敬希讀者指正。

朱宏達

一九八四年三月於杭州

校注

〔一〕松枝茂夫，日本著名中國文學研究家，一九〇五年生，曾翻譯《紅樓夢》、《陶庵夢憶》及魯迅小説。

〔二〕周大輔字左季，江蘇常熟人，室名「鴿峰草堂」，民國初年杭州著名藏書家，喜藏抄孤本，或傳抄稿本，或清代忌諱禁書。書積萬卷，家財殆盡，終身不悔。

〔三〕容肇祖《李贄年譜》及《中國古代哲學家評傳》第三卷《李贄》篇所附著作目録，均不載《四書評》。

〔四〕兩□係蟲蠹後缺字。疑第一字爲「舌」，第二字爲「覽」。

四書遇題記

明人説經，大似禪家舉公案，張宗子亦同此血脈。卷中時有雋語，雖未必得旨，亦自可喜，勝於碎義逃難、味同嚼蠟者遠矣。

馬　浮

四書遇目録

論語雍也第六

論語衛靈公第十五……（三八五）

論語季氏第十六……（三〇四）

論語陽貨第十七……（三一一）

四書遇目録

孟子梁惠王下……（三五七）

孟子公孫丑上……（三七一）

孟子離婁上……（四一五）

孟子離婁下……（四三四）

自序

六經四子自有注脚而十去其五六矣，自有詮解而去其八九矣。故先輩有言：六經有解不如無解。完完全全幾句好白文，却被訓詁講章説得零星破碎，豈不重可惜哉！

余幼遵大父教，不讀朱注。凡看經書，未嘗敢以各家注疏横據胸中。正襟危坐，朗誦白文數十餘過，其意義忽然有省。間有不能强解者，無意無義，貯之胸中。或一年，或二年，或讀他書，或聽人議論，或見山川雲物，鳥獸蟲魚，觸目驚心，忽於此書有悟，取而出之，名曰《四書遇》。

蓋遇之云者，謂不於其家，不於其寓，直於途次之中邂逅遇之也。古人見道旁蛇鬥而悟草書，見公孫大娘舞劍器而筆法大進。蓋有以遇之也。古人精思静悟，鑽研已久，而石火電光，忽然灼露，其機神攝合，政不知從何處着想也。舉子十年攻苦，於風簷寸晷之中構成七藝，而主司以醉夢之餘忽然相投，如磁引鐵，如珀攝芻，相悦以解，直欲以全副精神注之。其所遇之奥竅，真有不可得而自解者矣。推而究之，色聲香味觸發中間，無不可遇之。一竅特留，以待深心明眼之人，邂逅相遇，遂成莫逆耳。

余遭亂離兩載，東奔西走，身無長物，委棄無餘。獨於此書，收之篋底，不遺隻字。曾記蘇長公儋耳渡海，遇颶風，舟幾覆，自謂《易解》與《論語解》未行世，雖遇險必濟。然則余書之遇知己，與不遇盜賊水火，均之一遇也。遇其可遇言哉！

四書遇

大學

聖經章

艾千子曰：對小學而言，謂之大學。今人以大學屬之成均、辟雍，謂天子之學不與庶方、小侯同者，此是大學止一學宮之名耳。然則改其文曰「成均、辟雍之道，在明明德」，可乎？後學慎之。

陶文僖在經筵講《大學》，謂明明德如磨鑑，不虞昏，新民如澣衣，不虞污；止至善如赴家，不虞遠。是在於性真未鑿時，擴充善端而已。

「知止」不明，非徒錯看《大學》，竟錯過一生學門。覺人倫外尚復有道，盡人倫外尚復有學，即不可謂「知止」。文王所稱「緝熙敬止」〔一〕，只仁、孝、敬、慈、信，在在能止，故曰：「聖人，人倫之至〔二〕。」

心地功行，細若微塵，如《中庸》「形」「著」「明」，《大學》「定」「静」「安」，都照顧得到。

格物是零星説，致知是頓段説。

格物十事，格得九事通透，一事未通透，不妨；一事只格得九分，一分不通透，不可。須窮盡到十分處。

陸景鄴曰：「格」如格子之「格」，原是方方正正，無些子不到。既説「先」又説「後」，不是複語。聖賢教人如老媪教孩子數浮圖：一層層數上來，又一層層數下去。有這層，就有那層，政見得有那層，先有這層，一毫參差不得。要人把全體精神，從脚跟下做起也。

饒雙峰曰：上一節就八條目逆推工夫，後一節，就八條目順推效驗。

李崆峒曰：家曰「齊」，恩斷義也。如刀切草。國曰「治」，緒而分之也，如理亂絲。天下曰「平」，因其好惡而均之也，如平道塗。斯大小遠近之義乎！

徐子卿曰：非謂本亂而末決不治，厚薄而薄決不厚。零説可以，頓説可以，粗説可以，精説，吾心也是一物，若格得吾心了了，此外有何物？究竟起來，瓦甓屎溺〔三〕，孰非神理？古人聞驢擊竹，悉證妙悟，豈得於此更生隔閡？但患認朱子意差，真個於物上尋討，饒君徧識博解，胸中只得一部《爾雅》，有白首而不得入古人之學，爲可悲耳。要非可以病朱子也。

徐子卿曰：或問心是根苗，意是從心根苗裹發出，如何倒説「欲正心者，先誠其意」？余云：穀子也從苗上發生的，布種時都是從穀子漉洗。若不會得，則言根言葉，總是糟粕一般。

細玩經文及傳，此「物」字分明與上「物有本末」照應；格，是格個本耳，故傳曰：「此謂知本」，「此謂知之至也」。傳分明以「知本」當「格物」，而宋儒以爲闕文，得無多此一補傳乎〔四〕？「物格」、「知至」，是一件事，故獨曰「在」。

格物是夢覺關，誠意是人鬼關，過得此二關，上面工夫，一節易如一節了。至治國平天下，地步愈闊，但須從移步換影之處，劈肌分理，非寂寞苦空人，誰能解得？

艾千子曰：「安」字不宜浮講虛幻，只明德新民止至善，無疑畏，無杌楻而已。《書》言「安止」〔五〕，未有不自幾康者。徐子卿曰：「慮」字是條理精詳，思路暢達。正明德自然真體，不是臨時撮湊。比如一事到手，若慌慌張張做過了，少不得破綻全露；若到得恰好田地，雖是偶然泛應，便竭盡思慮，無以復加。這惟從容中道者，纔有個光景。是名爲「慮」。

董日鑄曰：「誠意」之功，非難非易。看得太易，恐認情識作本體，是梟愛子；看得太難，恐祛情識尋本體，是提燈覓火。此皆有志於「誠意」而卒失之。所以先之以「致知」。知徹之後，如淘沙得寶，粒粒成真，且有不誠而不可得者矣。「格物」二字，先儒於此，幾成聚訟。朱子「今日格一物，明日格一物」〔六〕，也只是對初學人立下手工夫。其實可以也那末處。任治，原不中用。薄處任厚，只是厚不得耳。《呂覽》、《月令》曾無秕政，山公吏部，何憂失人。究竟濟事不濟事？

子程子曰：「《大學》，孔氏之遺書，而初學入德之門也。於今可見古人爲學次第者，獨賴此篇之存，而《論》、《孟》次之。學者必由是而學焉，則庶乎其不差矣。」

大學之道，在明明德，在親民，在止於至善。知止而後有定，定而後能靜，靜而後能安，安而後能慮，慮而後能得。物有本末，事有終始，知所先後，則近道矣。古之欲明明德於天下者，先治其國；欲治其國者，先齊其家；欲齊其家者，先脩其身；欲脩其身者，先正其心；欲正其心者，先誠其意；欲誠其意者，先致其知。致知在格物。物格而後知至，知至而後意誠，意誠而後心正，心正而後身脩，身脩而後家齊，家齊而後國治，國治而後天下平。自天子以至於庶人，壹是皆以脩身爲本。其本亂而末治者否矣。其所厚者薄，而其所薄者厚，未之有也。

右經一章，蓋孔子之言而曾子述之。其傳十章，則曾子之意而門人記之也。舊本頗有錯簡，今因程子所定，而更考經文，别爲序次如左。

校勘記

〔一〕《詩·大雅·文王》：「穆穆文王，於緝熙敬止。」

〔二〕《孟子·離婁上》：「聖人，人倫之至也。」

〔三〕「瓦甓屎溺」出《莊子·知北游》，原抄本作「瓦甓尿溺」，誤。

〔四〕《大學》第五章：「此謂知本，此謂知之至也。」朱熹注：「此句之上别有闕文，此特其結語耳。」

〔五〕《尚書·皋陶謨》：「安汝止，惟幾惟康。」

〔六〕《朱子語類》卷十八：「一物格而萬理通，雖顔子亦未至此。但今日格一件，明日又格一件，積習既多，然後脱然有個貫通處，此一項尤有意味。」

康誥章

《康誥》直指其體，《伊訓》更推其原，《帝典》則極言其量之大〔一〕。蓋本乎心，原於天，包乎四表，上下明德也，而新民至善已寓矣。帝王明德，燈若相續，薪則各燃。自性，自反，自認，自惺，不由授受，故曰「皆自明也」。

湯霍林曰：此章不是解明德，是解大人之學在明明德。堯、湯、文都是古來大人，德一也。稟諸性曰「德」，賦諸天曰「命」，指其虚靈曰「明」，形其高大曰「峻」，總之只是明德。「自」字，善發者多矣，却盡粘住堯、湯、文王，不知此特借三聖標箇樣子。前乎千古之天子庶人，後乎千古之天子庶人，榜樣皆如此。

《康誥》曰：「克明德。」《大甲》曰：「顧諟天之明命。」《帝典》曰：「克明峻德。」皆自明也。

右傳之首章，釋「明明德」。

校勘記

〔一〕《帝典》即《堯典》。

盤銘章

今人看日新，如數今日、明日、後日，於「苟」字不着精神，下文幾成贅語。語氣猶云：「倘不日新則已，苟日新，必須日日新，又日新。」下二語正完得箇「日新」。「苟」字線索纔提得起。

「作新民」，「作」字甚有連屬，從我而作也。鼓者一倦，舞者罷矣。

服事無改於舊，眷顧已錫乎新。新命只從文德緝熙中看出，非革命之説也。得之。

夏九範曰：新新不已，便是極處。

湯之盤銘：「苟日新，日日新，又日新。」《康誥》曰：「作新民。」《詩》云：「周雖舊邦，其命維新。」是故君子無所不用其極。

右傳之二章，釋「新民」。

邦畿章

《詩》用「止」字，猶《楚詞》用「些」字，語助耳。傳引之以釋「止至善」，遂重言「止」矣。非謂敬以止於至善，政於敬止，想見其至善耳。

文王止孝、止敬，夫子未能事父事君，止原無止。望道未見，仍是未能，此千聖合同心法。

「君子」朱註明説是「後賢後王」，近日都屬之宗室，不是。「賢其賢」，是異姓諸王也；「親其親」，是同姓諸王也。君子句的屬封建；小人句的屬井田。樂樂利利，讀《豳風》諸詩可見。《大學》中頗多錯簡。《禮記》蔡氏所定傳文，所謂致知在格物，在物有本末，事有終始，知所先後則近道矣。知止而後有定，定而後能靜，靜而後能安，安而後能慮，慮而後能得。子曰：「聽訟吾猶人也，必也使無訟乎？」無情者不得盡其辭，士畏民志，此謂知本，此謂知之至也。二語不作衍文。《聖經章》以古之欲明明德，直接在「止於至善」之下。直接痛快，不必更爲補傳。

《詩》云：「邦畿千里，惟民所止。」《詩》云：「緡蠻黄鳥，止於丘隅。」子曰：「於止知其所止，可以人而不如鳥乎？」《詩》云：「穆穆文王，於緝熙敬止。」爲人君止於仁，爲人臣止於敬，爲人子止於孝，爲人父止於慈，與國人交止於信。《詩》云：「瞻彼淇澳，菉竹猗猗。有斐君子，如切如磋，如琢如磨。瑟兮僩兮，赫兮喧兮，有斐君子，終不可諠兮。」「如切如磋」者，道學也；「如琢如磨」者，自脩也；「瑟兮僩兮」者，恂慄也；「赫兮喧兮」者，威儀也；「有斐君子，終不可諠兮」者，道盛德至善，民之不能忘也。《詩》云：「於戲！前王不忘。」君子賢其賢，而親其親，小人樂其樂，而利其利。此以没世不忘也。

右傳之三章，釋「止於至善」。

聽訟章

問「知本」如何？將聽訟來説，豈先新民而後知本乎？非也。此是粘出一段話頭，令人默想宗本。且如「無情」之人，不畏法，不畏議，如何使得「大畏」，「不得盡其詞」？此處正是「東邊日出西邊雨，説道無情又有情。」參破此地，自透宗本，千蹊萬逕，攝歸一處，何物礙心？此謂物格，此謂知之至也。

司寇之職，以五聲聽獄訟，求民情。一曰辭聽，出言不直則煩。二則色聽，面貌不直則赧。三曰氣聽，氣息不直則喘。四曰耳聽，聽聞不直則惑。五曰目聽，眸子不直則眊。〔一〕《周易·訟卦》有作事謀始之戒，刪書録《吕刑》而原其惻怛迷連婉惜民命之心〔二〕。「無訟」云者，蓋有「本」也。夫子於聽訟之中，實實見出「本」來。

張侗初曰：「大畏民志」，格物也。「此謂知本」，物有本末之本也。物格而後知至矣，故曰「此謂知本，此謂知之至也」。此正是釋格物致知，直捷痛快，不須蛇足。

朱子以此傳爲釋本末，尚少一釋終始傳〔三〕。

虞芮之君，謂吾所争，周人所恥，豈不「大畏」〔四〕？「以其昏昏，使人昭昭」〔五〕，人知求之民而已，抑末也。聖人知其所以使者固應在我，此謂「知本」。

子曰：「聽訟，吾猶人也，必也使無訟乎！」無情者不得盡其辭，大畏民志，此謂知本。

右傳之四章，釋「本末」。

校勘記

〔一〕《周禮・秋官・小司寇》：「以五聲聽獄訟，求民情。一曰辭聽，二曰色聽，三曰氣聽，四曰耳聽，五曰目聽。」

〔二〕《吕刑》：《尚書》篇名。

〔三〕朱熹《記〈大學〉後》：「右《大學》一篇，經二百有五字，傳十章……一章釋『明明德』，二章釋『新民』，三章釋『止於至善』，四章釋『本末』……」

〔四〕《詩・大雅・綿》：「虞芮質厥成，文王蹶厥生。」《史記・周本紀》：「於是虞芮之人有獄不能決，乃如周。」

〔五〕《孟子・盡心下》：「賢者以其昭昭使人昭昭，今以其昏昏使人昭昭。」

知本章

以「古之欲明明德」直接在「止於至善」之下，直截痛快，不必更爲補傳。〔一〕

此謂知本，此謂知之至也。

右傳之五章，蓋釋「格物致知」之義，而今亡矣。間嘗竊取程子之意以補之曰：「所謂致知在格物者，言欲致吾之知，在即物而窮其理也。蓋人心之靈，莫不有知，而天下之物，莫不有理，惟於理有未窮，故其知有不盡也。是以《大學》始教，必使學者即凡天下之物，莫不因其已知之理而益窮之，以求至乎其極。至於用力之久，而一旦豁然貫通焉，則衆物之表裏精粗無不到，而吾心之全體大用無不明矣。此謂物格，此謂知之至也。」

校勘記

〔一〕本章正文原係張岱寫於「聽訟」章天頭之眉批，題曰「衍文聖經章」，因内容涉及朱熹補傳，故移置於此。

誠意章

意者，心之動。其實心無離意之時，雖默坐眠夢都有覺在。所以説善澄水者，去垢不去波；善正心者，去妄不去意。先儒訓誠以實，似也；不若《中庸》解「誠者，自成也」〔二〕，有見成天不容僞之意。即如《易》言无妄，而行有眚者，正爲於見成處不合也〔三〕。知此訓者於「誠意」思過半矣。章中「慎獨」，即「毋自欺」。「毋自欺」，即是「自慊」。「自慊」，即是「誠意」。不可以「慎獨」爲「誠意」下手工夫。如此，是於八條目外，又生一目矣。

若看做人之視之，又寬一走矣。最妙是本文二「己」字，乃小人自家肚裏瞞不過。吹毛求疵，洗垢索瘢，何與人事？「何所不至」，良心澌滅殆盡了。一見君子，忽然爆露，掩不善著善，儼然是惡惡臭、好好色的真光景。當下回頭，就可立地成佛。正如石沉海底，火性千年不滅；斧聲錚然，一觸便現。照天耀地，也只是這點。

張元岵曰：石沉海底，火性不滅。一撲便見，一現便能燎原。厭然之性正是佛性。儒門十目十手，佛家千手千眼，所謂「獨」也。

「此之謂自謙」，《易》象曰：「謙，君子以稱物平施〔三〕。」蓋好惡得平，非徒好爲遜下而已。

徐子卿曰：或問「自慊」，余云：好生於色，惡生於臭。却又道不是色，不是臭，止是自慊。所以意未觸時，本實員滿在。若説見好色方好之盡，惡惡臭方惡之盡，又是從用處模擬，不着根苗，即於「意」字了無干涉。

所謂誠其意者，毋自欺也。如惡惡臭，如好好色，此之謂自謙。故君子必慎其獨也。小人閒居爲不善，無所不至，見君子而後厭然，揜其不善而著其善。人之視己，如見其肺肝然，則何益矣。此謂誠於中，形於外。故君子必慎其獨也。曾子曰：「十目所視，十手所指，其嚴乎！」富潤屋，德潤身，心廣體胖。故君子必誠其意。

右傳之六章，釋「誠意」。

校勘記

〔一〕《中庸·二十五章》：「誠者，自成也。」

〔二〕《易·无妄》：「上九，無妄，行有眚，無攸利。」

〔三〕《易經·謙卦》：「謙，君子以裒多益寡，稱物平施。」

正心脩身章

「正」字即《中庸》「中」字。喜怒哀樂，發而中節，如風過樹，如月行空，依然還得個無體。

朱子曰：四者，須從無處發出，不是寂寂的。無只是無過去、未來、見在之累，就使有而不有。最精。

人心原來至静，亦至動，如鏡子隨照隨滅，故常照。若終日有個影子在鏡上，便對面不受照矣。聖人之心惟無在，故無不在；常人之心有所在，故有不在。「正」字、「誠」字，亦有用力、不用力之别。如物懸空，有礙則歪。正者，去其礙而已，不必更去把持着。

所謂脩身在正其心者，身有所忿懥，則不得其正；有所恐懼，則不得其正；有所好樂，則不得其正；有所憂患，則不得其正。心不在焉，視而不見，聽而不聞，食而不知其味。此謂脩身在正其心。

右傳之七章，釋「正心」「脩身」。

齊家章

《大學》言齊家，皆於不齊中求齊。若截然一樣，美醜不分，漫説聾啞爲家公，非聖人之旨〔一〕。如佛言山河大地，應作山河大地觀，是謂平等。

「此謂身不修，不可以齊其家。」齊其家與家不齊有别，家不齊，便落身一層，齊其家，便是身裏面事。

徐子卿曰：且緣「辟」，所以好惡盡差，把一家之内，紛如亂絲，故諺有之曰，「人莫知其子之惡」，莫知其苗之碩」，分明是個家不齊的影子。詳味下面「此謂身不脩，不可以齊其家」兩句，與別處不同，意義自見。

所謂齊其家在脩其身者，人之其所親愛而辟焉；之其所賤惡而辟焉；之其所畏敬而辟焉；之其所哀矜而辟焉；之其所敖惰而辟焉。故好而知其惡，惡而知其美者，天下鮮矣。故諺有之曰：「人莫知其子之惡，莫知其苗之碩。」此謂身不脩，不可以齊其家。

右傳之八章，釋「修身」「齊家」。

校勘記

〔一〕陶宗儀《輟耕録》卷四《家翁》條：「唐代宗謂郭子儀，鄙諺有云：『不癡不聾，不作家翁。』又云：『亦曰家公。』」

治國章

閉户造車，出門合轍，可想「不出家」之妙〔一〕。

「成教」最難言之而成文，行之而可遠。常想家居欲有所示子侄，令童僕顧己所未至，不覺口中愧縮，以知「成教」在教所不露處。

張受先曰：「事君」、「事長」、「使衆」，只就君子一邊説，不可着民言。我能「孝」、「弟」、「慈」，則「事君」、「事長」、「使衆」道理便已在此，不待外求也。時文泛引移孝非忠等語，非是。

仁字當從堯舜處家庭説，方合章旨。今人竟説如天好生等語，泛甚。

此章言「機」，《平天下》言「矩」。執矩而運，言其均，握機而發，言其速。

徐子卿曰：見作者把「心誠求之」「誠」字，説得恁底真切，不知子母處還着得這些否？陽燧取火於日，方諸取水於月。求之而得，是何究竟？

所謂治國必先齊其家者，其家不可教而能教人者，無之。故君子不出家，而成教於國。孝者，所以事君也；弟者，所以事長也；慈者，所以使衆也。《康誥》曰：「如保赤子。」心誠求之，雖不中不遠矣。未有學養子而後嫁者也。一家仁，一國興仁；一家讓，一國興讓；一人貪戾，一國作亂，其機如此。此謂一言僨事，一人定國。堯舜帥天下以仁，而民從之；桀紂帥天下以暴，而民從之；其所令，反其所好，而民不從。是故君子有諸己，而後求諸人；無諸己，而後非諸人。所藏乎身不恕，而能喻諸人者，未之有也。故治國在齊其家。《詩》云：「桃之夭夭，其葉蓁蓁。之子於歸，宜其家人。」「宜其家人」，而後可以教國人。《詩》云：「宜兄宜弟。」「宜兄宜弟」，而後可以教國人。《詩》云：「其儀不成，正是四國。」其爲父子兄弟足法，而後民法之也。此謂治國在齊其家。

右傳之九章，釋「齊家」「治國」。

校勘記

〔一〕朱熹《〈中庸〉答問》卷三：「古語所謂閉門造車，出門合轍，蓋言其法之同。」

絜矩章〔一〕

絜有廣狹，而矩無加損，就如一條木尺，起造廣厦大殿，其木尺不加長也。故絜矩者，不難在絜，難在矩。須要星星不差，寸寸不忒，是一條准尺，方纔絜得。

「絜矩」「矩」字，與經文「格物」「格」字正相照應。持一准矩，便是物物之格式也。

程伯子曰：將身放在天地萬物中，例看大小快活，此是絜矩之道。

徐子卿曰：如今人把「不于常」三字，改作「無常」兩字，天命象個活落套子，可笑之極！嬰兒墮地，哭先於笑。故絜矩之道，不言好而止言惡者，以人之所惡，更真於所好也。

財是天地生氣，積之左藏，則成死貨矣。文、景紅朽之藏，定出漢武；德宗瓊林之聚，定有朱泚。漢武是富家敗子，朱泚是刻剥家盗賊。蓋生氣堆垛不過，自尋活路走耳。臣子竊竊，人主竟不察，自家巧取多積何用？愚哉！

唐以殘破之天下，用劉晏而富；宋以全盛之天下，用王安石而貧，何也？劉晏之術兼於用人；安石之術，專於生財也。故「生之者衆」四句，全是以人生財。平天下章理財用人，處處分説。此四句是合説。

韓求仲曰：德爲治平之本，財爲治平之末。不是德爲財本，財爲德末。

盡天下老少長幼好惡之情，只此財用。憑他孩提稍長，與之錢則欣然而喜；奪之則啼。

所以平天下一章當重財用。盧玉谿曰：臣曰「一个」，是挺然獨立而無朋黨之謂，此解深切時務。

然《秦誓》原本則曰「一介臣」〔二〕，非「一个臣」，「介」字亦有孤立不倚之意，「柳下惠不以三公易其介」〔三〕，即此「介」也。韓求仲云：伐冰是得以自命命之，淩人其秩更隆〔四〕，非用冰之家也。

《大學》經文末節，便下「治」「亂」二字，極有關系。傳之末節，極言小人專利之害，兩提國家，最爲儆切。德爲本，財爲末，外本内末，以身發財則本亂矣。《易》云：「開國承家，小人勿用。」象曰：「小人勿用，必亂邦也。〔五〕」

楊復所曰：有諸己，無諸己，只論存之於心。如此言，必有諸己，而後可求諸人，不然，何以求人？必無諸己，而後可非諸人，不然，何以非人？蓋只求有諸己、無諸己，非真欲求諸人、非諸人也，所以下文曰：「藏乎身。」不然，有諸己，而真去求人，無諸己，而真去非人，露亦極矣，刻亦極矣，何以爲「藏」，何以爲「恕」也。

《大學》自誠意時，便提出好惡二字，到得平天下，只是個好民好惡民惡而已。

中間正心、修身、齊家、治國，皆以好惡發之，徹頭徹尾顯無微總此一事。孟子論夜氣曰：好惡與人相近，箕子陳疇以無作好，無作惡，爲王道錫民之極〔六〕。

所謂平天下在治其國者，上老老而民興孝，上長長而民興弟，上恤孤而民不倍，是以君子有絜矩之道也。所惡於上，毋以使下；所惡於下，毋以事上。所惡於前，毋以先後；所惡於後，毋以從前。所惡於右，毋以交於左；所惡於左，毋以交於右。此之謂絜矩之道。《詩》云：「樂只君子，民之父母。」民之所好好之，民之所惡惡之，此之謂民之父母。《詩》云：「節彼南山，維石巖巖，赫赫師尹，民具爾瞻。」有國者不可以不慎辟，則爲天下僇矣。《詩》云：「殷之未喪師，克配上帝，儀監於殷，峻命不易。」道得衆則得國，失衆則失國。是故君子先慎乎德。有德此有人，有人此有土，有土此有財，有財此有用。德者，本也，財者，末也。外本内末，争民施奪。是故財聚則民散，財散則民聚。是故言悖而出者，亦悖而入；貨悖而入者，亦悖而出。《康誥》曰：「惟命不于常。」道善則得之，不善則失之矣。《楚書》曰：「楚國無以爲寶，惟善以爲寶。」舅犯曰：「亡人無以爲寶，仁親以爲寶。」《秦誓》曰：「若有一个臣，斷斷兮無他技，其心休休焉，其如有容焉。人之有技，若己有之；人之彦聖，其心好之，不啻若自其口出。寔能容之，以能保我子孫黎民，尚亦有利哉！人之有技，媢疾以惡之；人之彦聖，而違之俾不通。寔不能容，以不能保我子孫黎民，亦曰殆哉！」惟仁人放流之，迸諸四夷，不與同中國。此謂唯仁人爲能愛人，能惡人。見賢而不能舉，舉而不能先，命也。見不善而不能退，退而不能遠，過也。好人之所惡，惡人之所好，是謂拂人之性，災必逮夫身。是故君子有大道，必忠信以得之，驕泰以失之。生財有大道，生之者衆，食之者寡，爲之者疾，用之者舒，則財恒足矣。仁者以財發身，不仁者以身發財。未有上好仁，而下不好義者也；未有好義，其事不終者也。未有府庫財非其財者也。孟獻子曰：「畜馬乘，不察於鷄豚；伐冰之家，不畜牛羊；百乘之家，不畜聚斂之臣。與其有聚斂之臣，寧有盗臣。」此謂國不以利爲利，以義爲利也。長國家而務財用者，必自小人矣。彼爲善之小人之使爲國家，災害並至，雖有善者，亦無如之何矣！此謂國不以利爲利，以義爲利也。

右傳之十章，釋「治國」「平天下」。

凡傳十章。前四章統論綱領指趣，後六章細論條目功夫。其第五章，乃明善之要；第六章，乃誠身之本；在初學尤爲當務之急。讀者不可以其近而忽之也。

校勘記

〔一〕「絜」原抄本作「潔」，今從《大學章句集注》改。

〔二〕《尚書・秦誓》：「如有一介臣，斷斷猗無他伎。其心休休焉，其如有容。」

〔三〕《孟子・盡心上》：「柳下惠不以三公易其介。」

〔四〕淩人掌冰事見《周禮・天官》。

〔五〕《周易・師》：「開國承家。小人勿用。」象曰：「小人勿用，必亂邦也。」

〔六〕此段正文原係「盡天下老少長幼好惡之情」一節眉批，今移此。

四書遇

中　庸

天命章

鄧文潔與龍溪談道：謂聖也不做他，賢也不做他，天地也不做他，只是自脩自證。吾人住世，一靈往來，半點幫貼不上。所爲戒慎恐懼，亦是這點獨體，惺然透露，如劍芒裏安身，鐵輪頂上立命，無始光明，一齊迸露。天命之性，率性之道，脩道之教，不過光明中影現法象而已。故曰「莫見乎隱，莫顯乎微」。

艾千子曰：「不睹」「不聞」，是吾心未與物接，而自己「不睹」、「不聞」之時。「隱」「微」，是吾心獨睹、獨聞，而人所「不睹」、「不聞」之時。自隆、萬以後，諸名公徑以「隱」、「微」仍作「不睹」、「不聞」者，大非。「慎獨」是「戒懼」後再加提醒。譬如防盗，「戒懼」是平時保甲法，「慎獨」是關津緊要處搜盤法。將「慎獨」徑作「戒懼」者，亦非。

仁者，人也。天命之性，天而人者也。合而言之，道也。率性之道，人而天者也。楊子常曰：意所偶欲曰「須」；瞬所未合曰「臾」。

辛復元曰：「戒懼」是静中主敬，「慎獨」是方動研幾。静中主敬，私欲無端而起；方動研幾，私欲無得而滋。

群動交作，隨波逐浪，眼前禍福，有若聾盲；三更燈盡，五更夢迴，生平善惡，眉髮可數，故曰「莫見」、「莫顯」。勿把玄幻語將指點精神抹殺。「睹」自内出，故須「戒慎」；「聞」自外來，故須「恐懼」。

未發已發，不以時言。朱子亦云：雖一日之間，萬起萬滅，而其本體未嘗不寂然，此言極透。

程門微旨云：未發謂「中」，只是一個本體。既是未發，那裏有個恁麼？只可謂之「中」，不可提一個「中」來爲「中」[一]。薛西原曰：「中節」之「中」字，從「謂之中」「中」字來。情易失之過，不及者鮮。「節」有止而不過之義。此中仍「戒慎」、「恐懼」工夫，不是空空便能中節。欲觀喜怒哀樂未發時氣象，須將喜怒哀樂發而不中節處克盡，始觀得。韓求仲曰：在心爲中和，在天地萬物曰位育。位育原是致中和光景。兩「焉」字，説得不動絲毫，蕩然自得。煞言功化，義即不圓。楊復所曰：《中庸》一書原是《禮記》，此「中」字即禮也，此「和」字，即樂也，不可不知。最妙是從喜怒哀樂説起。人以喜怒哀樂之未發與發爲一人之「獨」耳。不知乃「中」也，乃「和」也，乃「大本」也，乃「達道」也，非「莫見乎隱」、「莫顯乎微」也哉？

楊子常云：非論理乃實事也。先儒謂禮樂之功用不讓鬼神，則召和消戾，變災爲祥，非誑語也。

《樂記》云：「樂者，先生之所以飾喜也；軍旅鈇鉞者，先王之所以飾怒也。故先王之喜怒，皆得其儕焉。喜則天下和之，怒則暴亂者畏之〔二〕。」

天下和，則不惟心意和平，亦覺日月清朗；暴亂畏，則不惟人心慴服，亦覺天地廓清。此便是「天地位」、「萬物育」之切實證佐。

楊復所曰：「忌」字即「戒懼」二字，「憚」字即「恐懼」二字。「無忌憚」者，無「戒慎」「恐懼」之心也。大抵異端只爲大膽誤了事。千古聖學，惟有小心而已。

子程子曰：「不偏之謂中，不易之謂庸。中者，天下之正道，庸者，天下之定理。此篇乃孔門傳授心法。子思恐其久而差也，故筆之於書，以授孟子。其書始言一理，中散爲萬事，末復合爲一理。放之則彌六合，卷之則退藏於密。其味無窮，皆實學也。善讀者玩索而有得焉，則終身用之，有不能盡者也。」

「天命之謂性，率性之謂道，修道之謂教。道也者，不可須臾離也。可離，非道也。是故君子戒慎乎其所不睹，恐懼乎其所不聞。莫見乎隱，莫顯乎微。故君子慎其獨也。喜怒哀樂之未發謂之中，發而皆中節謂之和。中也者，天下之大本也；和也者，天下之達道也。致中和，天地位焉，萬物育焉。

右第一章。

校勘記

〔一〕《河南程氏遺書》卷第十七《伊川先生語三》:「『喜怒哀樂未發謂中』,只是言一個中(一作本)體。既是喜怒哀樂未發,那還有個什麽? 只可謂之中。如《乾》體是健,及分在諸處,不可皆名健,然在其中矣。天下事事物物皆有中。」又卷第十二《明道先生語二》:「中者,且謂之中,不可捉一個中來爲中。」

〔二〕《禮記·樂記》:「夫樂者,先王之所以飾喜也;軍旅鈇鉞者,先王之所以飾怒也。故先王之喜怒,皆得其儕焉。喜則天下和之;怒則暴亂者畏之。先王之道,禮樂可謂盛矣。」

時中章

馮具區曰:「小人之中庸」,小人自以爲「中庸」也。其「無忌憚」處,正是認「無忌憚」爲「時中」耳。此小人不是小可,正是隱怪一流人。

顧涇陽曰:王荆公只是一個不小心,遂成一個「無忌憚」。後來見諸事術,適爲自專自用者藉兵而齎糧,不特禍宋而已。〔一〕

楊復所曰:此嚴學脈之辨也。「中庸」二字,夫子已爲異端先下針砭矣。「反中庸者」,如夷狄之亂華,庶民之不軌,臣子之無將,俱命曰「反」。

張侗初曰:堯舜授受,一「中」而已。中不離日用,故曰「庸」;「中」不可執着,故曰「時」。

此仲尼於「中」字下一注脚也，是謂祖述堯舜。

佛老總不識「中庸」二字，惟仲尼識得，故子思、明道獨揭仲尼曰：「君子中庸。」〔二〕

仲尼曰：「君子中庸，小人反中庸。君子之中庸也，君子而時中；小人之反中庸也，小人而無忌憚也。」

右第二章。

校勘記

〔一〕李斯《諫逐客書》：「今乃棄黔首以資敵國，却賓客以業諸侯，使天下之士退而不敢西向，裹足不入秦：此所謂藉寇兵而齎資糧者也。」

〔二〕此段正文上有眉批「入時中章」四字。

鮮能章

「至」字即「無聲無臭至矣」之「至」。下言「至誠」、「至聖」、「至道」、「至德」，皆同此「至」。有時言「大」字，亦與「至」同。《四書評》曰：曰「鮮能」且曰「久」，則所云「不可須臾離」者，何如也？胡雲峰曰：此比《論語》添一「能」字。惟民氣質偏，故鮮能知能行；仍須看下章許多「能」字，方見子思之意。董日鑄曰：名爲「中庸」，而懼天下之忽以爲庸也，故以「至」贊之。「至」者，恰好之謂也。「過」則失「中」，「不及」則亦失「中」，皆名「未至」，則知賢智愚不肖之同爲「不及」也。而後可以愧天下之隱怪而迷者矣。庶民興，則邪慝自息。民能中庸，則反中庸之小人自化。夫子所以望民獨切也。

子曰：「中庸其至矣乎！民鮮能久矣。」

右第三章。

行明章

「人莫不飲食也」，將日用處指出道體，從舌根上拈出真味，不可作喻解。饑者易食，渴者易飲。一易字，不知瞞過多少味矣。究而言之，辨淄澠之易牙，也算不得知味者。

顧涇陽曰：飲食知味，只就上節來咨嗟慨歎一番。見人人在道之中，人人在道之外，讀之，真令人恍然自失。

夫子取知行而互言之，則知行合一之旨，不待新建之説而後明矣。而下節止曰「鮮能知味也」，則知之即爲行也，亦不獨新建「良知」之説矣。然當夫子之時，而兩曰「我知之矣」，則知其解者不亦鮮乎。

胡雲峰曰：此章分道之「不行」「不明」，而下章即舜之知，言道之所以行；即回之賢，言道之所以明。兼後面欲説知仁勇，此章爲此三者發端而言。知者知之過，以爲道不足行，是不仁也；賢者行之過，以道爲不足知，是不智也；愚不肖者，安於不及，不能勉而進，是不勇也。

楊復所云：此指出「鮮能」之故也，亦即指出「能」之故也。然「不行」，合説賢不肖，反説智愚，正見所以「不行」之故。

子曰：「道之不行也，我知之矣，知者過之，愚者不及也；道之不明也，我知之矣，賢者過之，不肖者不及也。人莫不飲食也，鮮能知味也。」

右第四章。

不行章

此即屬「鮮能知味」之下，「鮮知」即「不行」，非有二也。石經本，此節在「鮮能久矣」之下，「道之不行」之上。

子曰：「道其不行矣夫！」

右第五章。

大智章

陶石簣曰：「兩端」，固不指定「過」「不及」，亦不必謂自首至尾。彼善，何嘗有首尾？大凡同則一，不同雖千百種，只謂之兩。兩者，不一之謂。猶言執此不一之論，酌而量之，參而詳之也。

程子曰：造道既深，雖聞常人言，語淺近事，莫非義理。是大知人，能問，能察，能隱揚，能執用；不是由問察乃有知。

就鮮能之民，而用中以治之，是舜知之錫類處，故曰「大」。譬如聽訟，千言萬語，只謂這兩造。

董日鑄曰：凡物，非一不神，非兩不化。故以一求一則一墮於兩，以兩觀一則兩具而一呈矣。

「用其中於民」，是把此「中」用於民上，不是用民之「中」。此是舜之行道處。後言「其斯以爲舜乎」，猶云這個纔是舜，不更添出「大知」二字，語意更覺深遠。

子曰：「舜其大知也與！舜好問而好察邇言，隱惡而揚善；執其兩端用其中於民。其斯以爲舜乎！」

右第六章。

校勘記

〔一〕《河南程氏遺書》卷第十七《伊川先生語三》：「造道深後，雖聞常人語，言淺近事，莫非義理。」

予知章

楊升庵云：「道其不行矣夫！」其故只爲不明，故喝之；下即以舜之明榜之。「人皆曰予知」，其故只爲不行，故歎之；下即以回之行榜之。一熱喝，一冷嘆，總是婆心。

顧涇陽曰：舜惟不自以爲「知」，所以成其「大知」。誤處全在「人皆曰予知」五字上。

子曰：「人皆曰予知，驅而納諸罟獲陷阱之中，而莫之知辟也。人皆曰予知，擇乎中庸而不能期月守也。」

右第七章。

服膺章

聖門説着顔回，不知其脩爲何如高深，如何玄妙，乃其爲人，亦只是「擇乎中庸」，有何隱怪？但只是其「擇乎中庸」之時，偶「得一善，則拳拳服膺，而弗失之矣」。「則」字説得緊嚴，「矣」字説得決絶，有泰山不讓土壤，故能成其高；河海不擇細流，故其成其大意[一]。淺近之地，得其高深，正見中庸之妙。

焦漪園曰：「不能期月守」，不是擇而守了，又復不能守。言它所擇的，皆是守不牢的，如何算得真知？

子曰：「回之爲人也，擇乎中庸。得一善則拳拳服膺而弗失之矣。」

右第八章

校勘記

〔一〕李斯《諫逐客書》：「是以泰山不讓土壤，故能成其大；河海不擇細流，故能就其深。」

可均章

「中庸不可能」，即中庸其至之意，難得恰好，故曰「不可能」。「均」、「辭」、「蹈」到恰好處，即是中庸。

王觀濤曰：「中庸不可能」，言難爲力，非言絶德也。只是稍增一分便太過，稍減一分便不及，難得恰好。

楊復所曰：道之不行由不明，道之不明由不行。明當以舜爲法，行當以回爲法矣。然亦不可以氣力安排，聰明湊合，故曰「中庸不可能也」。亦惟「致中和」而已，故論「强」復説到「中」「和」。此數章之血脈也。

問天下國家可均，而中庸何以不可能？曰漢高祖、唐太宗皆所謂均平天下之人，而以語乎中庸之道，能乎？不能乎？才力知識能驅駕今古，到得中庸上偏絲毫用不着，故廓清四海易，廓清寸心難，唯聖者能之。夫子自不敢輕以許人〔一〕。

子曰：「天下國家可均也，爵禄可辭也，白刃可蹈也，中庸不可能也。」

右第九章。

校勘記

〔一〕此段正文原爲抄稿本「王觀濤曰」一節之眉批。今移此。

問强章

張彦陵曰：「强」曰「而强」，政要在自家身上，當下識取本來面目，方是壁立風塵外的漢子。

董日鑄曰：「南方」「北方」，所謂遊方之内各墜一偏。故以方言，以南北名，非以地言也。如以地言，則「中」「和」之强，當必在洛陽之人矣。一笑。

强，一也，率性而出，則爲「中」「和」，倚於氣稟，則爲南北，須從心體入微處辨别。

南方亦叫做强，政是點化子路處，是夫子金針。

袁了凡曰：今人只説「和」，不去理會「不流」；只説「中立」，不去理會「不倚」。胸中有一毫依回處，便是「流」；有一些粘滯處，便是「倚」。此處矯得盡，方是大勇。

「和而不流」，蓋以處常言；中立而不倚，蓋以處變言。和與人同，中立與人異也。

或問「矯」字義曰：矯矯如雲中之鶴，又云矯若驚鴻，可想强者之槩。

子路問「强」，夫子以「中」「和」答之。「中」「和」上着「强」字，似添足。然不説「中」「和」，「强」字無骨子；不説「强」字，「中」「和」又無精理。分看更妙。

或問朱子曰：「和而不流」，柳下惠足以當之。「中立而不倚」，伯夷可以當之，然否？曰：「然。」曰：柳下惠之「和而不流」易見，伯夷之「中立不倚」於何見之？曰：如文王善養老，則伯夷來歸。及武王伐紂，則扣馬而諫。此便是「中立不倚」處。

子路問强。子曰：「南方之强與？北方之强與？抑而强與？寬柔以教，不報無道，南方之强也，君子居之。衽金革死而不厭，北方之强也，而强者居之。故君子和而不流，强哉矯！中立而不倚，强哉矯！國有道不變塞焉，强哉矯！國無道至死不變，强哉矯！」

右第十章。

素隱章

遁世不必絶世。若然，聖人亦隱怪矣。堯舜在上，蕩蕩難名，帝力何有？正如天山之遁，相遇而不相見。堯舜當時，安有悔心？要見君子不悔，正還一世於中庸，非知希自貴也。如來欲度衆生，先度外道。以外道人證佛，一轉便是故也。「弗爲」一語，接引情深，不是嚴辟。

半塗而廢，即在「遵道」句内。「遵」如童子之遵師傳，原無浹洽，故不得不廢，照弗能已看自見。

楊復所曰：聖者與聖人不同：聖人有定屬之名；聖者無定屬之名，亦在人爲之耳。人倘能依乎中庸，遁世不悔，便是聖者矣，又何讓哉？一字之異，其妙如此。

依中庸，如孩提之依父母。舍中庸，别無安身立命處。

吴因之曰：大抵半塗而廢，終是好奇之心所使，畢竟歸於隱怪之一路。此非力之不足，乃志不堅也。

楊復所云：此結中庸第一支也。小人反中庸，無忌憚，只是名心大盛，賢知之過俱坐此。到此不知不悔，將道之不行不明病根拔盡。

子曰：「素隱行怪，後世有述焉，吾弗爲之矣。君子遵道而行，半塗而廢，吾弗能已矣。君子依乎中庸，遁世不見知而不悔，唯聖者能之。」

右第十一章。

費隱章

張侗初曰：「費」彌六合也，發也；「隱」藏於密也，未發也，「費」處都是「隱」，率性處都是天命也。子思極力要指點天命，而無可説，只得就「費」一形容之。夫婦知，而聖人有不知；夫婦能，而聖人有不能。其有不知有不能處似「隱」，然而只謂之「費」，不謂之「隱」。「隱」不可以知能言也。不知不能處是「隱」，與知與能處亦是「隱」也。語大、語小、語上下，皆不可執着。惟不可執着，故無之非是。其實可語者，近而夫婦，極於天地；天地、夫婦之外，都無可語也，不可語「隱」矣，「費而隱」矣。妙哉，道也，至矣！

雪庵曰：道在天地，有上下；在聖愚，有知能；在萬物，有飛躍：此共是一個機括。機括處是「費」，機括藏處是「隱」。

諸理齋曰：與知而自以爲知，究成小人之無忌憚。不可知而自以爲不可知，究成中庸之不可能。

經以夫婦對天地，有夫婦之愚，有夫婦之聖，列聖人於夫婦外，殊憒憒。

汪石臣曰：《易》上篇，始於天地，下篇始於夫婦。夫婦亦道之大者，故《中庸》亦先説夫婦，而下始説及父子、君臣、兄弟、朋友。然君子之道亦不出達道。

問：明道謂鳶飛魚躍與必有事焉勿正之意同，紫陽晚年方云乃今曉然無疑。此是如何？曰：必有事焉而勿正，所謂君子深造之以道也。鳶飛魚躍則自得之，而居安資深，左右逢原，是一是二〔一〕。

君子之道費而隱。夫婦之愚，可以與知焉，及其至也，雖聖人亦有所不知焉。夫婦之不肖，可以能行焉，及其至也，雖聖人亦有所不能焉。天地之大也，人猶有所憾。故君子語大，天下莫能載焉；語小，天下莫能破焉。《詩》云：「鳶飛戾天，魚躍于淵。」言其上下察也。君子之道，造端乎夫婦，及其至也，察乎天地。

右第十二章。子思之言，蓋以申明首章道不可離之意也。其下八章，雜引孔子之言以明之。

校勘記

〔一〕《河南程氏遺書》卷第三《二先生語三》：「鳶飛戾天，魚躍於淵，言其上下察也。」此一段子思喫緊爲人處，與「必有事焉而勿正心」之意同，活潑潑地。會得時，活潑潑地；不會得時，只是弄精神。此段正文原係寫在「張侗初曰」節眉批，今移此。

不遠章

「道不遠人」，謂不遠於人人之人，非一人之人。辟如衆人眠食，而一人獨否，則一人病，醫者治之，使還於衆人之眠食而止矣，更何他求乎？施人以勿願，譬猶吾欲飲醇而勸人以飲鴆，可乎？其違道遠矣。

謝象三曰：上章以道屬夫婦，便是「道不遠人」的引語。此章不言孝弟忠信，而言子臣弟友，正見即人是道，而君子所以以人治人也。

楊復所曰：以人治人，非去治人也，蓋君子以人自治耳。只爲「道不遠人」，故君子「以人治人」，改而遂止。下面「忠恕」二節，正是「以人治人」之事。

陸景鄴曰：道，率吾性之自然，不由推致；忠恕，用比擬之功力，剖破藩籬。明是兩層，故不即謂之曰「道」，而曰「違道不遠」。

不以勿願者施人，常以求人者反己，忠恕也夫！道豈遠乎？不遠人以爲道者，惟忠恕而已矣。

黄貞父曰：君子之道無有餘不足，故曰中庸。有餘不足，皆病也。此病只是精神放肆，故曰「不敢不勉」，「不敢盡」。「不敢」二字最妙，即下「顧」字精神，即首章「戒慎」、「恐懼」。有此心神常攝，方是脩道君子。

陶石梁曰：「道不遠人」章，語最切近。「道不遠人」，不遠於人之情也。是故不近人情之事，皆不可爲道。以人所不及望人，以己所不願加人，以己所不能求人，皆所謂不近人情之事也。只就人己對立時，一加體勘，便六通四闢矣。湯宣城曰：……想「胡不」字、「爾」字，口語俱是退步，直接「道不遠人」，不得泥贊美作進步説。

王守溪云：「未能」，正想望中庸之不可能，若呆説「未能」，便是自諉。

子曰：「道不遠人，人之爲道而遠人，不可以爲道。《詩》云：『伐柯伐柯，其則不遠。』執柯以伐柯，睨而視之，猶以爲遠。故君子以人治人，改而止。忠恕違道不遠，施諸己而不願，亦勿施於人。君子之道四，丘未能一焉。所求乎子，以事父，未能也；所求乎臣，以事君，未能也；所求乎弟，以事兄，未能也；所求乎朋友，先施之，未能也。庸德之行，庸言之謹，有所不足，不敢不勉；有餘，不敢盡。言顧行，行顧言，君子胡不慥慥爾。」

右第十三章。

素位章

所謂「素其位而行」者，有所以立於位之先，而後可以轉徙於位之中，故曰「素」也。素可以青，可以黄，而君子涅而不緇，其素如一。可以出入青黄之中，而無改焉。使其改，則一染之後，不能更染矣。未至而望謂之「願」，所謂妄想也。有其素而因其位，於位而得其素焉，又何妄想之有？「素富貴」八句，存其未始有富貴、有貧賤、夷狄、患難之素，而行乎四者之間，故不失乎常，而常得吾體，故曰「自得」也。因「自得」，故不求得。因不求得，所以不怨不得。而隨身所處，悉爲坦途；一身之外，盡委造化；而居易俟命，無兩事矣。末節證之於射。射者，不求於百步之外，而審於扶寸之括，得其身之素，而以爲子臣弟友之鵠，無不中焉，故曰「似君子也」。

張侗初曰：太素者，道之始也，性也，率性則素位而行矣。起念不依本性，則願外矣。性者，入富貴而不淫，入貧賤而不亂，入夷狄患難而不驚，天不能造我榮枯，人不能司我順逆，廓然平易，坦然高明，君子所爲通天地萬物爲大身者也，故曰「反求諸其身」。

莽夫操弧以祈中的，勢所必無。持弓審矢，必其素相服習，然後弓勁手柔，獸肥草淺，貫革穿楊，無不如意。學射在先，故曰「素位」；得手應心，故曰「自得」。

正、鵠皆鳥名。鵠，鴻鵠也。正、鳷鳥也。鳷小而飛最疾，故取以爲的。

君子素其位而行，不願乎其外。素富貴，行乎富貴；素貧賤，行乎貧賤；素夷狄，行乎夷狄；素患難，行乎患難。君子無入而不自得焉。在上位不陵下，在下位不援上，正己而不求於人，則無怨。上不怨天，下不尤人，故君子居易以俟命，小人行險以徼幸。子曰：「射有似乎君子，失諸正鵠，反求諸其身。」

右第十四章。

行遠章

《詩經》本解云：雖妻子好合，如鼓琴瑟，必兄弟既翕，而後和樂且耽，則是兄弟真能宜室家、樂妻孥者也。因兄弟及妻子，而父母亦順。看作三層，實有登高行遠之意[一]。父母固不可作高遠，然順父母，必有其自。妻子兄弟，其自也。以順父母爲高遠者，非以妻子兄弟皆卑邇者。亦非爲翕，爲樂，爲順，事事皆有個節級。卑邇在此，高遠未嘗不在此已。曰：「必自邇」，則止有一邇，極而至萬里之外。身在此，即自邇也。「行遠」二字，須會其意。若説要「行遠必自邇」，則仍有遠見矣。

奉父母爲高遠，則天下好高遠之心淡矣。舜受命，武周達於上帝，高遠乎？卑邇乎？佛家遺棄人倫，儒者全無實用，皆於此處蹉過。

君子之道，辟如行遠必自邇，辟如登高必自卑。《詩》曰：「妻子好合，如鼓瑟琴。兄弟既翕，和樂且耽。宜爾室家，樂爾妻孥。」子曰：「父母其順矣乎！」

右第十五章。

校勘記

〔一〕見《詩・小雅・常棣》。

鬼神章

陸君啓曰：鬼神至無，而誠至即有，故云云。如何將「誠」推在鬼神身上而云實有？鬼神，視不見，聽不聞，而曰「如在」，鬼神豈實有者耶？「實有」二字亦當不得「誠」字。鬼神便是鬼神，故通章以祭祀言之。良能、功用等語，可謂罔鬼神也。

許白雲曰：言在上，又言在左右，充塞都是鬼神。不是或在上，或在左右，恍惚無定之説。劈頭説個「使天下之人」，誰使之也？此言最善名狀。

《中庸》原是禮書，《樂記》曰：「明則有禮樂，幽則有鬼神。」《中庸》三十三篇之陟入「鬼神之爲德」，政是言禮樂鬼神功用合一處。

子曰：「鬼神之爲德，其盛矣乎！視之而弗見，聽之而弗聞，體物而不可遺。使天下之人齊明盛服以承祭祀，洋洋乎如在其上，如在其左右。《詩》曰：『神之格思，不可度思，矧可射思！』夫微之顯，誠之不可揜，如此夫！」

右第十六章。

大孝章

《記》云：「禮時爲大。堯授舜，舜授禹，湯放桀，武王伐紂，時也。」〔二〕時中，君子之中庸也。歷舉舜、禹、文、武，中庸善言時也。千古莫破。

董思白曰：「必受命」，不必於命，而必於受命者也。而世人妄以顏夭憲貧，將聖人四必之旨作一種疑案。不知聖人之所謂禄位名壽者，論理而不必論數也。

李九我曰：「必受命」應在前。四「必」字前只必之以德，此方是必之以天。「受」字可玩。是舜可以受天之命，非天私之也。語曰：「升不受斗」，兩邊恰好曰「受」。

子曰：「舜其大孝也與！德爲聖人，尊爲天子，富有四海之内，宗廟饗之，子孫保之。」故大德必得其位，必得其禄，必得其名，必得其壽。故天之生物，必因其材而篤焉。故栽者培之，傾者覆之。《詩》曰：「嘉樂君子，憲憲令德。宜民宜人，受禄於天，保佑命之，自天申之。」故大德者必受命。

右第十七章。

校勘記

〔一〕《禮記・禮器》：「禮時爲大，順次之，體次之，宜次之，稱次之，堯授舜，舜授禹，湯放桀，武王伐紂，時也。」

無憂章

文王以服事殷，武王竟取殷天下。以俗論，貽文王憂者，莫武王若矣。以中庸論之，化家爲國，雖是另起一番事業，而夫子方以爲述，方以爲纘，方以爲成德，方以爲孝，方以爲善繼善述；將觀兵孟津與有二服事〔一〕之念打作一椿事，會成一片心；而放伐之業，竟可與大舜同其受命。此子思之旨也。

此節拈出太王作前有作。末節拈出周公述後有述。安得有憂？「武王纘太王、王季、文王之緒」，則是「父作之」内，已兼有文王；「周公成文武之德」，則是「子述之」内，亦兼有文王。可見肇基鷹揚，皆文王意中事，何憂之有？

韓求仲曰：文王一生憂勤。子思此論是翻案。

本文既曰：「三年之喪，達於天子矣」，又曰：「父母之喪，無貴賤一也」，不幾重複乎？三年之喪，不獨父母也。適孫爲祖，爲長子，爲妻，天子達於庶人，一也。周穆后崩，太子壽卒，叔向曰：「王一歲而有三年之喪二焉」〔二〕，故復曰：「父母之喪，無貴賤一也。」此段朱注未明，予特拈出以示學者。

予曰：「無憂者其唯文王乎！　以王季爲父，以武王爲子，父作之，子述之。」武王纘大王、王季、文王之緒，壹戎衣而有天下，身不失天下之顯名，尊爲天子，富有四海之内，宗廟饗之，子孫保之。武王末受命，周公成文、武之德，追王大王、王季，上祀先公以天子之禮。斯禮也，達乎諸侯、大夫及士、庶人。父爲大夫，子爲士，葬以大夫，祭以士；父爲士，子爲大夫，葬以士，祭以大夫。期之喪達乎大夫，三年之喪達乎天子。父母之喪，無貴賤一也。

校勘記

〔一〕《論語·泰伯》：「三分天下有其二以服事殷，周之德，其可謂至德也已矣！」

〔二〕《左傳·昭公十五年》：叔向曰：「王其不終乎。吾聞之：『所樂必卒焉。』今王樂憂，若卒以憂，不可謂終。王一歲而有三年之喪二焉。於是乎以喪賓宴，又求彝器，樂憂甚矣，且非禮也。」

達孝章

姚承庵曰：此「達孝」即承上章「達」字來。「孝」是人的庸德，人人所欲盡者。武王、周公纘緒成德，不特身盡其孝而達乎諸侯、大夫及士庶人，使皆得因分以自盡，則其孝是達之家國天下者，故夫子以「達孝」歸之。

韓求仲曰：宗廟之禮一節，是下文治國機關，亦即是達孝作用。

張元岵曰：已前說宗廟，此說郊社，却又於禘嘗說個義字，政見得享帝精神，就苞醞在享親裏面，不是兩番作用。若在後人，便把郊社看做天大來事。禘嘗作平等觀耳。聖賢道理，小中見大，大中見小，所以爲達。

韓求仲云：辨賢也，非辨賢否也。不序，則賢隱，無以辨其賢之品第才能。《虞書》記舜，只是類於上帝，禋於六宗，望於山川，徧於群神，便了却垂裳作用。爾時天人相去不遠，帝王經綸，大半在幽明鬼神上做工夫。已後宇宙多事，同氣之倫，脊脊擾擾，無暇問及此矣。

人問何爲禘嘗之義？蓋周始爲諸侯，止用得嘗。及爲天子，乃因嘗而達之於禘，因禘而達之郊社，豈非有義！

子曰：「武王、周公其達孝乎！夫孝者，善繼人之志，善述人之事者也。春秋脩其祖廟，陳其宗器，設其裳衣，薦其時食。宗廟之禮，所以序昭穆也；序爵，所以辨貴賤也；序事，所以辨賢也；旅酬下爲上，所以逮賤也；燕毛，所以序齒也。踐其位，行其禮，奏其樂，敬其所尊，愛其所親，事死如事生，事亡如事存，孝之至也。郊社之禮，所以事上帝也；宗廟之禮，所以祀乎其先也。明乎郊社之禮，禘嘗之義，治國其如示諸掌乎！

右第十九章。

問政章

夫子論政多矣，莫詳於告哀公。子思採入《中庸》，以見夫子無舜之遇，無武之功，無周之權，而其天下國家之作用無不備足；則堯舜以來之統，所以歸之夫子也。

當日公室衰弱，全因等殺不明，故政在大夫。夫子藏此二語，有無限機鋒。

謝象三曰：有等有殺，尊親益篤。

今有壤地於此，無樹木以取滋膏腴，與瓦礫等棄耳。虞不以四凶亂，殷反以三仁亡〔一〕，取不取之所系大矣。

徐自溟曰：不言義親序别信等字，而只列言君臣父子夫婦兄弟朋友者，蓋即人即道也，道不遠人也。故曰：「仁者，人也」，言人不必更言道矣。

李崆峒曰：爲政在人，非其人而用之，則不官；取人以身，非其身而取之，則不人。不人而曰「世無人」；不官而曰「世無官」，有是理哉？孟子曰：「虞不用百里奚而亡；秦穆公用之而霸〔二〕。」劉基、徐達固元生之也，我太祖用之而興。世無人耶，有人耶？

韓求仲云：「經」曰：「來百工」，蓋聖王足國俱取諸工，故薄歛而國用足，此管商諸書之祖也。

王顯甫曰：不曰列辟畏之，而曰天下畏之，則還是諸侯擁護，内外莫侮意。

「誠」與「誠之」有兩解，無兩人。世眼瞶瞶，誰能解此？

不是功力盡後見誠，就下手時，便是誠處。

羅文恭云：落思想者，不思，即無；落存守者，不存，即無。欲得此理炯然，隨用具足，不由思得，不由存來，此中必有一竅生生，夐然不類，易無思無爲也。「中」不可思議，「和」不可作爲。不思而得，可以想「中」；不勉而中，可以想「和」。致中者，着想不得；致和者，着力不得。

古來堯舜揖遜，湯武征誅，周公破斧等事，驚天動地，駭古震今。即自後人觀之，頗爲咋舌。何以自聖人出之，却是喫飯著衣，不惹分毫勉强？此從容之妙也，此中庸之妙也。

明辨處種子到手，功夫自然樸實，不露一些精采，故曰「篤行」。博學、慎思、審問、篤行，都是方便法門。到得「明」「强」，方便都用不著，故曰：「無病仍除藥，還家莫問程。」

哀公問政。子曰：「文武之政，布在方策，其人存，則其政舉，其人亡，則其政息。人道敏政，地道敏樹。」夫政也者，蒲盧也。故爲政在人，取人以身，脩身以道，脩道以仁。仁者人也，親親爲大；義者宜也，尊賢爲大。親親之殺，尊賢之等，禮所生也。在下位，不獲乎上，民不可得而治矣。故君子不可以不脩身，思脩身不可以不事親，思事親不可以不知人，思知人不可以不知天。天下之達道五，所以行之者三。曰：君臣也，父子也，夫婦也，昆弟也，朋友之交也。五者天下達道也。知、仁、勇，三者天下之達德也。所以行之者一也。或生而知之，或學而知之，或困而知之，及其知之，一也。或安而行之，或利而行之，或勉强而行之，及其成功，一也。子曰：「好學近乎知，力行近乎仁，知恥近乎勇。」知斯三者，則知所以脩身；知所以脩身，則知所以治人；知所以治人，則知所以治天下國家矣。凡爲天下國家有九經曰修身也，尊賢也，親親也，敬大臣也，體群臣也，子庶民也，來百工也，柔遠人也，懷諸侯也。修身則道立，尊賢則不惑，親親則諸父昆弟不怨，敬大臣則不眩，體群臣則士之報禮重，子庶民則百姓勸，來百工則財用足，柔遠人則四方歸之，懷諸侯則天下畏之。齊明盛服，非禮不動，所以修身也。去讒遠色，賤貨而貴德，所以勸賢也。尊其位，重其禄，同其好惡，所以勸親親也。官盛任使，所以勸大臣也。忠信重禄，所以勸士也。時使薄斂，所以勸百姓也。日省月試，既稟稱事，所以勸百工也。送往迎來，嘉善而矜不能，所以柔遠人也。斷絶世，舉廢國，治亂持危，朝聘以時，厚往而薄來，所以懷諸侯也。凡爲天下國家有九經，所以行之者一也。凡事豫則立，不豫則廢。言前定則不跲，事前定則不困，行前定則不疚。道前定則不窮。在下位不獲乎上，民不可得而治矣。獲乎上有道：不信乎朋友，不獲乎上矣。信乎朋友有道：不順乎親，不信乎朋友矣。順乎親有道：反諸身不誠，不順乎親矣。誠身有道：不明乎善，不誠乎身矣。誠者，天之道也；誠之者，人之道也。誠者，不勉而中，不思而得，從容中道，聖人也。誠之者，擇善而固執之者也。博學之，審問之，慎思之，明辨之，篤行之。有弗學，學之，弗能弗措也。有弗問，問之，弗知弗措也。有弗思，思之，弗得弗措也。有弗辨，辨之，弗明弗措也。有弗行，行之，弗篤弗措也。人一能之，己百之；人十能之，己千之。果能此道矣，雖愚必明，雖柔必强。

右第二十章

校勘記

〔一〕《尚書・舜典》：「流共工於幽州，放驩兜於崇山，竄三苗於三危，殛鯀於羽山。」是爲四凶。亦見《史記・五帝本紀》《論語・微子》：「微子去之，箕子爲奴，比干諫而死。」是爲三仁。亦見《史記・殷本紀》。

〔二〕語見《孟子・告子下》。

誠明章

天命之謂「性」，修道之謂「教」，異名只是同源。「自誠明謂之性，自明誠謂之教」，兩路總歸一路。《楞嚴經》上説「性覺妙明，本覺明妙〔一〕」。松山注云：「即寂而照曰妙明；即照而寂曰明妙。」即此意也。

《論語》無「誠」字，《中庸》始言之。周子曰：「誠無思，誠無爲。」此解「誠」字之妙旨也。別解皆非。

首二句即首章「性」「教」之分，下二句即前章成功之一。

誠明者，如燧取火，何嘗不取？取之隨足。明誠者，如乞火覓燧，不知燧中有火，到得有燧，無用乞火矣。火既到手，豈有二耶？故誠明未嘗廢「教」，明誠未始不率「性」。

自誠明，謂之性；自明誠，謂之教。誠則明矣，明則誠矣。

右第二十一章。子思承上章夫子天道人道之意而立言也。自此以下十二章，皆子思之言，以反覆推明此章之意。

校勘記

〔一〕《頻伽藏・秘密部・大佛頂如來萬行首楞嚴經》卷四：「性覺妙明，本覺明妙。」

盡性章

張侗初曰：何謂「至」？「無聲無臭，至也。」何謂「盡」？天地萬物爲一體，盡也。誠即性也。誠至而性渾然全矣，有何不盡？盡性即是盡人性、盡物性也。譬如和合諸香，爇一塵，具足衆氣；沐浴大海，掬微滴，用匝百川。無不有，乃無際之虚空。無不照，乃無塵之浄境。此盡性之義也。楊復所曰：吾儒之學，原以人物爲擔子，化育爲生涯。作僞者，不能盡其性，遂與草木同朽腐。至誠者，能盡其性，則與天地並立而爲三矣。孰去？孰取？人其擇之。

性生天，生地，故可以贊天地之化育。天地萬物依我性而立，我性不依天地萬物而立，故與天地萬物並立而爲三。人須要識得個誠體性體。無假之謂誠。有此誠，故性用不論於空寂。無礙之謂性。有此性，故誠境不滯於思爲。

唯天下至誠爲能盡其性。能盡其性，則能盡人之性；能盡人之性，則能盡物之性；能盡物之性，則可以贊天地之化育；可以贊天地之化育，則可以與天地參矣。

右第二十二章。

致曲章

何謂「曲」？曰：火在石中，擊石傳火。何謂「化」？曰：火出石盡，灰飛煙滅。致曲者，委曲而致之也。一了百了，惟至誠能之。致曲却須積漸，到得透露處，成功則一。姚承庵曰：「曲」即曲成之曲，不當作偏字解。誠者不思不勉，自然能盡其性，何等直截！其次則必擇善而固執之。要博學，要審問，要慎思、明辨、篤行，何等曲折！此等一不推致，即不能明善誠身矣。故云「致曲」。

「唯天下至誠爲能化」，而至曲者亦與之同矣。語意如是。

其次致曲。曲能有誠。誠則形，形則著，著則明，明則動，動則變，變則化。唯天下至誠爲能化。

右第二十三章。

前知章

顧涇陽曰：不説至誠之人，而説「至誠之道」，極是。凡今之庸人，於他人之是非利害，無不預先知之，只爲自己不在局内，無一毫我私參入其中，便自眼清，此即所云「至誠之道」也。「如神」，非言至誠之神，正言至誠之庸也。天下莫庸者理，執其善不善之理，而後蓍龜靈，四體著，興亡可卜。庸而已矣，而人不知也。人不知，而至誠知，故至誠有「如神」之稱，而没庸常之實。《易》之贊見龍也，曰「庸德之行」，「庸行之謹」，而繼之「德博而化」〔一〕，化從庸出，神從誠出，其旨一也。

此節書總是言中庸，猶費隱、忠恕、素位、行遠自邇、鬼神體物之意。見得至誠前知，亦只是禎祥、妖孽、蓍龜、四體、善不善耳。皆中庸之道，非有奇怪術數也。

樊噲問陸賈曰：「自古人君受命於天，云有瑞應，豈有是乎？」賈曰：「目瞤得酒食，燈花得錢財，乾鵲噪而行人至，蜘蛛集而百事喜。小既有徵，大亦宜然〔二〕。」

許白雲曰：禎者，正也，人有以善，天以符瑞正告之。祥者，詳也。天欲降以禍福，先以吉凶之兆詳審告悟之。

《説文》云：「衣服謗謡草木之怪謂之妖，禽獸蟲蝗之怪謂之孽〔三〕。」

子路問孔子曰：「猪肩羊膞可以得兆，雀葦藁芼可以得數，何必以蓍龜？」孔子曰：「不然，蓋取其名也。夫蓍之爲言耆，龜之爲言舊也，明狐疑之事當問耆舊也〔四〕。」

張侗初曰：治亂，運也；蓍龜，數也；四體，形也。災祥乘運而見，徽兆偶數而生，形神依身而立。總謂之人，不謂之天。若論先天，却有個至誠之道在。善不善先知者，知之於禎祥、妖孽、蓍龜、四體之先也。先知是性中之知，旋轉天地而無功勳，變化萬物而無聲色，故曰「至誠如神」。謂至誠前知之道，如鬼神之有有無無，而參三才贊兩間者，以此也。

至誠之道，可以前知。國家將興，必有禎祥；國家將亡，必有妖孽。見乎蓍龜，動乎四體。禍福將至，善，必先知之；不善，必先知之。故至誠如神。

右第二十四章。

校勘記

〔一〕《易·乾》：「庸言之信，庸行之謹。閑邪存其誠，善世而不伐，德博而化。」

〔二〕語出《西京雜記》卷三。

〔三〕《説文》卷十三上虫部：「蠥，衣服歌謠草木之怪，謂之祥，禽獸蟲蝗之怪，謂之蠥。」段注：蠥，從虫，諸書多用孽，俗作孼」。「謗」應作「謌」，即「歌」。

〔四〕語出《論衡·卜筮篇》。

自成章

張侗初曰：盡性，即盡人物之性上盡；自成自道，只在成物上成。何以故？性無二，故誠之所以自成自道，即物之所以成始成終。同一天命之性，所以成物盡變處，乃是成己完滿處，故曰「時措之宜」。時者，德性中成物妙用也。「誠」，如人一身然。何謂「仁」？一身之血脈元氣也。何謂「知」？一處痛養，滿身皆知，血脈元氣之覺處也。「仁」「知」俱「誠」之別名。

沈虹臺曰：「誠之爲貴」，「誠之」字内有工夫，「擇」「執」是也。「故」字緊領上説。

楊復所曰：「成物」，容易説「仁」，而此獨説「知」，極妙。蓋凡欲擔當世界，肩荷乾坤，非有過人之識、絶世之智者決不能。此所以《大學》説誠意，必先致知，《中庸》説誠身，必先明善也。若非「知」，則「仁」亦一人之「仁」耳。

《學》《庸》俱經世之書，其言斷乎不妄。

袁七澤曰：「誠之在物，如空在諸相中，春在花木裏，搏之無形，覓之無跡。人謂其無，而不知實有者，皆仗「誠」力。無「誠」，無物矣。譬如無空，安能發揮諸相？非春，安能生育萬物？

許敬庵曰：誠自成，而道自道，總是責成於己。然有己必有物，而物皆統於吾之一誠，故曰：「誠者，物之終始，不誠無物。」知君臣、父子、夫婦、兄弟、朋友之間，一有不誠，便皆乖隔，此「不誠無物」也。故「誠」所以成己，即所以成物。鄧定宇曰：「合」者，渾合之謂。「合外内」，猶云無外無内。不曰「合内外」，而曰「合外内」，蓋合外之飛潛動植，乃爲内之血氣心知；合外之生長收成，乃爲内之知覺運動。不合外，原無所謂内也。不是合内外而爲言的話頭。

誠者，自成也；而道自道也。誠者，物之終始，不誠無物。是故君子誠之爲貴。誠者非成己而已也，所以成物也。成己，仁也；成物，知也。性之德也，合外内之道也，故時措之宜也。

右第二十五章。

無息章

不曰「天地之道一也」，而曰「爲物不貳」。「不貳」與「一」相去甚遠，解者不當以「一」代「不貳」。

鄒肇敏云：二從一生也。既有一，即理隱而數出，「不貳」非可以「一」喻也。纔言一，即耦去而奇存，此方是「不貳」。

「博厚」六字是功用，不可云同體。聖人與天地同體在至誠，不在博厚、高明、悠久。

韓求仲云：「博厚」等字面上俱再見，此不過點出天地亦如是耳。試味六「也」字。

老子曰：「有物混成〔一〕」。《易》曰：「天地絪緼〔二〕」。又曰：「一陰一陽之謂道〔三〕」。不一於陰，不一於陽，非有物混成而何？所謂不二也。

楊復所云：此言天之高明，本生昭昭；地之博厚，不越撮土；山之廣大，本起卷石；水之不測，繇於一勺。言天地山川，積小致大。爲至誠者亦如此乎？

雖分動静而物本混成，屆有貞元而運無間斷。妙六子以無端通晝夜而不息。

周海門曰：「不顯」與「於穆」同謂之，豈「不顯」者非也？

張侗初曰：天地不二，見之於河岳、日星、昆蟲、草木，日發生而無盡者，天地之不已也。若以「於穆」爲不已，則天地之生機寂矣。至誠不息，見之於博厚、高明、悠久，變化而無窮者，至誠之不已也。若以「不顯」爲不已，則至誠之妙用掩矣。蓋發，乃是未發，盡人牲，乃是盡物性，成物，乃爲自成。從來本體，未有不見之作用者。此《中庸》之所爲善言天命之性也。

故至誠無息。不息則久，久則徵，徵則悠遠，悠遠則博厚，博厚則高明。博厚所以載物也，高明所以覆物也，悠久所以成物也。博厚配地，高明配天，悠久無疆。如此者，不見而章，不動而變，無爲而成。天地之道，可一言而盡也。其爲物不貳，則其生物不測。天地之道：博也，厚也，高也，明也，悠也，久也。今夫天，斯昭昭之多，及其無窮也，日月星辰繫焉，萬物覆焉。今夫地，一撮土之多，及其廣厚，載華岳而不重，振河海而不泄，萬物載焉。今夫山，一卷石之多，及其廣大，草木生之，禽獸居之，寶藏興焉。今夫水，一勺之多，及其不測，黿鼉蛟龍魚鼈生焉，貨財殖焉。《詩》云：「維天之命，於穆不已。」蓋曰天之所以爲天也。「於乎不顯，文王之德之純。」蓋曰文王之所以爲文也，純亦不已。

右第二十六章。

校勘記

〔一〕語出《老子》第二十五章。

〔二〕語出《易・繫辭下》。

〔三〕語出《易・繫辭上》。

大哉章

管登之曰：「發育」，陶冶之意，蒙昧而開導之，曰「發」；既開而培養之曰「育」。

朱子曰：發育，則春生、夏長、秋收、冬藏，便是聖人之道。不成須要聖人發育〔一〕。

韓求仲曰：《中庸》一書原屬《禮記》，自戒慎而直至中和位育，特究其原而盡其變耳。世爲陸象山者，則曰「我尊德性」；爲朱晦庵者，則曰「我道問學」。昔有兄弟兩分其遺貲，諸凡棹椅之屬，悉中裂而半破之。雖曰無不均之嘆，兩不適於用矣，豈不惜哉！

張侗初曰：四方風動謂之興，遁世不悔謂之默。

不贊「大哉道」，而曰「大哉！聖人之道」，便爲待其人句作張本矣。

大哉！聖人之道。洋洋乎發育萬物，峻極於天。優優大哉！禮儀三百，威儀三千，待其人而後行。故曰苟不至德，至道不凝焉。故君子尊德性而道問學，致廣大而盡精微，極高明而道中庸，温故而知新，敦厚以崇禮。是故居上不驕，爲下不倍。國有道，其言足以興；國無道，其默足以容。《詩》曰：「既明且哲，以保其身。」其此之謂與？

右第二十七章。

校勘記

〔一〕《朱子語類》卷六十四：或問：聖人之道，發育萬物，峻極於天？朱子曰：「即春生，夏長，秋收，冬藏，便是聖人之道。不成須要聖人使他發育，方是聖人之道。峻極於天，只是充塞天地底意思。」

自用章

夏禮只言「吾説」，周禮言「學」，殷禮亦曰「學」，有存焉故也。「有宋存焉」而不從，正見不倍。從來瞶瞶。

此章並陳德、位、時，固不止爲在下言也，而大意則歸重於夫子從周之意。蓋人知有位無德之不可作，而不知有德無位之亦不可作。「亦」字須玩。故夫子之從周，所以從時也。時之所在即中庸矣。向令夫子改物，而王冕之外，豈無損益乎？而康侯以春王正月謂夫子行夏之時，則亦未達於此章之旨矣！

子曰：「愚而好自用，賤而好自專。生乎今之世，反古之道，如此者，災及其身者也。」非天子，不議禮，不制度，不考文。今天下車同軌，書同文，行同倫。雖有其位，苟無其德，不敢作禮樂焉；雖有其德，苟無其位，亦不敢作禮樂焉。子曰：「吾説夏禮，杞不足徵也。

吾説殷禮，有宋存焉。吾學周禮，今用之，吾從周。」

右第二十八章。

宋羽皇曰：無徵之身，過去身也；不尊之身，未來身也。曰：「本諸身」，便知其爲現在持世之身矣，言德而時、位已寓。

湯霍林曰：未議、未制、未考之前，已通身是禮、是度、是文，故曰「本諸身」，泛説便混。

三重章

項仲昭云：題内「徵諸」、「考諸」等字，是説印證，不是説効驗。而徵諸庶民句下，獨無「不謬」「不悖」字樣，蓋民心之信從，可察而不可恃也。

「百世以俟」，猶云聖人復起，必從吾言矣。猶云有王者起，必來取法耳，此必之我，非必之百世以後也。「不惑」，乃我自信其必然耳，故本題不曰「俟百世」，而曰「百世以俟」。

凡人終日見天地，不見鬼神，故疑鬼神甚於天地。終日聞三王，不聞百世聖人，故惑百世聖人甚於三王。言知天知人者，不得但言鬼神百世，總上四句之義也。

「遠之」、「近之」，是形容道妙語，令人隨在皆親；以遠近分地域者非也。如視絶代佳人，遠近皆佳。

王天下有三重焉，其寡過矣乎。上焉者雖善無徵，無徵不信，不信民弗從。下焉者雖善不尊，不尊不信，不信民弗從。故君子之道，本諸身，徵諸庶民，考諸三王而不繆，建諸天地而不悖，質諸鬼神而無疑，百世以俟聖人而不惑。質諸鬼神而無疑，知天也；百世以俟聖人而不惑，知人也。是故君子動而世爲天下道，行而世爲天下法，言而世爲天下則。遠之則有望，近之則不厭。《詩》：「在彼無惡，在此無射，庶幾夙夜，以永終譽。」君子未有不如此而蚤有譽於天下者也。

右第二十九章。

祖述章

讀《堯典》一篇，曆象日月星辰，便是堯之「上律」。其曰：「寅賓出日」「餞納日」等語即是「上律」意。其曰：「平秩東作」，「西成」等語，即是「下襲」意。《月令》亦然。仲尼雖不得位，然其範圍裁成，與得位者一也。

「水土」仍合「天時」說。五行，一曰水，五曰土，原相生相尅，循環無端。「下襲」者，正與時消息處，非僅樂水樂山之見。

項仲昭曰：四爲錯，二爲代。代字易明。若四時順序，何得言錯？錯者一時而備四時之氣者也。

馬君常曰：胸中想着仲尼，口裏忽説天地，此中便有圓滿化工。若於末句復添仲尼便蛇足矣。

「並育」二句亦就道理説。若作形體上説，則虎狼之吞噬，鷹隼之搏擊，萬物之生，焉得不害？惟以萬物之性説，則同此天地，亦同此天地之育，不侵不奪。譬如一室千燈，其光必徧。寒不悖暑，故陰氣生於烈日之中；暑不悖寒，故陽氣回於重泉之下。並行不相悖，亦其氣自相乘除。寒暑之道，未嘗有生滅也。袁了凡曰：流者，出也。川流者如水，分於萬川，滴滴各全水味也。化者，融也。敦化者，如大爐火，釵釧鐶鐘，無不融化而歸一也。一隨萬而出，則縷縷分析而不窮。萬得一而融，則重重攝入而無礙。

仲尼祖述堯舜，憲章文武，上律天時，下襲水土。譬如天地之無不持載，無不覆幬，辟如四時之錯行，如日月之代明。萬物並育而不相害，道並行而不相悖。小德川流，大德敦化，此天地之所以爲大也。

右第三十章。

至聖章

張侗初曰：元氣雖含藏，故四時必備。聖性雖深静，故五德俱全。當春而春，當秋而秋，藏極而發也。時仁則仁，時義則義，静極而生也。所謂未發之中，其中也時，故曰「時出」，蓋從淵泉發根也。

上章曰：「高明配天」〔一〕，而此則詳其所以「配」，故用「故曰」字。然玩「故曰」二字，可見到「配天」地位，只是至聖本分内事。

窮天際地，過化存神，有情之族屬，惡知避而欲知趨。無覺之昆蟲，寒必潛，而燠必出，並在靈心化育，雖非性量生成？如衆沫競注，而江河不流；似萬籟紛吹，而橐籥自寂。天功莫喻，性妙難言。

唯天下至聖爲能聰明睿知，足以有臨也；寬裕温柔，足以有容也；發強剛毅，足以有執也；齊莊中正，足以有敬也；文理密察，足以有別也。溥博淵泉，而時出之。溥博如天，淵泉如淵。見而民莫不敬，言而民莫不信，行而民莫不説。是以聲名洋溢乎中國，施及蠻貊。舟車所至，人力所通，天之所覆，地之所載，日月所照，霜露所隊，凡有血氣者，莫不尊親。故曰配天。

右第三十一章。

校勘記

〔一〕指《中庸》第二十六章《無息》。

經綸章

嘗論此節與首章相反，首章「性」、「道」、「教」，順，從天説到人；此節「經綸」、「立本」、

「化育」，逆，從人説到天。此中庸之極功也。

「夫焉有所倚」，政是首章「致中」之功，何倚之有？倚則不名爲中矣。「肫肫」三語，是申贊其無倚之妙。如經綸大經，尚存君臣父子等倫。無倚，則忠孝友恭等字俱不倚着，止見其一團天性之和藹，豈不是「肫肫其仁」？下二句倣此。

「其天其淵」與上「如天如淵」不同。上「天淵」以實言，故着「如」字；此「天淵」是借來的空字，與「仁」字一般，故言「其」而不言「如」，非有優劣也。

「仁」以言其精，「淵」以言其深，「天」以言其大，而加「肫肫」、「淵淵」、「浩浩」，政以狀「仁」、「淵」、「天」之妙，非更有小仁、小淵、小天也。

馬巽倩云：只如乾坤定位經也，至乾上坤下而否，乾下坤上而泰。此處便少「綸」字不得矣。漢唐宋大經不明，正坐不知「綸」字耳。

聰明聖知，下一「固」字，便不是倚聰明倚聖知。不倚聰明聖知，然後能達天德。「固」字有收斂弢藏之意，與下「絅」字、「闇」字相近，總見無倚之妙。

唯天下至誠爲能經綸天下之大經，立天下之大本，知天地之化育，夫焉有所倚！肫肫其仁，淵淵其淵，浩浩其天。苟不固聰明聖達天德者，其孰能知之！

右第三十二章。

尚絅章

湯宣城云：君子之道，小人之道，即上面君子之中庸，小人之中庸也。小人亦自有道，亦自有中庸，其途各别。

張侗初曰：鼻忘於風，舌忘於味，聖人忘於淡，諸臭有謝，而風無謝也；諸味有盡，而水無盡也，故曰「淡而不厭」。至人寶淡，淡者，性命之精。玄酒味方淡，太音聲正希，此無聲無臭之妙也。

不曰「闇」，而曰「闇然」，蓋「闇」則與「章」對；而闇然，則章即其闇也。正如帷燈室劍，寶光隱躍，恐人以爲不章，故又曰「日章」耳。非「闇然」了又「日章」也。

「風」字，如時作風化，風尚、風教、風聲、風氣、風會等語，皆風之中乎物而成聲成變者。「風」當從其體，不當論其至。如厲風知怒，和風知喜，淒風知哀；又如鼻中息，緩急粗細，便知心氣槖籥處。

張元岵云：「知遠」、「知風」，是從外説到内也。却又掉個轉身説「知微之顯」，曲直横斜，文章理道，兩盡其妙，若一直説去，有何義味？

張侗初曰：引「尚絅」之詩，贊嘆一個「闇」；引「潛伏」之詩，贊嘆一個「不見」；引「屋漏」之詩，贊嘆個「不言」、「不動」；引「靡争」之詩，贊嘆個「不賞」、「不怒」；引「不顯」之詩，贊嘆個「篤恭」；引「皇矣」之詩，贊嘆個「不大」；引「蒸民」之詩，贊嘆個「無聲無臭」。用引詩體作結局，直是發明「未發之中」，「天命之謂性」也。

賞罰勸威，並不宜着相。只講君子不疚不愧，意象闇然，到此只有可想無可說。

馬君常曰：君子亦有賞，亦有怒，但勸威不在此。

楊復所曰：吾人學問，原是平天下的學問少，見得大賢大聖與愚夫愚婦略有不合處，便是平地上突起峰巒。

鶴鳴而子和，目與而心成。聲色，亦化民所不廢也，而本在焉，故曰「末」，不得盡說壞聲色。

馬君常云：全節摹寫不顯之德，與《李夫人歌》「是耶非耶」光景不殊。若從聲色等語呆實分疏，片紙萬山矣。

劉端甫云：末非粗也。語云「其末立見」，微茫縹緲，太空針芥，渾漠端穎，出於德而已入纖微。世間說「末」的東西，都是少他不得的，如樹上自少枝蘗不得，只是萬紫千紅總來是「末」耳。《大學》言財者，末也。試看天下國家，那一刻少得財用？便知「末」字之義。

徐子卿曰：小人亦閒居放肆到人見即厭。然可見這人所不見之地極是用工。關竅處所，切莫放過。

徐子卿曰：或問：「上天之載」，註說個「事」字；或云：「載，始也。」其義云何？余云：載人物者，地也。載地者，天也。天大而不可載，上而不容載，語載，其無聲無臭乎？要明白斬截，説得粗，入得細，模糊影響，無有是處。「毛猶有倫」言以毛比德，猶有倫類可擬，非毛之猶有倫也。須辨。袁了凡曰：獨者無對之稱，有倫斯有對矣。觀毛猶有倫，則知絲毫有對，終非獨體。

張侗初曰：無聲無臭，天命之初。闇然篤恭，未發之體。然戒慎恐懼，却是位育實地。内省不疚，却是平天下真把柄。可見至誠至聖與天命合一處，不是無根。

《詩》曰：「衣錦尚絅」，惡其文之著也。故君子之道，闇然而日章；小人之道，的然而日亡。君子之道，淡而不厭，簡而文，温而理。知遠之近，知風之自，知微之顯，可與入德矣。《詩》云：「潛雖伏矣，亦孔之昭。」故君子内省不疚，無惡於志。君子之所不可及者，其惟人之所不見乎！《詩》云：「相在爾室，尚不愧於屋漏。」故君子不動而敬，不言而信。《詩》曰：「奏假無言，時靡有争。」是故君子不賞而民勸，不怒而民威於鈇鉞。《詩》曰：「不顯惟德，百辟其刑之。」是故君子篤恭而天下平。《詩》云：「予懷明德，不大聲以色。」子曰：「聲色之於以化民，末也。」《詩》曰：「德輶如毛。」毛猶有倫。「上天之載，無聲無臭」，至矣！

右第三十三章，子思因前章極致之言，反求其本。復自下學爲己謹獨之事推而言之，以馴致乎篤恭而天下平之盛。又贊其妙至於「無聲無臭」而後已焉。蓋舉一篇之要而約言之。其反復丁寧示人之意，至深切矣。學者其可不盡心乎！

四書遇

論語學而第一

時習章

《論語》首章《乾》内卦，三龍皆備。「時習」、「終日乾乾」，惕龍也。「朋來」、「見龍在田」，「德施普也」。「不知不愠」、「不見是而無悶」，潛龍也。張侗初曰：世人只認學不真耳，若識得學爲何事，便自然悦此際光景。獨聖人能描寫一二，所謂飲水知冷，食蜜知甜也。

譬之彈琴，時時操弄，得手應心，此種意趣，悠然自領。知音遠來，引商刻羽，動指會心，相對莫逆，豈非至樂！至如村夫竪子，頑木不知；癡牛相向，毫不介心。一念冷然，自舞自蹈已耳。

宋羽皇曰：「遠方」，不是舉遠該近，亦不是爲近者耳目習孰生厭。聖賢相證，豈資徒衆？一士印心，便空宇宙。神龍不並澤，麟鳳不共國，故曰「遠方」耳。凡學問最怕拘板。必有活動自得處，方能上達。曾子所謂「傳不習乎」亦懼此病。「習」之獨見於《坎》《兑》。《坎》與澤皆水也，故曰：「水哉！水哉！」曰：「逝者如斯夫，不舍晝夜。」君子於是取「習」焉。「悅」，正在苦心時想見，故曰「不亦」。

子曰：「學而時習之，不亦説乎！有朋自遠方來，不亦樂乎！人不知而不愠，不亦君子乎！」

務本章

吕子巽謂：其爲人章提「本」字「爲」字極好。舍「孝弟」，別無人；舍爲「孝弟」別無爲人。會得「本」字，「孝弟」直是生天生地；會得「爲」字，「孝弟」直是充天塞地。

道生叫不得枝葉，只好譬作樹中之有滋液。根本不凋，滋液暢滿，自會發生；千尋之樹，究竟只完得初來一點種子。若説枝葉，便在形跡上去矣。

聚仁於「孝弟」中，如木反蔕於核芽；鳥收聲於鷇殼。枝葉聲音，政自苞括不盡。劉頤真曰：只要了得核中一個「仁」，「仁」中有一點生意，藏之土中，春風纔動，根生幹長，都出自然。

有子曰：「其爲人也孝弟，而好犯上者，鮮矣；不好犯上，而好作亂者，未之有也。君子務本，本立而道生。孝弟也者，其爲仁之本與！」

鮮仁章

不曰「仁鮮矣」，而曰「鮮矣仁」，聖人婆心，不肯説煞。知剛毅木訥之近仁，則知鮮仁矣；知巧言令色之鮮仁，則知仁矣。「巧言」是談「仁」的；「令色」是取「仁」的。言不根心，雖韓文馬賦，皆謂之「巧言」；「色」不根心，雖堯行舜趨，皆謂之「令色」。其實俱在「仁」上打點，只打點在外耳。

子曰：「巧言令色，鮮矣仁。」

三省章

「爲人謀而不忠」如何「省」？嘗問一先輩曰：「公自想亦有私否？」答曰：「那得無私！吾兄子病，一夕十起，退而安寢如故。吾子病，吾不往視，然竟夕不寐也。何謂無私！」此亦爲人謀之徵密證據也。

昔有禪師常日喚主人公：「惺惺否？」自答曰：「惺惺〔一〕。」此即是日省之意。三「乎」字是細細問心之詞，故曰「三省」。

邢和叔一日三檢點。明道曰：「可哀也哉！其餘時，理會甚事？蓋倣三省之説錯了，可見不曾用功。」〔二〕

曾子曰：「吾日三省吾身：爲人謀而不忠乎？與朋友交而不信乎？傳不習乎？」

校勘記

〔一〕朱熹編《上蔡先生語録》：「敬是常惺惺法，心齋是事事放下，其理不同。」朱熹注：「惺惺乃心不昏昧之謂，只此便是敬。學問須是警省，且如瑞巖和尚每日常自問主人翁：『惺惺否？』又自答曰：『惺惺！』今時學者却不能如此。」

〔二〕《河南程氏外書》卷第十二：「邢七曰：『一日三點檢。』伯淳曰：『可哀也哉！其餘時多會甚事？蓋仿三省之説錯了，可見不曾用功。』」

千乘章

子曰：「道千乘之國，敬事而信，節用而愛人，使民以時。」

故愛人實根於「節用」。

丘毛伯曰：凡國家有重費者，必有重斂；有重斂者，必有重法。法一重，而人莫必其命矣。

「信」不專在言，「人」不專在民。

弟子章

子曰：「弟子入則孝，出則弟，謹而信，泛愛衆而親仁。行有餘力，則以學文。」

此章以弟子起語，全是責成爲父兄者。

易色章

張恭簡云：今人賢人之廉，未嘗易其好利之心；賢人之恬退，未嘗易其好進之心。可想「易」字之義。

「事君」言致身，縱一死，豈遽完得？若不「致身」，便是不臣之極，只緣一死判不下耳。

子夏曰：「賢賢易色；事父母能竭其力；事君能致其身；與朋友交言而信。雖曰未學，吾必謂之學矣。」

威重章

韓求仲云：「重」是學問用力處，不以氣質言。

柳子厚云：立身一敗，萬事瓦裂〔二〕。「不重」須如此看，方有關係。若在威儀上講，世豈無衣冠堯禹，而行同桀跖者哉！明眼人莫被此輩瞞過。

下三句都不曾説到威儀動盪上去，可想「重」字之義。「憚改」古人譬之如小見護痛。

楊復所曰：「學則不固」與「則學不固」有辨。蓋「重」便是「學」，別無二事，故曰「君子不重則不成」，「學則不固」。一不「重」就是「不威」，「不固」了，故二「則」字俱在上。如今人解「重」之外，還有個「學」，分明是「則學不固」了，豈「學則不固」之文脉哉！

子曰：「君子不重則不威；學則不固；主忠信，無友不如己者；過則勿憚改。」

校勘記

〔一〕《柳河東集·寄許京兆孟容書》：立身一敗，萬事瓦裂；身殘家破，爲世大僇，復何敢更望大君子撫慰收恤。

歸厚章

澆薄之民，如亡子久離鄉井。若遇人指點故鄉景色，便想歸來。故曰「民德歸厚」。顏色之戚，哭泣之哀，吊者大悦：政是「民德歸厚」處。

曾子曰：「慎終追遠，民德歸厚矣。」

聞政章

「温、良、恭、儉、讓」，是夫子不忍恝視斯民，故於觀風問俗時，現出一片虚己近人光容，如春日和煦，萬物皆怡，咨詢觀考到處，自然得其要領。如問禮同官之類，子禽原不指定邦君與夫子，夫子必求邦君。子貢亦不指定夫子之得，得之邦君也。從來瞶瞶。

吴長卿云曰：聞曰「得」，只是引鐵遇磁，若「與」若「求」，未免刻舟求劍。只摹寫其有意無意方高。

細讀白文，自明邦君從何地出現。

吴伐越，墮會稽，獲骨專車。吴子使來好聘，且問之仲尼，曰：「無以吾命。」〔一〕夫博物固聖人餘事，春秋之吴，以夷待之，其君好問，一至於此。以至陳則肅慎之矢〔二〕，楚則商羊〔三〕、萍實〔四〕，遣使遠問。「夫子至於是邦也，必聞其政」，其故可得而思之。

子禽問於子貢曰：「夫子至於是邦也，必聞其政，求之與，抑與之與？」子貢曰：「夫子温、良、恭、儉、讓以得之。夫子之求之也，其諸異乎人之求之與？」

校勘記

〔一〕《孔子家語・辯物第十六》：吴伐越，墮會稽，獲巨骨一節，專車焉。吴子使來聘於魯，且問之孔子，命使者曰：「無以吾命也。」

〔二〕同上：孔子在陳……惠公使人持隼如孔子館而問焉。孔子曰：「隼之來遠矣，此肅慎氏之矢。」

〔三〕《孔子家語・辯政第十四》：齊有一足之鳥，飛集於宫朝下，止於殿前，舒翅而跳，齊侯大怪之，使使聘魯，問孔子，孔子曰：「此鳥名曰商羊，水祥也……」

〔四〕《孔子家語・致思第八》：楚王渡江，江中有物大如斗，圓而赤，直觸王舟，舟人取之。王大怪之，遍問群臣，莫之能識。王使使聘於魯，問於孔子。子曰：「此所謂萍實者也，可剖而食之，吉祥也，唯霸者爲能獲焉。」

觀志章

管登之曰：此章必爲有家之大夫輕改父道，而以幹蠱矜能者發。有子、考無咎父子相承，全在善繼善述。「三年無改於父之道」須於「道」字「無改」字、討箇對同。

子曰：「父在，觀其志；父没，觀其行；三年無改於父之道，可謂孝矣。」

禮用章

《中庸》「發而皆中節，謂之和」，是此章註疏。「和」不在禮外，故曰「禮之用」；「節」亦不在禮外，故曰「以禮節之」。

曾子曰：「狎甚則相簡，莊甚則不親。是故君子之狎足以交歡；其莊足以成禮。」孔子聞其言曰：「二三子識之，孰謂參也不知禮乎？」〔一〕

有子曰：「禮之用，和爲貴。先王之道，斯爲美。小大由之。有所不行，知和而和，不以禮節之，亦不可行也。」

校勘記

〔一〕《孔子家語·好生第十》：曾子曰：「狎甚則相簡，莊甚則不親。是故君子之狎足以交歡；其莊足以成禮。」孔子聞斯言也，曰：「二三子志之，孰謂參也不知禮乎？」

近義章

「義」「禮」曰「近」，「言」曰「可復」，「恥辱」曰「遠」，「親」曰「不失」，「宗」曰「亦可」，未嘗實下一字，總見君子一片憂危謹慎之心。

邵堯夫曰：吾人爲善，當量力而爲之，此語最深。夫物過其量，不能相繼。忠厚長者之名，亦不宜多取。且生平肝膽有數，豈容輕易許人。有子直爲負氣者下一金針。

善不可爲，何況爲惡。亦是此意。

顧仲朗云：世人皆以「復言」爲信，故聖賢以「義」字壓之。「可復」字直從容商量語耳，不在必「復」也。

春秋諸賢，多適他國依人一事。昔人尤重司城貞子、蘧伯玉，其一證也。癰疽、瘠環，猶煩孟子辨之。以此知當時「因」字之義矣。

丈夫只有聲應氣求。安肯因人！「因」原非交之正，但能不失其親，亦庶乎可宗也。「亦可」字是聊且之詞。

有子曰：「信近於義，言可復也。恭近於禮，遠恥辱也。因不失其親，亦可宗也。」

好學章

李卓吾曰：此是訓君子如此，不是贊君子如此。若贊君子看，末句血脉便礙〔一〕。

楊復所曰：事與行不同。説「事」，則真有一事在，如農之耕，女之織，非漫言也。試思吾輩所學，果有何「事」？識得此「事」即欲不「敏」，亦能也；即欲不「無求飽」，不「無求安」，不

「慎言」，不「就正」，亦不能也。

子曰：「君子食無求飽，居無求安，敏於事而慎於言，就有道而正焉，可謂好學也已。」

校勘記

〔一〕李贄《四書評·論語卷之一》：子曰：「君子食無求飽，居無求安，敏於事而慎於言，就有道而正焉，可謂好學也已。」李贄評曰：「此是訓君子如此，不是贊君子如此。若作贊君子看，末句血脈便礙。」

貧富章

嘗言志學章，非夫子能進，乃夫子能舍。學問時時進，便時時舍。天龍截却一指，痛處即是悟處。禪學在掃，聖學在脱，總一機鋒〔一〕。明道云：「學者無可添，惟有可減，減盡便無事。」〔二〕切磋琢磨，俱是減法。茅鹿門云：無諂而至於樂，無驕而至於好禮，其中多少層級！不知費多少切磋，多少琢磨！子貢「如切」一節，正爲上兩語體味一番。全不言《詩》，故可與言《詩》。「其斯」指夫子所言進一步又有一步也。上文之「未若」，下文之「往」「來」皆此意。

子貢曰：「貧而無諂，富而無驕，何如？」子曰：「可也，未若貧而樂，富而好禮者也。」子貢曰：「《詩》云：『如切如磋，如琢如磨。』其斯之謂與？」子曰：「賜也，始可與言《詩》已矣，告諸往而知來者。」

校勘記

〔一〕事見《景德傳燈録》卷十《俱胝和尚》。

〔二〕《河南程氏遺書》卷第十一《時氏本拾遺》：學者今日無可添，唯有可減，減盡便無事。

不患章

鏡子不能照物，是鏡體昏，故「患」。若果是秦銅照膽，亦不愁人不知。子貢問於孔子曰：「今之人臣孰爲賢？」子曰：「吾未識也。往者齊有鮑叔，鄭有子皮，則賢者矣。」子貢曰：「齊無管仲，鄭無子産乎？」子曰：「賜！爾聞用力爲賢乎，進賢爲賢乎？」子貢曰：「進賢，賢哉！」子曰：「然。吾聞鮑叔進管仲，子皮進子産，未聞二子之進賢己之才者也。」〔一〕

子曰：「不患人之不己知，患不知人也。」

校勘記

〔一〕語出《孔子家語·賢君第十三》。

論語爲政二

北辰章

末世令行禁止，全没個本領去處銷歸，到此纔能出無入有，相視而化。荀子所謂「誠心守仁」，「誠心行義」也〔一〕。末二句政鞭緊德上，若認作天文訓，便顧子失母矣。郭象註《莊子》曰「動而爲之，則不能居萬物之上〔二〕。」故夫子曰「爲政以德」，曰「無爲而治」，曰「篤恭而天下平」。要想舉八元，誅四凶，封山濬川，事事勤勞，却有個寂然不動處。是爲帝道。

「星拱」亦不譬民歸。只是德本同然，「以德」者，合其本位耳。星何嘗設意拱辰？

王弇州曰：「北極其天之極乎！動處至神而聽於静，静處至微而能制動，亦淵矣。夫人曰膠膠乎，擾擾乎，反而求之，而「極」安在哉！

子曰：「爲政以德，譬如北辰，居其所而衆星共之。」

校勘記

〔一〕《荀子·不苟》：「誠心守仁則形，形則神，神則能化矣；誠心行義則理，理則明，明則能變矣。」

〔二〕《南華真經·德充符》：仲尼曰：「人莫鑑於流水而鑑於止水，唯止能止衆止。」郭象注曰：「動而爲之，則不能居衆物之止。」據此則「上」當爲「止」之訛。

無邪章

蘇長公《心經藏記》云：「聞之孔子，《詩》三百云云，夫有思，皆邪也……無思，則土木也。云何能使有思而無邪，無思而非土木乎？」〔一〕

莊子曰：「大塊噫氣，其名爲風。」〔二〕韓子曰：「物不得其平則鳴。」〔三〕詩歌之道，宣鬱導滯，是節宣人情第一事。蓋人情若水，無所以疏瀹之則懷山襄陵，無所不至。「思無邪」者，惟《詩》三百，故「思無邪」也。感發懲創猶落一層事。

王弇州曰：詩之存淫奔也，非小子所敢知，意非其舊也。示戒徵而道欲重，夫子特揭「無邪」之言救世也，亦自救也。

以一言蔽三百，只是要人慎思。程子曰：「『思無邪』者，誠也。」〔四〕又曰：「哲人知幾，誠之於思。」〔五〕誠於中，形於外。如《牆茨》《鶉奔》之詩，范氏所云：「衛詩至此而人道盡，天理滅。中國無以異於夷狄，人類無以異於禽獸，而國隨以亡。」楊氏謂：「詩載此篇，以見衛爲狄所滅之因也。總起於一點邪思，以至於喪身亡國，可不慎哉！」

子曰：「《詩》三百，一言以蔽之，曰：『思無邪。』」

校勘記

〔一〕蘇軾《虔州崇慶禪院新經藏記》：獨聞之孔子曰：《詩》三百，一言以蔽之曰「思無邪」，夫有思皆邪也，善惡同而無思，則土木也。云何能使有思而無邪，無思而非土木乎？

〔二〕《莊子·齊物論》：「大塊噫氣，其名爲風。」

〔三〕語出韓愈《送孟東野序》。

〔四〕見《四書集注》卷一朱熹注引。

〔五〕《河南程氏文集》卷第八《動箴》：「哲人知幾，誠之於思。」

道齊草

孔子適衛，衛將軍文子問聽獄。孔子曰：「以禮齊民，譬之於御，則轡也；以形齊民，譬之以御，則鞭也。執轡於此而動于彼，御之良也，無轡而用策，則馬失道矣。」

「道之以政」，「道之以德」是分說。「爲政以德」是合說。

子曰：「道之以政，齊之以刑，民免而無恥；道之以德，齊之以禮，有恥且格。」

志學章

志學，是種子也。下得真種子，根苗花果日生日新。人心盡然，何況聖人向學人指點新新光景。初非自敘年譜也。

「不惑」等工夫，聖人於志學以後十五年，便已入手。但得手處，自有次第耳，所謂逐節證，非逐節修也。

楊復所曰：「耳順」如自家家裏人説家裏話，提起便詳詳悉悉，無不知者，毫無隔礙，毫無思議。這是何等地位，何等光景，可易到乎？即知天命，猶覺説道理還有新奇可喜之意在。到此，天命亦爲人事矣。直恁平常。聖人履歷，從聖人口中吐出，如憶夢中所見，如追舊時所識，有一種自吟自賞，不可名言妙處。王龍溪曰：「耳順」乃「六經」中未道之語。目有開閉，口有吐納，鼻有呼吸，惟耳無出入，佛家謂之圓通；「順」與逆封，更無好醜揀擇矣。解之極徹。

舜「達聽」，夫子「耳順。」

子曰：「吾十有五而志於學，三十而立，四十而不惑，五十而知天命，六十而耳順，七十而從心所欲不逾矩。」

無違章

孟僖子將卒，遺命懿子學禮於夫子。於其問孝，而告之以「無違」。意謂「無違」父命耳。下文「以禮」正「無違」之實。後三句當趲重葬祭上。孟僖子既殁，欲其事死如生耳。

孟懿子問孝。子曰：「無違。」樊遲御，子告之曰：「孟孫問孝於我，我對曰：『無違』。」樊遲曰：「何謂也？」子曰：「生事之以禮；死葬之以禮，祭之以禮。」

憂疾章

諺曰：「養子方知父母恩。」只説父母之心，孝子逆子都通身汗下。

凡人急則呼天，疾痛則呼父母，政與親心相照處。

答孟懿子，以守禮爲孝。答孟武伯，以守身爲孝。

孟武伯問孝。子曰：「父母惟其疾之憂。」

能養章

楊復所曰：「『敬』便是『孝』，絶無兩層。拈出『敬』字，『孝』之精神全體現矣。賈子《新書》曰：『假父耰鉏杖篲耳，慮有德色；母取瓢椀箕箒，慮立訊語。抱哺其子，與公併踞；婦姑不相悦，則反唇而睨。其慈子嗜利而輕簡父母也，念罪非有儲理也，亦不同禽獸僅焉耳。』〔一〕孔子論孝，豈有以父母與犬馬相比之理！按《内則》曾子曰：『是故父母之所愛亦愛之，父母之所敬亦敬之。至於犬馬盡然，而況於人乎！』則犬馬者，是父母之犬馬。言孝者自謂能養，至於父母之犬馬，皆能有以養之，但不敬，則何以自別其養父母之心乎？釋者不考，遂成千古之誤。

子游問孝。子曰：「今之孝者，是謂能養。至於犬馬皆能有養；不敬，何以别乎？」

校勘記

〔一〕賈誼《新書・時變》：假父耰鉏杖篲耳，慮有德色矣；母取瓢椀箕箒，慮立訊語；抱哺其子與公併踞，婦姑不相悦，則反唇而睨，其慈子嗜利而輕簡父母也，念罪非有倫理也，亦不同禽獸僅焉耳。「念罪」《賈子新書斠補》改爲「慮」。

色難章

「色難」是養志的虚神，「服勞盛饌」是養口體的實事。

《記》曰：「嚴威儼恪，成人之道也，非所以事親也。」〔一〕嚴恪且不可，況暴戾乎！可以知其難矣。

子夏問孝。子曰：「色難。有事，弟子服其勞；有酒食，先生饌，曾是以爲孝乎？」

告子游，甚言一個「敬」字。告子夏，隱言一箇「愛」字。夫二子乃文學之賢，其於外面事親的儀文決不缺，特懼其少「愛」「敬」之真耳。

校勘記

〔一〕《禮記·祭義》：「嚴威儼恪，非所以事親也，成人之道也。」

如愚章

同堂共席，有獨見獨聞在焉，這便是「私」。「發」從腔子中來，如春陽回，草木動。若到抽芽挺幹，何待「省」也。凡「省」之義，都向裏面説。

顔子與聖人機鋒相對，針芥相投，語語消融，如紅爐點雪。若不消融，一句只是一句，如何發得出來？如人喫物，若不消化，只生在肚裏，如何滋益肌膚？

聖人贊顔子，只一《復》卦。「如愚」，是「休復」之「下仁」；「休」者，意見鋒鋩一齊休却。「足發」，是「敦復」之「自考」；「郭」有篤實光輝意〔一〕。「不違」時，無一語不消落；「足發」時，無一語不精采。鄒嶧山云：「發」如草木生意，謂之非造化之力，不可；謂之盡出於造化，亦不可。尤西川説：「諸子是摹倣孔子，顏子是學自家，都好。」

夫子贊回，如父之贊子，俱以不足之詞，寓無窮之愛。此章曰「如愚」，曰「亦足」，曰「不愚」，何嘗滿口？何嘗盡情？但味其再抑再揚，若有不能盡其形容者。

子曰：「吾與回言終日，不違，如愚。退而省其私，亦足以發，回也不愚。」

校勘記

〔一〕《易·復卦》：象曰：「『休復』之『吉』，以下仁也。」又象曰：「『敦復無悔』，中以自考也。」

觀人章

人不安於僑而安於家，聖人不過指點人認得自家耳。「察其所安」，何與考較人事？觀由，察安，即在視以處着眼。觀由而邪正分，察安而真僞分。此法非止以知人，亦可以自考。

「以」、「由」、「安」是囫圇一件，非三件；一事之間，一人之身，同時俱具。謝東山見阿玄置一屐得當，知其能退苻秦百萬之衆。此是「以」、「由」、「安」一時俱到，不是三件分開。

匡章得罪於父，所爲非矣，而繇於「責善」，將無觀乎？「責善」不免賊恩而出妻屏子，其心之不安可原也，將無察乎？〔二〕他若管仲三北，毛義色喜，徐庶事魏，狄仁傑從周，皆有當觀當察之心跡，不得草草略過。

子曰：「視其所以，觀其所由，察其所安。人焉廋哉？人焉廋哉？」

校勘記

〔一〕《孟子·離婁下》：「夫章子，子父責善而不相遇也。責善，朋友之道也；父子責善，賊恩之大者。夫章子，豈不欲有夫妻子母之屬哉？爲得罪於父，不得近，出妻屏子，終身不養焉。其設心以爲不若是，是則罪之大者，是則章子已矣。」

温故章

鄧定宇云：爲學須翻窠倒臼，如醫之用方，兵之用法，依傍人不得。必須從舊紙堆中翻出新意見來，方可以爲人師。

爲人師，非教人也，即子歸而求之有餘師字一例。

李卓吾曰：井不及泉，謂之井可乎？鐘不能聲，謂之鐘可乎？若記問之學，不足爲人師者，以其言人之言，無所得於心也。諺曰「讀書至老，一問便倒」。其亦所謂井不泉而鐘不聲者與！

子曰：「温故而知新，可以爲師矣。」

不器章

董思白曰：世人多以不器爲無所不能，不知君子政不貴多能。惟其無能可名，故不可以器名。

老子曰：朴散則爲器，聖人用之，則爲官長，故大制不割〔一〕。

子曰：「君子不器。」

校勘記

〔一〕《老子》二十八章：「朴散爲器，聖人用爲官長。是以大制不割。」

先行章

世間儘有説得行不得之事。先把己所欲言者，措之躬行，必大通無礙，然後從之，是之謂躬行君子。本文只説「從之」，並不曾説到從而言之也。

子貢問君子。子曰：「先行其言而後從之。」

周比章

「周」與「比」不在量之廣狹，而在情之公私。情公，即一人相信亦「周」；情私，即到處傾蓋亦「比」。以普愛衆人，專昵一人，分「周」「比」者誤。

聲氣是「周」的血脈；朋黨是「比」的精神。

「小人」與「君子」争差毫釐，不是牛僧儒、王安石一流，鄉原、中行便是榜樣。此直從源頭上理出線索。

子曰：「君子周而不比，小人比而不周。」

學思章

有聞見而無智慧，如人在三光之下而自家無眼，不見一物，終冥然而已。有智慧而無聞見，如明眼人在大暗中舉足坑塹，豈不跪跪！

會得「思」、「學」是一非兩，「罔」、「殆」便一時掃去，不爲兩種人設法也。

一屋子散錢，無索子串起；一條寡索子，無殘可串。皆濟不得事。

子曰：「學而不思則罔，思而不學則殆。」

異端章

陸象山云：孔子時佛教未入中國，雖有老子，其説未著，却指那個爲「異端」？蓋「異」與「同」對，雖同學堯舜，而所學之端緒，與堯舜稍不同，便是「異端」。何止佛老哉！或問：如何是「異」？曰：子先理會得「同」的一端，則凡異此者，皆爲「異端」〔一〕。

孔林預知有顛倒衣裳之秦始皇，豈不知數世之後，有楊墨佛老來與吾夫子鬥法乎？「異端」不必曲解。

子曰：「攻乎異端，斯害也已。」

校勘記

〔一〕《象山先生全集·語録上》：攻乎異端，斯害也已，今世類指佛老爲異端。孔子時佛教未入中國，雖有老子，其説未著，却指那個爲異端？蓋異與同對，雖同師堯舜而所學之端緒與堯舜不同，即是異端，何止佛老哉！有人問吾異端者，吾對曰：「子先理會得同底一端，則凡異此者皆異端。」

誨知章

「知之爲知之，不知爲不知」，息息不昧，千古長存。禪家謂之孤明，吾儒指爲獨體。既不倚靠聞見，亦不假借思維。當下即照，更無轉念，故曰「是知」。

《論語》中「之」字、「斯」字、「是」字，最當着眼，如「是知也」，「是丘也」，俱急切指認。一是不可當下埋没了這點真靈明；一是不可當前蹉過了這箇真面目。

子曰：「由！誨女，知之乎！知之爲知之，不知爲不知，是知也。」

干禄章

「子張學干禄」，只是多聞多見上用工夫。夫子就從此處説起，真是以病爲藥。子張學干禄，子貢貨殖，俱是獅子弄繡球。故夫子調伏二子處，俱在泥水中使刀劍。只是「禄在其中」一語，非夫子不敢言。

「闕」是缺陷之「缺」，終身放不下，正是做工夫處。若一筆勾倒，「疑」、「殆」，公案如何銷得？

聖人看得「寡尤」「寡悔」是千難萬難的事，所以複頓此二句。無窮意味。

凡人一入仕途，真無語不招尤，無事不貽悔，方知「闕疑」「闕殆」，「慎言」「慎行」真是用世要訣。「禄在其中」，不必太講虚理。

子張學干禄。子曰：「子聞闕疑，慎言其餘，則寡尤；多見闕殆，慎行其餘，則寡悔。言寡尤，行寡悔，禄在其中矣。」

民服章

楊復所曰：不説「君子」、「小人」而曰「直」、「枉」，極妙。同一「君子」，惟「直」的「君子」最惹是非，所以容易「錯」。同一「小人」，惟「枉」的「小人」最善迎合，所以容易「舉」。

君子雖困阨折挫，其道自直，所謂石壓筍斜出也。小人夤緣攀附無才而在高位，無德而握重權，豈不厚誣，故曰「錯枉」。

哀公問曰：「何爲則民服？」孔子對曰：「舉直錯諸枉，則民服；舉枉錯諸直，則民不服。」

使民章

康子意在責民，聖人只令反己。一「使」字有意，三「則」字無心。子張言「嘉善」，「矜不能」。〔一〕夫子言「舉善」，固就有位者言。至於「教不能」，則有位無位皆可用力。「教」字與「矜」字，大逕庭矣。

季康子問：「使民敬、忠以勸，如之何？」子曰：「臨之以莊，則敬；孝慈，則忠；舉善而教不能，則勸。」

校勘記

〔一〕《論語·子張》：子張曰：「君子尊賢而容衆，嘉善而矜不能。」

亦政章

陸象山當家三年，自謂於學有進。此正可想「施於有政，是亦爲政」，全是孝友真功實際處。莫徒作米鹽零雜細碎觀也。

魯昭公卒於乾侯，魯人共立昭公弟宋爲君，是爲定公。昭公喪至自乾侯，季孫使意如闞公氏，將溝焉。榮駕鵝曰：「生不能事，死又離之以自旌也，縱子忍之，後必或恥之。」乃止。秋七月，葬昭公於墓道南。孔子之爲司寇也，溝而合諸墓。〔一〕《穀梁傳》曰：「昭公之終，非正終也。定公之始，非正始也。」〔二〕《春秋》於定公元年不書即位〔三〕，正以社稷非先公所命，而命之於意如耳。

玩「是亦」二字，多少含蓄，若執定只此是「政」，則吾夫子栖栖皇皇者何爲？

或謂孔子曰：「子奚不爲政？」子曰：「《書》云：『孝乎惟孝，友于兄弟。』施於有政，是亦爲政，奚其爲爲政。」

校勘記

〔一〕《左傳・定公元年》：「六月癸亥，公之喪至自乾侯。戊辰，公即位，季孫使役如闞公氏，將溝焉。榮駕鵝曰：『生不能事，死又離之以自旌也，縱子忍之，後必或恥之。』乃止。……秋七月癸巳，葬昭公於墓道南。孔子之爲司寇也，溝而合諸墓。」

〔二〕《春秋穀梁傳・定公元年》：「昭公之終，非正終公。定之始，非正始也。昭無正終，故定無正始，不言即位，喪在外也。」

〔三〕《春秋・定公元年》：「戊辰，公即位。」

輗軏章

蘇子由云：「我與物判然二也，車與牛馬判然二也，將何以行之？惟有輗軏以交之，而後車得藉於牛馬也。輗軏者，相交之物也。車與牛馬得輗軏而交。我與物得信而交。金石之堅，天地之遠，苟有誠信，無所不通。吾然後知信之爲輗軏也。〔一〕」

馮秀水云：「『而』字襯起『人』字，見人而萬萬無有不信者矣。設若無之，猶車之萬萬不可無輗軏，其何以行？決無是理也。取車不譬行，只譬萬無之理，從『而』字生來。」

子曰：「人而無信，不知其可也。大車無輗，小車無軏，其何以行之哉？」

校勘記

〔一〕《欒城三集》卷七：《論語拾遺》：我與物爲二，君子之欲交於物也，非信無自入矣。譬如車，輪輿既具，牛馬既設，而判然二物也。夫將何以行之？惟爲之輗軏以交之，而後輪輿得藉於牛馬也。輗軏，轅端持軛者也。故曰：「人而無信，不知其可也。大車無輗，小車無軏，其何以行之哉？」車與馬得輗軏而交，我與物得信而交，金石之堅，天地之遠，苟有誠信，無所不通。吾然後知信之爲輗軏也。

十世章

子張看得世上事不過是這光景，故曰「可知」。然中間還有信不過處，故止曰「十世」。夫子横眼一覷，見戲場中許多雜劇，只是悲歡離合之套數。故把夏殷周做個榜樣説，隨你禹湯文武聖人，也跳不出圈套，有恁麼古怪事，所以道「唐虞揖讓三盃酒，湯武征誅一局棋」。看得破時，天大來事不直一笑。

孔子知百世只在禮上看：制世以禮，禮得中則治，失中則亂。如夏殷質勝，則損在質而益之以文；周末文勝，則損在文而益之以質。《繫詞》云：「損益，盛衰之始也。」〔一〕盛爲衰之始，益而不已必損。衰爲盛之始，損而不已必益。一盛一衰，天運之循環。一損一益，人事之調劑。善觀古者，但觀一代之末造，便知後一代聖人作何補救。故曰「百世可知」。

以世轉我則不可知，以我轉世則何不可知？此意未發。

夫誓以志悔過，志思賢，而識秦之所以興也，繼周之兆也，故聖人以《周書》終《秦誓》。《詩》以頌「車鄰」頌「馬白」，而識秦之所以興，即其所以敗也，亡秦之兆也，故聖人以《寺人》冠《秦風》。

子張問：「十世可知也？」子曰：「殷因於夏禮，所損益可知也；周因於殷禮，所損益可知也；其或繼周者，雖百世，可知也。」

校勘記

〔一〕《周易·雜卦》：「損益，盛衰之始也。」

諂祭章

「見義不爲」，如石火電光，倏起倏滅。只如乍見孺子而怵惕，見義也，不能保四海，則不爲矣。嘑蹴不受，見義也，不能辨萬鍾，則不爲矣。韓求仲云：諂鬼者，諂人之極思耳。著無鬼論者，又當著戒諂論。矇懂者無問矣。既曉得非其鬼而又祭之，既見義而又不爲，一點良知，豈不可惜？

論語八佾第三

子曰：「非其鬼而祭之，諂也。見義不爲，無勇也。」

八佾徹雍二章

葛屺瞻曰：就舞佾景象，聳動他怵惕之心；就歌詩語句，挑醒他羞惡之心。都不把名分與他較，全從心苗中鈎剔。

宰予短喪，夫子曰「女安，則爲之」。季氏僭禮，夫子曰「是可忍也」！聖人遇不忠不孝的，只是挑動他良心，使之惻然自省。

舞佾、雍徹先自魯之僭禮始。三家特立桓廟，故亦用此以祭桓公，是其效尤處。「忍」之一字，原是英雄大作用處。用得光明正大，便是伊尹之放太甲，霍光之廢昌邑；用得曖昧不明，便是王莽、曹瞞一流。

《舞佾章》是熱喝，《雍徹章》是冷嘲。三家聞之，亦應汗下。孔北海在日，曹孟德不敢遽加九錫，時人所以歌「山有猛虎」也。

孔子謂季氏：「八佾舞於庭，是可忍也，孰不可忍也。」

三家者以《雍》徹。子曰：「『相維辟公，天子穆穆』，奚取於三家之堂？」

禮樂章

楊復所云：不能爲禮樂設藩籬，且自爲禮樂立地步。明明説出禮樂之本，可復下章林放之問。

子曰：「人而不仁，如禮何？人而不仁，如樂何？」

林放章

恭敬者，幣之未將者也。「儉」與「奢」，猶言幣之有隆殺云爾。「奢」固離本，「儉」亦豈遂可以當「本」乎？然從「儉」而求之，猶不失最初之意，故曰「寧儉」。玩一「寧」，其不即以爲「本」可知也。「戚」則本心之不容已，與「儉」不同。然徒「戚」而已，亦豈所謂必誠必信「勿之有悔」者乎？故亦下一「寧」字。

林放問禮之本。子曰：「大哉問！禮，與其奢也，寧儉；喪，與其易也，寧戚。」

夷狄章

余遭亂世，見夷狄之有君，較之中華更甚。如女直之芟夷宗黨，誅戮功臣，十停去九，而寂不敢動。如吾明建文之稍虐宗藩，而靖難兵起，有媿於夷狄多矣！

子曰：「夷狄之有君，不如諸夏之亡也。」

泰山章

旅泰山，禮也，而所以旅者，有本焉。以大夫而行諸侯之禮，失其本矣。泰山之神，不可誣也。使泰山而享，真不如林放矣。

季氏旅於泰山。子謂冉有曰：「女弗能救與？」對曰：「不能。」子曰：「嗚呼！曾謂泰山不如林放乎？」

無争章

單説不争，尚是馮道、胡廣一流。此獨從争説到不争，方是君子大作用。

孔子射於矍相之圃。子路執弓矢出延射，曰：「賁軍之將，亡國之大夫，與爲人後者，不入。」〔一〕忠孝之義凛然，奚止不争？

子曰：「君子無所争。必也射乎！揖讓而升，下而飲。其争也君子。」

校勘記

〔一〕《孔子家語・觀鄉射》：（孔子）於是退而與門人習射於矍相之圃，蓋觀者如堵牆焉，射至於司馬，使子路執弓矢，出列延謂射之者曰：「奔軍之將，亡國之大夫與爲人後者，不得入。」又見《禮記・射義》。

繪事章

六經有解，不如無解。「素以爲絢」，非一非二，詩意何圓？夫子不得已明以繪之後覺，已於月外添指。子夏復曰：禮之後，則更非初月矣。子喜他得月忘指，故以「言《詩》」與之。堪笑世人又添一「先」字也。

莫道「素」便是「先」天地相推而出，見形着想皆是「後」。憑他萬般聰明精微推識，總不盡「後」，安有「先」字可説？纔説一「先」，已是「後」了也。

「禮後乎」，非悟禮也，正悟《詩》之微，故曰：「可與言《詩》已矣。」蓋與其知微也。

「維」「禮」二字，恐終是枝意。

子夏設教西河，作《毛詩・小序》。此章問答，夫子明以《詩》學與之，是即教天下後世以讀《詩》之法也。「禮」字借來影語，不得顧賓失主。

子夏問曰：「『巧笑倩兮，美目盼兮，素以爲絢兮。』何謂也？」子曰：「繪事後素。」曰：「禮後乎？」子曰：「起予者商也！始可與言《詩》已矣。」

文獻章

宋羽皇曰：章内三個「吾能」，字意相映發，文獻不足而有吾言在，即未亡之文獻也，故末句致慨無徵。直是以一言當文獻，以一身存二代上。不是嘆杞宋淪亡，直是撇開杞宋。

東樓公，武王封之杞。微子，武王封之宋。自微子至戴公凡十君，其間禮樂廢壞。正考父爲孔子七世祖，得《商頌》十二篇周之太師，至夫子則《詩》僅存五篇，是文不足徵也。《左傳·僖公二十七年》：杞桓公朝，用夷禮，故《經》書「子」以貶之，是獻不足徵也。〔一〕

《禮運》孔子曰：「我欲觀夏道，是故之杞，而不足徵也，吾得夏時焉。我欲觀殷道，是故之宋，而不足徵也，吾得《坤》《乾》焉。讀此知《論語》「夏禮吾能言，之杞不足徵也；殷禮吾能言，之宋不足徵也。」〔二〕

子曰：「夏禮，吾能言之，杞不足徵也；殷禮，吾能言之，宋不足徵也。文獻不足故也。足，則我能徵矣。」

校勘記

〔一〕《春秋·僖公二十七年》：春，杞子來朝。《左傳》：春，杞桓公來朝，用夷禮，故曰子。公卑杞，杞不共也。

〔二〕按此段據張岱理解斷句，兩「之」屬下。此章附録原文，按朱熹理解斷句，兩「之」屬上。

既灌章

子曰：「禘自既灌而往者，吾不欲觀之矣。」

「不欲觀」，不必誠意之衰。大禮既非，何誠意之足言？蓋未灌以前，猶未宣讀告文；既灌，則告文宣讀，所謂奚取於三家之堂矣，聖人寧欲觀之？

禘説章

向言成王命魯公，世世祀周公以天子之禮樂。《史記》云：「魯惠公使宰讓請郊廟之禮於天子，天子使史角往。」據此則魯之僭禮，自平王惠公始也。按《閟》之詩曰：「乃命魯公，俾侯於東。錫之山川，土田附庸。」〔一〕成王未嘗以郊禘賜魯。《春秋》書閔公二年：「禘於莊公。」僖公三十一年：「四卜郊。」〔二〕據此，則禘之僭，始於閔。郊之僭，始於僖也。不然，何伯禽以下三十八君未有廟頌，而頌獨始於僖哉？總之郊禘賜於成王，則成王爲非，而伯禽受之亦非，僭於閔、僖則閔、僖非，而後人用之亦非。孔子曰：「魯之郊禘，非禮也，周公其衰矣！」〔三〕蓋刺當時之君若臣耳。

或問禘之説。子曰：「不知也。知其説者之於天下也，其如示諸斯乎！」指其掌。

校勘記

〔一〕出《詩・魯頌・閟宫》。

〔二〕《春秋・閔公二年》：「夏五乙酉，吉，禘於莊公。」《春秋・僖公三十一年》：「夏四月，四卜郊，不從。」

〔三〕《孔子家語・禮運》：孔子曰：「夫魯之郊及禘皆非禮，周公其已衰矣。」

如在章

王浚問盧裕曰：「『祭神如神在』，爲有神耶，無神耶？」答曰「有神」。曰：「有神當言神在，何以言『如』？」此語最微。「如」者，吾之精神着之也，「不與祭」而有之乎？此段精神：祭，則如在；不與，則如不祭。「王假有廟」、「有孚顒若」，〔一〕此政是先王以神道設教之始。「如在」一語，括盡一篇《祭義》。

祭如在，祭神如神在。子曰：「吾不與祭，如不祭。」

校勘記

〔一〕《易・萃卦》：「王假有廟。」又《觀卦》：「有孚顒若。」

媚奧章

王孫賈此問，與彌子、衛卿可得同意。對彌子則曰「命」，稱「命」所以屏絶宵小。對賈則曰「天」，稱「天」所以震聾權奸。兩邊都是啞謎，並不曾説破。「何謂也」，語氣矜誇；「不然」，語氣嚴毅。問答神情全在此處。「獲罪」二句，不過找足「不然」二字語意耳。

王孫賈問曰：「與其媚於奧，寧媚於竈，何謂也？」子曰：「不然，獲罪於天，無所禱也。」

從周章

語謂：周末文勝。當時問鼎、請隧、舞佾、歌雍，純是草野倨侮氣象。何常是「文」？然而同軌同倫世界，誰有不從周者？夫子特地標拈，正見當時所崇尚者，是奢非文，是畔周非從周也。

文盛，是周制大備處。降自幽厲，紀綱掃地，文盡而國亦隨之，豈憂文勝耶！且夫子明説「從周」，時文却曰「即所以從二代」，何也？

漢室草創，臣民倨侮。自綿蕝制興，而漢高曰：今日始知天子之貴。〔一〕覺繁文縟節，自不可少。

子曰：「周監於二代，郁郁乎文哉！吾從周。」

校勘記

〔一〕《史記·劉敬叔孫通列傳》：（叔孫通）遂與所徵三十人西，及上左右爲學者，與其弟子百餘人，爲綿蕞。野外習之。月餘，叔孫通曰：「上可試觀。」上即觀，使行禮。……於是高帝曰：「吾迺今日知爲皇帝之貴也。」

太廟章

子在朝言朝，在廟言廟。在朝誾誾侃侃〔一〕，商確定而俟君出，對揚之。在廟每事問，考據精而俟君祭。駿奔之禮當如是，故曰「是禮」。廟中之禮，關繫甚大。杞宋文獻，直以一問當之。正不可少或人一駁。入太廟而見金人，觀欹器，聖人於此長多少學問。況廟内之禮，如餼羊者儘多。一問一考，禮之精神愈出。

子入太廟，每事問。或曰：「孰謂鄹人之子知禮乎？入太廟，每事問。」子聞之，曰：「是禮也。」

校勘記

〔一〕《論語·鄉黨》：朝，與下大夫言，侃侃如也；與上大夫言，誾誾如也。君在，踧踖如也，與與如也。

主皮章

韓求仲曰：夫子專在用力處點出力之不可用，所以無争引射，稱德論驥，俱是此意。味「不主」二字，原不是廢「力」，纔見綱羅之大。時文抹殺「力」字，須知放馬歸牛，與金人十二自別。〔一〕説「古之道」，是古之成法必不可變者，言外便有傷今意。

鄉射以五物詢衆庶：一曰和志，二曰和容，三曰主皮，四曰和顔，五曰興舞。天子三侯，以熊虎豹皮爲之。〔二〕

朱注言「主於中」〔三〕，言主於中「和容」，不主於中的。故《尚書傳》云：「中者，雖不中也取；不中者，雖中也不取〔四〕。」

子曰：「射不主皮，爲力不同科，古之道也。」

校勘記

〔一〕《書·武成》：「歸馬於華山之陽，放牛於桃林之野。」《史記·秦始皇本紀》：「收天下兵，聚之咸陽，銷以爲鐘鐻，金人十二，重各千石。」

〔二〕《周禮·地官司徒·鄉大夫》：退而以鄉射之禮五物詢衆庶，一曰和，二曰容，三曰主皮，四曰和容，五曰興舞，此謂使民興賢。

〔三〕《論語·八佾·主皮章》朱熹注：「古者射以觀德，但主於中，而不主於貫革。」

〔四〕《尚書大傳·略説》卷五：《注》澤射宫也，然後卿大夫相與射，命中者雖不中也取，命不中者，雖中也不取。

餼羊章

王觀濤曰：「告朔之禮，所以稟周天王之政朔也，餼羊猶供，亦魯君臣未敢顯然蔑視典禮處，故夫子所惜是亡於禮者之禮也，殆有深意。」

徐自溟曰：「行禮時，殺羊是禮；廢禮時，存羊是禮。不必説到可復上。」羊以寄此禮，故留之則其禮也，去之則其羊也。「其」字有妙解。孔子作《春秋》特書文公「四不朝朔」〔一〕，故於告朔之禮，十分鄭重。

子貢欲去告朔之餼羊。子曰：「賜也！爾愛其羊，我愛其禮。」

校勘記

〔一〕《春秋·文公十六年》：「夏，五月，公四不視朔。」

盡禮章

如拜下，禮也，今拜乎上，則反以爲諂矣。「人」即違衆之衆人。

子曰：「事君盡禮，人以爲諂也。」

君臣章

晏子常告景公以田氏之禍，公問所以救之者。晏子曰：「惟禮可以已之。在禮，家施不及國，而大夫不收公利。」公不能用，齊卒以亡。〔一〕馬超初見先生，與先主言，呼先主字。關羽怒，請殺之。先主曰：「人窮來歸，以呼我字而殺之，何以示天下？」張飛曰：「如是，當示之以禮。」明日大會，請超入，羽、飛並杖刀立直，超乃大驚，遂不復敢呼字。〔二〕禮之足以御下也如此。

天子之堂九尺，諸侯七尺，所争者二尺耳。天子之席五重，諸侯三重，所争者再重耳。只此尺寸，君臣之分截然。禮之治國，關繫若此。

定公問：「君使臣，臣事君，如之何？」孔子對曰：「君使臣以禮，臣事君以忠。」

校勘記

〔一〕《晏子春秋外篇第七·景公問後世孰將踐有齊者晏子對以田氏第十五》：晏子對曰：「……嬰聞之，臣富主亡。由是觀之，其無宇之後無幾，齊國，田氏之國也？嬰老不能待公之事，公若即世，政不在公室。」公曰：「然則奈何？」晏子對曰：「維禮可以已之。其在禮也，家施不及國，民不懈，貨不移，工賈不變，士不濫，官不諂，大夫不收公利。」

〔二〕事見《三國志·蜀志·馬超傳》裴松之注引《山陽載記》。

關雎章

此是贊樂，不是贊詩。不必以鐘鼓、琴瑟、寤寐、反側等語，較量哀樂。哀與傷彼辨。夫哀，性也；而傷，持情之私也。性愈用而日新，情一沈而立敗。

子曰：「《關雎》樂而不淫，哀而不傷。」

問社章

何休註《公羊傳》曰：「松，猶容也，想見其容貌而事之，主人正之意也。柏，猶迫也，親而不疎，主地正之意也。栗猶戰栗，謹敬貌，主天正之意也。」[一]又《禹貢》「青州，鉛松怪石。荆州，杶幹栝柏」。[二]《周禮》云：「各於其野之所宜木。」[三]「夏都安邑，宜松；殷都亳，宜柏；周都豐鎬，宜栗。」又云：「太社唯松，東社唯柏，南社唯梓，西社唯栗，北社唯槐。」[四]則宰我之言，未爲不是，夫子非之，不知何故？「使民戰栗」又與夫子隕霜不殺草之對同，即康侯所謂勸之斷也。夫子令勿説、勿諫、勿咎亦不知何故？「社鼷不灌，城孤不薰。」此言雖小，可以喻大。故議魯事者，當在成襄之前，不當在昭定之後。此時根蒂已固，羽翼已成，大事去矣，故不必言也。

當時孔子爲政，欲墮三都。於是叔孫氏墮郈，季氏墮費，將墮成，公斂處父謂孟孫曰：

「成，孟氏之保障，無成，是無孟氏也。子僞不知，我將不墮。」魯侯圍成，弗克。〔五〕此時三家之勢，孔子尚不能墮成，何況賢輩！

哀公問社於宰我。宰我對曰：「夏后氏以松，殷人以柏，周人以栗，曰：使民戰栗。」子聞之，曰：「成事不説，遂事不諫，既往不咎。」

校勘記

〔一〕《公羊傳·文公元年》：「練主用栗。」何休注：「夏后氏以松，殷人以柏，周人以栗。松猶容也，想見其容貌而事之，主人正之意也。柏猶迫也，親而不遠，主地正之意也。栗猶戰栗，謹敬貌，主天正之意也。」

〔二〕《書·禹貢》：「青州……鉛松怪石……荆州……杶幹栝柏。」

〔三〕《周禮·地官司徒》：「各以其野之所宜木，遂以名其社與其野。」

〔四〕《論語》卷三《問社章》邢昺注疏引《正義》曰：「凡建邦立國必立社也。夏都安邑宜松，殷都亳宜柏，周都豐鎬宜栗，是各以其土所宜木也。」

〔五〕語出《史記·孔子世家》。

器小章

王道伯業，只在根本毫釐上差別。浮雲太虛，功名便是道德，金屑着眼，功名只是功名。聖人小管仲極有微義，豈能對或人言之！下二段原不是證「器小」，只是隨辨隨解耳。馮開之云：仲即儉，無解於「器小」。此等意原從商文毅公來。甲午諸君得其一班者，亦盡名家矣。《正義》曰：「婦人謂嫁曰歸。」〔一〕禮，大夫雖有妾媵嫡妾，唯娶一姓。今管仲娶三姓之女，故曰「有三歸」。《國策》亦曰：「齊桓公宮中七市，女閭七百，國人非之。管仲故爲三歸之家，以掩桓公，非自傷於民也。」〔二〕

揚子曰：或曰：「齊得夷吾而霸，仲尼曰『小器』，請問大器？」曰：「大器其猶規矩準繩乎？先自治而後治人之謂大器。」〔三〕

又云：作此題惜管仲是高手，罵管仲是拙筆。湯宣城云：仲固天下才也，其器不足稱也。語有領會。

斗筲之器，管仲之器雖小之，然器也。今之材雖小，無之矣。何也？成而後器，今未成而毁之，奚其器？

子曰：「管仲之器小哉！」或曰：「管仲儉乎？」曰：「管氏有三歸，官事不攝，焉得儉？」「然則管仲知禮乎？」曰：「邦君樹塞門，管仲亦樹塞門。邦君爲兩君之好，有反坫，管氏亦有反坫。管氏而知禮，孰不知禮？」

校勘記

〔一〕《論語註疏》卷三邢昺《正義》曰：「婦人謂嫁曰婦。」

〔二〕見《戰國策·東周》。

〔三〕見《揚子法言・先知》。

語樂章

牆外人説話，牆内人便曉得是某人某人。聲音之道，原自通微如此。故曰「觀其樂而知其德。」

孔子生平見舜於韶，見文王於琴，留心音律，只此數語，已備素王一部鼓吹。古人作樂，干戚羽旄與金石絲竹一齊並奏。近日言樂，但言聲音而不及干羽，何也？況干羽中亦自有個「翕」、「純」、「皦」、「繹」者在。

子語魯大師樂，曰：「樂其可知也：始作，翕如也；從之，純如也，皦如也，繹如也，以成。」

木鐸章

張侗初曰：儀封人見透千古，在沮、溺、丈人之上。《傳註》只謂「夫子得位設教，不久失位」。還在世上際遇論耳。封人木鐸一語，却在千萬世提聾振聵，大機括點破。當日以顔之道大，莫容賜之；擬得邦家尚未説透此關，得封人一言，便如雷鳴天下。

老子出關而有尹喜，孔子適衛而有封人，皆是風塵知己。

儀封人請見，曰：「君子之至於斯也，君未嘗不得見也。」從者見之。出曰：「二三子何患於喪乎？天下之無道也久矣。天將以夫子爲木鐸。」

韶武章

上千載説一「韶」，下千載説一「武」，眼底甚嚴，美善都要説到盡處，胸中甚深，是孔子本領所在。從聲容時勢上疏出，未免是吴季一派賞鑒語。

舜與武王皆是孔子極得意人，善與未善，消息甚微，要非俗人所識。

舜君道，故簫韶九成從黄鍾起調；武王雖順天應人，終是以臣而不敢以君道自居，故從伐紂之歲月而以蕤賓起調。美而未善，乃不自諱之心，非聖人不能也。

子謂《韶》：「盡美矣，又盡善也。」謂《武》：「盡美矣，未盡善也。」

居上章

就一個人説，爲當時從政者言之也。無一而可，我更把甚麽去觀他，方醒得「以」字出，與「不欲觀」、「不足觀」有别。

恣睢暴慢，人多有之，此三者是一套生事。

子曰：「居上不寬，爲禮不敬，臨喪不哀，吾何以觀之哉？」

論語里仁第四

里仁章

張侗初曰：不擇而不處，是蚩蚩之民，一覺便轉；擇而不處，是好徑之民，永斷歸路。管子經國，不許四民雜處，雜處則其言哤，其事易。〔一〕此是保甲第一法。師其深意，孟母所以三遷。

子曰：「里仁爲美。擇不處仁，焉得知？」

校勘記

〔一〕《國語·齊語》：「桓公曰：『成民之事若何？』管子對曰：『四民者，勿使雜處，雜處則其言哤，其事易。』」

約樂章

舜之飯糗茹草，若將終身，被袗鼓琴，若固有之，此仁者之久處約，長處樂也。原憲環堵，閔子汶上，魯之季文子，齊之晏平仲，此智者之「久處約」「長處樂」也。

蘇石水曰：「人心之約不能移，樂不能淫者，即仁也。仁者所安，安此；知者所利，利此。

非境之外，別有一仁，亦非以仁去御境也。合《不處不去章》看自得〔一〕。」

約樂暫處尚易，久處之，便見人品。

子曰：「不仁者不可以久處約，不可以長處樂。仁者安仁，知者利仁。」

校勘記

〔一〕《不處不去章》即本書《欲惡章》。

好惡章

老子云：「常善捄人，故無棄人。」〔一〕今人見惡人，一切忿恨不平，是先已失仁體，而墮於惡矣，又何能惡人之有！二「人」字亦要看。好善惡惡易；好人惡人難，何也？善惡，人之已定者也；人，善惡之未定者也。故好善惡惡，常人能之；好人惡人，非一無成心如仁者，恐不能也。

子曰：「惟仁者能好人，能惡人。」

校勘記

〔一〕《老子·第二十七章》：「是以聖人常善救人，而無棄人。」

志仁章

「志」者，氣之帥也。此志一提醒，如大將登壇，三軍聽命，更何衆欲紛擾之有。雪庵上人曰：「一源既澄，萬流皆清。揭起慧燈，千巖不夜。孔門志仁無惡，其旨如此。塵魔作祟，皆緣主人神不守舍。念之，念之。」

心一腔耳，欲仁，仁至，更無罅子再容着惡。

子曰：「苟志於仁矣，無惡也。」

欲惡章

孟子從「乍見」指點惻隱〔一〕，今人見色動心，談梅生唾，此與「乍見」何異？大抵無始以來，積業深重，習氣緣心，觸境便見，第一念認真不得。顧盼禍福，商略道理，全靠第二念頭。「所欲」「所惡」是初念，「不處」「不去」是轉念，是仁體故徑接「君子去仁，惡乎成名」？孟子忒看得自然，中間倒有躲閃，所以告子信他不過。

荀子「性惡」之説，亦自有見第，不可以之立教萬世耳。

湯霍林曰：「富貴貧賤各有造次顛沛，不處不去外，別無不違仁。」陳伯玉云：「富貴貧賤，並仁中一影，高檯巢許，豈是床頭捉刀人？」袁了凡曰：「貧賤中見有非道，便是惡的種子；打破此關，是學道人真實受用。」

子曰：「富與貴，是人之所欲也；不以其道得之，不處也。貧與賤，是人之所惡也；不以其道得之，不去也。君子去仁，惡乎成名？君子無終食之間違仁，造次必於是，顛沛必於是。」

校勘記

〔一〕《孟子·公孫丑上》：「所以謂人皆有不忍人之心者，今人乍見孺子將入於井，皆有怵惕惻隱之心。」

未見章

湯霍林謂：自「好仁者」至末，俱一氣説。「無以尚」，「不使加」，便是用力處。用力便力足。我未見用力者，故「我未見好仁、惡不仁者」。周玉繩元卷本此。

如人真惡惡臭、敗胾、腐骼，斷然不使之加於身體。

袁了凡曰：不使加身，如瓶水既滿，則他水自不能灌。分明是瓶中滿水拒之，不使灌進一般。

子曰：「我未見好仁者，惡不仁者。好仁者，無以尚之；惡不仁者，其爲仁矣，不使不仁者加乎其身。有能一日用其力於仁矣乎？我未見力不足者。蓋有之矣，我未之見也。」

觀過章

東坡云：「《記》曰：『與仁同功，其仁未可知也；與仁同過，然後其仁可知也。』〔二〕此《論語》之義疏也。古人有言曰：『放麑違命也，推其仁可以託國。』斯其觀過知仁也與？」

子曰：「人之過也，各於其黨，觀過，斯知仁矣。」

校勘記

〔一〕語見《禮記·表記》。

聞道章

朝夕只是設言。味「可矣」語意，若不聞道，不但不可生，便死也死不得。只該在聞道上理會，不須在生死上更作商量。

宋羽皇曰：不曰「見道」，而曰「聞道」，最妙。「聞」字從門從耳，如人聽自己家裏話，句句會心，語語入耳，已到家裏，就死也得。

「朝聞道，夕死可矣。」何以孔子又欲「加我數年」？豈五十之時，尚未聞道耶？於此請下轉語。

子曰：「朝聞道，夕死可矣。」

志道章

王龍谿曰：易溺者，凡心難忘者，習見掃除不浄，如留污濁於浄器中，雖投以甘露，亦化爲惡水。

此關容易打破，衣敝緼袍，何必推遜子路。

士恥不聞道，惟其中無恥，所以外恥衣食，便志在温飽。此等人聖人直不與之接談，可恥之甚。「未足與議」，正激之使知恥也。

子曰：「士志於道，而恥惡衣惡食者，未足與議也。」

比義章

「義」猶水也，操瓶盎而挹於河，器先滿而勿之受矣。「適」「莫」之見，瓶盎之滿也，有覆没焉已矣，何以與於河海之觀？

凡人胸有成見，不知壞了天下多少事體。

楊子常曰：四句題作一句讀，題神乃出。觀三「也」字叠叠趕下可見。

王荆公一生意見，一生學問，一生事業，只做得「適」「莫」二字。元祐一朝，當他執拗不起。

子曰：「君子之於天下也，無適也，無莫也，義之與比。」

懷德章

「惠」字與「利」字有別，道破小人相漚相沫的念頭。一丘一壑之戀，私恩小惠之酬，皆是「土」「惠」私心。這小人不要輕覷了他。

子曰：「君子懷德，小人懷土；君子懷刑，小人懷惠。」

放利章

徐子卿曰：「利」者，義之和也，但其德爲金，主於斷割，「放」如放乎四海之「放」，到這所在，會收會止，纔是還原手段。若放之而行，便使於世界，廣大濟度，終不能無怨。如文王三分有二，豈不曉亟亟救民水火，却停捺得住。武王行之，遂不免有首陽之歌，這纔是怨，纔是多怨。蓋從歡喜道場，指其中一點消不去處而言之也。若如舊說，不過小如市儈，大則奸盜，亦何足污人之齒頰哉！

鐵作户樞，鬼神拍手。世間討便宜事，何便得你終身受用。

子曰：「放於利而行，多怨。」

禮讓章

子曰：「能以禮讓爲國乎，何有？不能以禮讓爲國，如禮何？」

張侗初曰：孔子問禮於老聃，老子曰：「老子驕氣與子淫態。」〔一〕驕氣、淫態，都是節文太多處添出來。真正節文，便是太和元氣，不驕不淫，此是老子精言禮處。後人以爲箴砭尼父，則非也。

校勘記

〔一〕《史記·老莊申韓列傳》：孔子適周，將問禮於老子。老子曰：「……去子之驕氣與多欲，態色與淫志，是皆無益於子之身。」

主位章

子曰：「不患無位，患所以立。不患莫己知，求爲可知也。」

「位」不專屬富貴，自貧賤患難夷狄，到處皆還吾素，故所以立位者，一時不可無主。「知」不專屬名譽，自天地屋漏衾影，隨處皆操吾鑒，故所以求知者，一刻不容少弛。

一貫章

曾子到此，疑根盡斬矣。他人看「一貫」是「一貫」，「忠恕」是「忠恕」，何敢説「而已矣」？

孟子說「孝弟而已矣」。俱是到家語。

傳道之說，宋儒倣禪家衣鉢而爲之，孔門無此也。曾子隨事用功，子夏泥於多學，故語以「一貫」。若云秘傳，何不以語顔子？若曰道慎其所接，子夏之後，何以流爲莊周？根性各别，道體無方。「忠恕」二字，亦舉己所得力及門人所易曉。向來認作機鋒，近來紛紛執着，皆屬邊見。

看來天下忠恕之人，何處通不去。曾子實見到此，亦是既飽之後，把一碗飯與門人喫，只是飽後光景，門人竟説不出也。

曾氏一「唯」，便如陳王初遇洛神，此時正着一語不得。後來説「忠」、説「恕」，只作得個《洛神賦》耳。黄龍師曰：「過關者，掉臂徑去，安知有關吏？從關吏問過否，此未透關者也。」

王弇州曰：夫子曰：「參乎，吾道一以貫之。」曾子曰「唯」，以非故曾子也。「夫子之道，忠恕而已矣。」猶之乎故曾子也。子貢「疑」，而夫子之旨微彰；曾子「唯」，而夫子之旨有所未竟矣。噫！

曾子一生得力止一「誠」字。「忠恕」是「誠」的表德。格豚魚，貫金石，只有「誠」字擔當得起。

吴雪崖曰：古德謂數十年來打成一片，曾子平昔學問，至此銷歸。

子曰：「參乎！吾道一以貫之。」曾子曰：「唯。」子出，門人問曰：「何謂也？」曾子曰：「夫子之道，忠恕而已矣。」

喻義章

朱子云：喻義，喻利，只是這一事上君子見得是「義」，小人見得是「利」。如伯夷見飴曰「可以養老」；盜跖見之曰「可沃户樞」。〔一〕

家南軒先生曰：學莫先於「義」、「利」之辨。「義」者，本心之當爲，非有而爲之也，有爲而爲，則皆人欲，非天理矣。

如人飲水，冷煖自知。如人搔背，痛癢自覺。「喻」字之義，於此可參。

子曰：「君子喻於義，小人喻於利。」

校勘記

〔一〕《朱子語類》卷二十七：喻義喻利，只是這一事上君子只見得是義；小人只見得是利。如伯夷見飴曰：「可以養老。」盜跖見之曰：「可以沃户樞。」

思齊章

沈無回曰：要知未見之先，無時不在那裏搜索，所以一見便收爲我用。不然，何人不見，何以見不皆益？

子曰：「見賢思齊焉，見不賢而内自省也。」

幾諫章

「幾諫」只是一個「敬」字，觀「又敬」二字可知已。

夔夔齊栗〔一〕，政是瞽叟底豫的根本。

子曰：「事父母幾諫，見志不從，又敬不違，勞而不怨。」

校勘記

〔一〕「夔夔齊栗」，《孟子·萬章上》引《尚書》逸篇。

遠遊章

王孫賈母曰：「汝朝出而晚來，吾倚門而望汝；暮出而不還，吾倚閭而望。」〔一〕自是母子至情。夫子之言，只是此意。

刺客之流猶知有老母在，不敢以身許其友，何況我輩？〔二〕曾母嚙臂，曾參即知。〔三〕爲人子者豈可遠離？

子曰：「父母在，不遠游，游必有方。」

校勘記

〔一〕《戰國策·齊策六》：王孫賈年十五，事閔王。王出走，失王之處。其母曰：「女朝出而晚來，則吾倚門而望；女暮出而不還，則吾倚閭而望。女今事王，王出走，女不知其處，女尚何歸？」

〔二〕《史記·刺客列傳》：（嚴仲子）爲聶政言曰：「臣有仇。而行游諸侯衆矣；然至齊，竊聞足下義甚高，故進百金者，將用爲夫人粗糲之費，得以交足下之驩，豈敢以有求望邪？」聶政曰：「臣所以降志辱身居市井屠者，徒幸以養老母；老母在，政身未敢以許人也。」嚴仲子固讓，聶政竟不肯受也。

〔三〕《搜神記》卷十一：曾子從仲尼在楚而心動，辭歸問母。母曰：「思爾齧指。」孔子曰：「曾參之孝，精感萬里。」

無改章

正文闕

子曰：「三年無改於父之道，可謂孝矣。」

喜懼章

知年，不是數其年，亦不是驚其歲月之增而已。人由壯而老，膚髮面目，刻刻變化。人子視無形，聽無聲，須察其瞬息密換處。兩「一則」，是衷腸縈迴及時，愛敬即在其中，不得徑說憂懼。

樹欲静而風不寧，子欲養而親不在。憂喜親年，能得幾時？

子曰：「父母之年，不可不知也。一則以喜，一則以懼。」

恥躬章

「躬」字甚妙。做天下事須實。實要手持，足行，耳聽，目視，是個滯貨。豈如口之想到便説，一説便丢耶？故「古者言之不出」，非是不出言。作者要知此理。

黄貞父曰：要説「言之不出」。

子曰：「古者言之不出，恥躬之不逮也。」

以約章

「約」字淺淺説。老子曰：「治人事天莫如嗇。」簡緣省事，其失自少。此是實理。若以陽明作求放心説，則是徹首徹尾工夫，豈止鮮失乎？少管一件事，少説一句話，清夜思之，何等受用。

韓求仲曰：堯夫云：「君子爲善，亦須量力而行之。」此語最妙。故不但私小伎倆不可用，即真正聰明，亦要收斂，此「約」字之解。

子曰：「以約失之者鮮矣。」

欲訥章

周季侯曰：以謹言勉行窺君子，猶未足盡君子也。惟窺君子於言行之前，自有一段淵然鋭然之思，無一時放下。〈矯輕警惰，不得之言行，而先得之此心。要想出「欲」字意思，説起纔是。

子曰：「君子欲訥於言而敏於行。」

如鷄抱卵，如龍護珠，自有一段精神縈繫於珠卵之外。

有鄰章

子曰：「德不孤，必有鄰。」

楊復所曰：今之解者都作「有德者不孤，必有鄰」看了。不知夫子原説「德不孤，必有鄰」也，猶言一善立而衆善至也。是勸人進德語。

君友章

「疏」「辱」不必説到「君」「友」上，至於「數」則彼己之間，已無一毫餘味。徑路逼窄，己且無站脚處，安能使人回轉？其勢亦不得不出於「疏」「辱」矣。陸贄亦云：人臣削草至陛下之前，只道得一半，豈有數諫而辱之理？如要辱者，只是一語枘鑿便擔帶不去。富家子請西賓，豈可面數耶？

忠告人者，要使我有餘地，要使人有去路，放鬆一着，使人方可回頭。臨崖勒馬，怎好收繮？

子游曰：「事君數，斯辱矣；朋友數，斯辱矣。」

論語公冶長第五

公冶章

「縲絏」不足爲傷，而「刑戮」又所宜免，聖人之權衡人也何如？學者省此，可得立身法。聖人擇婿，未始不要保身、保妻子，然只論理不論跡，至於縲絏、免戮竝妻，雖妻龍逢、比干可也。

南宫敬叔，三桓之族也，以公族而升於公朝，或用於私家，如爲宰、爲馬正之類見於《左傳》者多矣，故曰「不廢」，與後世出仕富貴功名者頗異。

子謂公冶長：「可妻也，雖在縲紲之中，非其罪也。」以其子妻之。子謂南容：「邦有道，不廢；邦無道，免於刑戮。」以其兄之子妻之。

子賤章

此原是夫子絶妙贊辭，與贊「非助」、贊「如愚」一樣。若拗轉題面，一味能取，有何意味？子賤宰單父，父事者三人，兄事者五人，所友者十一人，皆教子賤以治人之道。鳴琴而治，民不忍欺。〔一〕孔子問子賤曰：「自汝之仕，何得？何亡？」子賤曰：「自來仕無所亡，有所得者三，始誦之，今得而行之，是學益明也；俸禄所共，被及親戚，是骨肉益親也；雖有公事，而兼以弔死問疾，是朋友篤也。」孔子喟然曰：「君子哉若人，魯無君子者，則子賤焉取此？」〔二〕

子謂子賤：「君子哉若人！魯無君子者，斯焉取斯？」

校勘記

〔一〕事見《孔子家語・辯政》。

〔二〕《孔子家語・子路初見》卷五：孔子兄子有孔篾者，與宓子賤偕仕。孔子往過孔篾而問之曰：「自汝之仕，何得何亡？」（子賤）對曰：「自來仕者無所亡。其有所得者三：始誦之，今得而行之，是學益明也；俸禄所供，被及親戚，是骨肉益親也；雖有公事，而兼以弔死問疾，是朋友篤也。」孔子喟然謂子賤曰：「君子哉若人，魯無君子者，則子賤焉取此？」

瑚璉章

晉羊孚曰：器舉瑚璉，故當以接神。〔一〕夫不爲世饗而以羞神，其有擊磬之思乎！他日喻仲弓，亦曰騂角，意何識也。

吴長卿云：夏曰「瑚」，商曰「璉」，周曰「簠簋」，夫子不曰「簠簋」而曰「瑚璉」，已深慨賜之不爲世用。

子貢問曰：「賜也何如？」子曰：「女，器也。」曰：「何器也？」曰：「瑚璉也。」

校勘記

〔一〕《世説新語·言語》：謝混問羊孚：「何以器舉瑚璉？」羊曰：「故當以爲接神之器。」

仁佞章

便佞之人，無非欲取悦當世，夫子反説他「屢憎於人」，把他脅肩諂笑，一往深情，淡如嚼蠟，何等可恥。此政是喚醒他良心。此政是夫子精於言仁處。

或曰：「雍也仁而不佞。」子曰：「焉用佞？御人以口給，屢憎於人。不知其仁，焉用佞？」

信斯章

鄧文潔南雍課士謂多士曰：「斯」字即指「仕」説，「信」即「有諸己之謂信」之「信」字，蓋有這□仕的本領，方纔信得過也。

周海門曰：漆雕開在聖門，全無問答。非夫子使之，則此語亦不吐露，真潛修默證之學也。「斯」原不在話説，在自信而已。夫子許顏淵「惟我與爾有是夫〔一〕」，「是」字即「斯」字，「用之則行」，不待使矣。時文纏繞「斯」字，遂將面目埋沒。今人出處草草，只爲閒中打點不熟。有這一分，只做這一分，無可僥倖，未能一語恍見伊衡管葛抱膝盱衡一片心事。

漆雕開字子若，蔡人。一曰魯人。開習《尚書》，不樂仕。孔子曰：「子之齒可以仕矣。」子若執其書曰：「吾斯之未能信。」孔子悦。〔二〕

張侗初曰：聖賢用世，多要自己拿得出來，信不過，便拿不出。由之果，賜之達，求之藝，信手便用，隨口便答，此是真信處。漆雕開被聖人一逼，便説出真話來，此是學問真種子，聖人如何不悦？白子受頌曰：「心地寥寥揣捫時，自家痛癢自家知，真將痛癢從人説，笑殺含糊體面儒。」學者不消在「斯」字「信」字上强解。

《通志》云：古有漆沈爲晉相，即漆雕開。

子使漆雕開仕。對曰：「吾斯之未能信。」子説。

校勘記

〔一〕《論語·述而》：子謂顏淵曰：「用之則行，舍之則藏，唯我與爾有是夫。」子路曰：「子行三軍則誰與？」子曰：「暴虎馮河，死而無悔者，吾不與也。必也臨事而懼，好謀而成者也。」

〔二〕《孔子家語·七十二弟子解》卷九：漆雕開，蔡人，字子若，少孔子十一歲。習《尚書》，不樂仕。孔子曰：「子之齒可以在矣！時將過。」子若執其書曰：「吾斯之未能信。」孔子悦焉。

浮海章

將此題與《歸與章》參看，「取材」二字恰合。

「浮海」、「居夷」〔一〕是孔子寓言，聊誌無聊之思耳。子路一喜，或人一問，反弄得死煞。

子曰：「道不行，乘桴浮於海。從我者，其由與！」子路聞之喜。子曰：「由也好勇過我，無所取材。」

校勘記

〔一〕見《論語·子罕》：子欲居九夷。或曰：「陋，如之何？」子曰：「君子居之，何陋之有！」

武伯章

漢《刑法志》云：殷周以兵定天下矣。天下既定，戢藏干戈，教以文德，而猶立司馬之官，設六軍之衆，因井田而制軍賦。地方一里爲井，井十爲通，通十爲成，成方十里，成十爲終，終十爲同，同方百里；同十爲封，封十爲畿，畿方千里，有税有賦。税以足食，賦以足兵〔一〕。周公以井田寓師旅，管仲以版法兼軍政，是仁者之治賦也。是可知其仁也。

孟武伯問：「子路仁乎？」子曰：「不知也。」又問。子曰：「由也，千乘之國，可使治其賦也，不知其仁也。」「求也何如？」子曰：「求也，千室之邑，百乘之家，可使爲之宰也，不知其仁也。」「赤也何如？」子曰：「赤也，束帶立於朝，可使與賓客言也，不知其仁也。」

校勘記

〔一〕語見《漢書·刑法志》。

孰愈章

學者儘饒智慧，儘費工力，不得明人提喝，何由透脱？賜不如回，政從他以一知二得力，故急喚醒他「弗如」。子貢聰明，一提即醒。此時如草中躍兔，逸不轉瞬，不用急手，擒住不得，故曰「弗如也」。然手緊則兔則矣，故復許之曰「吾與女，弗如也」。自此以後，賜必有脱落歸根者。他日始告之曰「予一以貫之」。縱馴兔於中林，游行自在矣。「弗如也」，盡奪前塵；「吾與女，弗如也」，忽渡彼岸，予不先奪，當前有地，安肯登舟？奪而不予，大海茫茫，抛却生命矣！

張無垢頌曰：豈是於回果弗如？只緣聞處尚多疎。若還真個能聞一，安得其他更有餘？

以聞見入道者，亦應以聞見而得度，但一落象數，終是捕影摶風。夫子故把「弗如」二字降伏他從前魔力，直到得縣崖撒手時，方見本來真性。

子謂子貢曰：「女與回也孰愈？」對曰：「賜也何敢望回？回也聞一以知十，賜也聞一以知二。」子曰：「弗如也，吾與女弗如也。」

晝寢章

此儆宰我耳。不要説春秋世界，俱是言行不相顧者，如此，則以宰我一人，波及一世矣。且語各有自，需要得其言下之旨。

沈無回曰：「『子曰』二字，更端之詞，息而復起，更轉一法以責之，此二字乃記者大得精神處。

晝寢罪小，遭此痛責，此是宰我自取之也。若是顔子晝寢，蔬水曲肱，爰契斯語矣。

宰予晝寢。子曰：「朽木不可雕也，糞土之牆不可杇也；於予與何誅？」子曰：「始吾於人也，聽其言而信其行；今吾於人也，聽其言而觀其行。於予與改是。」

見剛章

子曰：「吾未見剛者。」或對曰：「申棖。」子曰：「棖也慾，焉得剛？」

今之醉酒者，見城門則以爲卧榻，見川瀆則以爲溝澮。夫門與瀆猶是，而榻之、溝之者，酒之力也。一旦醒解，而漸失其故矣。申棖之剛，是羣天下爲酒人也。兩人鬥毆，理虧者，恁他高聲，畢竟勉强。可見無理自然雄壯不來。聖門勇如子路，而夫子尚曰「不見剛」，則此「剛」之品關繫甚大，申棖如何當得來？「棖也慾」句，只是爲申棖解耳。其實聖人思剛，自有深意在。

加我章

子貢曰：「我不欲人之加諸我也。吾亦欲無加諸人。」子曰：「賜也，非爾所及也。」

霜雪墜空，天地無意，此處太説得自然，使人反信不過。

「不欲」「無加」是虚語，着一「仁」字不得；「非爾所及」是活句，着一抑語不得。李卓吾曰：「正有騰驤之志，又着此一鞭，一日千里矣。」

性天章

張無垢云：既是文章可得聞，不應此處尚云「夫子之言性天與道，不可得而聞也」。如何夫子言天道肯把文章兩處分開？子曰：「天何言哉！四時行焉，百物生焉。」正是點化文章、性道之合一處。

夫子之文章無過《繫辭》、《春秋》，讀《繫辭》，讀《春秋》者多矣，是可得而聞也。《易》之言性，《春秋》之言天道，則不可得而聞也。

周海門曰：當時一貫之傳，夫子豈背地獨與曾子言之？門人俱在側也，惟曾子一「唯」，是曾子得聞，門人不知何謂，是門人不得而聞。

子貢曰：「夫子之文章，可得而聞也；夫子之言性與天道，不可得而聞也。」

子路章

「行」如何了得？「聞」亦如何旁皇得？總是癡腸癡話。兩「有聞」首尾呼唤。十二字爲子路傳神，是絶妙像贊。

古人惟安車乃坐，婦人不立乘，餘皆立乘，故遇有敬事，則俯首傴躬，以手憑於車前之衡木，以致敬，謂之式。若後世之坐乘，則手加於軾，即如隱几相似，謂之傲惰，而非所以爲敬矣。

子路有聞，未之能行，唯恐有聞。

古今異宜，此亦其一也。（金罍子）

謚文章

子貢問曰：「孔文子何以謂之『文』也？」子曰：「敏而好學，不恥下問，是以謂之『文』也。」

「敏而好學」而又「不恥下同」也，學問俱根「敏」字。蓋在「敏」者爲更難耳，不得因「下」字添出位高。

千古所重，「學問」二字，至此始拈合。

子産章

子謂子産：「有君子之道四焉：其行己也恭，其事上也敬，其養民也惠，其使民也義。」

「恭」、「敬」、「惠」、「義」是總其行事，而各以一言判斷之。倒提不得，實講不得。四「也」字有注想之意。

善交章

齊桓公欲相鮑叔，而管仲沮之；齊景公欲以尼谿封孔子，而晏嬰沮之。千古交情，千古知己。蓋齊景公時嬖寵内擅，强臣外横，雖用聖人，其勢難久，況當年累世之言？其知孔子最深。余謂晏嬰是孔子第一知己也。

子曰：「晏平仲善與人交，久而敬之。」

居蔡章

「何如其知」猶云是何等樣智，語亦婉刺。

孔子曰：「臧文仲有不仁者三，有不智者三。」顏回曰：「可得聞乎？」子曰：「下展禽，置六關，妾織蒲：三不仁也；設虚器，縱逆祀，祀海鳥：三不智也。」〔一〕大夫不藏龜，「居蔡」已自不知禮，而更妙在「山節藻棁」，於「居蔡」身上何等思忖，何等鑿度！文仲料龜何明，料己何拙！

子曰：「臧文仲居蔡，山節藻棁，何如其知也？」

校勘記

〔一〕《孔子家語·顏回》：顏回問於孔子曰：「臧文仲、武仲孰賢？」孔子曰：「武仲賢哉！」顏回曰：「武仲世稱聖人而身不免於罪，是智不足稱也；好言兵討而挫鋭於郲，是智不足名也。夫文仲，其身雖殁而言不朽，惡有未賢？」孔子曰：「身殁言立，所以爲文仲也，然猶有不仁者三，不智者三，是則不及武仲也。」回曰：「可得聞乎？」孔子曰：「下展禽，置六關，妾織蒲：三不仁；設虚器，縱逆祀，祀海鳥：三不智。」

忠清章

不謂不仁，止説未知其仁；不謂忠清不是仁中事，止説仁未可知，讀者須自會。

或問：「仁體何如？」曰：「觀過可以知仁，而忠清未可以知仁，則知仁矣。」噫！微矣哉。

斗穀於菟忠矣，律之以柳下惠之爲士師，三黜不去，傲物輕世，則未必是「仁」。陳文子清矣，律之以趙盾之見賊不討，逾境求免，則未必是「仁」。此處尚費推敲。

子張問曰：「令尹子文三仕爲令尹，無喜色；三已之，無愠色。舊令尹之政，必以告新令尹。何如？」子曰：「忠矣。」曰：「仁矣乎？」曰：「未知，焉得仁？」「崔子弑齊君，陳文子有馬十乘，棄而違之。至於他邦，則曰：『猶吾大夫崔子也。』違之。之一邦，則又曰：『猶吾大夫崔子也。』違之。何如？」子曰：「清矣。」曰：「仁矣乎？」曰：「未知，焉得仁。」

三思章

季文子相三君，妾不衣帛，馬不食粟，家無重器，左氏侈稱之。方公子遂弑君，行父不能討賊，反爲如齊納賂。又城莒二邑，以自封殖，其爲妾、馬、金玉也多矣。〔一〕是即公孫之布被，王莽之謙恭也。時人信之，曰：「三思後行。」夫子不然之，曰：「再，斯可矣。」若曰：「倘再思之，當不至是也。」

合魯事講，見聖人寓意之大處。蓋爲諸葛恪自當十思，爲季文子自不當三思。恪以輕躁自敗，季以優柔取弱，皆緣不識國勢時宜也。

季文子三思而後行。子聞之，曰：「再，斯可矣。」

校勘記

〔一〕《左傳·文公十八年》：冬十月，仲（襄仲，即公子遂）殺惡及視而立宣公。《左傳·宣公元年》：季文子如齊納賂以請會。《左傳·文公十二年》：季孫行父帥師城諸及鄆。杜預注：鄆，莒、魯所争者。

寧武章

「知」是有道無道的總關，「愚」是鞠躬盡瘁，死而後已的心事。時文竟作以愚運知，發引出後人多少權謀、詭秘、説話，非聖人所謂不可及者也，還以就愚論愚爲是。

使范蠡當時見才露智，決不能從勾踐於石室矣。故知范蠡之能脱勾踐，閎夭、散宜生之能釋西伯，其得力，全在一「愚」。

子曰：「甯武子，邦有道，則知；邦無道，則愚。其知可及也，其愚不可及也。」

狂簡章

學者胸次不高有兩病：好周旋世故，不簡於塵緣，一也；好博涉見聞，不簡於學問，二也。周旋世故，做今人的鄉愿；博涉見聞，做古人的鄉愿。其胸次不浄，總一般不得「狂」。或曰：「簡」即指狷者，説狷者有所不爲，故曰「簡」。

子在陳曰：「歸與！歸與！吾黨之小子狂簡，斐然成章，不知所以裁之。」

夷齊章

世之説夷齊者，疾惡太嚴，未免入於隘去。孔子特説他一段天空海闊境界，謂夷齊心境如長空雁過，影落寒潭，雁不留蹤，水不戀影，不念不怨，兩邊不動。「惡」而曰「舊」，如飛影馳輪，忽然過去，惟不將「舊惡」放在念頭上，正見君父之仇如何匿得？李陵降虜，謂得當以報漢，畢竟信他不過。其清之徹底處，非謂清而有量也。

程明道與伊川同飲一友家，座上有妓，明道着意矜持，伊川故與諧謔，明道不悦。異日規訓之，伊川曰：「前日席上有妓，弟原不見有妓；今日無妓，老兄胸中還存一妓，何耶？」即此可想夷齊胸次。

子曰：「伯夷、叔齊不念舊惡，怨是用希。」

乞醯章

子曰：「孰謂微生高直？或乞醯焉，乞諸其隣而與之。」

微生高一名尾生高，魯人。高常與女子期於梁下，女子不來，水暴至，不去，抱梁柱而死。維直道也，非譏刺微生高也。不然乞隣與人，亦是好事，夫子何刻毒至此？

巧令章

世間有一等不率性之人，好爲諂媚深藏之態，究其胸中絶無所爲，故曰可恥。若云希無望之福，懷叵測之心，此則天地間大姦人，不止可恥矣。

單説丘明與夫子，以兩人皆作《春秋》，共存直道者也。朱子曰：足之爲義，湊足之謂也。謂如合當九分，却要湊作十分，意謂其少而又添之也。〔一〕

「怨」字散見《論語》中者甚多，皆平常人事中芥蒂嫌隙之名，與「君父之仇」，「兄弟之仇」，「仇」字不同。作此題者，往往以「仇」字易「怨」字，特差。

子曰：「巧言令色、足恭，左丘明恥之，丘亦恥之。匿怨而友其人，左丘明恥之，丘亦心之。」

校勘記

〔一〕語出《朱子語類》卷二十九。

言志章

老安，少懷，朋友信。聖人説來，只是隨物付與眼前平易事。《永嘉集》曰：「利他不普，自益未圓。」劉孝標曰：「生萬物謂之道，生而無生，謂之自然。」〔一〕

楊復所曰：子路當日以共敝車裘爲德色矣，一聞顔子之志，不覺啞然自失。因又思曰「夫子之志必有進於是者」，故於此處特下一「子路曰：『願聞子之志。』」

有休歇非天，有休歇非聖。細玩安之，信之，懷之，原是終身勞勞不得休歇語。陳道掌云：子路車裘，是七寶布施；顔子捨善勞，是身命布施；夫子安信懷，是不住色相布施。

楊復所曰：朋友作交遊説何隘也，不知此朋友，即指年相若者。言猶曰：民吾同胞也；合老者、壯者、少者，方盡天地間之人。

此章書當與《孟子·子路人告之有過則喜章》〔二〕參看，進一層自有一層分量。

顔淵季路侍。子曰：「盍各言爾志？」子路曰：「願車馬衣輕裘，與朋友共，敝之而無憾。」顏淵曰：「願無伐善，無施勞。」子路曰：「願聞子之志。」子曰：「老者安之，朋友信之，少者懷之。」

校勘記

〔一〕劉孝標《辯命論》：「夫通生萬物，則謂之道，生而無主，謂之自然。」

〔二〕見《孟子·公孫丑上》。

自訟章

子曰：「已矣乎！吾未見能見其過而内自訟者也。」

鄒肇敏曰：「已矣乎」猶云「終不能罷了耶」。「能見其過」者，其見真，其克治自力，洗垢索瘢，發奸摘伏，真有頃刻不能自容之意，故曰「自訟」。徐子卿門見過自訟，或曰：「訟是告狀人，心腸刻毒。」子卿曰：「刻毒」兩字甚好，比如我要作好，忽然起一惡念，這就是我的對頭，却不肯下刻毒手與他討箇下落，不知何故？

忠信章

皋、夔、稷、卨有何書可讀？君子威重之學，亦以主忠信爲本，而朱子以美質繹忠信，抹殺古今學脈矣。〔一〕異日夫子稱回之好學，曰：「不遷怒，不貳過。」則夫子所謂「丘之好學」，亦豈讀書看文章之謂哉？古者九夫爲井，四井爲邑，二畝半之宅在田，二畝半之宅在邑，凡三十二家。十室之邑，甚言其小，不滿三十二家也。

諸理齋曰：妙在不將自己形容人，只把人來比自己，自然絶去褒貶。

子曰：「十室之邑，必有忠信如丘者焉，不如丘之好學也。」

校勘記

〔一〕《論語集注》卷三《忠信章》朱熹注：忠信如聖人，生質之美者也。夫子生知，而未嘗不好學，故言此以勉人，言美質易得，至道難聞。學之至，則可以爲聖人。

論語雍也第六

南面章

薛方山考出是題，諸生依「未喻可字」〔二〕立説。方山怒曰：秀才無見識，仲弓賢者，豈有一「可」字也不識？且均一「可」也，「使南面」之「可」，則認以爲優，「可也簡」之「可」則認以爲劣。一字而兩解之，何説也？章中三「可」字皆一樣看，「不亦可乎」與「可也簡」二字政相應。

湯藿林曰：臨民之道：定要簡易，大事化小事，小事化無事。然此簡易根原，必從敬出，一段兢業，不敢煩瑣，便是「簡」，非是居敬又行簡也。《淮南子》曰：「蓼菜成行，瓶甌有堤，量粟而舂，數米而炊，可以治家，而不可以治國；滌杯而食，洗爵而飲，浣而後饋，可以養家宅，而不可以饗三軍。非易不可以治大；非簡不可以合衆。」〔二〕

子曰：「雍也可使南面。」仲弓問子桑伯子。子曰：「可也，簡。」仲弓曰：「居敬而行簡，以臨其民，不亦可乎？居簡而行簡，無乃大簡乎？」子曰：「雍之言然。」

校勘記

〔一〕《論語集注》本章「子曰雍之言然」，朱熹注：「仲弓蓋未喻夫子可字之意，而其所言之理，有默契焉者，故夫子然之。」

〔二〕《淮南子·詮言訓》：「蓼菜成行，瓶甌有堤，量粟而舂，數米而炊，可以治家，而不可以治國；滌杯而食，洗爵而飲，可以養家老，而不可以饗三軍。非易不可以治大，非簡不可以合粟。大樂必易，大禮必簡。易故能天，簡故能地。大樂無怨，大禮不責，四海之内莫不繫統，故能帝也。」

好學章

《易》曰：「顔氏之子，其殆庶幾乎。有不善未嘗不知，知之未嘗復行〔一〕。」明是「不貳過」註脚。明此則「不遷怒」可知已。聖賢工夫，平平實實，不必説玄説幻。愚觀天下理盡於《易》。《易》逆數也。故學者工夫，亦盡用逆。夫子「四毋」，顔子「四勿」，「三月不違仁」，「簞瓢不改其樂」，合之「不遷」，「不貳」，純是用逆工夫。顔子精於《易》者也，故曰「其殆庶幾」。觀此章，則「學而時習之」，決非是讀書做文字。昔人有「日裏習得夜裏習不得」之語，是主何見？

校勘記

〔一〕語出《易・繫辭下》。

哀公問：「弟子孰爲好學？」孔子對曰：「有顔回者好學，不遷怒，不貳過。不幸短命死矣，今也則亡，未聞好學者也。」

辭與章

此章書君臣、母子、朋友、師弟、爲使、爲宰、鄰里、鄉黨之大義俱全。此時各行其是：爲使者爲使，爲宰者爲宰，爲良友者爲良友，爲廉吏者爲廉吏；與者與，辭者辭，一入夫子之權衡，都有個至當不易之理在，所以聖人之教，直若化工。

聖人用材，要使財皆得用。若與之不當，辭之不當，把財置之無用之地矣，豈不可惜！知一介之不與，則知天下之可禪；知萬鍾之可受，則知一介之不取。聖人能用財而不爲財用，此是大手段。冉求仕季氏，爲之聚斂而附益之，一生止以繼富爲事。「君子周急不繼富」之言，聖人閒中亦下鍼砭。

子華使於齊，冉子爲其母請粟。子曰：「與之釜。」請益。曰：「與之庾。」冉子與之粟五秉。子曰：「赤子適齊也，乘肥馬，衣輕裘。吾聞之也：君子周急不繼富。」原思爲之宰，與之粟九百，辭。子曰：「毋！以與爾鄰里鄉黨乎！」

騂角章

太史公作《史記》欲藏諸名山大川。夫炯炯者，不能自信而乞靈於山川乎？知我其天，參契幽微，感慨至深，不向人間索知已矣。

子謂仲弓曰：「犁牛之子騂且角，雖欲勿用，山川其舍諸？」

三月章

《論語》二十章不言心之仁，而此章獨言心之仁。《易》三百八十四爻不言仁，而《復》卦獨言仁。若顏子之「不違」，即《易》之所謂「不遠復」；諸子之曰「月至」，即《易》之所謂「頻復」也〔一〕。

昔有祖師言：「四十年打成一片」，「不違仁」，打成一片也。又有云：「他人爲十二時辰使，我使得十二時辰。」曰「月至焉」，猶被時辰使也。

子曰：「回也，其心三月不違仁。其餘則月至焉而已矣。」

校勘記

〔一〕《易·復卦》：「不遠復，無祇悔，元吉。頻復，厲，無咎。」

從政章

康子大從政而藐三子，故下「也與」二字；夫子大三子而藐從政，故下「何有」二字，是問答鬥笋處。

康子非用人之人，何苦將熱氣呵冷壁，只存三子之定評。

使魯能大用孔子，顏子爲相，季路爲將，子貢備行人，而閔子、冉求輩體國經野，七十二賢人各宰一邑，則人才豈減漢唐？

季康子問：「仲由可使從政也與？」子曰：「由也果，於從政乎何有？」曰：「賜也可使從政也與？」曰：「賜也達，於從政乎何有？」曰：「求也可使從政也與？」曰：「求也藝，於從政乎何有？」

費宰章

昭公十三年，南蒯以費畔〔一〕，又公山弗擾以費畔〔二〕。費蓋屢畔之邑，季氏要地，故子路曾使子羔，今又使閔子，無非欲得賢者，爲收拾人心計，故夫子曰「賊夫人之子」。閔子曰「則吾必在汶上矣」，拒之之嚴，總是此意。及夫子爲司寇而遽墮三都，費爲其首矣。聖賢深心，於此可見。

《家語》中閔子到後畢竟仕季氏爲費宰，不知何故？再查之〔三〕。

季氏使閔子騫爲費宰。閔子騫曰：「善爲我辭焉。如有復我者，則吾必在汶上矣。」

校勘記

〔一〕《左傳·昭公十二年》：南蒯懼不克，以費叛如齊。

〔二〕《左傳·定公十二年》：仲由爲費氏宰，將墮三都，季氏將墮費，公山不狃、叔孫輒帥費人以襲魯。

〔三〕《孔子家語·執轡》：閔子騫爲費宰，問政於孔子，子曰：「以德以法。夫德法者，禦民之具，猶禦馬之有銜勒也。君者，人也；吏者，轡也；刑者，策也。夫人君之政，執其轡策而已。」《孔子家語·七十二弟子稱》：閔損，魯人，字子騫，以德行著名，孔子稱其孝也。

伯牛章

徐儆弦曰：顏淵之死則謂之天喪，伯牛之亡則歸之有命。蓋在顏淵則可以言天，在伯牛則可以言命；不盡其道而死者，不可以言天，不可以言命也。

伯牛有疾，子問之，自牖執其手，曰：「亡之，命矣夫！斯人也而有斯疾也！斯人也而有斯疾也！」

陋巷章

鮮于侁問：「顔子何以能不改其改樂？」伊川曰：「君謂其所樂者何也？」侁對曰：「樂道而已。」伊川曰：「使顔子而樂道，不爲顔子矣。」侁未達，以告鄒浩，浩曰：「夫人所造，如是之深，吾今日始識伊川面。」〔一〕

周用齋曰：看到顔之簞瓢，孔子蔬水，舜禹之天下，通是一樣，乃是樂中真趣。飯糗茹草，若將終身。顔子上半截渾然是箇大舜，只是下半截不曾做得。

子曰：「賢哉，回也！一簞食，一瓢飲，在陋巷。人不堪其憂，回也不改其樂。賢哉，回也！」

校勘記

〔一〕《二程集·河南程氏外書卷第七》：鮮于侁問伊川曰：「顔子何以能不改其樂？」正叔曰：「顔子所樂者何事？」侁對曰：「樂道而已。」伊川曰：「使顔子而樂遺，不足顔爲子矣。」侁未達，以告鄒浩。浩曰：「夫人所造如是之深，吾今日始識伊川面。」又《二程集·河南程氏粹言卷第二》鮮于侁問曰：「顔子何以能不改其樂？」子曰：「知其所樂，則知其不改。謂其所樂者何樂也？」曰：「樂道而已。」子曰：「使顔子以道爲可樂而樂乎，則非顔子矣。」他日，侁以語鄒浩，浩曰：「吾雖未識夫子，而知其心矣。」

女畫章

「非不悦子之道，」把道一肩推在夫子身上，與己無干。曰「今女畫」，把「力不足」一肩推在冉求身上，與人無與。蘇紫溪曰：「力不足」，把悦處都説得冰冷；「今女畫」，把「力不足」都説得鼓舞。

揚子曰：「百川學海而至於海，丘陵學山而不至於山，是故惡夫畫也。」

冉求曰：「非不説子之道，力不足也。」子曰：「力不足者，中道而廢。今女畫。」

爲儒章

世人極意刻畫君子小人，都無是處。不知「女」字是君子小人關隘處，「爲」與「無爲」的欛柄。從此處下手，纔是夫子意中事。

《荀子》曰：「正其衣冠，齊其顔色，嗛然而終日不言，是子夏氏之賤儒也。」〔一〕儒之統分而爲八，即孔子亦無奈之何矣。

王龍谿曰：從來聖人自出手眼，何嘗有樣子學得來？凡依傍樣子者，畢竟不是大人。問小人如何亦曰「儒」、亦曰「中庸」？曰「四書」中所稱「小人」，其規模本領，皆與君子争席，但心有公私耳。公則爲周、爲和、爲泰，私則爲比，爲同，爲驕。其外面，皆是一般。真小人

即假君子，僞中行乃真鄉愿，欺歉唯其所造，非明眼人莫辨。〔二〕

子謂子夏曰：「女爲君子儒，無爲小人儒！」

校勘記

〔一〕《荀子・非十二子》：「正其衣冠，齊其顏色，嗛然而終日不言，是子夏氏之賤儒也。」

〔二〕此段正文原係寫在「王龍谿曰」上之補記，今移置於此。

武城章

子游爲武宰。子曰：「女得人焉乎爾？」曰：「有澹臺滅明者，行不由徑，非公事，未嘗至於偃之室也。」

楊復所曰：「行不繇徑」，是指其行詣而言，不在走路上説。下面「非公事」二句，政其一也。若作走路説，何以爲得人？

向謂滅明直儒者流耳，見《水經註》載：「子羽渡河，齎千金之璧。河伯欲之，陽侯波起，兩蛟夾舟。子羽曰：『吾可以義求，不可以威刼。』左操璧，右操劍，擊蛟，皆死，乃投璧於河。三投而輒躍出，遂毁璧而去。」〔一〕然則子羽之勇，誠不減季路，夫子所謂「以貌取人，失之子羽」者，蓋以其貌武而行儒耳。始知其「行不由徑」非公事不至者，直是其剛毅之概，非踽踽涼涼者比矣。

校勘記

〔一〕《水經注·河水》卷五："昔澹臺子羽齎千金之璧渡河，陽侯波起，兩蛟挾舟。子羽曰：'吾可以義求，不可以威劫。'操劍斬蛟，蛟死波休，乃投璧於河，三投而輒躍出，乃毁璧而去，示無吝意。"

不伐章

當時以戰勝爲能，誰復於戰敗時觀人、取人？清之役，冉有帥左師入齊師，獲甲首八十，齊不能師，宵遁。孟武伯帥右師入齊師而先奔，之反爲殿。"馬不進"之語〔一〕，非故掩功，他實恨武伯輩不能同心戮力，以致喪師，深以爲恥，故如此。夫子稱之反，以是討魯臣意。

子曰："孟之反不伐，奔而殿，將入門，策其馬，曰：'非敢後也，馬不進也。'"

校勘記

〔一〕《左傳·哀公十一年》："師及齊師戰於郊，齊師自稷曲。師不踰溝。樊遲曰：'非不能也，不信子也。請三刻而踰之。'如之，衆從之。師入齊軍。右師奔，齊人從之，陳瓘、陳莊涉泗。孟之側後入以爲殿，抽矢策其馬曰：'馬不進也。'林不狃之伍曰：'走乎！'不狃曰：'誰不如？'曰：'然則止乎？'不狃曰：'惡賢？'徐步而死。師獲甲首八十，齊人不能師。宵諜曰：'齊人遁。'冉有請從之三，季孫弗許。"

佞美章

子曰：「不有祝鮀之佞，而有宋朝之美，難乎免於今之世矣。」

此大聖人慈憫世界語，若作嬉笑怒罵，便非立言本懷。亦非嗟嘆行路語，正磨鍊豪傑語也。

由户章

子曰：「誰能出不由户？何莫由斯道也？」

周用齋曰：不繇道，不是道外人，正是道内人，即倏悟都不繇，此良可怪嘆，正是走路人不繇門户耳。若坐若臥，亦自聽之。

文質章

子曰：「質勝文則野，文勝質則史。文質彬彬，然後君子。」

野是野人，史是史官，都是人名。君子是空名，不必實有其人，與「君子人與」一樣，猶云「文質彬彬」，這樣纔叫做君子也。

生直章

蘇子瞻曰：天之生物必直，其曲必有故，非生之理也。木之曲也，或抑之；水之曲也，或礙之。水不礙，木不抑，未嘗不直也。凡物皆然，而况於人乎！故生之理直；不直而生者，幸也，非正也。

石壓笋斜出，屈曲委蛇，總不礙其直性。此「直」字，與「質直」「好直」等「直」字稍異，即性體也。性體無善惡，無向背，無取捨；離彼離此而卓爾獨存，非中非邊而魏然孤立。故曰「直」如千仞峭壁，非心思意識之所能攀躋。「直」是何物？《乾》卦剛中一畫，豎將起來，頂天立地，此人之所以爲生。人而「直」，浩然充塞，死猶生也。人不「直」，無信不立，生猶死也。不直何以言「罔」？人只此一點真心，無此一點真心，生意絶矣。「罔」，無也。「不誠無物。」

子曰：「人之生也直，罔之生也幸而免。」

知之章

個中精微之極，非人見聞知解易得參透。所謂雲駛月運，舟行岸移，恍惚成迷，漂入邪見。故第一着是尋見真種子，最難。所以學須知之，纔能好之。

引知於好，引好於樂。知之者是志道興詩之候，好之是據德依仁立禮之候，樂之是成樂游藝之候。真知必好，真好必樂。

晉人曰：「絲不如竹，竹不如肉。」謂其「漸近自然」。〔一〕

子曰：「知之者不如好之者，好之者不如樂之者。」

校勘記

〔一〕《世説新語・識鑒》劉孝標注引《孟嘉別傳》：（桓温）又問：「聽伎絲不如竹，竹不如肉，何也？」答曰：「漸近自然。」

中人章

周安期曰：仲尼之徒，不聞有夜半入室而談者，緣何説「可以語上」、「不可以語上」？只是此語人自有可不可耳。如一貫之傳，曾子「唯」，而門人「惑」，此即是上下之分。或問：夫子語中人以上、中人以下有兩樣語否？徐子卿曰：常人買菜，買菜便用低銀子。若夫子囊中原俱足色，只有輕重錙兩，聽人取受；便使將買米納糧，總是這箇，無有二致。

子曰：「中人以上，可以語上也；中人以下，不可以語上也。」

樊遲章

精義入神，原屬「知」之事，着一「民」字，就其最切近者言之耳。或曰：「仁不遠，何有難？」曰：「難者，仁者兢業之心也，政是仁者之用力處。」

樊遲問知。子曰：「務民之義，敬鬼神而遠之，可謂知矣。」問仁。曰：「仁者先難而後獲，可謂仁矣。」

山水章

知者樂，不樂之人因不知，此拘滯愚闇之人，不達宇宙之大觀者。仁者壽，不壽之人多不仁，此殘忍刻薄之人，不培天地之元氣者也。「仁」、「知」一道，而仁者、知者各有所至。辟猶父母一本，而男女自成。日月同明，而晝夜各照。統同之中，無妨辨異，非知道者，不能識也。學者但習「仁」、「知」之名，而其底蘊微妙，漫然不知，故夫子探而歷指之。

子曰：「知者樂水，仁者樂山。知者動，仁者靜。知者樂，仁者壽。」

一變章

太公大賢，周公聖人，故遺化不同如此，此漢註之説。漢武帝詔曰：「朕聞天地不變，不成施化；陰陽不變，物不暢茂。」《易》曰：『通其變，使民不倦。』《詩》云：『九變復貫，知言之選。』朕嘉唐虞而樂殷周，據舊以鑒新，其赦天下，與民更始」[一]。於此可想「變」字之義。

如人擺設書房床椅，互易其處，便覺耳目清爽。「變」字亦學問、治道所不可少。

子曰：「齊一變，至於魯；魯一變，至於道。」

校勘記

〔一〕語出《漢書・武帝紀》。所引《易經》見《易經・繫辭下》，《詩》爲逸詩。

不觚章

季彭山曰：重「觚」字說，因當時人習尚通融，破觚爲員，多磨稜倒角，故以「觚」致慨。東坡曰：「昔者太公治齊，周公治魯，至於數十世之後，子孫之强弱，風俗之好惡，皆可得而逆知之。何者？其所施專一，則其勢固有以使之也。」〔一〕

子曰：「觚不觚，觚哉！觚哉！」

校勘記

〔一〕語出《蘇東坡集》卷二十一《思治論》。

從井章

從井救人，便是摩頂放踵學問。一念執着，自家亦無安身立命去處。運甕者，身居甕外，可逝不可陷，可欺不同罔，出没縱横，大修行人故自如是。

仁者有個窮處，要尋絶處逢生法。昔有一參禪者問曰：「譬如有人口咬樹籐，兩手撒開，懸崖百丈，下面有人問曰：『如何是祖師西來意？』若應他，喪身亡命，若不答他，辜負了他來意，却是如何？」禪師答曰：「請他在未咬樹時節來問。」

司馬温公擊甕救出小兒，纔是宰相手段。

宰我問曰：「仁者，雖告之曰：『井有仁焉。』其從之也？」子曰：「何爲其然也？君子可逝也，不可陷也；可欺也，不可罔也。」

弗畔章

顔子博我以文，約我以禮，遂有卓爾之見，全重「我」字〔一〕。此但云「博學以文」，「約之以禮」，則僅「可以弗畔」而已。此陸象山入微之見，朱程皆不及。

子曰：「君子博學於文，約之以禮，亦可以弗畔矣夫！」

校勘記

〔一〕《象山先生全集》卷三十四《語録》：顔子爲人最有精神，然用力甚難。仲弓精神不及顔子，然用力却易。顔子當初仰高鑽堅，瞻前忽後，博文約禮，遍求力索，既竭其才，方如有所立卓爾。逮至問仁之時，夫子語之，猶下「克己」二字。曰：「克己復禮爲仁。」又發露其旨曰：「一日克己復禮，天下歸仁焉。」既又復告之曰：「爲仁由己，而由人乎哉？」吾嘗謂此三節，乃三鞭也。

南子章

子見南子，妙在子路一怒，則聖賢循禮蹈義家風，神氣倍振。如讀《水滸傳》，黑旋風斫倒杏黄旗，則梁山忠義，倍覺肅然〔一〕。夫子第矢之，而不與解釋，政所以堅其不悦之意也。坐懷不亂，聖人所爲，賢人則不可爲。閉户不納，賢人所爲，聖人則不必爲。子路之不悦，子路之閉户不納也。故曰：「善學柳下惠，莫如魯男子。」〔二〕

南子夜坐而識蘧伯玉之賢。以見小君之禮，要見吾孔子。妖婦人能籠絡聖賢豪傑，唐武瞾一流人也。

子見南子，子路不悦。夫子矢之曰：「予所否者，天厭之！天厭之！」

校勘記

〔一〕見《水滸傳》第七十三回。

〔二〕《孔子家語·好生》：魯人有獨處室者，鄰之嫠婦亦獨處一室。夜暴風雨至。嫠婦室壞，趨而託焉。魯人閉户而不納，嫠婦自牖與之言：「何不仁而不納我乎？」魯人曰：「吾聞男女不六十不同居，今子幼吾亦幼，是以不敢納爾也。」婦人曰：「子何不如柳下惠然，嫗不逮門之女，國人不稱其亂。」魯人曰：「不可卿下惠則可，吾固。吾將以吾之不可，學柳下惠之可。」孔子聞之，曰：「善哉！欲學柳下惠者，未有似於此者，期於至善而不襲其爲，可謂智乎！」

中庸章

至者，無聲無臭之謂〔一〕。人以思勉求之，故鮮久矣。《中庸》多一「能」字，殊失夫子之旨。

子曰：「中庸之爲德也，其至矣乎！民鮮久矣。」

校勘記

〔一〕《中庸》第三十三章：無聲無臭，至矣！

施濟章

梁武鑄象造經，崇飾梵宇，問達摩有功德否？達摩云「實無功德〔二〕」。博施濟衆，總是功德念頭，所以聖人提出本領銷歸到自家身上，却又不是虚願口談没把柄的話。大機大用全在「立」「達」兩字，非解人誰與歸？

朱子曰：譬如東洋大海固是水，但不必以此方爲水。只瓶中傾出來的便是水。博施固是仁，但那見孺子怵惕惻隱之心亦是仁。此喻甚好。

堯舜時幾個百姓尚病博濟，奈何以責三代下人物？繁興之時，聖賢討得頭腦，是故誅伐行不止，不施濟矣，曰：「唐虞種子在。」

子貢曰：「如有博施於民而能濟衆，何如？可謂仁乎？」子曰：「何事於仁！必也聖乎！堯舜其猶病諸！夫仁者，己欲立而立人，己欲達而達人。能近取譬，可謂仁之方也已。」

校勘記

〔一〕《佛學大辭典·達磨》：梁普通元年泛海至廣州，帝迎之到建業。問曰：「朕即位以來，造寺寫經，有何功德？」磨曰：「無功德。」帝曰：「云何真功德？」磨曰：「浄智妙圓，體自空寂，如是功德不可以世求。」帝曰：「如何是聖諦第一義？」磨曰：「廓然無聖。」帝曰：「對朕者誰？」磨曰：「不識。」帝不悟，遂渡江之魏。

論語述而第七

好古章

子曰：「述而不作，信而好古，竊比我於老彭。」

老彭錢鏗在周爲柱下史，少好恬静，及爲大夫，稱疾不與政事，好覽古籍，以此名世。

荀子法後王，只是于古處信不及，聖人看得世間事事端正，不費手脚，羲皇衍《易》已是郊天法地，何況經列聖人裁成，尚有破綻去處否？

默識章

子曰：「默而識之，學而不厭，誨人不倦，何有於我哉？」

學者太看得學誨等閒容易，夫子曾自認「爲之不厭，誨人不倦」矣，如何此處又説個「何有於我」？故不得不於默識句，作些神通。古德云：老僧吃飯，口口吃在肚裏。世間千萬衆生，只一吃飯，無有是處，何況餘事！常人視爲十分容易者，聖人視爲十分煩難。

吾憂章

庚子，山東出此題。主司批解元卷云：吾憂句久被紫陽註脚障礙，不知「憂」字即曾子「三省」「省」字，非是不能而始憂。總之四者，是吾切己工夫，吾所當時時兢惕者耳。

徐子卿曰：狥情欲而舍性命，圖受用而忘遠大，聽人穿鼻而全無自己本領，聽天陶鑄而没些變化學問：四者君子之大恥。

君子進德脩業，全在能動能變，此風雷之所以爲益也。不修不講，不徙不改，全然不動不變，則益在何處？故曰「吾憂」。

聞之善作家者曰：人欲營利，必時時運動，則家業日長。若守定目前，毫不營運，天欲富女，亦無從而富女矣。此言雖小，可以喻學。

子曰：「德之不修，學不之講，聞義不能徙，不善不能改，是吾憂也。」

燕居章

《禮記》有《仲尼燕居》、《子閒居》二篇，則「燕居」亦不是閉門獨處，正是弟子問業討論之時，示人和易，正是夫子循循善誘處。申申主容，夭夭主色，亦即《玉藻》所謂「燕居告温温」也〔一〕。

或問「孔子燕居，何以申申夭夭」？余曰：「空山無人，水流花開。」

子之燕居，申申如也，夭夭如也。

校勘記

〔一〕語出《禮記·玉藻》。

吾衰章

孔子夢周公，尚是耳中鳴磬，眼中金屑。直到不夢時，便是一齊放下。所謂去年貧不是貧，今年貧始貧耳。曰「吾衰」，政已到大休歇處。子韶云：向也于公隔一重，尋思常在夢魂中；而今直與心相識，爾自西行我自東。

衛叔寶曰：「未嘗夢乘車入鼠穴，擣齏噉鐵杵，無想無因也〔一〕。」夢周公時，夫子尚着因想。

子曰：「甚矣吾衰也，久矣吾不復夢見周公。」

校勘記

〔一〕《世説新語·文學》：衛玠總角時，問樂令夢。樂云：「是想。」衛曰：「形神所不接而夢，豈是想邪？」樂云：「因也。未嘗夢乘車入鼠穴，擣虀噉鐵杵，皆無想無因故也。」

志道章

艾千子曰：「道」、「德」、「仁」、「藝」，是舊名，「志」、「據」、「依」、「游」，是學者所以求道德仁藝也。聖人教人如此，以實事赴空名耳，非真有逐節相生，如時文之謬也。不是直到依仁方去游藝，即志道時未嘗不游藝。此解妙經，不然終身無游藝時矣。有先輩曰：後面興詩、立禮、成樂，便是游藝的工夫。

徐子卿云：或問「游於藝」？余曰：也莫説得兒戲，如善游者入於其中而不溺，是何等手段？先要問「藝」是恁麼？

子曰：「志於道，據於德，依於仁，游於藝。」

束脩章

《論語》《禮記》解束脩，束脯也，十脡爲束。延篤曰：「吾自束脩以來爲人臣，不陷於不忠。」〔一〕註「束，帶。修，飾也」。李固《奏記梁商》曰：「王公束脩厲節〔二〕。」晉荀羨擒賈堅，堅曰：「吾束修自立，君何謂降耶？〔三〕」皆檢束、修飾之義，與《論語》不同。

子曰：「自行束脩以上，吾未嘗無誨焉。」

校勘記

〔一〕《後漢書·延篤傳》：且吾自束脩已來，爲人臣不陷於不忠，爲人子不陷於不孝，上交不諂，下交不黷，從此而殁，下見先君遠祖，可不慙赧。

〔二〕李固《奏記梁商理王龔》：王公束脩厲節，敦樂藝文，不求苟得，不爲苟行，但以堅貞之操，違俗失衆，横爲讒佞所構毁。

〔三〕《資治通鑒·晉紀二十二·穆帝升平二年》：羨兵衆多，從塹下斫橋，堅人馬俱陷，生擒之，遂拔山茌。羨謂堅曰：「君父、祖世爲晉臣，奈何背本不降？」堅曰：「晉自棄中華，非吾叛也。民既無主，强則託命。既已事人，安可改節！吾束脩自立，涉趙歷燕，未曾易志，君何忽忽相謂降乎！」

憤悱章

「不憤不啓」，夫子惓惓教人，只要人自得，隨根付與。所謂吾口裏説來不中女用者，是也。凡落説話，只得一隅，非不舉他隅，不能舉也。如畫人物：畫面必不能畫背，畫側影必不能畫全影。欲畫完，世無此人物矣。

子曰：「不憤不啓，不悱不發。舉一隅不以三隅反，則不復也。」

喪側章

孫淮海曰：喪側不飽，以食旨不甘之心爲心也。哭則不歌，以聞樂不樂之心爲心也。

子食於有喪者之側，未嘗飽也。子於是日哭，則不歌。

用行章

紹聞編云：用行二句，當就兩個「則」字看。用之則見成將出來，舍之則藏了。兩個「則」字，如霽則行，潦則止。

臨事原非臨陣，此中急宜着眼。

楊復所曰：「唯我與爾有是夫」，向作牽連自家與顏子說，聖人物無此等口氣。此「與」字，與下文二「與」字一般看，蓋夫子許顏子能「用則行，舍則藏也」，並不連自家說在内。

子路若領略此言，則結纓之難，可以不死。

子謂顏淵曰：「用之則行，舍之則藏，惟我與爾有是夫！」子路曰：「子行三軍則誰與？」子曰：「暴虎馮河，死而無悔者，吾不與也。必也臨事而懼，好謀而成者也。」

執鞭章

擾擾紅塵，見清泉白石，未免有脱兔投林之想。黄粱未熟，偷心不盡。行到黄河渡口，纔嗒然死了去也。

子曰：「富而可求也，雖執鞭之士，吾亦爲之；如不可求，從吾所好。」

子慎章

孔子曰「我戰則克，祭則受福」，蓋言「慎」也。即此「慎」字，是三者之善道，非更有何道以善此三者也。

丘毛伯曰：其慎齋也，非倖福，是不慢神；其慎戰也，非怯敵，是不輕敵；其慎疾也，非貪生，是不輕生。

「慎」者，於齋之前，戰之前，疾之前，着實有一番功夫，不是臨渴治井。故曰：「聖人不治已病，治未病。」

子之所慎：齊、戰、疾。

聞韶章

東坡云：孔子學琴於子襄。習其音，知其數，得其志，知其人。其於文王也，見其穆然深思，高視遠志，見其黝然而黑，幾然而長，眼如望羊，心如欲王四國。其於舜可知，是以「三月不知肉味」〔一〕。

我明楊椒山，潛思樂理，夢見大舜親授以黄鍾之律。何況吾夫子以神聖相遇，其感召更百倍常人也。

子在齊聞《韶》，三月不知肉味，曰：「不圖爲樂之至於斯也。」

校勘記

〔一〕《孔子家語·辯樂解》：孔子學琴於師襄子，師襄子曰：「吾雖以擊磬爲官，然能於琴。今子於琴已習，可以益矣。」孔子曰：「丘未得其數也。」有間，曰：「已習其數，可以益矣。」孔子曰：「丘未得其志也。」有間，曰：「已習其志，可以益矣。」孔子曰：「丘未得其爲人也。」有間，曰：「孔子有所謬然思焉，有所睪然高望而遠眺。」曰：「丘迨得其爲人矣！近黮而黑，頎然長，曠如望羊，奄有四方，非文王其孰能爲此？」師襄子避席葉拱而對曰：「君子，聖人也，其傳曰《文王操》。」

衛君章

伯夷曰「有父命」。叔齊曰「非治命」。兩人所急者，原不在兄弟，而仍在父子，故片言可以折衛獄。仁，人心也；心之所安，便是仁。

《春秋》書蒯聵必稱衛世子，明未絶於衛也。圍戚必書，明輒惡之不可掩也。夫子之不爲輒也明矣。

《公羊》以輒之拒命爲正，慕容輿輩遂以之拒父爲可，事後猶紛紛如此。當日求、賜之疑，不足深怪。

當時衛國只有立中子之法可以解紛，故爲之詳言夷齊。

伯夷、叔齊尊父命，重天倫，讓其國於弟。而叩馬之諫，直與周爭天下以還之殷，而盡臣道，總是求其心之安。夫子與其爲仁，忠孝不足以名之；忠孝其事也。聖人論人，必論其心。

冉有曰：「夫子爲衛君乎？」子貢曰：「諾，吾將聞之。」入曰：「伯夷、叔齊何人也？」曰：「古之賢人也。」曰：「怨乎？」曰：「求仁而得仁，又何怨？」出曰：「夫子不爲也。」

疏水章

富貴如浮雲，不曾説不要富貴，亦不曾説富貴，要義轉合在中，不即不離。

李崆峒曰：「不義而富且貴，於我如浮雲。」漢以下儒者，只言富貴如浮雲，過矣，斯中庸之鮮也。周茂叔曰：君子以道充爲貴。而曰塵視金玉，銖視軒冕。如其義，亦塵銖之乎？

如浮雲，就疏水曲肱時見，正可想像樂在其中光景。「用之則行，舍之則藏」，聖人毫不介心。曲肱泗水與捉鼻東山，其意境天壤懸絶。

子曰：「飯疏食飲水，曲肱而枕之，樂亦在其中矣。不義而富且貴，於我如浮雲。」

學易章

春秋時，聖人只合隱。棲棲遑遑，有多少措失，多少過錯處。此處非聖人不能冒險而行，亦非聖人不能履難而免。他人所視，聖人驚天動地者，正聖人隱隱自悔於中者也。五十學《易》，其有遯之思也夫！

作《易》者，其有憂患乎？從此細印，覺羲、文、周、孔同在過中。日有飲食，無非過端。顔之不貳，蘧之欲寡，便是聖人之《易》。孔子晚而喜《易》，《序》、《彖》、《繫》、《象》、《説卦》、《文言》。讀《易》，韋編三絶，曰：「假我數年，若是，我於《易》則彬彬矣。」〔一〕

朱晦翁卜《易》得《遯》之三爻，遂絶口不談朝政，可見聖賢一生所用無時非《易》。

子曰：「加我數年，五十以學《易》，可以無大過矣。」

校勘記

〔一〕《史記·孔子世家》：孔子晚而喜《易》，《序》、《彖》、《繫》、《象》、《説卦》、《文言》。讀《易》，韋編三絶，曰：「假我數年，若是，我於《易》則彬彬矣。」

雅言章

「子罕言」，「子不語」，「子以四教」，皆列其目而止，而此獨多着「皆雅言也」一句，此是記者述《詩》《書》、「執禮」而又尋味之詞。蓋恍然會意，夫子平日所言，莫非是也，於此煞有領會。

聖賢行禮：如執玉，如捧盈，故曰「執禮」。

古人著書敘事，多於複一句處傳神。

子所雅言，《詩》、《書》，執禮，皆雅言也。

葉公章

子路不對，不是鄙葉公，所謂一部十七史從何處説起也。「憤」、「樂」語數，子路實道不出，道不出而寘之不對，正是子路高處。

萬物以怒而生，看一「憤」字真有龍雷震動之象。「憤」便是「樂」，原無二層，此是宣聖一生得力處。

葉公問孔子於子路，子路不對。子曰：「女奚不曰：其爲人也，發憤忘食，樂以忘憂，不知老之將至云爾。」

敏求章

子曰：「我非生而知之者，好古敏以求之者也。」

聖人有所聞見，事事考究，不待時刻，故曰：「敏以求之。」

聖人知萍實而得之童謠，知羵羊而得之古記，知肅慎之矢而得之《周書》，知商羊之舞而得之《齊風》。凡此，人皆謂之生知，而不知皆其好古敏求之者也。此是聖人實記，不是謙詞。如人偶憶一故事，不得其詳，亟取書本來查，便自了曉。如略一放懈，則高閣置之矣，故聖人特地下一「敏」字。

不語章

子不語怪、力、亂、神。

伊川每遇怪異之事，必多費辭説，力破其無，意豈不善，然無證之辯，翻起人疑，故知不如「不語」之爲妙也。

徐子卿曰：如禹之治水、湯武之征誅、周公之制作，皆人力也，而皆非人力，緣是性分本然，氣運恰合，豈繫人之能哉！如此説，却消了世間許多閒思想。夫子之不語神怪者，不以天廢人也；不語力亂者，不以人勝天也。若羿奡、烏獲之流，亦復何足挂齒！

三人章

老子云：「善人，不善人之師；不善人，善人之資。」〔一〕改之，即是資，即是師也。故曰「必有我師」。

湯義仍曰：師人有窮，師善無；窮師善有窮，師不善無窮。篇中垂側處，妙得題神。

讀《三國演義》，恨得董卓、曹操。凡事類董卓、曹操者，我一件斷然不爲，則董卓、曹操便是我師。

子曰：「三人行，必有我師焉：擇其善者而從之，其不善者而改之。」

校勘記

〔一〕語出《老子·第二十七章》。

桓魋章

夫子適宋，與弟子習禮於大樹下，桓魋伐其樹，弟子曰：「可以速行矣！」〔二〕孔子有此言，遂之鄭。李卓吾曰：「却又微服而過宋，所以爲聖人。」〔三〕孔子禦奸邪之人，其術數便不可測識，夫是之謂肖物付物。

子曰：「天生德於予，桓魋其如予何！」

校勘記

〔一〕《史記·孔子世家》：孔子去曹，適宋，與弟子習禮大樹下。宋司馬桓魋欲殺孔子，拔其樹。孔子去。弟子曰：「可以遠行矣！」孔子曰：「天生德於予，桓魋其如予何！」

〔二〕《四書評》：李卓吾曰：「『却又微服而過宋。』妙！妙！」

無隱章

晦堂問黄山谷「無隱」之義。山谷詮釋再三，晦堂終不然其説。時暑退涼生，秋香滿院，晦堂因問曰：「聞木樨香乎？」山谷曰：「聞。」晦堂曰：「吾無隱乎爾。」山谷乃服。

邯鄲之步，畢竟不是善學。孔子絶塵而奔，聖門止得顔回一人。

子曰：「二三子以我爲隱乎？吾無隱乎爾。吾無行而不與二三子者，是丘也。」

四教章

湯宣城曰：「四教」有由博漸約之意，非分作四處教，蓋以四教一起教人也。

子以四教：文、行、忠、信。

見聖章

古人持世只有兩項人，一項是聖人，力大化神，必世後仁之王者〔一〕，如禹、湯、文、武是也。

有恒亦不失此本心，與爲一類。兩項，力有大小，效有遲速，皆可救世，故本題亦兩更端。作者都無此解。

經書中如此妙處不少，都被俗儒抹却。

馬君常曰：聖人，是質學兼妙人；善人，是質美未學人。世間止此兩樣。君子，繼聖者也；有恒，繼善者也。

子曰：「聖人吾不得而見之矣，得見君子者，斯可矣。」子曰：「善人吾不得而見之矣，得見有恒者，斯可矣。亡而爲有，虚而爲盈，約而爲泰，難乎有恒矣。」

校勘記

〔一〕《論語·子路》：子曰：「如有王者，必世而後仁。」

釣弋章

弇州云：釣不綱，廉無咎乎？弋不射宿，静無咎乎？豈惟得聖人之仁焉，亦所以教物也！

莊晉翟莊少以釣獵爲事，及長不復獵。或問釣獵同是害生之事，而止去其一，何哉？莊曰：「獵自我，釣自物，未能頓去，故先節其甚者。」〔一〕夫子亦因人不能頓去害生之事，而方便爲此言。「子」字下當有「曰」字，此不得已而誨人之言。沈蓮池有是説，義亦甚通。

湯解三面之網，而又伐暴救民；文武澤及枯骨，而又戎衣一着。天下事原有並行而不悖者，故知雷霆霜雪，總是造化之仁。

子釣而不綱，弋不射宿。

校勘記

〔一〕《晉書·隱逸傳》：（晉翟湯）子莊字祖休，少以孝友著名，遵湯之操，不交人物，耕而從食，語不及俗，惟以弋釣爲事。及長，不復獵。或問：「漁獵同是害生之事，而先生止去其一，何哉？」莊曰：「獵自我，釣自物，未能盡，故先節其甚者。且夫貪餌吞鉤，豈我哉？」時人以爲知言。晚節亦不復釣，端居篳門，歠菽飲水。州府禮命及公車徵，並不就。

知次章

聞見既多，歸其擇識。懼人之文滅質，博滅心也。《淮南子》曰：「蔽其玄光，而求知於耳目，是什其昭昭，而道其冥冥也。」〔二〕不陷此者幾希。張侗初曰：多聞而擇，是恁麼擇？多見而識，是恁麼識？擇識是吾知體，此知光明，不必更有求知處，故曰「知之次」。「次」即《中庸》「其次致曲」與《孟子》「氣次焉」之「次」，成功則一，原不差遠。

楊復所云：多聞便擇，多見便識。何也？曰：耳聞不如目見。耳聞尚虛，故要擇；目見已實，故直須識。

陸景鄴曰：夫子言「無知」，未嘗言「不知」。不知而作，明是妄作。諸説以知而作爲上者，謬。

司馬遷作《史記》，世爲太史，熟於歷朝之典故，方謂之「多聞」。歷盡通都大邑，名山大川，上會稽，探禹穴，訪問聖賢故里、遺蹟，方謂之「多見」。以此而著書立言，自成一家，庶幾免乎「不知而作之者」矣。

子曰：「蓋有不知而作之者，我無是也。多聞，擇其善者而從之；多見而識之，知之次也。」

校勘記

〔一〕《淮南子·俶真訓》：外内無符而欲與物接，弊其玄光而求知於耳目，是釋其炤炤，而道其冥冥也。

互鄉章

周海門曰：此章原無錯簡，亦無闕文。朱註改之，未是。「互鄉」八字爲句，言此鄉有一難與言之童子，非一鄉皆難於言也：此漢疏，宜從。「唯何甚」，言怪我見此童子，惡惡抑何甚乎？舊説宜從。

地獄不空，誓不成佛，聖人何嘗有棄人？

互鄉難與言，童子見，門人惑。子曰：「與其進也，不與其退也，唯何甚？人潔己以進，與其潔也，不保其往也。」

仁至章

衡齊曰：醫書以手足痿痹爲不仁，言勿覺也。誠覺則痛痒流行，而仁在其中矣。豈覺之外，别有痛痒，别有仁哉！

楊復所曰：「斯仁至矣。」妙甚！見得「欲」即是「仁」。若倒一字説「仁斯至矣」，「仁」便在外了，「仁」便遠了，文字之妙如此。

子曰：「仁遠乎哉？我欲仁，斯仁至矣。」

知禮章

宋儒吴氏曰：謂者，何人謂之？《春秋》哀公十二年書「孟子卒」不書「薨」。疑謂之孟子者，魯人諱之〔一〕，而謂之吴孟子者，當時譏諷之語也。郊勞贈賄，臣民之素譽也；娶吴附宋，宫闈之隱情也。聖人業與臣民共戴君父，業有令名，此一段已不復寘臆，應聲而答，安知司敗所懷，來着一擬議乎？

哀公十二年，夏五月，書孟子卒。昭公娶於吴。故不書姓。死不赴故不稱夫人。不書薨，不反哭，故不言葬小君〔二〕。

陳司敗問：「昭公知禮乎？」孔子曰：「知禮」。孔子退，揖巫馬期而進之，曰：「吾聞君子不黨，君子亦黨乎？君取於吴，爲同姓，謂之吴孟子。君而知禮，孰不知禮？」巫馬期以告。子曰：「丘也幸，苟有過，人必知之。」

校勘記

〔一〕《春秋·哀公十二年》：夏五月甲辰，孟子卒。

〔二〕《左傳·哀公十二年》：「夏五月，昭夫人孟子卒。昭公娶於吴，故不書姓。死不赴，故不稱夫人。不反哭，故不言葬小君。孔子與弔，適季氏，季氏不絻，放絰而拜。」

與歌章

子與人歌而善，必使反之，而後和之。

《學記》曰：「善歌者使人繼其聲，善教者使人繼其志。」必反後和，善教、善歌，二法俱備。聖人與人，實不敢有些子輕忽。試就「必使」「而後」四字細尋、細嚼，便宛然包着「温、良、恭、儉、讓」五德妙用。

躬行章

先儒曰：孔顔言「仁」，孟子言「義」，程朱言「禮」，陽明言「知」，後之學者欲繼先聖之統，無過言「信」。觀此篤摯躬行，聖人尚「未之有得」，以此最難題目，敢望後學耶！

子曰：「文莫吾猶人也。躬行君子，則吾未之有得。」

子曰：「若聖與仁，則吾豈敢？抑爲之不厭，誨人不倦，則可謂云爾已矣。」公西華曰：「正唯弟子不能學也。」

聖仁章

馮豹姿云：貪他一粒米，失却半年粮，只爲「仁」「聖」兩字眼前錯了多少工夫。爲不厭，誨不倦，平平常常，老老實實，仁也在内，聖也在内。觀音不登佛位。正是道力有限，願力無窮，「不敢」「不能」，正無上法門也。

問如何與「默而識之」處不同？曰：彼説「學而不厭」，「而」字是自然之語。此也説「爲之不厭」，「爲」字是勉然之語。辭自然，任勉然，夫子從來如此，無不同。

子曰：「若聖與仁，則吾豈敢？抑爲之不厭，誨人不倦，則可謂云爾已矣。」公西華曰：「正唯弟子不能學也。」

請禱章

夫子語王孫賈曰：「獲罪於天，無所禱也。〔一〕」故曰：「丘之禱久矣。」

周公請以身代，藏之金縢，請禱，亦師弟至情，不得鑾罵子路。

徐子卿曰：晝之所爲，夜必焚香以告天，此自是簡點精細，要之尚靠着拄杖在，畢竟到夜之所夢，無一不可語人。苟與不苟，纔好撒手撒下。

子疾病，子路請禱。子曰：「有諸？」子路對曰：「有之。《誄》曰：『禱爾於上下神祇。』」子曰：「丘之禱久矣。」

校勘記

〔一〕語見《論語·八佾·無禱章》。

奢儉章

一説此章不是説「禮」，甚得之。「禮與其奢也，寧儉」〔一〕，是説「禮」。此是説「奢」之弊大。蓋風俗由儉而奢，皆崇奢而笑儉，不知奢則潰隄防，壞名分，其弊何極？豈如儉之止是固陋而已耳！又云：「亂生於僭，生於奢。」舞佾、歌雍只是好「奢」之故。

管子難乎其爲上，晏子難乎其爲下，與其爲管子也寧晏子。

子曰：「奢則不孫，儉則固。與其不孫也，寧固。」

校勘記

〔一〕語見《論語·八佾·林放章》。

坦蕩章

釋家言心地平，則盡世界一切皆平。天下惟平易處，最是寬廣。人心險巇，便如山川，如谿壑，豈得有通衢大道？

子曰：「君子坦蕩蕩，小人長戚戚。」

温厲章

此皆聖人自然之德容，非相濟之謂也。睟面盎背，着一毫粧點不得。故宋儒有學「恭而安」十五年不成者，亦大可笑事。

幾分「温」幾分「厲」，自作秤量，覺聖人於此笑啼俱不敢矣，豈不板殺？

子温而厲，威而不猛，恭而安。

論語泰伯第八

三讓章

父子之間，古人不欲告人。聖人知古人之心，亦未嘗明言所以。如泰伯、虞仲，夷、齊，皆有贊無紀，恐傷古人之心耳。唐伯虎云：自古取天下者，卜之天人，讓天下者，獨决之心，故無從見。

天下惟能取者，然後能讓。泰伯無意剪商而採藥荆蠻，遂有吴國。亦虬髯客之以天下讓唐，而自退處扶餘之智也。出其才力，何遂不如王季、文、武也哉！以天下讓者，謂其能取而不取，故足多也。

子曰：「泰伯，其可謂至德也已矣。三以天下讓，民無得而稱焉。」

無禮章

上言無禮不可行，而禮必有所自始。始於何所？始於厚也。篤親節是君子敦厚，即是君子崇禮。

子曰：「恭而無禮則勞，慎而無禮則葸，勇而無禮則亂，直而無禮則絞。君子篤於親，則民興於仁；故舊不遺，則民不偷。」

戰兢章

引《詩》見體順歸全，從一念兢惕中來。曾子他日又以戰陣無勇，事君不忠爲非孝，可見當成仁時，便殺身亦不爲虧體。此啓手足，只是偶引起來説耳。世間完全而死者甚多，豈可皆謂

之免於毀傷？曾子啓手足以爲知免矣，而易簀猶在其後，使其終于大夫之簀，猶爲未正也，全歸之難如此。〔一〕

李見羅曰：曾子聞學之蚤合下便以脩身爲本，故到終來，浩然自慊，與孔子曳杖逍遥，彷彿一般氣象。古云「生死岸頭，不是臨時處置」。

曾子有疾，召門弟子曰：「啓予足，啓予手。《詩云》：『戰戰兢兢，如臨深淵，如履薄冰。』而今而後，吾知免夫，小子！」

校勘記

〔一〕《禮記・檀弓上》：曾子寢疾，病，樂正子春坐於床下。曾元、曾申坐於足，童子隅坐而執燭。童子曰：「華而睆，大夫之簀與？……」曾子曰：「然。斯季孫之賜也，我未之能易也。元，起易簀！」

籩豆章

廣野氣象宮闕，海旁蜃氣象樓臺，雲氣各象其山川，容貌顏色，人之雲氣也。盎然而出，有坊有表，有壇有宇，所以可貴。半毫粧點，鄙陋甚矣。

「辭」「氣」二字並重。仝是一句説話，或出以和平，或出以乖戾，故辭之有氣，顏之有色，都要重看。

看三「斯」字，君子只於「道」着力，三者自不期然而然。運用無形，而純然有以自養者謂之「道」。功能稍著，而灼然有以自見者謂之「事」。問容色辭氣何足爲君子所貴？曰：莫看得容易，學修恂慄之後，乃有此赫喧之威儀，所謂動容周旋中禮者，盛德之至也。氣質倫駁，涵養未到，驟而語之以威儀難矣！誾誾侃侃，行行皆自鎔鑄中來〔一〕。

曾子有疾，孟敬子問之。曾子言曰：「鳥之將死，其鳴也哀；人之將死，其言也善。君子所貴乎道者三：動容貌，斯遠暴慢矣；正顏色，斯近信矣；出辭氣，斯遠鄙倍矣。籩豆之事，則有司存。」

校勘記

〔一〕本條原係作者眉批，今移置於此。

吾友章

湛甘泉曰：此「犯」字下得極妙，十分通。是人不是方謂之「犯」。若己亦有一毫不是，己與彼俱「犯」矣。又曰：苟知物我之無間，而萬物一體，如一人之身，手足牙爪之相犯，斯無有較之者矣。李卓吾曰：「吾友不說出是誰更爲有味。」

問「有若無」？曰：「水中鹽味，色裏丹青。」問「實若虛」？曰「水在盆中，月在天上」。

飄瓦相遭，虛舟相觸，雖有忮心，而不作怒詈者，以其無人也。無有人見，故「犯而不較」。

曾子曰：「以能問於不能，以多問於寡；有若無，實若虛；犯而不校，昔者吾友嘗從事於斯矣。」

君子章

「節」如樹木之有節，英雄、奸賊兩俱礙手走不過處，奸雄一奪取，便爲莽、操；英雄能不奪，便是伊、周。須要臨時始見，局外慷慨算不得。既曰「人與」，又曰「人也」，非徒定其品，已有慨當世無其人，而穆然思之之意。是曾子弘毅胸腸，儼然與千古英雄相對處。周介生曰：以一死塞責者，皆可奪者也。死而無濟，一自了漢。

事之不成，以臣頭爲殉，直一鼠首耳，何益於國家社稷？「不可奪」，有措天下於磐石之安，屹然不動手段。

楊復所曰：「不可奪」，方是可以托，可以寄，初無才節兩層。

曾子曰：「可以托六尺之孤，可以寄百里之命，臨大節而不可奪也。君子人與？君子人也！」

弘毅章

范文正公做秀才時，便以天下爲己任，此政其才力弘毅處。以天下之憂爲憂，以天下之樂爲樂，其擔荷何重？「先天下之憂而憂？後天下之樂而樂」[一]，其擔荷何遠？使世間士子無此胸襟，則讀書種子先絕矣，更尋何人仔肩宇宙？問「仁以爲己任」？湛甘泉曰：今人只爲一切擔子累得此身重了，故不能任。范要勝任，先須滅擔滅得盡，則任可勝矣。

曾子曰：「士不可以不弘毅，任重而道遠。仁以爲己任，不亦重乎？死而後已，不亦遠乎？」

校勘記

〔一〕語出范仲淹《岳陽樓記》。

興詩章

孔子曰：「關雎興於鳥，而君子美之，取其雌雄之有別。鹿鳴興於獸，而君子大之，取其得食而相呼。若以鳥獸之名嫌之，固不可行也。」〔一〕使童子忤孟賁之意，孟賁怒之，童子操刃與門，童子必不勝者，力不如也。孟賁怒，而童子修禮盡敬，孟賁不忍犯也。

程子曰：「興於詩」，便須見有著力處。「立於禮」，便須見有得力處。「成於樂」，便須見有無所用力處〔二〕。

易牙學琴于成連子，攜之至海，延望無人，但見海水洞湧，山木蒼冥，愴然嘆曰：「先生移我情矣！」〔三〕「成於樂者」，卒爾會心，有人莫能知之妙。

子曰：「興於《詩》，立於禮，成於樂。」

校勘記

〔一〕《孔子家語·好生》：孔子曰：「小辯害義，小言破道。關雎興於鳥而君子美之，取其雄雌之有別；鹿鳴興於獸而君子大之，取其得食而相呼，若以鳥獸之名嫌之，固不可行也。」

〔二〕《二程集·河南程氏遺書卷第一》：「興於《詩》，立於禮，自然見有著力處；至「成於樂」，自然見無所用力。一本云：「興於《詩》，便須見有著力處；「立於禮」，便須見有得力處；「成於樂」，便須見有無所用力處。」

〔三〕《太平御覽·樂部·琴中》：《樂府解題》曰：「《水仙操》伯牙學琴於成連先生，三年不成，至於精神寂寞，情之專一，尚未能也。成連云：『吾師方子春今在東海中，能移人情。』乃與伯牙俱往，至蓬萊山，留宿伯牙，曰：『子居習之，吾將迎師。』刺舡而去，旬時不返。伯牙近望無人，但聞海水洞滑崩澌之聲，山林窅冥，群鳥悲號，愴然而嘆曰：『先生移我情。』乃援琴而歌，曲終，成連迴刺船，迎之而還，伯牙遂爲天下妙矣。」

易牙係伯牙之誤。

使由章

老子曰：「魚相忘於淵，國之利器，不可以示人，不可使知政。」〔一〕示爲上者，當進一步意，不必向民身權衡可與不可。

孔北海曰：「父之於子，當有何親？論其本心，實爲情慾發耳！子之於母，亦復奚爲？

譬如寄物瓶中，出則離矣！」〔二〕此雖狂言，亦足奪理。使人子知之，則於罔極大倫皆可澌滅，故曰「不可使知」。蓋斷斷乎不可使其知之者也。

或曰：「秦焚詩書以愚黔首，亦是此意。」余曰：非也，聖人之治也，令民忘；民忘，則惟率而教益修。秦之治也，欲民愚，民不可愚，故謀不閉而盜愈作。聖人爲民計也，秦人自爲計也，此其所以別也。

王荆公曰：「日食月食，此是天變之常，何與國家？陽教陰教，乃加脩省。」此言雖説得極透，但不可使人主知之，反多一番放縱。孔子以日食特書《春秋》，正是使由不可使知之意。莊周「齋物」之論最達天，亦最害治。使人皆知彭、殤、孔、跖同盡同歸，則孰肯自脩？或又知清濁、混沌、金石、銷鑠，孰彭？孰殤？孰孔？孰跖？肯自修乎？故曰「害治」。孔子曰「民可使田之，不可使知之」。

子曰：「民可使由之，不可使知之。」

校勘記

〔一〕語出《老子·第三十六章》。

〔二〕《後漢書·孔融傳》：前與白衣禰衡跌蕩放言，云：「父子於子，當有何親？論其本意，實爲情慾發耳。子之於母，亦復奚爲？譬如寄物瓶中，出則離矣。」

好勇章

論元祐、紹聖之政曰：公卿大夫當知國體，以蔡確奸邪，死何足惜。然既爲宰相，當以宰相待之。范中宣，知國政者也，故欲薄確之罪。劉摯、梁燾、王岩叟、劉安山，疾惡已甚，以貽後日縉紳之禍，不能無過也。此政爲姑息不斷者指示禍原。若舜放四凶，周公誅管蔡，又何亂乎？江陵云：仁人作用，政當於劊子場中想出。刺虎不斃，斷蛇不死，其傷人愈多。君子之遇小人，政不可不慎。近日楊左之御魏璫，是其鑒也。

子曰：「好勇疾貧，亂也。人而不仁，疾之已甚，亂也。」

周公章

才足觀美，便是「其餘」，一念爲才所動，並「其餘」亦用不着。故曰：妝歛聰明還造化，雖無才美亦周公。

或曰：一犯驕吝其大本已亡，縱其餘做得驚天動地，亦不足觀。

或曰：韓子曰：「天生聖賢，非使之自有餘而已，將欲以補其不足也。」若驕吝，則是自有餘也；雖餘，曷貴哉？

驕者是其器局小，容受不去。故驕者未有不吝，此是一套生事，非驕了又吝也。

子曰：「如有周公之才之美，使驕且吝，其餘不足觀也已。」

至穀章

黄貞父曰：不志於穀，非獨利禄不入；三年積學，必有一段經濟可見，此處最易技癢，而略不動心，然却不是枯槁忘世。

管寧、華歆同學，鋤地見金，寧視如瓦石，歆捉而擲之。又常同席，有乘軒過門者，寧讀書如故，歆廢書往視。寧割席分坐曰：「子非吾友也。」〔一〕如管寧者，方謂之「不志於穀〔二〕」。

子曰：「三年學，不至於穀，不易得也。」

校勘記

〔一〕《世説新語·德行》：管寧、華歆共園中鋤菜。見地有片金，管揮鋤與瓦石不異，華捉而擲去之。又嘗同席讀書，有乘軒冕過門者，寧讀如故，歆廢書出觀。寧割席分坐，曰：「子非吾友也。」

〔二〕《論語》原文作「不至於穀」朱熹注：「至」疑當作「志」。

篤信章

篤信的人，又要好學，圓融而不拘執也；守死的人，又要善道，中正而不偏枯也。所以能危不入，亂不居，有道見，無道隱。此都從道力、學力來，不然便爲可恥。在有學守者，爲「隱」「見」；在無學守者，爲富貴、貧賤。貧賤算不得「隱」，富貴算不得「見」。上下骨節都通。君子以天下爲心，至是邦即欲有爲。危可使安，亂可使治，不入不居者，勢不可爲，故見機而作也。

子曰：「篤信好學，守死善道。危邦不入，亂邦不居。天下有道則見，無道則隱。邦有道，貧且賤焉，恥也；邦無道，富且貴焉，恥也。」

在位章

此反證語也，原箴砭「尸位」，非詰責「越俎」。黨與生于替謀，欲散其謀，當密考工法。

子曰：「不在其位，不謀其政。」

師摯章

張夏占曰：「師摯在官之初，每以《關雎》爲亂。蓋知萬化起於閨門，以樂諫也，所以夫子嘆美之。」

夫子語太師以知樂，至是慨其去而思之，非徒慨樂也。從無人會此。

子曰：「師摯之始，《關雎》之亂，洋洋乎盈耳哉！」

狂直章

明是詐僞之人，又借一種假狂簡、假老實以掩飾之，則較之本色雕斲之人又更險矣，豈不可惡！

子曰：「狂而不直，侗而不愿，悾悾而不信，吾不知之矣。」

天生醜婦，裙布荆釵，有何可惡？搽脂抹粉，喬裝打扮，効顰嬌痴，然後可恨。

不及章

子曰：「學如不及，猶恐失之。」

「如不及」，是趕上前；「猶恐失」是怕落後。語意一氣。

他人息，吾則不敢息；他人休，吾則不敢休。寧戚力學三十年，而爲王者師。

舜禹章

舜禹不與，非敝屣天下之謂也。舜憂勤，禹胼胝，上爲君父，下爲蒼生，未嘗視爲己之天下，而以己與焉者也。若只以輕視天下爲魏魏，則巢由何遂不如舜禹？

飢溺繇己，政是以己與天下，不是以天下與己。鹿臺、鉅橋，克剥天下以奉己者，是以天下與己者也。

子曰：「巍巍乎，舜禹之有天下也，而不與焉！」

則天章

夫子贊《易》曰：「大哉，乾元！」與此「大哉」同，所以云「惟堯則之」。「巍巍」是贊堯，不是言天。饒氏曰：「則之」如《易》與天地準，相與平等，非取法也。「成功」、「文章」不可並對，「文章」自在「成功」内看出。中間加一「也」字，語意自明。「焕乎」從巍巍内又抽出言之耳。

子曰：「大哉堯之爲君也！巍巍乎！唯天爲大，唯堯則之。蕩蕩乎民無能名焉。巍巍乎其有成功也。焕乎其有文章。」

才難章

不曰「事紂」而曰「事殷」；不曰「文武之德」，而曰「周之德」。此中皆有關系，聖人一字不妄。

十亂内婦人是邑姜，武王后，太公女也。人多不曉。

馮爾賡曰：斗胆拈個「亂」字，淩厲千秋，横絶一世。

後來開基賢主，誰肯摽亂臣自居？武王獨以之告天下萬世，安得謂武王非聖人？此借唐虞以形周，非美唐虞也。唐虞二句，不是唐虞之際較於斯爲盛，是言惟唐虞之際及於斯爲並盛耳。一邊君臣相際，一邊父子相際，總是千古無兩，語氣順歸重周一邊。

劉端甫曰：文王身上推本后稷來，則周之宜王在唐虞之際着眼，無人拈破。

舜有臣五人而天下治。武王曰：「予有亂臣十人。」孔子曰：「才難，不其然乎？唐虞之際，於斯爲盛。有婦人焉，九人而已。三分天下有其二，以服事殷。周之德，其可謂至德也已矣。」

無間章

張無垢云：擔板人多見二「間」，聖人心思甚周旋，方知大禹同夫子彼此觀之「無間然」。「無間」就兩「吾」字上發之，於夫子尚論意煞有味，從無人破。

唐伯虎云：「禹字中有一掀板，下有一底板，不得一直唱下。」有虞氏禘黄帝而郊嚳，祖顓頊而宗堯。夏后氏則禘黄帝而郊鯀，祖顓頊而宗禹。放命圮族之一罪人，儼然與天地相配，此時禹亦有大不安處。故進粗糲，御臬緼，居茅茨，刊山濬川之事，與此身相爲終始。無非身自貶損，以幹父之蠱，以孝思感動天下萬世，乃得濟我父於明堂之位，而享茲苾芬者。此禹之痛心，禹之大孝也。

子曰：「禹，吾無間然矣！菲飲食而致孝乎鬼神，惡衣服而致美乎黻冕，卑宫室而盡力乎溝洫。禹，吾無間然矣！」

論語子罕第九

罕言章

子罕言利，與命，與仁。

是「罕言」，不是「不言」。是「利、與命，與仁」，不是利、命、仁。蓋謂利固罕言，命與仁，亦與利而罕言。記者不欲以理欲混説，故着二「與」字。

達巷章

孔子謂「大哉堯之爲君」，「民無能名焉」。達巷黨人却説「大哉孔子！博學而無所成名」。尊之極矣。孔子也不説箇「大」，也不説箇「博」，也不説箇「名」，只就平常技藝事，自己籌度一番，見無之非學，無之非名處，此際沖漠意思，非言能傳，故只須在「子聞之」「謂門弟子」七個字上着想。

達巷黨人即項槖，七歲而爲孔子師〔一〕。「大哉孔子！博學而無所成名」，是孔子一生第一像贊，與儀封人「木鐸」一語〔二〕，都是開世人不敢開之口。夫子知己，無過此兩人。

達巷黨人曰：「大哉孔子！博學而無所成名。」子聞之，謂門弟子曰：「吾何執？執御乎？執射乎？吾執御矣。」

校勘記

〔一〕《戰國策·秦策》：夫項槖生七歲而爲孔子師。

〔二〕《論語·八佾》：（儀封人）出曰：「二三子何患於喪乎？天下之無道也久矣，天將以夫子爲木鐸。」

麻冕章

說「拜上」，先說「純」，誌始變也。聖人惜繁纓之意隱然。言「下」，所謂定、哀之間多微詞耳。

「儉」之一字，是聖人從變禮中勉强看出他一段好處。若呆講，實講，便誤認「速貧」「速朽」之語。

子曰：「麻冕，禮也；今也純，儉，吾從衆。拜下，禮也；今拜乎上，泰也，雖違衆，吾從下。」

絶四章

夫子自言「無可無不可」，與此同旨。劉元城曰孔子佛氏之言，相爲表裏。孔子言「毋意，毋必，毋固，毋我」，而佛言「無我，無人，無衆生，無壽者」，其言若出一人。

子韶云：以毋爲絶絶非毋，自謂門人見處疎，若使聖人真個絶，不知毋理却如何？

子絶四：毋意，毋必，毋固，毋我。

文在章

管東溟曰：玩「天之未喪斯文」，當指贊《易》一事説。《易》始於羲皇，爲萬世文字之祖，文王演之爲辭，故羑里不足以死文王。夫子韋編之披，文在兹矣，匡難如何害得？陽貨曾暴於匡，夫子弟子顔尅時與虎俱。夫子適陳過匡，顔尅御，匡人識尅，夫子貌又似貨，匡人以兵圍之五日。孔子乃和琴而歌，音曲甚哀。有暴風擊軍士僵仆，於是匡人乃知孔子聖人，自解去。〔一〕

蘇子瞻曰：「居患難而不戚戚，此與木石何異？」「文不在兹」，即「吾道非耶」之語。一番憂疑，一番提醒，吉凶與民同患。

子畏於匡，曰：「文王既没，文不在兹乎？天之將喪斯文也，後死者不得與於斯文也；天之未喪斯文也，匡人其如予何！」

校勘記

〔一〕《史記·孔子世家》：（孔子）將適陳，過匡。顔刻爲僕，以其策指之曰：「昔吾入此，由彼缺也。」匡人聞之，以爲魯之陽虎。陽虎嘗暴匡人，匡人於是遂止孔子。孔子狀類陽虎，拘焉五日。匡人拘孔子益急，弟子懼。孔子曰：「文王既没，文不在兹乎！天之將喪斯文也，後死者不與於斯文也。天之未喪斯文也，匡人其如予何！」孔子使從者爲寧武子臣於衛，然後得去。

多能章

楊復所曰：此夫子親口語也，而後人不信，又必曲爲之説，亦大可笑已。蓋太宰原知聖學不貴多能，故問子貢曰：「夫子聖者與？何其多能也？」疑聖不必多能也，而子貢之言尚多夾帶，未見徹底澄清。故夫子謂太宰知我，正是點化子貢處，當與《多學而識章》參看。「固天縱之將聖」與「川之方至」、「日之將升」同解，不作謙詞。

子貢多能，聖人調伏子貢，亦以多能，蓋以繡毬馴獅子法也。故昔人有言曾子以秋陽、江漢説夫子，祇成得曾子之夫子〔一〕，孟子以小魯、小天下言夫子，祇成得孟子之夫子〔二〕，子貢以多能、天縱言夫子，亦祇成得子貢之夫子。如盲人摸象，得耳者以爲如簸，得鼻者以爲如杵，得牙者以爲如槩；摸得一體，皆以爲象。其實象之全體，非盲者所能揣摩得也〔三〕。

大宰問於子貢曰：「夫子聖者與？何其多能也？」子貢曰：「固天縱之將聖，又多能也。」子聞之，曰：「大宰知我乎！吾少也賤，故多能鄙事。君子多乎哉？不多也。」牢曰：「子云：『吾不試，故藝。』」

校勘記

〔一〕《孟子・滕文公上》：欲以所事孔子，强曾子。曾子曰：「不可，江漢以濯之，秋陽以暴之，皜皜乎不可尚已！」

〔二〕《孟子・盡心上》：孟子曰：「孔子登東山而小魯，登泰山而小天下，故觀於海者難爲水，遊於聖人之門者難爲言。」

〔三〕《涅槃經》：時彼衆盲各以手觸（象）……觸其牙者即言「象形如蘿菔根」；觸其耳者言象「如箕」；觸其頭者言象「如石」；觸其鼻者言象「如杵」；觸其脚者言象「如臼」；觸其脊者言象「如床」；觸其腹者言象「如瓮」；觸其尾其言象「如繩」。

鄙夫章

鏡無相而相現，江無影而月來，風入竅而于喁，鍾受擊而響徹，全體無，故全體有也。隨問隨叩，叩不由我，隨叩隨竭，我亦不留，「吾有知乎哉？無知也。」

子曰：「吾有知乎哉？無知也。有鄙夫問於我，空空如也。我叩其兩端而竭焉。」

鳳鳥章

鳳巢阿，麟游苑，都是帝王祥瑞。明王不作，世莫宗予，及至獲麟搎泣，涕下沾袍，感慨極矣。

子曰：「鳳鳥不至，河不出圖，吾已矣夫！」

子見章

聖人畏大人，故見冕者必趣。因其可敬而敬之，於我何與？此際渾然自在，風波不起。孟子藐大人，故曰「我何畏」？彼胸中有個我在，便見賢人巖巖氣象。

子見齊衰者、冕衣裳者與瞽者，見之，雖少，必作，過之，必趨。

喟然章

高堅前後，正「末由」光景，前後總是一個機關，纔接得喟然神氣。若把前節做未到手説話，是敘體，不是因地一聲境界。

作此題者，顏子口中不露一「道」字，方是高手。

此時顏子肢體皆墮，心目盡忘，如探龍得珠，珠既在手，還想龍穴，已不知何處。道妙心機從「末由」句中一齊見出，凡謂顏苦孔卓，並未達一間者，何啻説夢。

楊貞復謂：以博去分別心，愛憎心；以約去依傍心，執着心，可省「博」「約」之旨。

管登子曰：「末由」即夫子自道，過此以往，未之或知處，乃乾元統天之學也。夫子所以有「見其進，未見其止」之惜。

顔子卓立，蓋三十而立也，分明一個夭亡聖人。

徐子卿曰：或問顔淵既欲罷不能，又何言莫由？余云：如塑佛像，雖能使生意流動，儼然如活，要得靈感，孰知其由？畫龍者之點睛飛去，莫道無此事，畢竟無此法。

周季侯曰：凡人到心力莫用處，始發之嘆。「喟然」二字，正「欲從」「末由」之真景象也。記者以此擬其神情，絶有可想。

丘毛伯曰：兩「彌」字，一「忽」字，正是立卓之境，此是悟後譚迷。乃嘆道語，非求道語；乃既得語，非初入語。

此顔子離却保母，放下拄杖時光景。俗言大象生下小象，比長成，大於象母，豈可使之入象母腹中耶？且「末由也已」，豈是没法的話，蓋如行者到家，自然止息自家，主人陡地出見，雖欲從人，不可得已。「所立卓爾」，已是聖人成位乎中力量。

顔淵喟然嘆曰：「仰之彌高，鑽之彌堅。瞻之在前，忽焉在後。夫子循循然善誘人，博我以文，約我以禮。欲罷不能，既竭吾才，如有所立卓爾。雖欲從之，末由也已。」

爲臣章

此與不肯厚葬顔子一個念頭，蓋君道師道，夫子知其有分耳。何必復借君道，以爲重乎？「臣之手」、「二三子之手」，語極有味，固知後之以文宣王謚孔子者，俱不知孔子者也。

後來曳杖逍遥，歌泰山，歌梁木，臨終一段光景，何等灑落，何等超曠！乃以「爲臣」辱吾孔子，子由學問如此粗淺。

子疾病，子路使門人爲臣。病間，曰：「久矣哉，由之行詐也！無臣而爲有臣。吾誰欺？欺天乎？且予與其死於臣之手也，無寧死於二三子之手乎？且予縱不得大葬，予死於道路乎？」

美玉章

「沽之哉」，「沽」字破他「藏」字，「我待賈」，「待」字破他「求」字。就其言而答之，子貢有意，夫子無心。

夫子許子貢以瑚璉，子貢諒夫子爲美玉，是其兩下自相欽重處。出處之際，只一「待」字，何等平正，何等圓成！

子貢曰：「有美玉於斯，韞匵而藏諸？求善賈而沽諸？」子曰：「沽之哉！沽之哉！我待賈者也。」

居夷章

王陽明曰：不必説「所居則化」，則言礙了，中國君子可夷狄，可患難，無入而不自得？九夷之陋，於君子何有焉？故曰「何陋之有」？

徐子卿曰：説不得爾爲爾，我爲我，陋自陋，居自居，若然，則君子且不得爲君子矣。要明白説個君子能到處不陋的把柄，纔有下落，不然，則夫子亦似與人掉口，涉柳下之不恭矣。

泰伯句吴，箕子朝鮮，未嘗不是居夷。聖人至此，自有妙用，不要太説得毫無作用。若只要避地避人，何必遠去中國？

子欲居九夷。或曰：「陋，如之何？」子曰：「君子居之，何陋之有？」

樂正章

鄭夾漈曰：仲尼編《詩》，爲燕享祭祀之時，用以升歌，而非用以説義也。古之詩，今之詞曲也。惜作者每於正樂無着，只似序詩耳。

此章是正樂，不正是《詩》，非殘缺失次之謂也。舞佾、歌雍，皆是不得其所。

湯霍林云：《雅》《頌》皆周天子樂章，即孟子所云「王者之跡」也〔一〕。惓惓興周，不得已寄周於魯；去衛，在陳之後，無限感慨。一正《樂》，再作《春秋》，噫！苦矣。

古樂存於魯，變風始於衛，故孔子正樂，適值自衛反魯，看官着眼。

子曰：「吾自衛反魯，然後樂正，《雅》《頌》各得其所。」

校勘記

〔一〕語出《孟子·離婁章句下》。

何有章

李卓吾曰：「常人以爲易者，聖人以爲難，此其所以爲聖人。」〔一〕人細細體認，只一入孝出弟，穿衣吃飯，有多少不洽意處，莫被自家草草瞞過。孔子説個「事公卿」，孟子説個「藐大人〔二〕」，此是聖賢分量。

子曰：「出則事公卿，入則事父兄，喪事不敢不勉，不爲酒困，何有於我哉？」

校勘記

〔一〕見李贄《四書評》卷之五。

〔二〕《孟子·盡心下》：「説大人，則藐之。」

川上章

本文只一句讀下，「如斯」，「斯」字即水也，聖人分明謂道體不息若斯水也，千年來未有人窺破。

楊復所云：「逝者如斯夫，不舍晝夜」，是一句嘆惜光陰之語。説者都説道機化機，反説遠了，細細體會，當自得之。

孔子去魯而操《龜山》，蓋歎道之止而不行也。在川而歎逝者，蓋歎道之行而不止也。桓子野見山水佳處，輒呼奈何，夫子於此，亦有一往深情〔一〕。「木猶如此，人何以堪！ 攀枝執條，眩然流涕。」〔二〕 曹孟德伏櫪之歌，劉荊州撫髀之泣〔三〕，皆同此意。

子在川上曰：「逝者如斯夫！ 不舍晝夜。」

校勘記

〔一〕《世説新語・任誕》：「桓子野每聞清歌，輒呼奈何。謝公聞之曰：『子野可謂一往有深情。』」

〔二〕《世説新語・言語》：「桓公北征經金城，見前爲琅邪時種柳，皆已十圍，慨然曰：『木猶如此，人何以堪！』攀枝執條，泫然流淚。」

〔三〕《三國志・蜀志・先主傳》注引《九州春秋》：「備住荊州數年，嘗於表坐起至廁，見髀裏肉生，慨然流涕。」曹操《步出夏門行》第四章：「老驥伏櫪，志在千里。」

未見好德章

正文闕。

子曰：「吾未見好德如好色者也。」

一簣章

進往不是浪前，九仞之形，胸中已算定成局，故一切不能阻撓，就方覆時神情言之。

譬如爲山，若先説進，後説止，便是强弩之末無轉勢，惟先説止，隨後説進，衰而復起，絶而復生，有無限鼓舞人意思在。

英雄草刱，不階尺土，定霸興王，咄嗟立辦，勝國君臣，般樂怠傲，振一旅之師，發一介之使，尚且不能。一着不到，大事去矣，此是功虧一簣。

子曰：「譬如爲山，未成一簣，止，吾止也。譬如平地，雖覆一簣，進，吾往也。」

不惰章

語時精神醒發，流暢活動，勃勃乎不能自已處，是不惰。蓋描寫出妙解形狀，不可説行時不惰。

駿馬走坂，自不能停留一步，若待鞭影，尚是駑駘。

子曰：「語之而不惰者，其回也與！」

惜乎章

李肅敏公嘗問人以此章義，對曰：「惜他尚涉程途，未得到家耳！」公欣然曰：「正合鄙見，今人皆爲『止，吾止也』之『止』，但知聖賢終身從事於學，而不知自有大休歇之地，則『止』字不明故也。」朱子曰：「顏子未到那成就結果處。」〔一〕

顏子絶塵而奔，尚未到收繮勒馬。

謝上蔡曰：學者些有所得便住，顏子善學，故孔子有見其進，未見其止之嘆。須百尺竿頭，更進一步始得。

子謂顏淵曰：「惜乎！吾見其進也，未見其止也。」

校勘記

〔一〕《朱子語類》卷三十六：問「未見其止」。曰：「如横渠之説以爲『止』是止於中，亦説得，但未免不活。蓋是顏子未到那處，未到那成就結果處。」

秀實章

兩「有矣夫」，謂其出於常理之外，嘆其不應有此，令人思其所以有此之故。一直説下，不可兩平。

五穀不熟，不如荑稗，可惜壞此穀種。

子曰：「苗而不秀者有矣夫！秀而不實者有矣夫！」

丘毛伯曰：夫子欲人在根本上用功，人心如穀種，必培植灌溉而後漸生發、漸充滿。若不在根本上用功，甚至不秀不實者，亦有之矣。說得煞甚警醒。

可畏章

子曰：「後生可畏，焉知來者之不如今也？四十、五十而無聞焉，斯亦不足畏也已。」

「焉知來者」句，爲後生賈壯，又爲後生加鞭；「無聞」二句，即就後生當下說。蓋老大傷悲，全由少壯不努力，不是直到四十、五十時。

朱子云：「人三十以前長進，三十以後進不多。」余謂長進亦自不同。三十以前如草木初生，氣勢勃然，一日改變一日，却也有許多不中用的，須芟削始得。以後則開花結菓，雖不多，到此纔好商量實際。

松柏之姿，經霜彌茂；蒲柳之質，望秋先零。不必到四十、五十方見分曉。

法語章

無從悦，引不出改繹來，只要他做到底。「末如之何」是激發語，不是絶望語。

楊復所曰：今人混帳，都作巽語之言讀過，殊不知「與」字極妙。謂即以法語之言，巽與之言耳！一字變化而文章條理如此。

危言與言遜不是兩樣，或委蛇其說，或滑稽其詞，此處政當思繹。若法語之言，直捷痛快，止有從不從而已。

徐子卿曰：「繹」字不須講深了，即繹如也之「繹」。巽言，元不曾觸犯人，既歡喜了，須是常常作此想頭，絡繹不絶，自然停當。總之，從而改，是斬得斷；悦而繹，是緝得長。

子曰：「法語之言，能無從乎？改之爲貴。巽與之言，能無説乎？繹之爲貴。説而不繹，從而不改，吾末如之何也已矣。」

忠信章

子曰：「主忠信。無友不如己者。過則勿憚改。」

正文闕。

志帥章

不曰「聖賢」，而曰「匹夫」。借小信之夫，以尊言志也。三軍奪帥，亦非易事，若還太説容易，反顯下句不出。

安民不肯鐫名黨碑〔一〕，便是匹夫不可奪志。

子曰：「三軍可奪帥也，匹夫不可奪志也。」

校勘記

〔一〕《宋史紀事本末·蔡京擅國》：時蔡京又自書姦黨爲大碑，頒於郡縣，令監司長吏廳皆刻石。有長安石工安民當鐫字，辭曰：「民，愚人，固不知主碑之意。但如司馬相公者，海内稱其正直，今謂之姦邪，民不忍刻也。」府官怒，欲加之罪。民泣曰：「被役不敢辭，乞免鐫安民二字於石末，恐得罪後世。」

緼袍章

此即佛家破執之說。蓋一執，則非獨未得者不能進，即已得者亦塊磊不化之物矣。老子曰：「人知善之爲善，斯不善矣！」〔一〕亦即此意。學問無窮，尚在言外。李卓吾曰：「何足以臧」，叫他去想，是道也，緣何便「足以臧」？不是又說他「不臧」，是要挑他如斯而已乎念頭處〔二〕。天龍問祖師：道在何處？祖師曰：「道在女指上。」天龍終日兀坐，看其一指。祖師從背地持利刃截去一指，天龍大悟〔三〕。

子曰：「衣敝緼袍，與衣狐貉者立而不恥者，其由也與？『不忮不求，何用不臧？』」子路終身誦之。子曰：「『是道也，何足以臧？』」

校勘記

〔一〕《老子·第二章》：天下皆知美之爲美，斯惡已；皆知善之爲善，斯不善已。

〔二〕《四書評・論語卷之五》：李贄評曰：「是道也，何足以臧？」叫他去想，不是説竟「不臧」也。竟説「不臧」便是兩舌。

〔三〕《景德傳燈録》卷十一《俱胝和尚》：天龍和尚到庵，師乃迎禮，具陳前事。天龍豎一指而示之，師當下大悟。自此凡有參學僧到，師唯舉一指，無别提倡。有一童子於外被人詰，曰：「和尚説何法？」要和尚豎起指頭，歸而舉似師，師以刀斷其指頭，童子叫唤，走出，師召一聲，童子迴，師却豎起指頭，童子豁然領解。師將順世，謂衆曰：「吾得天龍一指頭禪，一生用不盡。」言訖示滅。

歲寒章

子曰：「歲寒，然後知松柏之後彫也。」

楊椒山曰：松柏雖歲寒不凋，然色視春夏則少異矣。及至春夏，欣然蒼翠，若與桃李争芬者，視歲寒時又異焉。不知歲寒之色爲本色耶？春夏之色爲本色耶？則松柏者，固隨時異矣。然則吾人之操，當出乎松柏之上，然後可。

射干以依托見榮，樗櫟以不材終老，通人達識，曾無定名。然留夷、揭車，自不與薋葹相匹。所謂薑桂之性，老而愈辣。提舉洞霄宫，曾何繞指耶？

歲寒後凋，是聖人慨嘆俗眼識鑒何遲。若是法眼，是松柏，就曉得是後凋。鐵骨剛腸，一見即决，何待歲寒始有知己也。

知者章

「惑」「憂」「懼」三字皆從心。人知慕智、仁、勇之名，而不知本於心，故夫子特爲拈出，其實「不惑」、「不憂」、「不懼」，總之一不動心也。名雖三分，心則合一。三樣人皆能擔當大事：大事臨前，屹然不動。若是智者，明晰事理，故不惑。若是仁者，毫無愧怍，故不憂。若是勇者，膽氣過人，故不懼。孔子陳蔡之阨，子貢不惑，顔子不憂，子路不懼，若孔子則毫不介心。窮通得喪，視若寒暑風雨之序矣。

子曰：「知者不惑，仁者不憂，勇者不懼。」

共學章

「共學」、「適道」、「立」，皆曰「可與」，獨於「權」，只一「未可與」而已。何也？曰：神而明之，存乎其人，稱量推移，心手互换，可相視莫逆而卒非我與之也。自有從權之説，而凡言權者，半出於智謀術數。不知聖人言權，必在於「適道」與「立」之後。則此秤是一條準秤，然後可以權衡萬物。

子曰：「可與共學，未可與適道；可與適道，未可與立；可與立，未可與權。」

唐棣章

倪鴻寶曰：吾常終日不食，終夜不寢，以思，無益。使聖人爾時欲求證佐，必引此詩。可知「遠」與「不遠」二義俱無不是。《埤雅》云：「唐棣一名栘。凡物之華，先合而後開。唐棣之華，先開而後合。」〔一〕故《小雅》之詩以之興兄弟。

查伊璜曰：凡詩之作，本於思。説懷人，一偏耳。思則得之，無邪之全義也。從來推此章作風流解，此獨要歸道德，踞躡廬山之顛。

「唐棣之華，偏其反而。豈不爾思？室是遠而。」子曰：「未之思也，夫何遠之有？」

校勘記

〔一〕《埤雅》卷十五：唐棣一名栘。其華反而後合。詩曰：「唐棣之華，偏其反而，豈不爾思，室是遠而。」子曰：「未之思也，夫何遠之有？」此《詩三百》所以無此篇歟？然則孔子删詩蓋若此類。凡木之華皆先合而後開，惟此華先開而後合。

論語鄉黨第十

鄉黨章

「唯謹」，就「便便」中形容，一直下，不作轉語，總見聖人敬事。朝廟所在，便便言之。若下慊慨論列等語，便不是聖人之言矣。

孔子於鄉黨，恂恂如也，似不能言者。其在宗廟朝廷，便便言，唯謹爾。

朝與章

對下大夫不狎不傲，對上大夫不兢不絿，總是聖人以一身維持朝常處。

朝，與下大夫言，侃侃如也；與上大夫言，誾誾如也。君在，踧踖如也，與與如也。

使擯章

按擯禮：司儀掌擯詔，以儀容詞令揖讓之節，立東南，揖，以將命。門止一相，入唯上相，贊。主送賓，賓自告辭。則是揖趨二節，是擯之定禮。復命一節，是夫子之創禮。且按禮召擯，原命自司寇。記者獨易一「君」字，會聖人尊君之心也。

君召使擯，色勃如也，足躩如也。揖所與立，左右手，衣前後，襜如也。趨進，翼如也。賓退，必復命曰：「賓不顧矣。」

公門章

不曰「君門」，而曰「公門」，當時私室高張，人見有事君盡禮者，方以爲諂。此時揭一「公」

字以別之，明夫子之敬，非第一人之私敬耳。

入公門，鞠躬如也，如不容。立不中門，行不履閾。過位，色勃如也，足躩如也，其言似不足者。攝齊升堂，鞠躬如也，屏氣似不息者。出，降一等，逞顏色，怡怡如也。没階趨，翼如也。復其位，踧踖如也。

執圭章

時作都重執圭之敬，敬乃無適，不然，亦何必說，但請問執圭所幹何事？章旨全在脩和上。二三節要重看，其一種綢繆燕好之情，正是代君脩和所在，首節不過敘個繇頭耳。按禮，執天子之器上衡，國君平衡，大夫綏之，士提之。夫子代魯公執圭，則當平衡。贊大行曰：圭公九寸，圭上端不過揖，圭下端不過授，近作手有上下者，非。孔子仕魯，未聞專聘。定公十年冬，叔孫州仇如齊〔一〕，子或以五戒往，執信圭其在此時？

執圭，鞠躬如也，如不勝。上如揖，下如授。勃如戰色，足蹜蹜，如有循。享禮，有容色。私覿，愉愉如也。

校勘記

〔一〕《春秋·定公十年》：冬……叔孫州仇如齊。

衣服章

董思白曰：以前記夫子容貌，每着一「如」字、「似」字，見有莫可形容之妙。以後記夫子衣服飲食，每着一「必」字、「不」字，見有從容中道之妙。《詩》云：「蒙彼縐絺，是紲袢也。」〔一〕彼是蒙之於外，此是衷之於内，總紲袢意。我輩持身直與女子一般矜飾，方可言君子。絺綌皆葛爲之，精曰絺，粗曰綌。

王逸季曰：行清潔者佩芳，德光明者佩玉，能解結佩觿，能决短佩玦。故孔子無所不佩。「緇衣」「羔裘」，是各從其類耳。若必從朝聘祭而言，則詩云「緇衣之宜兮」〔二〕，又是私居聽政之服；「庶見素衣兮」〔三〕，又是喪服，狐裘黄衣概指常服，絶不指定何處衣何色也。

漢詁云：《士冠禮》曰：「皮弁，服素積，緇帶，素韠。」〔四〕注曰：「此與君視朝之服，魯自文公不行視朔之禮，孔子恐其禮廢，故每於月朔，必衣此視朔之服而朝於君，所謂我愛其禮也。」

君子不以紺緅飾，紅紫不以爲褻服。當暑，袗絺綌，必表而出之。緇衣羔裘，素衣麑裘，黄衣狐裘。褻裘長，短右袂。必有寢衣，長一身有半。狐貉之厚以居。去喪無所不佩。非帷裳，必殺之。羔裘玄冠不以吊。吉月，必朝服而朝。

校勘記

〔一〕見《詩·鄘風·君子偕老》。

〔二〕見《詩・鄭風・緇衣》。

〔三〕見《詩・檜風・素冠》。

〔四〕《儀禮・士冠禮》：「皮弁，服素積，緇帶，素韠。」

明衣章

楊見宇曰：明衣，日之所服者，白晝如對玄冥也。寢衣，夜之所服者，夢寐可通鬼神也。

齊，必有明衣，布。齊必變食，居必遷坐。

飲食章

此書實與《素問》《神僊》《服食》諸籍相爲表裏。孰謂聖人之書，不足以尊生也哉！

鄭介庵問陸文量：「魚餒肉敗，何以不直曰魚爛肉腐？」文量曰：「魚之爛自内出，如腹之餒；肉之腐自外入，如軍之敗。」

割乃宰割之割，大夫無故不殺牛，士無故不殺犬豕，非所割而割之，即不正也。如以爲切肉不方正，陋矣。《禮》云：「瓜祭上環，食中，棄所操。」〔一〕食瓜亦有祭，訓「必」字者非。

論祭肉不出三日，即不宿肉也。蓋凡祭，先一日宰殺，祭又是一日矣，若再宿肉，是出三日矣。故復申之曰「祭肉，不出三日，出三日，不食之矣。」註解非是。

蘇子由曰：終食之仁，吾於祭食見之矣。

食不厭精，膾不厭細。食饐而餲，魚餒而肉敗，不食。色惡，不食。臭惡，不食。失飪，不食。不時，不食。割不正，不食。不得其醬，不食。肉雖多，不使勝食氣。惟酒無量，不及亂。沽酒市脯，不食。不撤薑食，不多食。祭於公，不宿肉。祭肉，不出三日。出三日，不食之矣。食不語。寢不言。雖蔬食菜羹，瓜祭，必齊如也。

校勘記

〔一〕《禮記·玉藻》：「食棗桃李，弗致於核，瓜祭上環，食中棄所操。」

正席章

葉少藴曰：天子之席五重，諸侯三重，大夫再重，此以數爲正者也。席南鄉北鄉，以西方爲上，東鄉西鄉，以南方爲上，此以方爲正者也。有憂則側席而坐，有喪者專席而坐，此以事爲正者也。

席不正，不坐。

鄉人章

孔子曰：「吾觀於鄉而知王道之易易也。」〔一〕居鄉，正聖人極致謹處。尊高年重王制，無非狀其恂恂：虔恪也。

此章只是鄉人飲酒，近日時文，俱講做鄉飲酒禮矣，將聖人一段居鄉恭謹之意，盡行抹煞。

鄉人飲酒，杖者出，斯出矣。鄉人儺，朝服而立於阼階。

校勘記

〔一〕《孔子家語·觀鄉射》卷七：孔子曰：「吾觀於鄉而知王道之易易也。」

問人章

問人於他邦，再拜而送之。康子饋藥，拜而受之。曰：「丘未達，不敢嘗。」

醫不三世，不服其藥。聖人慎疾，見到就説，總出無心，不是致疑，亦非沽直。

厩焚章

厩焚。子退朝，曰：「傷人乎？」不問馬。

要在倉卒不及計較之時看，若斟酌於貴人賤畜，何異説夢。

《金罍子》言厩焚，乃孔子之家厩也。《雜記》云：「厩焚，孔子拜鄉人，爲火來者拜之，士一，大夫再，亦相吊之道也。」以斯知之。蓋使當時若焚魯厩，則路馬國馬，亦自須問〔一〕。

校勘記

〔一〕《禮記·雜記下》：厩焚，孔子拜鄉人，爲火來者，拜之，士壹，大夫再，亦相弔之道也。亦見《孔子家語·曲禮子貢問》。

〔二〕此段正文原係張岱所寫浮箋，今置此。

君賜章

禮，臣接君，必於阼階。病不能而東首，亦阼階之意。若曰「受生氣」〔一〕，豈獨君視之爲然？

君賜食，必正席先嘗之。君賜腥，必熟而薦之。君賜生，必畜之。侍食於君，君祭，先飯。疾，君視之，東首，加朝服，拖紳。君命召，不俟駕行矣。

校勘記

〔一〕《論語集註》卷五本章朱熹註：「東首，以受生氣也。」

太廟章

正文闕。

入太廟，每事問。

朋友章

己施于友，而無所吝，友施於我，而不鳴感，方是道交。然不曰「明友死，於我殯」，中間着

「無所歸」三字，不曰「朋友之饋，雖車馬不拜」，中間着「非祭肉」三字。此正聖人大有分寸處，不徒爲俠烈之交而已。高軒駟馬，何等赫奕，只消不得一拜。《絶交論》〔一〕，覺客氣；《乘車戴笠歌》〔二〕，覺婆子氣。

「一死一生，乃見交情；一貴一賤，交情乃見。」〔三〕於我殯，無死生也。車馬不拜，無貴賤也。今亡已夫！

朋友死，無所歸，曰：「於我殯。」朋友之饋，雖車馬，非祭肉，不拜。

校勘記

〔一〕漢朱穆有《絶交論》。

〔二〕《樂府詩集》卷八十七：君乘車，我帶笠，它日相逢下車揖。君擔簦，我跨馬，它日相逢爲君下。

〔三〕《説苑·説叢》：一死一生，乃知交情；一貧一富，乃知交態；一貴一賤，交情乃見；一浮一没，交情乃出。

寢居章

大舜，烈風雷雨弗迷，中流一柁；仲尼，迅雷風烈必變，把得柁牢。故大舜兢兢業業，仲尼樂在其中。古來聖人戰兢即自在，自在即戰兢。會得比意，便可有天下而不與，入磨涅而不化。

寢不尸，居不容。見齊衰者，雖狎，必變。見冕者與瞽者，雖褻，必以貌。凶服者式之。式負版者。有盛饌，必變色而作。迅雷風烈，必變。

升車章

《曲禮》曰「車上不廣欬，不妄指，立視五雋，式視馬尾，顧不過轂。」〔一〕記此二者，見夫子無地不以禮自持處。

升車，必正立，執綏。車中，不内顧，不疾言，不親指。

校勘記

〔一〕語出《禮記·曲禮上》。

雎雉章

造化全體，聖人與萬物同藏，故見龍可作《圖》，見龜可作《書》，即見兔亦可作《易》。悟得此意，山梁雎雉便與河濱龍馬一般。

春秋終於獲麟，嘆雉與感麟同意。

孔子自衛將入晉，至河，聞趙簡子殺竇犨鳴犢及舜華，乃臨河而嘆曰：「美哉水，洋洋乎！丘之不濟此，命也夫！」子貢趨而進曰：「敢問，何謂也？」子曰：「竇犨鳴犢、舜華，晉之賢大夫也。趙簡子未得志之時，須此二人而後從政。及其已得志也，而殺之。丘聞之：刳胎殺夭，則麒麟不至其郊，竭澤而漁，則蛟龍不處其淵；覆巢破卵，則鳳凰不翔其邑。鳥獸之於不義，尚知避之，況於人乎！」遂還，息於鄒，作槃琴以哀之〔一〕。此是夫子翔而後集實録。

色斯舉矣，翔而後集。曰：「山梁雌雉，時哉！時哉！」子路共之，三嗅而作。

校勘記

〔一〕《孔子家語·困誓》：孔子自衛將入晉，至河，聞趙簡子殺竇犨鳴犢及舜華，乃臨河而嘆曰：「美哉水，洋洋乎！丘之不濟此，命也矣！」子貢趨而進曰：「敢問何謂也？」孔子曰：「竇犨鳴犢、舜華，晉之賢大夫也。趙簡子未得志之時，須此二人而後從政，及其已得志也，而殺之。丘聞之：刳胎殺夭，則麒麟不至其郊；竭澤而漁，則蛟龍不處其淵；覆巢破卵，則鳳凰不翔其邑。何則？君子違傷其類者也。爲獸之於不義，尚知避之，況於人乎？」遂還，息於鄒，作槃琴以哀之。事亦載《史記·孔子世家》，文字稍異。

論語先進第十一

先進章

後進之於禮樂，只求觀美，繁文褥節不知增入幾許。故見先輩之樸素渾厚，反鄙爲野人。如近時之冠婚喪祭，稍用古儀，人皆姍笑。非聖人砥柱中流，如何肯用？

今觀孔子廟祭所用禮樂：蕢桴土鼓籩豆鏰美。與近時制度相去天壤，便見後先風氣。

子曰：「先進於禮樂，野人也；後進於禮樂，君子也。如用之，則吾從先進。」

陳蔡章

徐玄扈曰：唐虞之際有君臣，成周之間有父子。夫子陳蔡之阨，有師友，皆千古奇會。楚昭王將以書社地七百里封孔子。子西沮之曰：「王之使使諸侯，有如子貢者乎？」曰：「無有。」「王之輔相，有如顔回者乎？」曰：「無有。」「王之將率，有如子路者乎？」曰：「無有。」「王之官尹，有如宰予者乎？」曰：「無有。」「且楚之祖封於周，號爲子男五十里。今孔丘述三王之法，明周、召之業，王若用之，則楚安得世世堂堂方數千里乎？夫文王在豐，武王在鎬，百里之君，卒王天下。今孔丘得據土壤，賢弟子爲佐，非楚之福也！」昭王乃止〔一〕。聖門一時人材濟濟，原不減周時，先後疏附，世人那得不駭目視之。

子曰：「從我於陳蔡者，皆不及門也。」德行：顔淵、閔子騫、冉伯牛、仲弓。言語：宰我、子貢。政事：冉有、季路。文學：子游、子夏。

校勘記

〔一〕以上引文見《史記·孔子世家》。「子西沮之」或作「楚令尹子西曰」。

助我章

張侗初曰：鏡合鏡，兩影相涵；火合火，一光齊照。絶對待，則無議擬矣。回也，悦不在言，夫子亦言於無言。遺言而無言者，傳也，又何助哉？

王陽明曰：聖人以「助」望門人，亦是實話。蓋道本無窮盡，問難愈多，則精神愈顯。聖人的言語，本自周遍，但有問難的人，被他一難，發揮愈加精神，豈不是「助」！顏子無所不悦，既無問難，即聖人亦寂然不動，無所發揮了。故曰「非助我者也」。

子曰：「回也，非助我者也，於吾言無所不説。」

孝哉章

李衷一曰：按《韓詩外傳》閔子爲後母所苦，冬月以蘆花衣之。父知，欲出後母。閔子曰：「母在，一子寒；母去，三子單。」遂止。閔子不得於其母與弟也。外人皆知其孝。迨後其母與弟爲其所化，亦皆稱閔子之孝，外人之言與父母昆弟之言，無間矣。蓋閔子之難，難於母昆弟稱之爲孝耳。

袁了凡曰：孔門弟子無稱字者，此獨曰「孝哉閔子騫！」乃内外素有是稱也。若曰：「孝哉閔子騫！人不間於其父母昆弟之言。」下句「言」字正相應。

余常論帝舜，雖千古大孝，却多了「父頑母嚚」二字。閔子之孝，政使人並不知我何如孝，方是人無間言。

子曰：「孝哉閔子騫！人不間於其父母昆弟之言。」

白圭章

南容初以富得罪於定公。夫子曰：「喪，不如速貧之愈也。」容因之而散施[一]。及從夫子至周，聞老子曰：「聰明深察而近於死者，好譏議人者也；博辨宏遠而危其身者，好發人之惡者也。」[二]遂三復白圭。

孔子入太廟，見金人銘而悟慎言，與之同意[三]。

南容三復白圭，孔子以其兄之子妻之。

校勘記

〔一〕《孔子家語·曲禮子貢問》：南宮敬叔以富得罪於定公，奔衛，衛侯請復之，載其寶以朝。夫子聞之曰：「若是其貨也，喪，不若速貧之愈。」子游侍曰：「敢問何謂如此？」孔子曰：「富而不好禮，殃也。敬叔以富喪矣而又弗改，吾懼其將有後患也。」

〔二〕《史記·孔子世家》：魯南宮敬叔言魯君曰：「請於孔子適周。」魯君與之一乘車，兩馬，一豎子俱。適周問禮，蓋見老子云。而老子送之曰：「吾聞富貴者送人以財，仁人者送人以言。吾不能富貴，竊仁人之號，送子以言。」曰：「聰明深察而近於死者，好議人者也；博辯廣大危其身者，發人之惡者也。爲人子者毋以有己，爲人臣者毋以有己。」孔子自周反魯，弟子稍益進焉。

〔三〕事見《孔子家語·觀周》。

好學章

葆光而藏，簞瓢陋巷。應機而出，禮樂爲邦。顏子不試一官，不病其缺於事業；不著一書，不病其缺於文章。若譚性命安頓處，不在外邊種種之事。故曰：回也好學，今也則亡。顏子死，而聖人之學絶。

季康子問：「弟子孰爲好學？」孔子對曰：「有顏回者好學，不幸短命死矣。今也則亡。」

請椁章

館人之喪，不難脱驂；顏子之死，不肯買椁，夫子豈如此恝然？曾子疾革，門人曰：「華而睆，大夫之簀與？」曾子遽起易之，且曰：「君子之愛人也以德；二三子之愛人也以姑息。」〔二〕正於此章可參。「以吾從大夫之後，不可徒行。」鯉與顏回身不爲大夫，自應有棺而無椁，政是其機鋒相對處。

顏淵死，顏路請子之車以爲之椁。子曰：「才不才，亦各言其子也。鯉也死，有棺而無椁。吾不徒行以爲之椁。以吾從大夫之後，不可徒行也。」

校勘記

〔一〕《禮記·檀弓上》：曾子寢疾，病。……童子隅坐而執燭。童子曰：「華而晥，大夫之簀與？」……曾子曰：「然，斯季孫之賜也，我未之能易也，元，起易簀。」曾元曰：「夫子之病革矣，不可以變，幸而至於里，請敬易之。」曾子曰：「爾之愛我也，不如彼。君子之愛人也以德，細人之愛人也姑息。吾何求哉！吾得正而斃焉，斯已矣！」舉扶而易之，反席未安而没。

喪予章

顔淵死。子曰：「噫！天喪予！天喪予！」

李崆峒曰：非止悼傳，亦以占廢也。凡王之興，天必與之佐。孟子所謂「其間必有名世者。」故益稷佐禹、伊尹佐湯、吕佐文武。天豫生之，雖烏水、牛巷、空桑、寂濱必成全之，而實之王側。夫聖門王佐，止顔子一人，今也早死，不天喪予而誰喪哉！

子慟章

顔淵死，子哭之慟。從者曰：「子慟矣！」曰：「有慟乎？非夫人之爲慟而誰爲？」

王宇泰曰：宜慟而慟，是哀之發而中節也，然而不自知其慟，則渾然未發之中也。故曰毁不滅性。

厚葬章

問：顏子死，夫子何以止門人之厚葬？曰：豈惟止之哉，蓋傷之甚焉。曾子臨終，命扶而易簀，曰「吾何求哉！吾得正而斃焉，斯已矣！」夫大聖大賢，其處死生之際乃如此。

顔淵死，門人欲厚葬之。子曰：「不可。」門人厚葬之。子曰：「回也視予猶父也，予不得視猶子也。非我也，夫二三子也。」

鬼神章

蕭惠問死生之道。陽明曰：「知晝夜則知死生。」問晝夜之道。曰：「知晝則知夜。」曰：「晝亦有所不知乎？」曰：「汝於旦晝間，懵懵而興，蠢蠢而食，終日昏昏，只是夢晝；唯息有養，瞬有存，天理常存，惺惺無間，纔是知晝。」

季路問事鬼神。子曰：「未能事人，焉能事鬼？」曰：「敢問死。」曰：「未知生，焉知死？」

侍側章

群賢皆任道之器，故高明弘毅，卓犖不群，夫子之樂，政爲吾道幸耳。門人記之，是一篇杏壇雅集圖記，將聖賢樂育氣象，筆筆描出。家南軒曰：孔悝被刼，子路死之，何謂不得其死？始擇之不善，若比干可謂得其死矣！然則求生害仁者，謂之不得其生可也。

「子樂」只就目前相聚一堂。誾誾者、侃侃者、行行者，便有可樂，初不着意念其間也。萬寶成而天心豫，子孫賢而祖父寧，群才滙而聖人喜。

閔子侍側，誾誾如也；子路，行行如也；冉有、子貢，侃侃如也。子樂。「若由也，不得其死然。」

長府章

長府者，帑藏也。曷爲爲之？將益其賦，故廣其藏也。其曰魯人者何？是時政不在君，而出於三家，故賤而人之也。

沈無回曰：凡潋政之興，有其幾，而未有其形者，君子言之太早，攻之太鋭，不足以止之，反激之使行。閔子不斥改長府之非，而第言舊貫之不必改。夫子亦不必深言閔子之意，而第言夫人之有言必中。老成謀國，憂深慮危固如此。

魯人爲長府。閔子騫曰：「仍舊貫，如之何？何必改作？」子曰：「夫人不言，言必有中。」

由瑟章

夫子説出升堂入室來，則這輩門人，分明是門外之人矣。前言丘之門，便自立崖岸。舒碣石曰：夫子别其瑟爲由之瑟，峻其門爲丘之門，只以「由」字、「丘」字相照，不必增入「北鄙」、「中和」等語〔一〕。「奚爲」二字，乃詰其聲音之所自來，使由知所自悟。原是警省語，不是鄙薄語。

《家語》曰：子路鼓瑟，有北鄙之聲。孔子聞之，謂冉求曰：「先王之制音也，奏中聲以爲之節流，入於南必歸於北。南者，生育之鄉；北者，殺伐之域。昔舜造南風之聲，其興也勃焉。紂爲北鄙之聲，其亡也忽焉。由也，無意先王之制，而習夫亡國之聲，豈能保其七尺之軀哉！」冉有以告子路。子路自悔，不食七日而骨立焉。孔子曰：「由知改過矣。」〔二〕

子曰：「由之瑟，奚爲於丘之門！」門人不敬子路。子曰：「由也升堂矣，未入於室也。」

校勘記

〔一〕語出《論語集注》朱熹注。

〔二〕《孔子家語·辯樂解》：子路鼓琴，孔子聞之，謂冉有曰：「甚矣，由之不才也。夫先王之制音也，奏中聲以爲節流，入於南不歸於北。夫南者，生育之鄉；北者，殺伐之域，故君子之音，温柔居中以養生育之氣，憂愁之感不加於心也，暴厲之動不在於體也，夫然者乃所謂治安之風也。小人之音則不然，亢麗微末以象殺伐之氣，中和之感不載於心，溫和之動不存於禮，夫然者乃所以爲亂之風。昔者舜彈五絃之琴，造南風之詩。其詩曰：『南風之薰兮，可以解吾民之慍兮！南風之時兮，可以阜吾民之財兮！』唯脩此化，故其興也勃焉，德如泉流，至於今王公大人述而弗忘。殷紂好爲北鄙之聲，其廢也忽焉，至於今王公大人舉以爲誡。夫舜起布衣，積德含和而終以帝；紂爲天子，荒淫暴亂而終以亡。非各所修之致乎？由今也匹夫之徒，曾無意於先王之制，而習亡國之聲，豈能保其六七尺之體哉！」冉有以告子路，子路懼而自悔，靜思不食以至骨立。夫子曰：「過而能改，其進矣乎！」

孰賢章

語下暗暗有一「中」字，然「中」字却未説破。錢岳陽曰：「文章無過火病，只有不及病，其過火處，政是他不及處也。」可想此章之義。

子貢問：「師與商也孰賢？」子曰：「師也過，商也不及。」曰：「然則師愈與？」子曰：「過猶不及。」

吾徒章

周公未嘗以富名，而曰「富於周公」者，記者之微詞也。季氏掊克公家以自封殖，漸有傾魯之勢，故曰「富於周公」。

孫淮海曰：冉有聚斂，非如後世箕斂之法，只緣他學術未純，纔仕季氏，便以政事之才施之，即爲處置調度，以爲職分當如此。不知季氏非可附益之人。不但富於周公，不可附益；雖不富，亦不可附益也。故夫子深責之。

揭出「吾徒」二字，覺桐江一絲，真可繫漢九鼎。

季氏富於周公，而求也爲之聚斂而附益之。子曰：「非吾徒也，小子鳴鼓而攻之可也。」

柴也章

四「四」字，聖人呼名，多少珍重，多少愛惜！

曾子真實是「魯」。後人見他後來地位高，只管爲之回護，謂「參之魯」，猶「回之愚」。不知聖人當時以「柴也愚」，「師也辟」並論，分明是「魯」矣。分明説是「魯」，亦何傷，適足以顯其學力之勇，能繇學以至聖，而天下之學者，庶乎知所勵也。

柴也愚，參也魯，師也辟，由也喭。

屢空章

道如覆盂，本空無有，以示射者，或舉諸物，或言無有，即言無有，未嘗不中，然多却一射，不若明了本空者，默然無言。但既料得無有，一發覆便是，故聖門近回者，賜也。

回，自「庶乎」説到「屢空」，自内説出。賜，自「貨殖」説到「屢中」，自外説入。此是回、賜優劣。

子曰：「回也其庶乎，屢空。賜不受命，而貨殖焉，億則屢中。」

善人章

從來印板刷來，模子脱出，不是神明妙用。善人憑性地發揮，不依典要，不傍程途，豈非天資第一流人乎？神而明之，本由深造，此際火候，蓋難言之，所以天分人工，要在兼到。

子張問善人之道。子曰：「不踐迹，亦不入於室。」

論篤章

「論篤」中未始無君子。「者乎」二字，政是隱隱問心的語氣。不抹殺君子，則疑案反是定案。

詐僞之人，其發言必懇款篤摯，人方動聽。

子曰：「論篤是與，君子者乎？色莊者乎？」

兼人章

駿馬收繮，駑馬加策，總見聖人駕馭之法。一敘一述，語意宛然，見記者手筆之妙。學問止有進法，更無退法。余觀射至彀滿縱送時，向下一煞，其去愈遠。退之適所以進之也。人不可不知。

子路問：「聞斯行諸？」子曰：「有父兄在，如之何其聞斯行之？」冉有問：「聞斯行諸？」子曰：「聞斯行之。」公西華曰：「由也問：『聞斯行諸？』子曰：『有父兄在。』求也問：『聞斯行諸？』子曰：『聞斯行之。』赤也惑。敢問。」子曰：「求也退，故進之；由也兼人，故退之。」

畏匡章

姚承庵曰：「匡人其如予何？」夫子知天意，不必死於匡人之手。「子在，回何敢死？」顏子知夫子必不死於匡人，可見聖賢自信相信處。

子畏於匡，顏淵後。子曰：「吾以女爲死矣。」曰：「子在，回何敢死？」

具臣章

季氏用由、求，原以大臣待二子，由、求仕季氏，亦以大臣自待，故爲之强兵聚斂，大展才使，夫子曰：「可謂具臣矣。」蓋教之以具臣，而仕季之道得矣。仕季之道得，而大臣事君之道亦得矣。夫子少年亦曾仕季，當其爲委吏，則曰：「曹計當而已矣。」嘗爲乘田矣，則曰：「牛羊茁壯長而已矣。」未嘗於職分之外，少爲越俎，故曰「具臣」。若直貶「具臣」爲無用之臣，恐二子亦不肯受。

當爲「大臣」則爲「大臣」，當爲「具臣」則爲「具臣」，便是以道事君。當爲「大臣」決不爲「具臣」，當爲「具臣」決不爲「大臣」，便是「不可則止」。

姚承庵曰：「然則從之」不知意欲何爲？夫子危言以折之，可以落奸雄之膽。徐儆弦曰：由、求之仕季氏，作田賦則從，伐顓臾則從，旅泰山則從，所不從者，特弒父與君耳，故曰「具臣」。

季子然問：「仲由、冉求可謂大臣與？」子曰：「吾以子爲異之問，曾由與求之問。所謂大臣者，以道事君，不可則止。今由與求也，可謂具臣矣。」曰：「然則從之者與？」子曰：「弒父與君，亦不從也。」

惡佞章

季氏不即叛魯，以費人屢叛季耳，使騫使羔求以鎮撫之也。子羔宰成，而成人不敢悖禮，其宰費，必稱所使。夫子責由，其有隱憂乎，曰「賊」曰「佞」，言外皆有深意。

子路使子羔爲費宰。子曰：「賊夫人之子。」子路曰：「有民人焉。有社稷焉，何必讀書，然後爲學？」子曰：「是故惡夫佞者。」

言志章

千古聖賢經綸手段，今日不消借之明日；此事不消移之彼事。元無成見，可以預參；亦無死局，可以先定。曾點此時，實實見得到此否？

曾點四子言志，當自四子只各就本色信口說出。聖門別無粧點伎倆，只曾點氣象在當下日用平常自好。然他却信不過，後來再一問，便覺他胸中走作。若是顏子曾子，自然直下承當，決不再問三子，討箇高下矣。夫子到後應它，亦只說三子爲國爲邦，絶不把曾點再與較量，此意極微。曾點念念要與三子比量，所以不能信受喟然之意。大凡學問，要當下自己信得；三子若信得只「有勇」、「知方」、「足民」、「爲相」，却都是春風沂水，夫子何曾不許他？若信不過，恐怕春風沂水，也是口頭三昧，不是性地風光。所以曾點只叫做一箇「狂」，不曾用得着。

楊升庵曰：點，狂者也，本有用世大志，知世之不我以也，故爲此言。銷壯心而耗餘年。此風一降則爲莊、列，再降則爲嵇、阮。

曾點因種瓜而傷曾子之額，撲之仆地；如此暴戾，豈是春風沂水襟懷，所以畢竟自信不過。

季叔爾蘊先生作全章題，立二柱曰：「裁勇」「裁狂」。現成有是二語，所以爲妙。

子路、曾皙、冉有、公西華侍坐。子曰：「以吾一日長乎爾，毋吾以也。居則曰：『不吾知也！』如或知爾，則何以哉？」子路率爾而對曰：「千乘之國，攝乎大國之間，加之以師旅，因之以饑饉，由也爲之，比及三年，可使有勇，且知方也。」夫子哂之。「求！爾何如？」對曰：「方六七十，如五六十，求也爲之，比及三年，可使足民。如其禮樂，以俟君子。」「赤！爾如何？」對曰：「非曰能之，願學焉。宗廟之事，如會同，端章甫，願爲小相焉。」「點！爾何如？」鼓瑟希，鏗爾，舍瑟而作，對曰：「異乎三子者之撰。」子曰：「何傷乎？亦各言其志也。」曰：「莫春者，春服既成，冠者五六人，童子六七人，浴乎沂，風乎舞雩，詠而歸。」夫子喟然嘆曰：「吾與點也！」三子者出，曾皙後。曾皙曰：「夫三子者之言何如？」子曰：「亦各言其志也已矣。」曰：「夫子何哂由也？」曰：「爲國以禮，其言不讓，是故哂之。唯求則非邦也與？安見方六七十如五六十而非邦也者？唯赤則非邦也與？宗廟會同，非諸侯而何？赤也爲之小，孰能爲之大？」

顔淵第十二

克己章

「一日」字最可味，舍此「一日」不下手，永無下手之期矣。百事都始於「一日」，況爲仁乎？

袁七澤曰：所謂「己」者何？即下文「視」、「聽」、「言」、「動」是也。「己」「禮」非一非二，迷之則「己」，悟之則「禮」。「己」如結水成冰，「禮」如釋冰成水。故釋冰即是水，不别求水；「克己」即是「禮」，不别求「禮」。下文「非禮」四句，政是「克己」工夫，「回雖不敏」二句，政是「由己」工夫。

楊復所曰：或疑仁，不必説到天下，此夢語也。正爲「己」與「天下」二字，所以聖賢拈箇「仁」字，「爲仁」，便欲「己」與「天下」還爲一家，所爲復乃見天地之心也。「天下歸仁」，已畫出一個渾渾成成全體的人來，只是不曾點睛。「請問其目」，政是點睛法也。「視」、「聽」、「言」、「動」，件件皆「己」用事，人若離「視」、「聽」、「言」、「動」，如何「爲仁」？「己」離不得，所以説「由己」；「己」着不得，所以説「克己」。蓋「己」爲形色之「己」。形色爲主，則「視」、「聽」、「言」、「動」都是「己」；能主宰得形色，則「視」、「聽」、「言」、「動」都是「仁」。直捷簡要，轉盼不同，故其工夫只在「一日」。

王龍谿曰：世傳金丹用逆，不知吾儒之學，亦全在逆。顏子四句，便是用逆之數。收視反聽，謹言慎動，所謂不遠之復，復於此矣。

或問二「己」字同異？顧涇陽曰：下文已自解得明白：曰「非禮勿視」四句，便知「克己」「己」字；曰「回雖不敏，請事斯語矣」，便知「由己」「己」字。何必再下註脚。曰「請事斯語」，則語不爲空言矣。

顏淵問仁。子曰：「克己復禮爲仁，一日克己復禮，天下歸仁焉。爲仁由己而由人乎哉？」顏淵曰：「請問其目。」子曰：「非禮勿視，非禮勿聽，非禮勿言，非禮勿動。」顏淵曰：「回雖不敏，請事斯語矣。」

仲弓章

徐自溟曰：此心期可以對人曰見賓；此心期可以對天曰承祭；邦家無怨於己，乃己心通於邦家也。世界缺陷，即是此心不曾圓滿。上言「復禮」，此言「大賓」、「大祭」；上言「克己」，此言「不欲」「勿施」，上言「天下歸仁」，此言「邦家無怨」。與顏子所言，有何分別？

方文伯曰：「不欲」「勿施」，即是「見賓」「承祭」之心，不分存發；「邦家無怨」，即是「不欲」「勿施」之心，不分人己。

程子曰：入廟思敬，是未入廟時先有不敬也，須從此得解。

仲弓問仁。子曰：「出門如見大賓，使民如承大祭。己所不欲，勿施於人。在邦無怨，在家無怨。」仲弓曰：「雍雖不敏，請事斯語矣。」

訒言章

不曰「訒言」而曰「言訒」，此是指現成者說。夫子非教它言上做工夫，政教它於所以忍言處着力。

聖人是説仁者之言，司馬牛是説言者之訒，何啻天壤！

司馬牛問仁。子曰：「仁者其言也訒。」曰：「其言也訒，斯謂之仁矣乎？」子曰：「爲之難，言之得無訒乎？」

憂懼章

薛敬軒曰：君子對青天而懼，聞震雷而不驚，履平地而恐，涉風波而不懼。

晉郗超曰：意之所安，則觸遇而夷；情之所關，則無往不滯。因此而言，通滯之所由，在我而不在物也〔一〕。

司馬牛問君子。子曰：「君子不憂不懼。」曰：「不憂不懼，斯謂之君子已乎？」子曰：「内省不疚，夫何憂何懼？」

校勘記

〔一〕《弘明集》卷十三郗超《奉法要》：意之所安則觸遇而夷，情之所關則無往不滯，因此而言，通滯之所由，在我而不在物也。

兄弟章

李衷一曰：大抵司馬牛處兄弟之間，决有未盡道處。子夏此言分明欲牛自盡恭敬，以感其兄魋，不是教牛舍却自己兄弟，結交他人也。意謂，君子能盡個恭敬，雖四海之内，都是兄弟。疎者尚可親，况親者乎？「何患無兄弟」，當從自己兄弟看，不當從四海看。

司馬牛憂曰：「人皆有兄弟，我獨亡。」子夏曰：「商聞之矣，『死生有命，富貴在天。』君子敬而無失，與人恭而有禮。四海之内，皆兄弟也。君子何患乎無兄弟也？」

問明章

張侗初曰：人心觸之不動，便是虚空妙明，光照萬里：「浸潤」，「膚受」，乃眼前鬼怪百出。所謂山鬼之伎倆有限，老僧之不聽不覩無窮。豈不是明？豈不是遠？故曰「體寂若太虚，用照同白日」。

重覆「浸潤」三句，最有意味。蓋一時不行，止可謂「明」，到底不行，方可謂「遠」。

子張問明。子曰：「浸潤之譖，膚受之愬，不行焉，可謂明也已矣。浸潤之譖，膚受之愬，不行焉，可謂遠也已矣。」

兵食章

此章止説常變，説不得經權。兵可去，食可去，而信不可去，正是立萬世之經，如何可説權？

湛甘泉曰：何以去兵也？藏兵於食，信也。何以去食也？兵、食去而信存，可與民効死也。「去」字無力，猶云少得那一件。

張侗初曰：聖人不諱兵、食，只要民、信。後世不求民、信，便屬富强。「自古皆有死，民無信不立。」千古生死，立案如山。信得過，一刀兩斷。張巡、許遠之守睢陽，與此三説，政可並參。

急急然足矣、足食，而民疑之者，荆公是也。赫赫然食足、兵足，而民疑之者，商君是也。分作三件看爲是。

子貢問政。子曰：「足食、足兵、民信之矣。」子貢曰：「必不得已而去，於斯三者何先？」曰：「去兵。」子貢曰：「必不得已而去，於斯二者何先？」曰：『去食。自古皆有死，民無信不立。』

文質章

通章以救世立論，俱是重質意。子成欲去文以存質，子貢欲留文以辨質。總之皆爲質地耳，不必過爲貶駁。

「惜乎」二句，一直説下，如云「惜乎夫子之説」。君子一言既出，四馬難追矣！與上文「君子」二字呼吸相應。

棘子成曰：「君子質而已矣，何以文爲？」子貢曰：「惜乎，夫子之説君子也！駟不及舌。文猶質也，質猶文也。虎豹之鞟猶犬羊之鞟。」

盍徹章

唐宣之曰：夫子嘗謂魯國之勢「不患寡而患不均，不患貧而患不安」〔一〕。哀公之不足，非不足也，蓋由禄之去公堂而入三家也。徹法行，則分田制禄各有定制，三家亦且制於什一之中，而不得聚斂百姓矣。此有若之微意也。

問百姓足，曰：治國，猶種樹也。欲榮其上，必溉其下；下枯而上則焦矣！君上而民下，只一樹也。

不足，如之何其徹也？」對曰：「百姓足，君孰與不足？百姓不足，君孰與足？」

哀公問於有若曰：「年飢，用不足，如之何？」有若對曰：「盍徹乎？」曰：「二，吾猶

校勘記

〔一〕語出《論語·季氏》。

崇德章

子張問「崇德」，只思量從外邊尋些東西來崇我的德，夫子只向心地上説了去。子張問「辨惑」，只思量載了自己的聰明去辨别人家的惑，夫子只向自身上説將來。此是因人施教，而救其所失也。

子張問崇德辨惑。子曰：「主忠信，徙義，崇德也。愛之欲其生，惡之欲其死。既欲其生，又欲其死，是惑也。『誠不以富，亦衹以異。』」

齊景章

姚承庵曰：自古及今，未有大綱不正而可爲國者。君臣父子之對，即正名於衛之意。四者並言，而君爲臣綱，父爲子綱，煞有責成景公意在。

景公此時所謂危葉易風，驚禽易落，一聞夫子之言，感慨咨嗟，幾與牛山之泣，同其酸梗。

齊景公問政於孔子。孔子對曰：「君君，臣臣，父父，子子。」公曰：「善哉！信如君不君，臣不臣，父不父，子不子，雖有粟，吾得而食諸？」

折獄章

小邾射以句繹奔魯，曰：「使季路要我，吾無盟矣。」千乘之國，不信其盟，而信子路之一言，其言之取信若此〔一〕。故曰「可以折獄」。

子曰：「片言可以折獄者，其由也與！」子路無宿諾。

校勘記

〔一〕《四書集注》朱熹注引尹氏語：小邾射以句繹奔魯，曰：「使季路要我，吾無盟矣。」千乘之國，不信其盟，而信子路之一言，其見信於人可知矣。

聽訟章

「折獄」，是服其心於事後；「無訟」，是化其意於辭先。潛移默奪，瓦解冰消。《易》曰「作事謀始〔二〕」猶是落一層話。

賢人「折獄」，聖人「無訟」，此是聖賢階級。總之爲民上者無他謬巧，只是大事化爲小事，小事化爲無事，便喫着不盡。

子曰：「聽訟，吾猶人也。必也使無訟乎！」

校勘記

〔一〕《易·訟卦》：「象曰：天與水違行，訟，君子以作事謀始。」

子張章

張侗初曰：氣力强幹，未必根性地而出；篤實敦厚，恐不能盡事而施。惟居曰「無倦」，行曰「以忠」，是退藏處，天行不息，而作用處，皆真性流行也。此爲純王之道。黃葵陽曰：天地悠久之化，堯舜兢業之神，正可於二句中理會。子張是務外的人，故勉它以内外如一。

子張問政。子曰：「居之無倦，行之以忠。」

博學章

子曰：「博學於文，約之以禮，亦可以弗畔矣夫！」

正文闕。

成美章

謂君子成就人，小人妒忌人，尚是第二念。君子、小人，各自見其本性，自然如此不同。伯夷見餄，用以養老；盜跖見餄，用飫户樞。此是發於性情，別人攛掇不得。

子曰：「君子成人之美，不成人之惡。小人反是。」

帥正章

「政者，正也」，是夫子解説「政」字的意義，有做個樣子的意思在，人已盡攝其中。「帥」有倡率之義，須從振紀綱、肅名分説，方切康子身上。

季康子問政於孔子。孔子對曰：「政者，正也。子帥以正，孰敢不正？」

患盜章

丘瓊山曰：豐世無盜者，足也；治世無盜者，肅也；化世無盜者，順也。真西山曰：上有衣冠之盜，然後下有干戈之盜。

季康子患盜，問於孔子。孔子對曰：「苟子之不欲，雖賞之不竊。」

德風章

康子纔説殺，孔子便説善；康子欲殺惡人以成善人，孔子便欲化惡人而成善人。此正是以德易刑之旨。康子如金剛怒目，欲以攝伏群魔；孔子如菩薩低眉，欲以慈悲六道。

康子動一殺念，如火之欲焚，夫子宛宛提出「善」字，如冰之解熱，蓋欲其化不善而爲善也。曰「風」曰「草」，挽見民之易化，不消殺得。

季康子問政於孔子曰：「如殺無道，以就有道，何如？」孔子對曰：「子爲政，焉用殺？子欲善而民善矣。君子之德風，小人之德草，草上之風必偃。」

聞達章

「聞」、「達」之辨，開口便錯。夫子自言「達」，子張自言「聞」。故「夫達也者」，「夫聞也者」兩句喝起處須着眼。聞者自彼聞，聞從外而至；達者自我達，達由中而出。

李九我曰：下人不在外面聲音笑貌，乃深入思慮上，故曰「慮以下人」。此是馴擾血氣的工夫。

「色取」正與「質直」反；「行違」正與「好義」反；「居之不疑」正與「觀察下人」反。兩邊對勘，真僞自別。

上説一「質」，下説一「色」。胞胎之中，便判男女。

子張問：「士何如斯可謂之達矣？」子曰：「何哉，爾所謂達者？」子張對曰：「在邦必聞，在家必聞。」子曰：「是聞也，非達也。夫達也者，質直而好義，察言而觀色，慮以下人。在邦必達，在家必達。夫聞也者，色取仁而行違，居之不疑。在邦必聞，在家必聞。」

舞雩章

樊遲從游於舞雩之下，曰：「敢問崇德、脩慝、辨惑。」子曰：「善哉問！先事後得，非崇德與？攻其惡，無攻人之惡，非脩慝與？一朝之忿，忘其身以及其親，非惑與？」

「德」字、「慝」字、「惑」字皆從心。一心去先事，則「德」日起；專心去除惡，則「慝」日消；耐心去懲忿，則「惑」日解。大抵聖賢教人，只在心上做工夫，不在外邊討求。或曰：攻惡則「德」日進於潔淨，懲忿則「德」日底於光明。

仁知章

樊遲問仁。子曰：「愛人。」問知。子曰：「知人。」樊遲未達。子曰：「舉直錯諸枉，能使枉者直。」樊遲退，見子夏曰：「鄉也，吾見於夫子而問知，子曰：『舉直錯諸枉，能使枉者直。』何謂也？」子夏曰：「富哉言乎！舜有天下，選於衆，舉皋陶，不仁者遠矣。湯有天下，選於衆，舉伊尹，不仁者遠矣。」

張侗初曰：天下大仁，原是大智做的，仁人大機大用，動變在手，都從智出。智分別處，方能鼓舞天下也。賞罰不明，取舍不當，賢不肖混立於朝，千古不能治天下。可見「仁」、「知」原是一件，說不得相成。

問友章

子貢問友。子曰：「忠告而善道之，不可則止，無自辱焉。」

李衷一曰：「不可則止」，非棄之也。機未投，且俟之，尚可後圖。若數而至辱，不惟重友之過，且恐因此自絕，無可望矣，始終是欲成就之。

輔仁章

曾子曰：「君子以文會友，以友輔仁。」

凡日用可見處都是「文」。與朋友應接，言動周旋，刻刻處處，有箇粲然者在；而就其粲然中有真切不容自已處，如血脉在四肢，如春光在紅紫，生生不斷，這個是「仁」，故曰「矧伊人兮，不求友生」〔一〕。須知生我者友也。

校勘記

〔一〕語出《詩·小雅·伐木》。「兮」作「矣」。

論語子路第十三

先勞章

張侗初曰：曰「先」曰「勞」，把百姓分内事，全副精神，獨力承當，更有何事？若説「請益」，已自倦矣，故只下一轉語。

夫子不説如何「先」，如何「勞」，而第曰「先之」，「勞之」，要件件責成在自己身上，可想見其精神之整頓處。

「無倦」正所以成其爲「先」「勞」。易視「先」「勞」，便是倦根。

王荆石曰：真有先勞之心，便無時可了，便一毫加益不得。此語極妙。曰『先之勞之』，二「之」字原歇不得手。

子路問政。子曰：「先之，勞之。」請益。曰：『無倦。』

有司章

姚承庵曰：論政者，貴識體。「先有司」三句，是政之大體。「舉爾所知」，而所不知者，付之它人，亦舉賢才之大體。蓋仲弓得力，全在一「簡」，故夫子亦與之言「簡」。

主用人説，蓋不曰赦罪，而曰赦過，則所謂過者，非下民也，亦明屬有司類矣。

仲弓爲季氏宰，問政。子曰：『先有司，赦小過，舉賢才。』曰：『焉知賢才而舉之？』曰：『舉爾所知；爾所不知，人其舍諸？』

正名章

聖人以「正名」救衛亂，如孟子以「不嗜殺人」一天下〔一〕，都是窮其病之所始而藥之。藥到病除；聖賢初非誑語。古來亂倫滅紀之期。必大肆殺戮，以箝服人心，故單舉「刑罰不中」來説。如我明靖難朝，只爲不正不順，蔓抄赤族，不知殺害多少生靈！

徐自溟曰：衛君只緣其有一念苟且得國之心，故於祖孫父子之名，俱不顧恤。夫子直頭道破，正欲去其苟心，以發己所以「正名」之意。

子路曰：『衛君待子而爲政，子將奚先？』子曰：『必也正名乎！』子路曰：『有是哉？子之迂也！奚其正？』子曰：『野哉由也！君子於其所不知，蓋闕如也。名不正，則言不順；言不順，則事不成；事不成，則禮樂不興；禮樂不興，則刑罰不中；刑罰不中，則民無所措手足。故君子名之必可言也，言之必可行也。君子於其言，無所苟而已矣。』

校勘記

〔一〕《孟子·梁惠王上》：孟子對曰：『不嗜殺人者能一之。』

農圃章

老農老圃，畢竟非君子之所托業。樊遲胸中實有是癖，故又特爲點出「小人」兩字，以破其學問種子。下節全要把大人經世大學意説得透徹，若只講上下感應話頭，便顧奴失主。

樊遲請學稼。子曰：『吾不如老農。』請學爲圃。曰：『吾不如老圃。』樊遲出。子曰：『小人哉，樊須也！上好禮，則民莫敢不敬；上好義，則民莫敢不服；上好信，則民莫敢不用情。夫如是，則四方之民襁負其子而至矣，焉用稼！』

誦詩章

古人讀書，只一句一字且終身用之不盡，何況誦《詩》三百乎？乃授政不達，不能專對，與兩脚書廚亦復何異？故程子曰：「凡人未讀《論語》時是這樣人，讀過《論語》時仍舊是這樣人，此人只當不曾讀得《論語》〔一〕。」

《詩》載十五國之風，東西周之正變，凡民風、吏治、山川、土宜，無所不備，故應「達政」，應「專對」，又非學《詩》可言之説。語云「登高作賦，可以爲大夫」即是此意。

子曰：「誦《詩》三百，授之以政，不達，使於四方，不能專對；雖多，亦奚以爲？」

校勘記

〔一〕《二程語録・卷十二》：須是未讀《周南》《召南》，一似面牆，到讀了後，便不面牆，方是有驗。大抵讀書只此便是法。如讀《論語》，舊時未讀是這個人，及讀了後，又只是這個人，便是不曾讀也。

身正章

唐使楊綰爲政，郭汾陽聞之，方盛筵宴客，遂徹座間聲伎十分之四。「不令而行」，此是一證。

子曰：『其身正，不令而行；其身不正，雖令不從。』

魯衛章

世解「兄弟」，都把魯衛不好事來較量，不知夫子本意，正爲周公康叔之遺風猶在，而無振起之故。嘆其衰，有惜之意，有望之意。

以下三章皆適衛之語。夫子見其居民富庶，有用衛之思，故有是言，不得純用慨嘆。

子曰：『魯衛之政，兄弟也。』

居室章

姚承庵曰：三「曰」字只形容他心裡的口氣。善處全在三「苟」字，三「矣」字。

「苟」者猶俗云將就歇的話。「矣」是止於是而不復過望之詞。

李衷一曰：公子荆之富，自是其本分應有的。假如欲厭而逃之，如陳仲子矯節甘貧，却又未善。

「始有」未至於「合」而曰「苟合」；「少有」未至於「完」而曰「苟完」；「富有」未至於「美」而曰「苟美」。故曰「不以欲速盡美累其心」。今人先把始有作合看，既合而曰「苟」，是貪也，非知止也。可笑。

子謂衛公子荆善居室。始有，曰：『苟合矣。』少有，曰：『苟完矣。』富有，曰：『苟美矣。』

適衛章

沈無回曰：『庶矣哉』三字，夫子即不言「富」「教」，而無窮情事已盡備其中矣。想夫子出口時，直是經綸滿宇宙。

張侗初曰：庶而富，富而教，萬古經綸，只在車上問答。

兩言「何加」見聖賢惓惓爲民之意。「富」「教」二字只是保其「庶」，因衛而發，不必粘着衛民。

「庶矣」一歎，有低回留連之意，單作悲感悟，便是一紙萬重。

子適衛，冉有僕。子曰：「庶矣哉！」冉有曰：「既庶矣，又何加焉？」曰：「富之。」曰：「既富矣，又何加焉？」曰：「教之。」

用我章

周季侯曰：夫子實見得當世時局儘可挽回，故斟酌於期月、三年之間，定個程期，非只以此解當年累世之嘲也。夫子意重三年句。魯用孔子，至三月而魯國大治，此便是「朞月而已可也」之效驗。孔子生平何嘗肯打誑語！

子曰：「苟有用我者，期月而已可也，三年有成。」

善人章

周季侯曰：時至春秋，專尚殘酷，一片俱是殺業世界。夫子慘然有痛於心，故慨然遐想古人之言，謂不必聖王制世，便得善人亦可以勝殘去殺，此一字一滴淚也。「誠哉」一句，全要體貼此意，説得懇切，若只着贊嘆口氣，恐猶未盡。

子曰：「善人爲邦百年，亦可以勝殘去殺矣。誠哉是言也。」

王者章

王者，謂興道致治之王者，非受命之王者也。此「仁」字與它處不同，是教化浹洽，無一人不貫徹底意思。漢之高、惠，至於文、景，周之文、武，至於成、康，皆是其候。

子曰：『如有王者，必世而後仁。』

正身章

專爲大夫而發，爲「政者，正也」〔一〕下一註脚。又爲「子帥以正，孰敢不正」〔二〕，下一轉語。

子曰：『苟正其身矣，於從政乎何有？不能正其身，如正人何？』

校勘記

〔一〕〔二〕見《論語・顔淵・帥正章》。

退朝章

季氏議朝政於私家，儼然是賈似道半閒堂，與賓客姬妾評論軍國大事。夫子佯爲不知，乃與之辨政與事。然借此言以警季氏，悟冉有，亦欲存此義於天地之間，便是後日作《春秋》張本。

冉子退朝。子曰：「何晏也？」對曰：「有政。」子曰：「其事也。如有政，雖不吾以，吾與聞之。」

一言章

真西山曰：大禹言君臣之義，蔽之以克艱之一言。孔子告定公之言，與禹若出一揆。子思之告衛侯曰：「君之國事，將日非矣。君出言自以爲是，而卿大夫莫敢議其非；卿大夫出言自以爲是，而士庶人莫敢議其非。」此所謂「唯予言而莫予違也」。苟如是，未有不亡；可不戒哉！

桀紂之世亦生龍逢、比干，千古來安有莫逆？但就其意所樂推之，必有誅忠崇佞之事。只此一念，儘足喪邦，何論善之不善矣。「如其」、「不亦」，猶云：倘其如是，尚未喪亡耳。

定公問：「一言而可以興邦，有諸」？孔子對曰：「言不可以若是其幾也。人之言曰：『爲君難，爲臣不易。』如知爲君之難也，不幾乎一言而興邦乎？」曰：「一言而喪邦有諸？」孔子對曰：「言不可以若是其幾也。人之言曰：『予無樂乎爲君，唯其言而莫予違也。』如其善而莫之違也，不亦善乎？如不善而莫之違也，不幾乎一言而喪邦乎？」

葉公章

《家語》曰：子貢問政於孔子，曰：「昔者齊公問政，夫子曰『政在節財』。魯君問政，夫子曰『政在諭臣』。葉公問政，夫子曰『政在悦近而來遠』。問政同，而所答異，何也？」子曰：「各因其事也。齊君爲國，奢乎臺榭，淫乎苑囿，五官妓樂，不懈於時，一旦而賜人以千乘之家者三，故曰『政在節財』。魯君有臣三人，內比周以愚其君，外距諸侯之賓以蔽其明，故曰『政在諭臣』。夫荆之地廣而都狹，民有離心，莫安其居，故曰『政在悦近而來遠』。此三者，所以爲政殊矣。」〔一〕

葉公問政。子曰：「近者悦，遠者來。」

校勘記

〔一〕《孔子家語·辯政》：子貢問於孔子曰：『昔者齊君而問政於夫子，夫子曰：『政在節財。』魯君問政於夫子，夫子曰：『政在諭臣。』葉公問政於夫子，夫子曰：『政在悦近而遠來。』三者之問一也，而夫子應之不同，然政在異端乎？』孔子曰：「各因其事也。齊國君爲國奢乎臺榭，淫於苑圃，五官伎樂，不解於時，一旦而賜人以千乘之家者三，故曰『政在節財』。魯君有臣三人，內比周以愚其君，外距諸侯之賓以蔽其明，故曰『政在諭臣』。夫荆之地廣而都狹，民有離心，莫安其居，故曰『政在悦近而來遠』。此三者所以爲政殊矣。」

莒父章

做事第一要耐煩心腸，一切跌𧿹、蹭蹬、觀喜、愛慕景象都忍耐過去，纔是經綸好手。若激得動，引得上，到底結果有限。

子夏爲莒父宰，問政。子曰：『無欲速，無見小利。欲速則不達，見小利則大事不成。』

直躬章

周季侯曰：直者，率其最初第一念而出之者也。纔落第二念，早已有轉折矣。在父子相隱，卒然夢寐之中，亦自如此，不必着擬議而後隱也。故曰「直在其中」。註「不求爲直〔一〕」四字，説得直截醒快。

春秋時亂臣賊子，小則抗君父，大則殺逆，總是要與君父講道理耳。聖人説出父子至情，政是誅心之法。

葉公語孔子曰：「吾黨有直躬者，其父攘羊，而子證之。」孔子曰：「吾黨之直者異於是：父爲子隱，子爲父隱，直在其中矣。」

校勘記

〔一〕《論語集註》卷七《直躬章》朱熹注：父子相隱，天理人情之至也。故不求爲直，而直在其中。

樊遲章

樊遲問仁。子曰：「居處恭，執事敬，與人忠。雖之夷狄，不可棄也。」

湯霍林曰：通節須打成一片看，末句乃是從上三句而緊煞之詞，猶「造次顛沛必於是」意。必到夷狄不棄，方是無不恭，無不敬，無不忠。而合之，即是無不仁。

行己章

子貢問曰：「何如斯可謂之士矣？」子曰：「行己有恥，使於四方，不辱君命，可謂士矣。」曰：「敢問其次？」曰：「宗族稱孝焉，鄉黨稱弟焉。」曰：「敢問其次？」曰：「言必信，行必果。硜硜然小人哉！抑亦可以爲次矣。」曰：「今之從政者何如？」子曰：「噫！

士人行己，恥己之不爲聖賢，不是空空抱歉。此中有許大作用在。當其爲使，則恥辱君命；當其居鄉，則恥不孝弟；必信必果，亦只是爲不肯無恥。今之從政，大都皆無恥之流矣，故不足算。

説個行己，便不得舍却四方，空談性命，故知尼山相士，定取其實實有益於天下國家。

斗筲之人，何足算也！」

中行章

「與之」，是與他恁麼？只看狂者進取，吾便可與；狷者有所不爲，我便可與。有爲二人落落，不必更得中行，已足全肩擔子矣。

湯宣城曰：不要把中行形容狂狷不好，聖人實見得狂狷好處，故特地思他。

子曰：「不得中行而與之，必也狂狷乎！狂者進取，狷者有所不爲也。」

無恒章

「恒」以恒心説好，不可把不可爲巫醫作「羞」字。此「羞」爲内出之愧，非人奉而進之也。無恒之人，他心中已無定主，故「羞」謂之曰「或」。

子曰：「南人有言曰：『人而無恒，不可以作巫醫。』善夫！」「不恒其德，或承之羞。」子曰：「不占而已矣。」

和同章

君子城府不立，町畦不設，而坊表自存。小人形跡可忘，衣裘可共，而臭味自別。其間分寸，自判公私。

子曰：「君子和而不同，小人同而不和。」

鄉人章

沈無回曰：子貢「鄉人皆好」之問，已隱然入鄉愿窠臼中矣。「皆好」，不可求之；「皆惡」，非本意也。夫子以鄉人之善不善者答之，鄉愿遂無站脚之處。

韓求仲云：鄉人有好惡，亦有善惡，故取人者，不當以好惡之善惡爲善惡，而當以善惡之好惡爲好惡。已自明了，有何葛藤？

子貢問曰：「鄉人皆好之，何如？」子曰：「未可也。」「鄉人皆惡之，何如？」子曰：「未可也。不如鄉人之善者好之，其不善者惡之。」

易事章

君子氣甚熱而面甚冷，百計投之，不能中其所欲，而意在憐才，待人未嘗不恕；小人色甚厲而心甚荏，曲意逢之，無不得其歡心，而意在求全，待人惟有一刻。世間正氣人物，自然面目嚴冷，只是大肚皮熱心腸，人人好服事他，更覺汪洋千頃耳。

子曰：「君子易事而難説也。説之不以道，不説也。及其使人也，器之。小人難事而易説也。説之雖不以道，説也。及其使人也，求備焉。」

泰驕章

「泰」從道德生來，「驕」從意氣使出，要知吐氣揚眉與睟面盎背，自不可同年而語。

子曰：「君子泰而不驕，小人驕而不泰。」

近仁章

程子曰：只爲輕浮巧利的，去仁甚遠，故以此爲「近仁」。此正與「巧言令色」相反。〔一〕

子曰：「剛、毅、木、訥近仁。」

校勘記

〔一〕《二程語録》卷九：「剛、毅、木、訥」，何求而曰「近仁」？只爲輕浮巧利，於仁甚遠，故以此爲「近仁」。此正與「巧言令色」相反。

切偲章

張侗初曰：「士」元是太涵養的人，切偲怡怡，不過渾成圖畫，朋友兄弟，亦是自然流出，肖物而付耳。有分別處易見，無分別處難知。

子路問曰：「何如斯可謂之士矣？」子曰：「切切偲偲，怡怡如也，可謂士矣。朋友切切偲偲，兄弟怡怡。」

即戎章

子曰：「善人教民七年，亦可以即戎矣。」

七年要有着落，聖人、君子、善人、有恒，世間現成有此四項人。聖人七旬，而能格有苗；君子三年，而能有勇知方；恒人十年，而能生聚教訓。則善人功候，剛在七年。蓋其所教，原不爲即戎，而禮義既明，戰陣自勇；即以從戎，亦無不可。作者全要剔出「亦可」二字。

教戰章

子曰：「以不教民戰，是謂棄之。」

桓文後，大都角力爭鬥，驅民於鋒鏑，不識「教」之一字，故夫子上説「善人教民」，此説「以不教民戰」。「教」則可以即戎，「不教」是謂棄之。然則民之死於兵，非兵也，我也，言甚愷切。

論語憲問第十四

憲問章

葛屺瞻曰：有道則當建白，無道則當拯救。即未仕，而其具亦當預辦。那一時没有事做？單言穀者，絶不做事，即俗云喫飯過日子相似。不但食君禄，即家食亦是。「穀」字，不可解作「禄」字。

憲問恥。子曰：「邦有道，穀；邦無道，穀，恥也。」

克伐章

卓去病曰：夫子於千乘立朝説事功，當不得本體；於清忠説名節，當不得本體；於此處説工夫，當不得本體。非以克、伐、怨、欲爲不足，爲難也。

「克、伐、怨、欲不行焉，可以爲仁矣？」子曰：「可以爲難矣，仁則吾不知也。」

懷居章

管登之曰：懷居即懷土。謂私其身於一家，而無天下國家之志也。耿楚侗曰：俗情濃豔處淡得下，俗情苦惱處耐得下，俗情勞擾處閒得下，俗情牽絆處斬得下，斯爲學問真得力處。

子曰：「士而懷居，不足以爲士矣。」

危言章

宋羽皇曰：通章重「行」一邊。君子處有道，固「言」與「行」而俱危。即垂道之世，「行」亦危而不變，所「孫」者，特言語之間少檢點以出之耳。清其質而濁其文，弱其志而强其骨。此正見君子經綸之妙。

李卓吾曰：「邦有道」，「危言」在「危行」之前；「邦無道」，「言孫」在「危行」之後。「危言危行」，「危」字在「言」字之上；「危行言孫」，「孫」字在「言」字之下。多少斟酌！多少變化！不可不知〔一〕。

子曰：「邦有道，危言危行。邦無道，危行言孫。」

校勘記

〔一〕李贄《四書評·論語卷之七》：子曰：「邦有道，危言危行；邦無道，危行言孫。」李贄評曰：「『邦有道』，『危言』在『危行』之前，『邦無道』，『言孫』在『危行』之後。『危言危行』，『危』字在『言』字之上；『危行言孫』，『孫』字在『言』字之下，多少斟酌，多少變化，絶妙文章。」

有德章

此專爲人之以言飾德、以勇冒仁者發。就中別出誠僞，不重「言」與「勇」，全是要人充養在內。

張侗初曰：「必有言」、「必有勇」，要看個「必有」二字。無言亦言，無勇亦勇也。若有言有勇，既有矣，便不必有德，不必有仁。

子曰：「有德者必有言，有言者不必有德。仁者必有勇，勇者不必有仁。」

南宮章

孔子作《春秋》有案而無斷，據事直書，其是非付之千秋萬世已矣。夫子之不答南宮适，亦是此意。

南宮适之言是惠吉逆凶，積善餘慶，積惡餘殃，實事實理，既斬世人僥倖念頭，且掃我輩感慨意氣。何復子曰：欲超世者，不可無此一段志趣；欲維世者，不可無此一段議論。

「羿善射，奡盪舟，俱不得其死」爲句，不當如「由也不得其死然〔一〕」例。蓋由也未然，而羿、奡則已然也〔二〕。

南宮适問於孔子曰：「羿善射，奡蕩舟，俱不得其死然。禹、稷躬稼而有天下。」夫子不答。南宫适出，子曰：「君子若人！尚德哉若人！」

校勘記

〔一〕語出《論語・先進・侍側章》。

〔二〕此段原爲作者眉批，今移入正文。

君子章

子曰：「君子而不仁者有矣夫，未有小人而仁者也。」

「有矣夫」是想像億度之詞，不得泥實。此是夫子提醒人心語，正所爲危微之辨。君子如日月之食，明見其不仁，故其仁自在；小人未嘗不假借名理，自附於仁，然正所以濟其不仁也。「未有」二字是决詞，是决不開小人以依傍之門，使小人有所遮飾也。

勞誨章

子曰：「愛之，能勿勞乎？忠焉，能勿誨乎？」

此是教人忠愛，不是闡發至情。蓋「勞」、「誨」是爲父爲臣者所不足，故夫子醒之。李卓吾曰：愛子，故曰「愛之」；自忠，故曰「忠焉」。一字之異，便有無限義味。〔一〕

校勘記

〔一〕《四書評・論語卷之七》：本章李贄評：「愛子，故曰『愛之』。自忠，故曰『忠焉』。一字之異，便有無限變化。非聖筆安得有此！」

爲命章

王元美曰：鄭國是子產執政。按《左傳》，裨諶三人皆子產所薦〔一〕。叔向云：「子產有辭，諸侯賴之。」〔二〕可見子產能用三子之長，不得概作四平。

子曰：「爲命，裨諶草創之，世叔討論之，行人子羽修飾之，東里子產潤色之。」

校勘記

〔一〕《左傳・襄公三十一年》：子產之從政也，擇能而使之。馮簡子能斷大事；子大叔美秀而文；公孫揮能知四國之爲，而辨於其大夫之族姓、班位、貴賤、能否，而又善爲辭令；裨諶能謀，謀於野則獲，謀於邑則否。鄭國將有諸侯之事，子產乃問四國之爲於子羽，且使多爲辭令；與裨諶乘以適野，使謀可否；而告馮簡子，使斷之；事成，乃授子大叔，使行之，以應對賓客。是以鮮有敗事。

〔二〕《左傳・襄公三十一年》：叔向曰：「辭之不可以已也如是夫！子產有辭，諸侯賴之，若之何其釋辭也。」

子產章

蘇東坡曰：管仲勳烈之在人者多矣，而獨言此者，奪邑而人不怨，德之至者也。吾嘗以爲北伐山戎、南服强楚易，而服伯氏之心難。管仲之於伯氏，諸葛孔明之於李平、廖立，蓋古今二人而已。

或問子産。子曰：「惠人也。」問子西。曰：「彼哉！彼哉！」問管仲。曰：「人也。奪伯氏駢邑三百，飯疏食，没齒無怨言。」

無怨章

丘毛伯曰：春秋時，富貴者皆驕，驕則偪上淩下，何所不至。夫子傷之，乃曰：「貧而無怨，乃爲難耳！」若夫「富而無驕」，即稍知節制者能之，此亦無甚難者，而奈何世之富者盡驕耶？意在言外。

子曰：「貧而無怨難，富而無驕易。」

公綽章

下章言「公綽之不欲」，則其人必恬澹廉退之人，故爲老，雖趙魏亦優；大夫，雖滕薛不足。

子曰：「孟公綽爲趙魏老則優，不可以爲滕薛大夫。」

成人章

張侗初曰：智、廉、勇、藝，恰好處便是天性，便是「文之以禮樂」，如衆花釀蜜，成蜜則無花;衆味調羹,成羹則無味。故張子韶云:須知禮樂非文具,乃是其中造化名。沈無回曰:不曰禮樂以文之,而曰「文之以禮樂」是渾將四子推入禮樂中去,不復見有四子在,故曰「可以成人」。

宋儒馮氏以「今之成人」節作子路語,不獨其語氣,相消於本節,「曰」字更有着落,此説當從。

子路問成人。子曰:「若臧武仲之知,公綽之不欲,卞莊子之勇,冉求之藝,文之以禮樂,亦可以爲成人矣。」曰:「今之成人者何必然?見利思義,見危授命,久要不忘平生之言,亦可以爲成人矣。」

公叔章

徐玄扈曰:時方巧令成風,貪冒不忌,夫子傷之。意文子審有其實,儘可風世,乃賈目以時中,便加人一等矣。夫子亦不意當世有此等人,故曰「其然?豈其然?」若曰:文子之賢,一至此乎!夫亦驚愕嘆賞焉耳。若逆料其不能,殊非聖人接引之意。

子問公叔文子於公明賈曰:「信乎,夫子不言,不笑,不取乎?」公明賈對曰:「以告者過也。夫子時然後言,人不厭其言;樂然後笑,人不厭其笑;義然後取,人不厭其取。」子曰:「其然?豈其然乎?」

武仲章

首句是案，下二句是斷，「以防」二字是書法。蓋武仲請後，不得在罪奔邾之時，而在自邾如防之日。意以請而得立，則防猶武仲之防；請而不得立，則將據防以叛。防，非魯之有也。請防之舉，實是要之以必從，故曰「要君」。

子曰：「臧武仲以防求爲後於魯，雖曰不要君，吾不信也。」

此是夫子推見至隱。若説得武仲太狠，則人人知其要矣。「雖曰」二語，不止爲武仲誅心，正慨當時之佚罰也。

晉文章

子曰：「晉文公譎而不正，齊桓公正而不譎。」

楊子巵言曰：五霸莫大於桓文，桓文莫大於會盟，會盟之舉，莫大於葵丘踐土。然葵丘之會，定天子以安王室，大義也，故曰「齊桓公正而不譎」。踐土之會，挾天子以令諸侯，私情也，故曰「晉文公譎而不正」。

九合章

子糾雖死於魯，實出桓公之所使，故曰「桓公殺公子糾」。「未仁乎」，以心術言；「如其仁」，以事功言。

子路曰：「桓公殺公子糾，召忽死之，管仲不死。」曰：「未仁乎？」子曰：「桓公九合諸侯，不以兵車，管仲之力也。如其仁！如其仁！」

一匡章

孫淮海曰：匹夫匹婦之諒，不是説召忽之死，是説管仲之可以無死也；非以召忽之死爲未當，是説管仲之不死亦不爲苟生也。徐自溟曰：仲既能脱天下被髮左衽，又豈肯自寘身於溝瀆？

子貢曰：「管仲非仁者與？桓公殺公子糾不能死，又相之。」子曰：「管仲相桓公，霸諸侯，一匡天下，民到於今受其賜。微管仲，吾其被髮左衽矣。豈若匹夫匹婦之爲諒也，自經於溝瀆而莫之知也？」

文子章

張侗初曰：薦賢爲國是美事，況以家臣而引之同仕公室，非其大公無我者能乎？因公叔文子有此事，故贊之曰「可以爲文」，其實不在文字上作解也。

公叔文子卒，其子請謚，君曰：「昔日衛國凶餒，夫子爲粥與國之餒者，不亦惠乎？衛國有難，夫子以其死衛寡人，不亦貞乎？聽衛國之政，修其班制以與四鄰交，衛之社稷不辱，不亦文乎？故謚爲貞惠文子。」〔一〕觀此，則文子謚文，原不爲薦僎起見。孔子謂即此一事，亦可爲之文矣，蓋爲《春秋》補一謚法。

公叔文子之臣大夫僎，與文子同升諸公。子聞之，曰：「可以爲『文』矣。」

校勘記

〔一〕《禮記·檀弓下》：公叔文子卒，其子戍請謚於君曰：「日月有時，將葬矣，請所以易其名者。」君曰：「昔者衛國凶饑，夫子爲粥與國之餓者，是不亦惠乎？昔者衛國有難，夫子以其死衛寡人，不亦貞乎？夫子聽衛國之政，脩其班制以與四鄰交，衛國之社稷不辱，不亦文乎？故謂夫子貞忠惠文子。」

衛靈章

仲叔圉三人，雖非正人，而皆有一長可取。衛靈公用當其才，尚可以圖存，而況才不止於三人，其君又不若靈公之無道乎？諺曰「貧家勤掃地，醜婦淨梳頭」，也救得一半，則人才之關係於國家也如此。

子言衛靈公之無道也，康子曰：「夫如是，奚而不喪？」孔子曰：「仲叔圉治賓客，祝鮀治宗廟，王孫賈治軍旅。夫如是，奚其喪？」

不怍章

世間大言不慚之人，不必論其向後一無成立。即其抵掌而談，毫無愧怍，一種虛憍之氣，明眼人見之，直恁可惡，故夫子説「爲之也難」。即在啓口時，蚤已説破。

子曰：「其言之不怍，則爲之也難。」

請討章

袁了凡曰：孔子非不知哀公之不能討，亦非不知三子之不欲討，而必以告者，欲明大義於三家也。縱無益於齊，而君臣之大防，猶可默奪强臣之魄。

沈無回曰：春秋之世，弑君三十六。討賊之義，泯滅於人心久矣。夫子以告老之大夫，提揭於天下，而萬世之下知陳恒爲漏綱之大逆，三家爲未露之陳恒。當麟經絶筆之後，而復續出一段《春秋》，夫子之功，豈不偉與！

陳成子弑簡公，孔子沐浴而朝，告於哀公曰：「陳恒殺其君，請討之。」公曰：「告夫三子！」孔子曰：「以吾從大夫之後，不敢不告也，君曰『告夫三子』者。」之三子告，不可。孔子曰：「以吾從大夫之後，不敢不告也。」

事君章

子路問事君。子曰：「勿欺也，而犯之。」

「不欺」是細細問心之言，見從來折檻碎衣猶然落於意氣。李卓吾曰：知之所不到都是「欺」，不然，子路安得有「欺」也〔一〕！

校勘記

〔一〕語出李贄《四書評·論語卷之七》。

上達章

子曰：「君子上達，小人下達。」

沈無回曰：從善若登，從惡若崩，理、欲皆有不能自已之勢，君子便住脚不得，小人亦留脚不住。

爲己章

徐儆弦曰：「爲己」，則天地萬物皆屬之己；「爲人」，則形骸耳目皆屬之人。惟「爲己」，故能「克己」；惟「爲人」，故益失人。

張侗初曰：善，不必使人感，但一念恰好者，善也；惡不必使人恨，但一念過不去者，惡也。只此，是「爲己」、「爲人」之别。

子曰：「古之學者爲己，今之學者爲人。」

寡過章

蘧伯玉與聖人真氣味，千里往來，彼此都是不言而喻。其間使命，亦是借景。寡過、未能，一言道着，便如知己面承，嗟嘆之不足，故咏歌之，所謂「使乎！使乎」者是也。

蘧伯玉使人於孔子。孔子與之坐而問焉。曰：「夫子何爲？」對曰：「夫子欲寡其過而未能也。」使者出，子曰：「使乎！使乎！」

在位章

正文闕。

子曰：「不在其位，不謀其政。」

出位章

曾子曰：「君子思不出其位。」

李衷一曰：此「位」字與「不在其位」二字不同，當以《艮》卦「艮」字理會。註「止其所，而天下之理得」句最好〔一〕。位在而廢思，與位不在而越思，都是出位。思不出位，不惟盡其分，且亦能定其心，正是君子得止之學。

恥言章

子曰：「君子恥其言而過其行。」

言而過其行者，深爲可恥。與前章不作爲難之言，同一慨嘆。

自道章

「不憂」、「不懼」、「不惑」，原是夫子自寫心得之言。説無能，説自道其無能，都是夢語。

陳眉公曰：聖至夫子地位，其自視直與顓蒙無兩體，又何處道其有能？若見以爲能，便

校勘記

〔一〕《論語集註》卷七《出位章》朱熹引范氏語：物各止其所，而天下之理得矣。故君子所思不出其位，而君臣上下大小皆得其職也。

非聖人之道。若見以爲能，而故謙處於不能，尤非聖人之心。

李衷一曰：不曰君子之道三，而曰「君子道者三」，蓋言君子所道者也。「仁者」、「知者」、「勇者」，三「者」字，正領君子道者的「者」字。

子曰：「君子道者三，我無能焉：仁者不憂，知者不惑，勇者不懼。」子貢曰：「夫子自道也。」

方人章

鄒東郭曰：學者喜較異同，却錯過了自家工夫，就使較勘甚明，與我何益？譬如總算手收人户百萬税糧，盡在伊腹中，依舊是條窮漢，無勺合受用。

子貢方人。子曰：「賜也賢乎哉？夫我則不暇。」

患人章

鄒東郭曰：學而求能，乃爲己之實功。若謂求能以爲人知地，則猶然是患人不己知之心也。

子曰：「不患人之不己知，患其不能也。」

先覺章

「先」字亦要體認，如鏡在此，無物，亦未嘗不照。蓋先有照以待物，非物至而索照也。「賢」字是活字，猶云：這個纔好，不指人説。

子曰：「不逆詐，不億不信，抑亦先覺者，是賢乎！」

爲佞章

東門之譏，以孔子爲纍纍若喪家之狗，分明畫出棲棲情狀。孔子欣然笑曰：「形狀，末也；而似喪家之狗，然哉！然哉！」〔一〕孔子未嘗不以棲棲自任，但微生畝之言，挾長而傲，故不得不以周流本意正告當時。

微生畝謂孔子曰：「丘何爲是棲棲者與？無乃爲佞乎？」孔子曰：「非敢爲佞也，疾固也。」

校勘記

〔一〕《史記·孔子世家》：鄭人或謂子貢曰：「東門有人，其顙似堯，其項類皋陶，其肩類子產，然自要以下不及禹三寸，纍纍若喪家之狗。」子貢以實告孔子。孔子欣然笑曰：「形狀，末也；而似喪家之狗，然哉！然哉！」

稱德章

錢緒山曰：士先德器而後才能；馬先馴良而後千里。此夫子重本之論。

何宗元曰：善御馬者，取其力於德之中；善相馬者，嘉其德於力之外。玩本文兩「稱」字，言外煞有深意在。

子曰：「驥不稱其力，稱其德也。」

報怨章

丘毛伯曰：心無所曲爲直，據理爲衡，不曲意以博厚名，不過刻以傷天理。不以修怯之故太索瑕，不以避嫌之故反屈法，是之謂直。艾千子曰：「怨」字與「仇」字不同。父母之仇，兄弟之仇，君之仇，此不可不報者也。《論語》中「怨」字皆不得與「仇」字較。惟其止於「怨」，則愛憎取舍，一以至公而無私，以直報之耳！

或曰：「以德報怨，何如？」子曰：「何以報德？以直報怨，以德報德。」

莫知章

袁七澤曰：夫子隨緣任運，着衣吃飯，也不怨天，也不尤人，世謂此尋常下學耳。不知即是上達也。所謂「神功並妙用，運水及搬柴」，此義愈淡愈深。

王陽明曰：凡可用功，可告語者，皆「下學」；「上達」只在「下學」裏。凡聖人所説雖極精微，俱是「下學」。只從「下學」裏用功，自然「上達」去，不必别尋箇「上達」功夫。

子曰：「莫我知也夫！」子貢曰：「何爲其莫知子也？」子曰：「不怨天，不尤人，下學而上達。知我者其天乎！」

伯寮章

齊氏曰：魯爲公室之蠹者，莫如季氏。孔子爲政於魯，大率欲裁其僭；而勇於承令，以出藏甲，墮郈、費者，子路也。公伯寮愬子路，固假手以阻孔子；故孔子不爲子路禍福計，而有吾道興廢之説云。

公伯寮訴子路於季孫。子服景伯以告，曰：「夫子固有惑志於公伯寮，吾力猶能肆諸市朝。」子曰：「道之將行也與，命也；道之將廢也與，命也。公伯寮其如命何！」

避世章

時至春秋，有聖人之力量，方可用世。若只是賢者，只合「避世」。三箇「其次」，皆從不能「避世」之中，又尋出此三項也。「辟地」，「辟色」，「辟言」，真有「色斯舉矣，翔而後集〔一〕」之意。在聖人亦不可無此見幾。

子曰：「賢者辟世，其次辟地，其次辟色，其次辟言。」

校勘記

〔一〕見《論語・鄉黨篇》。

作者章

語意似頂上「辟世」，「辟地」，「辟色」，「辟言」說來，今之見幾而作者，已有七人矣。於此時，實有天地閉、賢人隱之慨。

子曰：「作者七人矣。」

石門章

不知不可爲而爲之，愚人也；知其不可爲而不爲，賢人也；知其不可爲而爲之，聖人也。諸葛武侯曰：「即不伐賊，漢亦必忘。與其坐而待亡，不如伐之〔二〕。」此處真有挽回造化手段。晨門一語，亦是聖人知己。

李卓吾曰：心出世間矣，棄世間而爲巢許也易；心出世間矣，混世間而爲周孔也難。

子路宿於石門。晨門曰：「奚自？」子路曰：「自孔氏。」曰：「是知其不可而爲之者與？」

校勘記

〔一〕諸葛亮《後出師表》：然不伐賊，王業亦亡，惟坐待亡，孰與伐之？

擊磬章

翁子先曰：厲者，危殆也。《易》所謂「過涉滅頂」也〔一〕。詩意若曰，深則有厲〔二〕，當見險而止，非如淺可攝衣而涉也。註「以衣涉水曰厲」〔三〕，殊不可解。

子擊磬於衛，有荷蕢而過孔氏之門者，曰：「有心哉，擊磬乎！」既而曰：「鄙哉硜硜乎！莫己知也，斯已而已矣。深則厲，淺則揭。」子曰：「果哉！末之難矣。」

校勘記

〔一〕《易·大過》：「上六：過涉滅頂，凶。無咎。」

〔二〕《詩經·邶風·匏有苦葉》：匏有苦葉，濟有深涉，深則厲，淺則揭。

〔三〕《論語·憲問篇》朱熹注：以衣涉水曰厲，攝衣涉水曰揭。

諒陰章

丘瓊山曰：嗣君委君道以伸子道；百官盡臣職以承相職。此天下忠孝相成之大關也。昔周公負扆以朝諸侯而流言起，則此制不得不變。故康王葬畢遂即位，而漢文以日易月之制，亦世道江河不返也。但服制奪於世變，哀戚本於至情；當於二十七日之後，以衮服居外朝，以衰服居内寢，斯兩全也。

于忠肅曰：百官聽冢宰，只恐遇操、莽，何以處之？曰：「嗣主剛明老成，亦可以易制其相。」「如嗣主非剛明老成，又何以處之？」曰：「此須要舉朝忠義矢心，方能使事不摇動而權奸可抑。」

子張曰：「《書》云：『高宗諒陰，三年不言。』何謂也？」子曰：「何必高宗，古之人皆然，君薨，百官總己以聽於冢宰三年。」

好禮章

人君爲國，約之以法，不若示之以禮。故貢用包茅，田用乾豆，重以蒸嘗，人皆帖服。是以叔孫綿蕝，能尊天子，能治國家〔一〕。

子曰：「上好禮，則民易使也。」

校勘記

〔一〕《史記·劉敬叔孫通列傳》：「與其弟子百餘人爲綿蕞野外。」按，蕞與蕝同。

脩己章

「脩己以敬」，不是以敬脩己，須辨。

安人安百姓，是脩己實功，不是脩己效驗。蓋「以安人」「以安百姓」與「脩己以敬，」同是一「以」。聖賢看得安人安百姓，是我己中一件吃緊之事，不可推出外邊。徐自溟曰：病博濟，正堯舜之「立達」無有盡處；病安百姓，正堯舜之「脩己」無有已時。

子路同君子。子曰：「脩己以敬。」曰：「如斯而已乎？」曰：「脩己以安人。」曰：「如斯而已乎？」曰：「脩己以安百姓。脩己以安百姓，堯舜其猶病諸？」

原壤章

沈無回曰：原壤，蓋老氏之流。彼視父子、兄弟、少長、生死，皆若浮萍之相值，而不關情者，故夫子以立身之道儆動之。

「夷俟」非故意慢夫子，只放於禮法之外耳。昔人云「禮豈爲我輩設〔一〕」，壤即此意。

葛屺瞻曰：壤以放蕩狎夫子，夫子亦以狎行其教。取瑟是發汗之藥，叩脛是針砭之藥。

原壤夷俟。子曰：「幼而不孫弟，長而無述焉，老而不死，是爲賊。」以杖叩其脛。

校勘記

〔一〕《世説新語·任誕》：阮籍嫂嘗還家，籍見與別，或譏之。籍曰：「禮豈爲我輩設也。」

闕黨章

王觀濤曰：「成」字乃成人之「成」，對童子看，非學問有成也。只據他以成人之禮自居，故曰「欲速成」。

「童子將命」，全是消其客氣，教其謙恭。可見聖人教人，只此洒掃進退應對之中，具有良藥。

闕黨童子將命。或問之曰：「益者與？」子曰：「吾見其居於位也，見其與先生並行也。非求益者也，欲速成者也。」

論語衛靈公第十五

問陳章

衛靈公逐世子蒯聵而立孫輒，使輒不父父而禰祖，亂昭穆之序，淆父子之名，在異日，宗廟俎豆之間，大有可議，故夫子借問陳以示其微，即正名意也。不意靈公不復置問，衛之兵端伏矣，安得不速其去哉？若説寓折衝於樽俎，尚隔一層。蘇子由曰：「孔子以禮樂游於諸侯，世知其篤於學而已，不知其它也。犁彌謂齊景公曰：『孔丘知禮而無勇。』衛靈公之所以待孔子者，始亦至矣，然其所以知之者，猶犁彌也。久而厭之，將傲之以其所不知，故問陳焉。孔子知其決不用也，故明日遂行。使誠用之，雖及軍旅之事可也〔一〕。」

衛靈公問陳於孔子。孔子對曰：「俎豆之事，則嘗聞之矣，軍旅之事，未之學也。」明日遂行。在陳絶糧，從者病，莫能興。子路愠見曰：「君子亦有窮乎？」子曰：「君子固窮，小人窮斯濫矣。」

校勘記

〔一〕《欒城集三集》卷七《論語拾遺》：孔子以禮樂遊於諸侯，世知其篤學而已，不知其他。犁彌謂齊景公曰：「孔丘知禮而無勇，若使萊人以丘劫魯侯，必得志焉。」衛靈公之所以待孔子者，始亦至矣。然其所以知之者猶犁彌也，久而厭之，將傲之以其所不知，蓋問陳焉。孔子知其決不用也，故明日而行。使誠用之，雖及軍旅之事可也。

多學章

張侗初曰：對曾子説，是順提宗旨。對子貢説，是逆溯淵源。要知「然」「非與」一信一疑，是子貢潛移默奪處。夫子泛其機關轉捩時，一把捉住。指點處，全在「女以予爲」四字上，正所謂現身説法。

王陽明曰：老子曰「道生一」。當其爲道，「一」尚何有也？然「一」雖非所以爲道，而猶近於本；學雖非離於道，而已涉於末。二者則大有異矣。雖然，此爲未悟者辨者，學者真悟多即「一」，「一」即道也，斯則庶幾爲夫子之「一貫」矣。

子曰：「賜也，女以予爲多學而識之者與？」對曰：「然，非與？」曰：「非也，予一以貫之。」

知德章

子路好勇，全以意氣用事；其用世趨時，未能深心察理，故夫子因病發藥，往往在「知」上較量。曰「誨女知之」，曰「君子於其所不知，蓋闕如也」，都從「知」處救他，即前所云「不得其死〔一〕？」只緣見理不明，夫子已逆知子路異日必有結纓之事。

子曰：「由！知德者鮮矣。」

校勘記

〔一〕見《論語·先進·侍側章》。

無爲章

張侗初曰：帝道「無爲」者，自然也。管子曰：「心不爲九竅，九竅治。君不爲五官，五官治。爲善者，君予之賞。爲非者，君與之罰。君因其所以來因而予之，則不勞矣〔二〕。」此舜「無爲」之義也。

沈無回曰：狀舜之心則曰「不與〔三〕」，雖其嗟儆予，袗衣鼓琴〔三〕，而不可爲之與。狀舜之治則曰「無爲」，雖封山濬川，誅凶舉愷，而不可爲之爲。

子曰：「無爲而治者其舜也與？夫何爲哉？恭己正南面而已矣。」

校勘記

〔一〕語出《管子・九守》。

〔二〕《孟子・滕文公上》：「君哉舜也！巍巍乎有天下而不與焉！」

〔三〕《孟子・盡心下》：「及其爲天子也，被袗衣，鼓琴。」

問行章

蒙引曰：子張問行，問如何便處處都行得。

言行從忠信篤敬流出，忠信篤敬不依言行而有，故參前倚衡，刻刻皆然？處處皆見，此是自然本體功夫。必如此，纔與天下，可不言而喻，故曰「夫然後行」。

子張問行。子曰：「言忠信，行篤敬，雖蠻貊之邦，行矣。言不忠信，行不篤敬，雖州里，行乎哉？立則見其參於前也，在輿則見其倚於衡也，夫然後行。」子張書諸紳。

史魚章

二子，皆衛扶亂之臣，當重無道一邊，見兩人能以氣節相推挽處。史魚之直，全在進賢退不肖見之。然夫子何以謂「如矢」？《易》曰「得黃矢」〔一〕，又曰「公用射隼於高墉之上」〔二〕，合而觀之，其義自見。

子曰：「直哉史魚！邦有道如矢，邦無道如矢。君子哉蘧伯玉！邦有道則仕，邦無道則可卷而懷之。」

校勘記

〔一〕子，原抄本作「字」，誤。

〔二〕《易・解》：「九二，田獲三狐，得黃矢，貞。」

〔三〕《易・解》：「上六，公用射隼於高墉之上，獲之，無不利。」

與言章

此節不重語默，重在知人之明上。語默各失其宜，皆緣不知人中來，智者胸中自有藻人之可否，一見自知，故其用言皆乘機而投，如對證用藥。

子曰：「可與言而不與之言，失人；不可與言而與之言，失言。知者不失人，亦不失言。」

成仁章

方正學貽禍三族，求一「是」字不得。總之，從忠孝起見，仁之徑路不差。若聶政、荊軻，是殺身以成義，不是殺身以成仁。

子曰：「志士仁人，無求生以害仁，有殺身以成仁。」

利器章

張侗初曰：如何以利器喻爲仁？人含仁種，當念常生，如鎔鐵爲器原有利體，器借鋒刃於磨礱，仁借變化於型笵，即此事發處，都是仁生機流動處。

子貢問爲仁。子曰：「工欲善其事，必先利其器。居是邦也，事其大夫之賢者，友其士之仁者。」

爲邦章

王陽明曰：顔子具體聖人，其於爲邦，大本大原，都已完備。孔子恐其末節或有疏略，故就他不足處幫補説，不要把數件事做天大事看了。

按韶舞兼聲容，然不可以韶屬聲，舞屬容。蓋韶爲舞樂之總名，而言舞則聲不待言矣。玩「則」字，分明在治定功成之後。

慧山人曰：「樂則韶舞。」夫子説到此，不覺神游於其間，故口氣如此。

顔淵問爲邦。子曰：「行夏之時，乘殷之輅，服周之冕，樂則《韶舞》。放鄭聲，遠佞人。鄭聲淫，佞人殆。」

遠慮章

凡人慮不及遠，以爲可苟目前之安。殊不知所慮不遠，處置不十全，只目前便不安了，遑問久遠？

子曰：「人無遠慮，必有近憂。」

好德章

朱氏曰：「『德』以有德之人言。李卓吾曰：加『已矣乎』三字，望之愈切矣，不得作絶望看〔一〕。

子曰：「已矣乎！吾未見好德如好色者也。」

校勘記

〔一〕李贄《四書評·論語卷之八》：子曰：「已矣乎！吾未見好德如好色者也。」李贄評曰：「加『已矣乎』，望之愈切矣，不作絶望看。」

竊位章

古人推賢讓能，看得「位」是公家的；知其賢而不與立，分明有娼嫉之心，惟恐賢者見用而逼己。夫子曰「竊位」，誅其心也。

子曰：「臧文仲其竊位者與？知柳下惠之賢而不與立也。」

躬厚章

李卓吾曰：不爲「遠怨」而「薄責於人」，理合如此；且「躬自厚」必薄責人，勢亦如此〔一〕。

子曰：「躬自厚而薄責於人，則遠怨矣。」

校勘記

〔一〕語出李贄《四書評·論語卷之八》。

如何章

「如之何，如之何」，乃心與口自相商量之詞。率意妄行的人，其病有二：一是躁妄，不肯「如之何」。一是木石，不知「如之何」。聖人即借此三字喚醒，煞是婆心。

黄貞父曰：夫子哀世上不轉念的人。萬事難成，尚未説到臨事審處。其言含蓄而警醒。

子曰：「不曰『如之何，如之何』者，吾末如之何也已矣。」

小慧章

不曰小藝，而曰「小慧」，技藝博奕皆纖，小聰明有以誤之，故曰「人不小智，則不大愚」。

子曰：「羣居終日，言不及義，好行小慧。難矣哉！」

義質章

楊貞復曰：此章君子就養成的説。學至於君子，則資深逢源，淵泉時出，如萬斛之泉，隨地而出：或瀨、或湍、或淵、或流，隨在得名，水何心哉！「義」、「禮」、「遜」、「信」，自傍人觀之，有是四者之名耳，君子不知也。末句是贊詞。

袁七澤曰：「质」，質幹也，有幹然後枝葉附焉。又「質」，素也，有「質」然後彩色加焉，若不明此箇，而務爲「禮」、「遜」、「信」，即做得周全，亦祇是一個硜硜小人，豈曰「君子」？

張侗初曰：此君子全身圖畫也，猶云得我皮，得我骨，得我體，只是一完全身也。

子曰：「君子義以爲質，禮以行之，孫以出之，信以成之。君子哉！」

無能章

此與「不患人之不己知，患其不能也」，只倒得一下，上冒以「君子」二字，便説君子之心深以「無能」爲病，而「不病人之不己知」，與「不患」起語，作儆戒之辭者，有別。

二「病」字與下章「疾」字，切膚之恙，痛痒自知，全不干與人事。

子曰：「君子病無能焉，不病人之不己知也。」

没世章

饒雙軒曰：言「没世」者，生前或可干譽，没後却裝點不得。

王陽明曰：「稱」字去聲讀，實不稱名，生猶可補，没則無及矣。

子曰：「君子疾没世而名不稱焉。」

求己章

王陽明曰：君子之學，務求在己而已。毁譽榮辱之來，非獨不以動其心，且資之以爲切磋砥礪之地，故君子無入而不自得，正以其無入而非學也。若夫聞譽而喜，聞毁而戚，則將皇皇於外，惟日之不足矣，其何以爲君子？

子曰：「君子求諸己，小人求諸人。」

矜群章

世道之禍，莫大於争與黨，然勢必借君子之名，方能高自標榜，故夫子揭出「君子」二字，爲立異同者藥石。

子曰：「君子矜而不争，群而不黨。」

言舉章

二句總見出古人輕言之意，揚雄《法言》、劉歆《列女》，君子未嘗以其高文典册而躋之聖賢之列。淮南《鴻烈》，不韋《呂覽》，君子亦未嘗以其叛人嫪毐而斥之文學之科。

子曰：「君子不以言舉人，不以人廢言。」

一言章

姚元素曰：人情於所欲，猶有涉於私者，至所不欲而其情最真，不欲能勿施，其念亦最公。《大學》絜矩只言所惡〔一〕，亦此意。

子貢問曰：「有一言而可以終身行之者乎？」子曰：「其恕乎！己所不欲，勿施於人。」

校勘記

〔一〕《大學》十章：「所惡於上，毋以使下；所惡於下，毋以事上。所惡於前，毋以先後；所惡於後，毋以從前。所惡於右，毋以交於左；所惡於左，毋以交於右。此之謂絜矩之道。」

毀譽章

楊復所曰：「誰毀，誰譽？」與無毀無譽不同。「誰毀」，猶言毀得那一個也；「誰譽」，猶言譽得那一個也，政與下節相應。人惟看二「誰」字不透，並三代處亦鶻突過了。

陸景鄴曰：世説於「所以」二字，全無下落。蓋言民心之公不可欺，三代所以是其是、非其非，而不敢欺者也，而容吾毀譽乎哉？與「誰」字正相應。

子曰：「吾之於人也，誰毀誰譽？如有所譽者，其有所試矣。斯民也，三代之所以直道而行也。」

闕文章

蘇東坡曰：「史之不闕文，與馬之不借人，豈有損益於世者哉？然且識之，以爲世之君子、長者，日以遠矣。後生不復見其流風遺烈，是以日趨於智巧便佞，而莫之止也。」〔一〕按史闕文，不忍盡書也。爲尊諱，爲親諱，爲賢諱，故有闕，忠厚之道也。必欲詳書，史職雖盡，而仁恕遠矣。

子曰：「吾猶及史之闕文也。有馬者借人乘之。今亡已夫！」

校勘記

〔一〕蘇東坡《鳧繹先生詩集敘》：史之不闕文，與馬之不借人也，豈有損益於世也哉！然且識之，以爲世之君子長者，日以遠矣！後先其復見其流風遺俗，是以日趨於智巧便佞而莫之止。是二者雖不足損益，而君子長者之澤在焉。

巧言章

言以依附名理而成巧，正所謂似是而非。「忍」有「堅忍」、「含忍」二意，當決斷而處以姑息，則依徊而喪機；當持重而處以憤激，則輕發而敗事。病痛全在一「小」字上。

子曰：「巧言亂德。小不忍則亂大謀。」

好惡章

李卓吾曰：惡在好前，大有義味？「衆好」不察，不過誤得小人；「衆惡」不察，直是誤失君子〔一〕。

子曰：「衆惡之，必察焉；衆好之，必察焉。」

校勘記

〔一〕李贄《四書評·論語卷之八》：子曰：「衆惡之，必察焉；衆好之，必察焉。」李贄評曰：「惡」在「好」前，大有味。「衆好」不察，不過誤得小人；「衆惡」不察，直至誤失君子。

弘道章

朱子曰：道在天地間，人不去弘他，道將焉附？即使爲帝、爲王、爲賢、爲聖，道未嘗不弘大其人，畢竟是人去弘道，連人纔帶挈得起。仔細思之，還是「人能弘道」。

子曰：「人能弘道，非道弘人。」

改過章

一則成誤，二則成過，過而能改，更有何過？ 季彭山曰：聖人汲汲教人改過，政恐其不及改也。

子曰：「過而不改，是謂過矣。」

終日章

黃寓庸曰：偏用思則入虛，偏用學則滯實；心固貫於虛實之間，因其時，履其事，素其位，蹈其常，此之謂學。

韓求仲曰：此正夫子思學兼用處，若認真道思不如學，便同說夢。 又曰：「吾嘗」二字貫到底，纔是真諦。

子曰：「吾嘗終日不食，終夜不寢，以思，無益，不如學也。」

謀道章

此章專爲分心利祿者說。「謀道不謀食」，是君子主意。 謀食者，未必得食，「耕也，餒在其中矣」。不謀食者，未必不得食，「學也，祿在其中矣」。君子看得極透，故但知「憂道」，更不「憂貧」。

子曰：君子謀道不謀食。耕也，餒在其中矣；學也，祿在其中矣。君子憂道不憂貧。

知及章

或問：「所見與所守，二者孰難？」先生曰：「所見難。」或曰：「今學者有所見而不能守，則並與其所見而喪之？」先生曰：「不然，只見得不到故爾。如水之溺，火之烈，見之審矣，決未有入水火者。」（張無垢語録）

即動之宜處見是「禮」，非是先設此等名目，然後去用功。

只是「知」有「不及」，便容易間斷，如亡子追父，蕭何追韓信，鄧禹追光武。一追及，如何肯放？「仁」即是「知」之貞常不斷處。

子曰：「知及之，仁不能守之，雖得之，必失之。知及之，仁能守之，不莊以莅之，則民不敬。知及之，仁能守之，莊以莅之，動之不以禮，未善也。」

大受章

李九我曰：此在用人者當隨其器局，勿以「小知」責君子，勿以「不可大受」棄小人。一以見君子、小人各適於用，取材貴廣；一以見君子、小人不可乖於用，掄選貴精。

子曰：「君子不可小知，而可大受；小人不可大受，而可小知也。」

水火章

羅近溪曰：此何以下一「民」字？《詩》曰：「民之質矣，日用飲食。」仁者，民之質也，日用飲食所不可違者。

子曰：「民之於仁也，甚於水火。水火，吾見蹈而死者矣，未見蹈仁而死者也。」

王觀濤曰：未見蹈仁死，據常理言；若殺身成仁，雖死猶生，又當別論。

當仁章

子曰：「當仁不讓於師。」

周季侯曰：千古來積怯只是讓過前人去了，「不讓」兩字，喚醒世人退託之心。莊忠甫曰：大舜當仁而不讓於親，周公當仁而不讓於兄，夷齊當仁而不讓於君，然則師又奚讓焉！

貞諒章

馮厚齋曰：歷萬變而不失其正者，「貞」也；「諒」則固守而不知變也。自經於溝瀆之中，政是匹夫匹婦之「諒」。

「貞」者，事之幹也。幹，居中植立，靠着一邊不得。若略著邊際，便爲「諒」矣。

子曰：「君子貞而不諒。」

事君章

李卓吾曰：「但見『敬』字何等精神！不期食之後而自後矣〔一〕」。後直是絶是念而不存於胸中，觀註「後獲之後〔二〕」可見。

子曰：「事君，敬其事而後其食。」

校勘記

〔一〕李贄《四書評·論語卷之八》：子曰：「事君，敬其君而後其食。」李贄評曰：「但看『敬』字，何等精神！不期食之後而自後矣。」「『其食』本分内者也，且後之，況在民間者乎？思及此，不忍言也。」

〔二〕《論語集注》朱熹註：貞，正而固也。諒，則不後。與後獲而之後同。

有教章

聖人曲成之教，如天之雨露，無一不在其滋潤之中，故無有良材、惡木、荆棘、芝蘭之別。

子曰：「有教無類。」

爲謀章

子曰：「道不同，不相爲謀。」

《伯夷傳》曰：「道不同，不相爲謀，亦各成其是也〔一〕。」謂天下道理，原是如此，自然不相合一。苟得於道，何必强求其同？

校勘記

〔一〕《史記·伯夷列傳》引孔子語：「道不同，不相爲謀，亦各從其志也。」

辭達章

子曰：「辭達而已矣。」

王元美曰：夫意有深言之而不達，淺言之而乃達者；詳言之而不達、略言之而乃達者；正言之而不達，旁言之而乃達者；雅言之而不達，俚言之而乃達者。故東周、西漢之文最古，而其能道人意中事最透。今只以淺陋爲達，而不知奇正渾噩都有箇「達」在。

張侗初曰：須知山下之泉，放乎四海。達者有個本在；惟有本，故達而能止。「達」如流水之走壑，委蛇曲折，盡激湍平流之變。又如草木之始芽，甲坼勾萌，盡化工造物之巧。始爲得之。

師冕章

朱震謁謝上蔡，日已晡矣。謝曰：「好歹與賢輩説一部《論語》去。」震殊疑惑。少頃，謝舉《師冕見章》曰：「聖人之道無顯微，無外內，由洒掃應對進退而上達天道，本末一以貫之。一部《論語》只恁地看〔一〕。」

王龍谿曰：一部《論語》爲未悟者説法，所謂相師之道也，故曰「及階」，「及席」，「某在斯，某在斯」，一一指向他説。若爲明眼人説，即成剩話。

師冕見，及階，子曰：「階也。」及席，子曰：「席也。」皆坐，子告之曰：「某在斯，某在斯。」師冕出。子張問曰：「與師言之，道與？」子曰：「然，固相師之道也。」

校勘記

〔一〕《上蔡先生語録》卷之下朱熹後記：子發進曰：「震願見先生久矣，今日之來，無以發問，不知先生何以見教？」先生曰：「好與賢説一部《論語》。」子發愕然。意日刻如此，何由款其講説。已而具飲酒五行，只説他話。及茶罷，掀髯曰：「聽説《論語》。」首舉：「子見齊衰者，冕衣裳者與瞽者，見之，雖少，必作；過之，必趨。」又舉：「師冕見，及階，子曰：『階也。』及席，子曰：『席也。』皆坐，子告之曰，『某在斯，某在斯。』師冕出，子張問曰：『與師言之，道與？』子曰：『然，固相師之道也。』」「夫聖人之道無顯無微，無内無外，由灑掃應對進退，以至於天道，本末一貫；一部《論語》只恁地看。」

論語季氏第十六

季氏章

「將」者謀已成，而事未發也。人臣無將，「將」則必誅，「伐」者，征有罪之詞，此以「伐」書，猶曰季氏以彼爲有罪而伐之耳。

夫子單責冉求，偪他説出真話，「今不取，後世必爲子孫憂」，冉求與季氏所密謀者也。此是自具供狀。

姚承庵曰：季氏伐顓臾，只是一個「欲」字。「欲」便「患寡」「患貧」，便無魯先王。冉求以子孫之憂，文季氏之「欲」。夫子明大義，以止其「欲」。直從「欲」字究到他蕭牆之憂，見「欲」之必不可肆也。

「有國有家」四字，便畫成一均安圖。又喝「丘也聞」，暗應「昔者先王」，總以周天子、魯先王借來彈壓。

季氏將伐顓臾。冉有、季路見於孔子曰：「季氏將有事於顓臾。」孔子曰：「求！無乃爾是過與？夫顓臾，昔者先王以爲東蒙主，且在邦城之中矣，是社稷之臣也。何以伐爲？」冉有曰：「夫子欲之，吾二臣者皆不欲也。」孔子曰：「求！周任有言曰：『陳力就列，不能者止。』危而不持，顛而不扶，則將焉用彼相矣？且爾言過矣。虎兕出於柙，龜玉毀於櫝中，是誰之過與？」冉有曰：「今夫顓臾，固而近於費。今不取，後世必爲子孫憂。」孔子曰：「求！君子疾夫舍曰欲之而必爲之辭。丘也聞有國有家者，不患寡而患不均，不患貧而患不安。蓋均無貧，和無寡，安無傾。夫如是，故遠人不服，則修文德以來之。既來之，則安之。今由與求也，相夫子，遠人不服而不能來也；邦分崩離析而不能守也；而謀動干戈於邦内。吾恐季孫之憂，不在顓臾，而在蕭牆之内也。」

有道章

此章備春秋之始終。「禮樂征伐自天子出」，是春秋以前事；「自諸侯出」，隱、桓、莊、閔之春秋也；「自大夫出」，僖、文、宣、成之春秋也；「陪臣執國命」，襄、昭、定、哀之春秋也。曰「庶人不議」隱然有自傷作《春秋》之意，此章專爲大夫專政而發。顧涇陽曰：以此上，顯誅在上之人也；此以下，陰咎在上之人也。一部《春秋》大半在此。

孔子曰：「天下有道，則禮樂征伐自天子出；天下無道，則禮樂征伐自諸侯出。自諸侯出，蓋十世希不失矣；自大夫出，五世希不失矣；陪臣執國命，三世希不失矣。天下有道，則政不在大夫。天下有道，則庶人不議。」

三桓章

「子孫微」，不是推測於未然。定公五年，陽貨已囚桓子，玩本文「故夫」字、「矣」字可見。家南軒曰：方三家專公室之禄，而竊魯國之政，本其私意，欲以利其子孫，而豈知其子孫之微實兆於此。

孔子曰：「禄之去公室五世矣，政逮於大夫四世矣，故夫三桓之子孫微矣。」

三友章

許敬庵曰：與益友處，如春夏之日，以漸加長而不覺；與損友處，如火之於膏，亦以漸消滅而不覺。

重「友字」，乃我友之也，損益俱主我言；但益友多可畏，損友多可喜，全在自己慎其所擇。

孔子曰：「益者三友，損者三友。友直，友諒，友多聞，益矣。友便辟，友善柔，友便佞，損矣。」

三樂章

二章末後皆有「益矣」、「損矣」二字，有千萬叮嚀告戒之意，所謂言有盡而意無窮也。

孔子曰：「益者三樂，損者三樂。樂節禮樂，樂道人之善，樂多賢友，益矣。樂驕樂，樂佚遊，樂宴樂，損矣。」

三愆章

朱子曰：聖人只是戒人言語以時，不可妄發。躁者先時，隱者後時，瞽者不能相時。

孔子曰：「侍於君子有三愆：言未及之而言，謂之躁；言及之而不言，謂之隱；未見顔色而言，謂之瞽。」

三戒章

三者皆血氣用事，君子以性命之學主持得定，便不爲血氣纏擾。

孔子曰：「君子有三戒：少之時，血氣未定，戒之在色；及其壯也，血氣方剛，戒之在鬥；及其老也，血氣既衰，戒之在得。」

三畏章

李衷一曰：「天命」，即上帝臨汝之命，所謂修吉悖凶是也。「大人」，是德望隆重，爲一時師表者。聖言，則方策所載，典、謨、訓、誥皆是。

惟君子知天命，故不敢不畏。《中庸》稱「居易俟命〔一〕」，《孟子》稱「行法俟命〔二〕」。夫俟之之心，正畏之之心也。修身爲俟，則凛然爲善，凛然去惡，天人感應，毫髮不爽，君子所以畏天命也。

孔子曰：「君子有三畏：畏天命，畏大人，畏聖人之言。小人不知天命而不畏也，狎大人，侮聖人之言。」

校勘記

〔一〕《中庸》第十四章：「上不怨天，下不怨人，故君子居易以俟命。」

〔二〕《孟子·盡心下》《性反章》：「君子行法，以俟命而已矣。」

生知章

張符九曰：知的是恁麽？又是恁麽去知之？知之者異，而所知者同。兩「次」字，如《孟子》「志至，氣次之〔一〕」，「次」與「生知」，不甚相遠。

李卓吾曰：到「不學」方説出「民」字，惟「不學」始謂之「民」耳。可見「士」全在「學」，今之名爲「士」而「不學」者，「士」乎「民」乎？請自思之〔二〕。

孔子曰：「生而知之者，上也；學而知之者，次也；困而學之，又其次也；困而不學，民斯爲下矣。」

校勘記

〔一〕《孟子・公孫丑上》：「夫志至焉，氣次焉。故曰：持其志，無暴其氣。」

〔二〕李贄《四書評・論語卷之八》：到「不學」方説出「民」字，惟「下」始爲「民」耳。可見「士」全在「學」。念之名爲「士」而「不學」者，「士」乎？「民」乎？自思之。

九思章

楊復所曰：此指人以求「知」之路也。教他零碎思去，自有一個囫圇「知」迸出來。一根既返元，六根齊解脱。

這「思」不是空思想，作爲就在其中。

看「九思」俱有個位在，故曰「君子思不出其位」。

孔子曰：「君子有九思：視思明，聽思聰，色思温，貌思恭，言思忠，事思敬，疑思問，忿思難，見得思義。」

見善章

袁中郎曰：隱非空隱，隱以求其志；行非徒行，行以達其道。如此説，兩「以」字方有着落。

按春秋之時，不惟無伊尹、太公，便是有伊尹、太公，亦自無湯、武也。孔子一生，轍環而老於洙、泗可見矣。故曰：求志達道，二者合一，未見其人，自是實語。

孔子曰：「見善如不及，見不善如探湯。吾見其人矣，吾聞其語矣。隱居以求其志，行義以達其道。吾聞其語矣，未見其人也。」

千駟章

崔杼殺莊公，立其弟景公，景公不能爲兄討賊，而但涕泣牛山，貪戀富貴，感歎生死，故孔子以夷齊比倫，只指其讓國一事，全以貧富生死上立論，「不食周粟」，本文所無。

馬君常曰：「民」字提出千古真月旦，所謂三代直道而行也。

齊景公有馬千駟，死之是，民無德而稱焉。伯夷、叔齊餓於首陽之下，民到於今稱之。其斯之謂與？

異聞章

鍾伯敬曰：「無以言」、「無以立」，看面牆二字自明。父子對面至情，若語到此，覺「異」字反淺。

沈無回曰：有意於遠其子，則不能無意於異其子矣。「遠」與「異」，一私心也，陳亢到底不曾明白。

陳亢問於伯魚曰：「子亦有異聞乎？」對曰：「未也。嘗獨立，鯉趨而過庭。曰：『學《詩》乎？』對曰：『未也。』『不學《詩》，無以言。』鯉退而學《詩》。他日，又獨立，鯉趨而過庭。曰：『學《禮》乎？』對曰：『未也。』『不學《禮》，無以立。』鯉退而學《禮》。聞斯二者。」陳亢退而喜曰：「問一得三，聞《詩》，聞《禮》，又聞君子之遠其子也。」

小童章

首句揭出「邦君之妻」，下説「君夫人」，「寡小君」。「君夫人」段段不脱「君」字，所謂妻以夫貴也，與君齊稱，又見妻者齊也之義。家南軒曰：此正名之意。春秋時以妾母爲夫人者多矣，甚則以妾爲夫人、如魯衛、晉平之爲者，名實之乖，一至於此。正其名，所以責其實也。

邦君之妻，君稱之曰夫人，夫人自稱曰小童；邦人稱之曰君夫人。稱諸異邦曰寡小君；異邦人稱之亦曰君夫人。

論語陽貨第十七

陽貨章

顧涇陽曰：陽貨瞯亡，是小人羅致之術；孔子時亡，是聖人自然隨應之宜。玩下文「遇諸塗」語，可見聖人未嘗着意。子韶云：當時若說曾窺瞯，何不中途預避之？妙得其解。山鬼之伎倆有盡，老僧之不聽不睹無窮。此是孔子待陽貨法。「時其亡」，原是適當其亡之時耳，聖人何心焉？若孟子說：「亦瞰其亡〔一〕。」便涉作用，不如聖人自在。

陽貨欲見孔子，孔子不見，歸孔子豚。孔子時其亡也，而往拜之。遇諸涂。謂孔子曰：「來！予與爾言。」曰：「懷其寶而迷其邦，可謂仁乎？」曰：「不可。」「好從事而亟失時，可謂知乎？」曰：「不可。」「日月逝矣，歲不我與。」孔子曰：「諾，吾將仕矣。」

校勘記

〔一〕語見《孟子·滕文公下》。

性近章

王荊公曰：言相近之性，以習而相遠，則習不可不慎，非謂天下之性皆相近而已矣。

張侗初曰：聖人說「性相近」，較孟子說「性善」覺渾融。蓋聖人尚說習前之性，孟子却說習中之性。子思說天命之謂性，是在習前說，率性之謂道，則在習中矣。人生墮地纔動，知覺便是習。知愛、知敬，都是習始也。試看父母未生前如何？所以曰「相近」。若註云「氣質〔一〕」，則何啻添萬丈魔。

子曰：「性相近也，習相遠也。」

校勘記

〔一〕《論語·陽貨》《性近章》朱熹註：此所謂性，兼氣質而言者也。

不移章

唯上知不移，則凡未能上知者可危矣！唯下愚者不移，則凡不甘下愚者可勉矣！

王龍谿曰：聖人立教，皆爲中人而設。

曰「不移」，亦彼自不肯移耳，可見也不干性事。

子曰：「唯上知與下愚不移。」

武城章

孔子夢寐弦歌，今得親見，謔之者，喜極也。子游忽然莊語，恐二三子認謔爲真，故以戲言自認，何等圓活！

子之武城，聞弦歌之聲。夫子莞爾而笑曰：「割雞焉用牛刀。」子游對曰：「昔者偃也聞諸夫子曰：『君子學道則愛人，小人學道則易使也。』」子曰：「二三子，偃之言是也。前言戲之耳。」

東周章

公山，氏，弗擾，名，一云不狃，費邑宰也。與陽貨共執桓子。虎敗出奔，弗擾據費以叛。此是定公八年事，非孔子宰中都時事也。至十二年墮費時，弗擾又畔，則孔子方用於魯，豈有欲赴叛人之召哉？楊用修曰：夫子作《春秋》始於平王，定《王風》於《黍離》〔一〕，録「西歸」於《鄶風》〔二〕，采「美人」於《簡兮》〔三〕，蓋未嘗一日忘西周也。故曰：「吾其爲東周乎？」言如有用我者，肯爲東周之微弱偏安而已乎？意不至於文、武、成、康之盛，不止也。

公山弗擾以費畔，召，子欲往。子路不説，曰：「末之也已，何必公山氏之之也？」子曰：「夫召我者，而豈徒哉？如有用我者，吾其爲東周乎！」

校勘記

〔一〕《王風·黍離》是周大夫行役過周鎬京，見舊時宗廟宫室遺址，黍稷茂盛，因悲周室顛覆，所作之詩。

〔二〕《檜風·匪風》：「誰能亨魚？溉之釜鬵。誰將西歸？懷之好音。」鄶當作檜。

〔三〕《邶風·簡兮》：「云誰之思？西方美人。彼美人兮，西方之人兮。」

問仁章

高景逸問聖門求「仁」。顔子是沉潛的，如何聖人在視聽言動上告他？子張是務外人，却又曰：「能行五者於天下？」答曰：總是仁體通天下爲一身的。顔子「功」夫渾成〔一〕，聖人從天性上點出形色，子張功夫高大，聖人從作用上究竟本體。其實萬物一體，源頭初無二也。

子張問仁於孔子。孔子曰：「能行五者於天下，爲仁矣。」「請問之。」曰：「恭、寬、信、敏、惠。恭則不侮，寬則得衆，信則人任焉，敏則有功，惠則足以使人。」

校勘記

〔一〕「顔子」下字缺，疑爲「功」字。

佛肸章

徐自溟曰：通士之爲世累者，曰「磷」、曰「淄」；貞士之爲世拘者，曰「繫」。聖人有通世之權而無其累，有貞士之守而無其拘。

楊用修曰：匏瓜，星名。繫者，日月星辰繫焉之繫也。繫而不食者，即南有箕不可簸揚；北有斗不可以挹酒漿〔二〕之意。

世有堅白，正爲磨涅地也，更爲不堅不白地也。如避磷淄而稱堅白，只作一自了漢。此削跡伐檀，知我罪我，聽之當世，終不肯爲高蹈一着。

佛肸召，子欲往。子路曰：「昔者由也聞諸夫子曰：『親於其身爲不善者，君子不入也。』佛肸以中牟畔，子之往也，如之何？」子曰：「然，有是言也。不曰堅乎，磨而不磷；

不曰白乎，湼而不緇。吾豈匏瓜也哉？焉能繫而不食？」

校勘記

〔一〕見《詩·小雅·大東》：「維南有箕，不可以簸揚。維北有斗，不可以挹酒漿。」

六蔽章

「不好學」，則「六言」各自一路，自然有「蔽」。「學」，則「六言」通而爲一，如何有「蔽」？蓋「蔽」有「六言」，「學」止一學也。

楊復所曰：「言」字極妙，蓋未學之前，不過外面六箇名號耳，未爲德也，所以猶可障礙而爲「六蔽」也。

子曰：「由也，女聞六言六蔽矣乎？」對曰：「未也。」「居！吾語女。好仁不好學，其蔽也愚；好知不好學，其敝也蕩；好信不好學，其蔽也賊；好直不好學，其蔽也絞；好勇不好學，其蔽也亂；好剛不好學，其蔽也狂。」

學詩章

王子繫好《晨風》，而慈父感悟；裴安祖講《鹿鳴》，而兄弟同食。《晨風》《鹿鳴》非爲父子兄弟而詠也，而感發若是！雖謂三百篇皆忠孝之什可也。

子曰：「小子何莫學夫《詩》？《詩》可以興，可以觀，可以群，可以怨。邇之事父，遠之事君；多識於鳥獸草木之名。」

伯魚章

子謂伯魚曰：「女爲《周南》、《召南》矣乎？人而不爲《周南》、《召南》，其猶正牆面而立也與？」

《詩》則詔以「學」，而「二南」則詔以「爲」。蓋「二南」之詩，家庭婦女，嚬笑哀樂，王化之始也。「爲」之者，以身行道也；身不行道，不能行於妻子，故曰「面牆」。

禮樂章

子曰：「禮云禮云，玉帛云乎哉？樂云樂云，鍾鼓云乎哉？」

馮厚齋曰：「云」而復「云」者，謂人所常言也。「乎哉」，疑而反之之詞。

禮有時而壞，乃所以爲禮；樂有時而崩，乃所以爲樂。由是以思，禮不在玉帛，而樂不在鍾鼓也，益明矣。

色厲章

問：「色厲而內荏」何以比之「穿窬」？曰：「爲他意只要瞞人，故其心常怕人知，如做賊然。」

王氏曰：此有爲之言，曰「譬諸小人」，則指當時之大人也。

子曰：「色厲而内荏，譬諸小人，其猶穿窬之盜也與？」

鄉愿章

方孟旋曰：賊者，言其竊也。竊德之似，以欺一鄉，故曰「賊」。

子曰：「鄉愿，德之賊也。」

道聽章

道聽者，不聽以心，而以耳。塗説者，不體諸身，而以口。口耳不是家舍，故曰道途。棄者如敗子，自棄其家私也。

諺曰：「沿山尋野鳥，屋裏不見哺雞娘。」可想「棄」字之義。

子曰：「道聽而塗説，德之棄也。」

鄙夫章

「鄙夫」人品陋劣，人多忽之，以爲與之事君，無甚大害，卒至君國敗壞，不可救藥，此皆與鄙夫者致之也。此章不是責鄙夫，是責與鄙夫者。即下二節，實就鄙夫痛罵，也是罵與與鄙夫者聽。

蘇軾告神宗曰：「臣始以爲鄙夫之患失，不過備位以苟容。及觀李斯憂蒙恬之奪其權，則立二世以亡秦。盧杞憂懷光之數其惡，則誤德宗以再亂。其心本於患失，其禍乃至於喪邦。」〔一〕可爲此章註疏。

子曰：「鄙夫可與事君也哉？其未得之也，患得之。既得之，患失之。苟患失之，無所不至矣。」

校勘記

〔一〕語出《蘇東坡奏議集》卷一《上皇帝書》。

三疾章

王觀濤曰：不特美德不如古，即疾亦不如古，有無限感慨。蓋曰「肆」、曰「廉」、曰「直」，猶是本證，曰「蕩」、曰「忿戾」、曰「詐」，則已變而爲別候矣。變證難醫，如何下得針砭？

子曰：「古者民有三疾，今也或是之亡也。古之狂也肆，今之狂也蕩；古之矜也廉，今之矜也忿戾；古之愚也直，今之愚也詐而已矣。」

巧言章

子曰：「巧言令色，鮮矣仁。」

正文闕。

利口章

子曰：「惡紫之奪朱也，惡鄭聲之亂雅樂也，惡利口之覆邦家者。」

以二「也」字，叫一「者」字，主客了然。

不是覆邦家之後，方見利口可惡；總之一有利口，即足以覆邦家。正見舌鋒之害，慘於戈予也。故曰「惡利品之覆邦家者」。

無言章

或問：「予欲無言」，「性，天不可得而聞」如何？曰：「聖人實是『無言』，學人實是『無聞』。無論聖人，即如吾人日用，光景相封，神情相觸，一得於心，定是描畫不得，急起疾書，已離所得本意十之六七矣;蓋所得本意,原不可以言語傳也。言且不得,况聞之耶?」

有問餘杭政禪師曰:「師以禪名而不談禪,何耶?」曰:「徒費言語。吾懶,寧假曲折?但日夜煩萬象爲敷演耳。」言語有間,而此法無盡。所謂造化無盡藏也。

子曰:「予欲無言。」子貢曰:「子如不言,則小子何述焉?」子曰:「天何言哉?四時行焉,百物生焉。天何言哉?」

孺悲章

孺悲欲見孔子,孔子辭以疾。將命者出户,取瑟而歌,使人聞之。

「取瑟而歌」,是以聲教也。既已耳提,何必面命?風霆流行,庶物露生;無非教也。天何言哉!

短喪章

宰我問:「三年之喪,期已久矣。君子三年不爲禮,禮必壞;三年不爲樂,樂必崩。舊穀既没,新穀既升,鑽燧改火,期可已矣。」子曰:「食夫稻,衣夫錦,於女安乎?」曰:

夫子遇不忠不孝之人,只以至情上挑剔,使其通身汗下。言及「三年,然後免於父母之懷」,世間孝子、逆子一齊墮淚。

「安。」「女安則爲之！夫君子之居喪，食旨不甘，聞樂不樂，居處不安，故不爲也。今女安，則爲之！」宰我出，子曰：「予之不仁也！子生三年，然後免於父母之懷。夫三年之喪，天下之通喪。予也有三年之愛於其父母乎？」

飽食章

子曰：「飽食終日，無所用心，難矣哉！不有博奕者乎？爲之猶賢乎已。」

心無所用，便是放心；心有所用，便是靈心。放心昏散而外馳；靈心活潑而中歛。雖博奕之猶賢，亦猶挾册者之亡羊也。

尚勇章

子路曰：「君子尚勇乎？」子曰：「君子義以爲上。君子有勇而無義爲亂，小人有勇而無義爲盜。」

勇與義分析不開，所爲勇只在見義必爲處見之，若捨義以言勇，便有正氣、客氣之分。「尚」與「上」不同。曰「尚」，便有以意氣加人意；曰「上」，則宇宙第一等事業，更無加於義之上者：此便是其學問精深處。

有惡章

君子善善長而惡惡短，孔子所惡是悖德者，皆是陽惡，子貢所惡是亂德者，皆是陰惡。聖賢于此微分厚薄，故其所惡，深淺亦有不同。不曰「居下訕上」，而曰「居下流而訕上」。是卑污齷齪之人，不揣背謬而好譏訕聖賢，是以可惡。

子貢曰：「君子亦有惡乎？」子曰：「有惡：惡稱人之惡者，惡居下流而訕上者，惡勇而無禮者，惡果敢而窒者。」曰：「賜也亦有惡乎？」「惡徼以爲知者，惡不孫以爲勇者，惡訐以爲直者。」

難養章

女子小人純是陰氣用事，君子當待以正大光明，不得微分厚薄，便啓釁端。

子曰：「唯女子與小人爲難養也，近之則不孫，遠之則怨。」

見惡章

凡人四十曰强仕，聖人四十而不惑，聖人四十不動心。年至四十，心志趨向大約定矣；

「見惡」與「無聞」又相懸絶，故曰「其終也已」。

子曰：「年四十而見惡焉，其終也已。」

論語微子第十八

三仁章

顧涇陽曰：或「去」，或「奴」，或「死」，總只一副心腸，各分頭去做。凡皆多方設法爲感悟獨夫地也。

弇州曰：「去」，易也；「奴」，則難；「死」，又難。「死」，不倍仁，易；奴，則難；去，又難。就當年設身處地，無限隱忍，無限徘徊；自一味任血氣不得，故不曰「忠」，不曰「義」，而曰「仁」，正道着三子心窩裏事。

微子去之，箕子爲之奴，比干諫而死。孔子曰：「殷有三仁焉。」

三黜章

「士師三黜」，知其不肯殺人媚人，寧甘廢棄，不欲昧心，故曰「三公不以易其介」。

柳下惠爲士師，三黜。人曰：「子未可以去乎？」曰：「直道而事人，焉往而不三黜？

枉道而事人，何必去父母之邦？」

季孟章

以季、孟之間待之，正指尼谿之封一事；指田禄，非指禮遇也。曰「吾老矣，不能用」，則晏子之阻入矣，即一「老」字，有「河清難俟」意，即莫究莫殫之譏也。

齊景公待孔子，曰：「若季氏，則吾不能，以季孟之間待之。」曰：「吾老矣，不能用也。」孔子行。

女樂章

孔子之用由桓子，而孔子所以治魯者，正欲弱桓子。桓子忌之久矣。齊人窺見此意，以女樂阻之。「三日不朝」，不是魯君荒淫，正是桓子絶孔子諫路。不然，孔子能麾侏儒於壇坫之上，不能麾群婢於國門之外乎？記者特書季桓子受之，使與魯君分過。

齊人歸女樂，季桓子受之，三日不朝。孔子行。

楚狂章

艾千子曰：此等題皆《論語》中大題，士子以科場不出小之耳。歌孔子以鳳，惜夫子以已往，規夫子以將來，而慨今之從政者，則當時諸侯、大夫，陪臣争鬥，殺亂之禍，皆在此一語盡之。此楚狂，蓋識世務而静觀天下之變者，故夫子與之言，非特欲挽其隱也。作此題者，當以極正大尊嚴之體，極通達時勢之論，方稱其人，方稱夫子急欲與言之心耳。

楚狂接輿歌而過孔子。曰：「鳳兮！鳳兮！何德之衰？往者不可諫，來者猶可追。已而！已而！今之從政者殆而！」孔子下，欲與之言。趨而辟之，不得與之言。

耦耕章

顧涇陽曰：天下有一毫不可爲，豪傑不肯犯手；天下有一毫可爲，聖賢不肯放手。

徐儆弦曰：「吾非斯人之徒與而誰與？」見聖人容受天下之量。「天下有道，丘不與易。」見聖人斡旋天下之權。

長沮、桀溺耦而耕，孔子過之，使子路問津焉。長沮曰：「夫執輿者爲誰？」子路曰：「爲孔丘。」曰：「是魯孔丘與？」曰：「是也。」曰：「是知津矣。」問於桀溺。桀溺曰：「子爲誰？」曰：「爲仲由。」曰：「是魯孔丘之徒與？」對曰：「然。」曰：「滔滔者天下皆是也。而誰以易之？且而與其從辟人之士也，豈若從辟世之士哉？」耰而不輟。子路行以告。夫子憮然曰：「鳥獸不可與同群，吾非斯人之徒與而誰與？天下有道，丘不與易也。」

丈人章

春秋時人皆看仕爲功名之會，故一時高士死心避世，聖賢提出大綱常來，唤醒丈人輩。若仕皆行義，便宜多少斗筲之人！必君子之仕，乃爲行義，此是聖人爲天下正人君子高立地步也。

子路從而後，遇丈人，以杖荷蓧。子路問曰：「子見夫子乎？」丈人曰：「四體不勤，五穀不分，孰爲夫子？」植其杖而芸。子路拱而立。止子路宿，殺鷄爲黍而食之，見其二子焉。明日子路行，以告。子曰：「隱者也。」使子路反見之。至，則行矣。子路曰：「不仕無義。長幼之節，不可廢也；君臣之義，如之何其廢之？欲潔其身而亂大倫。君子之仕也，行其義也。道之不行，已知之矣。」

逸民章

張侗初曰：逸民不同，總是離世，離世世在，世何可離？聖人即世而離世，故曰「無可無不可」。

夷，姓；逸，名，詭諸之裔也。或勸之仕，逸曰：「吾譬則牛也，寧服軛以耕於野，不願被繡入廟而爲犧。」〔一〕

朱張字子弓，《荀子》曰：「彼大儒者，雖隱於窮閻陋屋，而王公不能與之争名，其言有類，其行有禮，其舉事無悔，其恃險、應變曲當，與時遷徙，其道一也。其窮也，俗儒笑之；其通也，英杰化之。通則一天下，窮則獨立功名，桀跖之世不能污，仲尼、子弓是也[二]。」《雜記》曰：孔子曰：「少連大連，善居喪，三日不怠，三月不解，期年哀，三年憂，東夷之子也[三]。」言其生於夷狄而知禮也。

虞仲次夷齊之後，知其非仲雍也；且仲雍實君吴，何逸民之有[四]？

逸民：伯夷、叔齊、虞仲、夷逸、朱張、柳下惠、少連。子曰：「不降其志，不辱其身，伯夷、叔齊與！」謂柳下惠、少連：「降志辱身矣，言中倫，行中慮，其斯而已矣。」謂虞仲、夷逸：「隱居放言，身中清，廢中權。」「我則異於是，無可無不可。」

校勘記

[一]《尸子》卷下：夷逸者，夷詭諸之裔。或勸其仕，曰：「吾譬則牛，寧服軛以耕於野，不思被繡入廟而爲犧。」

[二]《荀子·儒效》：彼大儒者，雖隱於窮閻漏屋，無置錐之地，而王公不能與之争名；用百里之地，而千里之國莫能與之争勝；笞棰暴國，齊一天下，而莫能傾也：是大儒之徵也。其言有類，其行有禮，其舉事無悔，其持險、應變曲當；與時遷徙，與世偃仰，千舉萬變，其道一也；是大儒之稽也。其窮也，俗儒笑之；其通也，英傑化之，嵬瑣逃之，邪説畏之，衆人媿之。通則一天下，窮則獨立貴名。天不能死，地不能埋，桀、跖之世不能汙，非大儒莫之能立，仲尼、子弓是也。

〔三〕《禮記·雜記》：孔子曰：「少連大連善居喪，三月不怠，三年不解，期悲哀，三年憂，東夷之子也。」

〔四〕此段正文係張岱親筆補記。

師摯章

非其官之罪也，故書其職；非其人之罪也，故書其名；非其心之亡魯也，故書其地。

大師摯適齊，亞飯干適楚，三飯繚適蔡，四飯缺適秦，鼓方叔入於河，播鼗武入於漢，少師陽、擊磬襄入於海。

周公章

以樹人立論，厚親臣，用大臣，保世臣，器使群臣，周公治魯之家法也。至魯事日非，所謂「不施」、「不棄」等語安在哉？故記者追述之如此，若實就周公口中說，與《魯論》何與？

周公謂魯公曰：「君子不施其親，不使大臣怨乎不以。故舊無大故，則不棄也。無求備於一人。」

八士章

雙峰饒氏曰：四乳皆雙生，固爲異事；八子皆賢，尤異事也。故孔子稱之，可見周氏氣數之盛。

三仁去而殷墟，八士生而周熾，此特見商周興廢之故。

八士姓南宫氏，武王命發鉅橋之粟，所謂南宫伯适者是也。伯達則命鑄洛邑之鼎者是。

周有八士：伯達、伯适、仲突、仲忽、叔夜、叔夏、季隨、季騧。

論語子張第十九

致命章

真西山曰："「義」、「敬」、「哀」，皆言思，「致命」獨不言「思」者，死生之際，惟義是徇，有不待「思」而决也。

子張曰："士見危致命，見得思義，祭思敬，喪思哀，其可已矣。"

執德章

人不知「執德」則可，既「執德」矣而又「不弘」；不知「信道」則可，既「信道」矣而又「不篤」。蓋其心一味虚矯，游移用事，焉能爲世界有無之人。

子張曰："執德不弘，信道不篤，焉能爲有？焉能爲亡？"

問交章

王陽明曰：子夏所言是初學之交，子張所言是成人之交，若善用之，亦皆無弊。

子夏之門人問交於子張。子張曰：「子夏云何？」對曰：「子夏曰：『可者與之，其不可者拒之。』」子張曰：「異乎吾所聞：君子尊賢而容衆，嘉善而矜不能。我之大賢與，於人何所不容？我之不賢與，人將拒我，如之何其拒人也？」

小道章

道無二道，通之則爲大道，泥之則爲小道，通之者，即琴、棋、射、御皆徹精微；泥之者，即農、圃、巫、醫總成末藝。子夏恐人拘泥技能，終成曲學，故特詔人以「不爲」，總是子夏篤守之見。

子夏曰：「雖小道，必有可觀者焉。致遠恐泥，是以君子不爲也。」

好學章

蘇子瞻曰：「古之學者，其所亡與其所能，皆可以一二數而日月見也。如今世之學，其所亡者果何物，而所能者果何事與[一]？」

子夏曰：「日知其所亡，月無忘其能，可謂好學也已矣。」

校勘記

〔一〕蘇東坡《大悲閣記》：子夏曰：「日知其所亡，月無忘其所能，可謂好學也已。」古之學者，其所亡與其所能，皆可以一二數而日月見也。如今世之學，其所亡者果何物？而所能者何事歟？

博學章

王宇泰曰：游定夫問陰陽不測之謂神。程子曰：「公是揀難的問？是疑後問？〔一〕」此意可想：從疑情上問，即是切問；從疑情上思，即是近思。楊復所曰：「仁在其中。」如鏡中有花；且道所學、所志、所問、所思，是仁：即學、即志、即問、即思，是仁：離學、離志、離問、離思，是仁。參之參之，自有覿面相逢日子。

仁不是外面別尋一物，即在吾心，譬如修養家所謂龍虎鉛汞，皆是我身内之物，非在外也，故曰：「仁在其中矣。」

子夏曰：「博學而篤志，切問而近思，仁在其中矣。」

校勘記

〔一〕朱熹《二程語録》卷十七：游定夫問伊川陰陽不測之謂神。伊川曰：「賢是疑了問？是揀難的問？」

居肆章

子夏曰：「百工居肆以成其事，君子學以致其道。」

張洪陽曰：君子爲學就如居肆一般，必終日修習，一心在學問上，務求致乎道而後已，不肯半途而廢，虚費了半陰，方是真實學道的君子。

蘇子瞻曰：道可致而不可求。何謂「致」？孫武曰：「善戰者致人，而不致於人。」循循求之，而聽其自至，斯所謂「致」與〔一〕？

校勘記

〔一〕《蘇東坡集》五《日喻》：蘇子曰：「道可致而不可求，何謂致？孫子曰：『善戰者致人，不致於人。』孔子曰：『百工居肆以成其事，君子學以致其道。』莫之求而自致，斯以爲致也歟？」孫子語出《孫子兵法·虚實篇》。

必文章

子夏曰：「小人之過也必文。」

陸象山曰：學者不長進，只是好己勝。古人惟知過則改，見善則遷；今各執己見，被人點破便愕然，百計文飾，到底要説箇是。以此日流於汚下〔一〕。

校勘記

〔一〕《象山先生全集·語録》：學者不長進，只是好己勝，出一言，做一事，便道全是，豈有此理？古人惟貴知過則改，見善則遷；今各自執己是。被人點破便愕然，所以不如古人。

三變章

羅近溪曰：君子一心備中和之理，其容貌詞氣之常，皆是心體流行。自觀者見其各中其節，故言變；其實君子只是不失其常。

子夏曰：「君子有三變：望之儼然，即之也温，聽其言也厲。」

勞諫章

按「信」在未「勞」、未「諫」之先，全在一段精誠感格上，説到「謗」、「厲」處，不是避「勞」與「諫」，正見「信」之不可緩耳。

子夏曰：「君子信而後勞其民；未信，則以爲厲己也。信而後諫；未信，則以爲謗己也。」

大德章

黄勉齋曰：子夏只要歸重大節，言若能先立乎大，則小者便出入些亦不計較，若大節如何可出入得？「小德出入可也」，甚言不可以不務其大，正形容「大德」不可「踰閑」。

子夏曰：「大德不踰閑，小德出入可也。」

洒掃章

「洒掃應對」，便是形而上者，何始何卒，而分本末先後，但在聖人即謂之精義入神；在門人小子，即謂之下學。故程子曰：「只看所以然如何〔一〕。子夏、子游多未曾明白下學而上達一句，只爲他在語言教法上尋求耳，若認得天性，又何同異之有？

楊復所曰：本末原不是兩木，根便是本，木枝便是末，故「本末」二字俱從木字生義：一點收藏在木之下，故成「本」字；一點發散在木之上，故成「末」字。「區以別」猶言明以白也，只看草木便知本末，是一是二，自明白矣。君子之道幾句，總是說本末是一，有本便有末，以破子游支離之說。

子游曰：「子夏之門人小子，當洒掃應對進退則可矣，抑末也。本之則無，如之何？」子夏聞之，曰：「噫！言游過矣！君子之道，孰先傳焉？孰後倦焉？譬諸草木，區以別矣。君子之道，焉可誣也？有始有卒者，其惟聖人乎？」

校勘記

〔一〕《四書集注》本章朱熹引程子：「灑掃應對，便是形而上者。」又曰：「聖人之道，更無精粗，從灑掃應對與精義入神，貫通只一理。雖灑掃應對，只看所以然如何。」

仁學章

陳定宇曰：已仕者，尚不可不學，則知未仕者，必學優而後可仕矣。此章則重學上，仕不仕只是學之證驗。

子夏曰：「仕而優則學，學而優則仕。」

致哀章

崔子鍾曰：「致」，推而極之也，「喪致乎哀而止」，言無所不用其情而後已。

子游曰：「喪致乎哀則止。」

吾友章

凡爲仁者，只在布帛、菽粟、飲食、日用之間，原不必好高騖遠；若子張之所爲，則可以爲難矣，仁則吾不知也。

子游曰：「吾友張也爲難能也，然而未仁。」

并仁章

夫子目子路曰：「由也，升堂矣，未入於室也。」今曾子目子張曰「堂堂」。「堂」而又復曰「堂」，則高明極矣；「難與爲仁」亦只少「入室」工夫。

曾子曰：「堂堂乎張也，難與并爲仁矣。」

親喪章

一「自」字便是天親至情，自然而然，即《中庸》所謂「不思而得，不勉而中〔一〕」，即孟子所謂「不學而能，不慮而知」。於此見性之善，於此見天命之性。

曾子曰：「吾聞諸夫子：人未有自致者也，必也親喪乎！」

校勘記

〔一〕見《中庸》第十二章。

孟莊章

孟獻子歷相三君，五十年，魯人謂之社稷之臣；則其臣必賢，其政必善。莊子年少嗣立，又與季孫宿同朝；宿父文子忠於公室，宿不能守而改之。莊子乃獨能「不改父之臣與父之政」，則是體父公忠而成其未竟，非曲謹無爲者等也。夫子嘉之，煞有深意。

曾子曰：「吾聞諸夫子：孟莊子之孝也，其他可能也；其不改父之臣與父之政，是難能也。」

士師章

黃勉齋曰：得情而喜，則太刻之意或溢於法之外；得情而矜者，則不忍之心常行於法之中。

聽獄者，能想到「上失其道，民散久矣」，則自然矜憐，不致苛刻。此是煩熱症中一服清涼丸散。

孟氏使陽膚爲士師，問於曾子。曾子曰：「上失其道，民散久矣。如得其情，則哀矜而勿喜。」

紂惡章

家南軒曰：「紂不道極矣，惟其日積月累，以至惡貫滿盈；猶川澤居下，而衆水歸之；君子所以謹之於始也。

張元岵曰：世人看《三國演義》，惟恐曹操不輸，不知是何緣故？

子貢曰：「紂之不善，不如是之甚也。是以君子惡居下流，天下之惡皆歸焉。」

見過章

玉不揜瑕，人不以瑕而賤玉於石；鏡不揜翳，人不以翳而貴鐵於鏡。君子不揜過，人不以過而貴小人於君子。君子之過，真；而小人之無過，僞也。

子貢曰：「君子之過也，如日月之食焉：過也，人皆見之；更也，人皆仰之。」

文武章

文武之道未墜於地，仲尼只是憲章文武，子貢却說他「焉不學」、「何常師」，是形容聖學圓妙處。

江水印月而月在江，盂水受月而月在盂。蓋月無大小，不應作江水盂水看；賢不賢之識亦如是。

衛公孫朝問於子貢曰：「仲尼焉學？」子貢曰：「文武之道，未墜於地，在人。賢者識其大者，不賢者識其小者。莫不有文武之道焉。夫子焉不學？而亦何常師之有？」

宫牆章

孔子是佛，子貢是菩薩；佛惟清净無爲，而菩薩則神通廣大。外道見其龍象光明，未免認是菩薩勝佛。武叔之見亦是如此。

叔孫武叔語大夫於朝曰：「子貢賢於仲尼。」子服景伯以告子貢。子貢曰：「譬之宫牆，賜之牆也及肩，窺見室家之好。夫子之牆數仞，不得其門而入，不見宗廟之美，百官之富。得其門者或寡矣。夫子之云，不亦宜乎！」

日月章

「無以爲也」，不是教他不要毁，言毁亦無用。日月，以高言；「何傷於日月」，以明言。

《經》曰：惡人害賢，猶仰天而唾，唾不至天，還從己墮；迎風颺塵，塵不至彼，還坌己身；賢不可毁，毁必滅己。

叔孫武叔毁仲尼。子貢曰：「無以爲也！仲尼不可毁也。他人之賢者，丘陵也，猶可逾也；仲尼日月也，無得而逾焉。人雖欲自絶，其何傷於日月乎？多見其不知量也。」

猶天章

袁了凡曰：上言「不可及」，下言「如之何可及」，正發明上意。蓋神化不可名而舉感應言之，正如堯德不可名而止言成功文章也。

人實不能自立、自行、自來、自和，須夫子之「立」、「道」、「綏」、「動」。生人之命脈全繫於夫子。無夫子，則萬古無生人矣。合天下以爲哀榮，方見夫子之得邦家處〔一〕。

陳子禽謂子貢曰：「子爲恭也，仲尼豈賢於子乎？」子貢曰：「君子一言以爲知，一言以爲不知，言不可不慎也。夫子之不可及也，猶天之不可階而升也。夫子之得邦家者，所謂立之斯立，道之斯行，綏之斯來，動之斯和。其生也榮，其死也哀，如之何其可及也？」

校勘記

〔一〕原在《日月章》，今按其内容移歸此章。

論語堯曰第二十

堯曰章

徐儆弦曰：許大天下，堯舜以之授；其所囑付，只是三四言而止，又更無別説，此可想見當時精神契合，宇宙清寧之意。至湯伐桀，便去上請天命，下告諸侯，却費辭説。然亦陳之誓告而已。至武王伐紂，便有許多收拾人心，扶植風紀之事，却費氣力。此見世道人心之變，帝王所以隨時措置，其煩簡之不一如此也。四者典、謨、訓、誥所不載記者，綴之於後，見治法總不出心法之外。

堯曰：「咨爾舜！天之歷數在爾躬，允執其中。四海困窮，天禄永終。」舜亦以命禹。曰：「予小子履，敢用玄牡，敢昭告於皇皇后帝：有罪不敢赦。帝臣不蔽，簡在帝心。朕躬有罪，無以萬方；萬方有罪，罪在朕躬。」周有大賚，善人是富。「雖有周親，不如仁人。百姓有過，在予一人。」謹權量，審法度，修廢官，四方之政行焉。興滅國，繼絶世，舉逸民，天下之民歸心焉。所重：民、食、喪、祭。寬則得衆，信則民任焉，敏則有功，公則説。

從政章

「五美」從道心上運用，「四惡」從人心上恣肆。一「尊」一「屏」，法戒昭然。敘此章於帝王之後，治統、道統確有淵源。

「五美」下一「尊」字，奉若神明，著蔡必欲出乎身。「四惡」下一「屏」字，如荼毒蛇蝎，必不使加乎民。

子張問於孔子曰：「何如斯可以從政矣？」子曰：「尊五美，屏四惡，斯可以從政矣。」

子張曰：「何謂五美？」子曰：「君子惠而不費，勞而不怨，欲而不貪，泰而不驕，威而不猛。」子張曰：「何謂惠而不費？」子曰：「因民之所利而利之，斯不亦惠而不費乎？擇可勞而勞之，又誰怨？欲仁而行仁，又焉貪？君子無衆寡，無小大，無敢慢，斯不亦泰而不驕乎？君子正其衣冠，尊其瞻視，儼然人望而畏之，斯不亦威而不猛乎？」子張曰：「何謂四惡？」子曰：「不教而殺謂之虐；不戒視成謂之暴；慢令致期謂之賊；猶之與人也，出納之吝，謂之有司。」

知命章

三「知」字是通章關鍵，不必以「命」字貫。

「知命」，不全然諉之氣數，毫無斡旋。古人刀鋸在前，湯鑊在後，全無趨避。又説「知命」者，不立於巖牆之下；又説桎梏死者，非正命也。此中大有機宜，大有學問；不是輕輕説一「知命」，亦不是草草成一君子。

《禮記》曰：「禮，釋回，增美質，其在人也，如竹箭之有筠也，如松柏之有心也〔一〕。」一筠一心，可想見「立」字之義。

要知「知人」處，不只是辨別人品，正是驗自己學力，所以爲難。

子曰：「不知命，無以爲君子也；不知禮，無以立也；不知言，無以知人也。」

校勘記

〔一〕《禮記·禮器》：禮，釋回，增美質，措則正，施則行。其在人也，如竹箭之有竹筠也，如松柏之有心也。二者居天下之大端矣，故貫四時而不改柯易葉，故君子有禮，則外諧而内無怨，故物無不懷仁，鬼神饗德。

四書遇

孟子梁惠王上

梁惠章

魏惠王卑辭厚禮以招賢者，孟子至梁見之，導以仁義，王以爲迂遠而闊於事情，不能用也。初，孟子師子思，嘗問牧民之道何先？子思曰：「利之。」孟子曰：「亦仁義而已矣，何必曰利。」子思曰：「仁義固所以利之也[一]。」何必曰利是正説仁義，未嘗不利是權説。一部孟子告人君，都是將機就機，只是大主意不肯放手。徐儆弦曰：「義」、「利」二字，是治道學術大關頭，明此則純王、雜霸、君子、小人皆一時勘破，故大學之傳，以此而終；七篇之書，以此而始。玄宰云：釋仁義而專言利，固以啓臣子之争端；談仁義而兼言利，亦非所以正臣子之心術。發「何必曰」，甚妙，附此存之。

湯若士曰：上不奪不饜，決求利之勢所必至。兩「未有」字，決仁義之理所必至。

孟子見梁惠王。王曰：「叟不遠千里而來，亦將有以利吾國乎？」孟子對曰：「王何必曰利？亦有仁義而已矣。王曰：『何以利吾國？』大夫曰：『何以利吾家？』士庶人曰：『何以利吾身？』上下交征利，而國危矣。萬乘之國，弑其君者，必千乘之家；千乘之家，弑其君者，必百乘之家。萬取千焉，千取百焉，不爲不多矣。苟爲後義而先利，不奪不饜。未有仁而遺其親者也，未有義而後其君者也。王亦曰仁義而已矣。何必曰利。」

校勘記

〔一〕《孔叢子·雜訓第六》：孟軻問牧民之道何先。子思曰：「先利之。」曰：「君子之所以教民者亦仁義而已矣，何必曰利！」子思曰：「仁義固所以利之也。上不仁則下不得其所，上不義則下樂爲亂也。此爲不利大矣。故《易》曰：『利者，義之和也。』又曰：『利用安身以崇德也。』此皆利之大者也。」

治上章

「賢者亦樂此乎？」只此一問，便有不安之意。孟子不言其非，不掃其樂，就它樂處點化，是何等妙手！ 諫折柳枝，視此遠矣。

艾千子曰：即此偕亡一念，胸中之天地自舒，目前之境界自活。偕樂處，正是能樂處。

《説苑》曰：「積恩爲愛，積愛爲仁，積仁爲靈。靈臺所以爲靈者，積仁也。神靈者，天地之本，而萬物之始也〔二〕。」

夏桀殫百姓之財，爲瓊宮瑤臺，瓊室玉門，肉山脯林，酒池可以運船，糟隄可以望十里，一鼓而牛飲者三千人，妹喜以爲樂。關龍逢諫曰：「人君謙恭敬信，節用愛人，故天下安而社稷宗廟固。今君用財若無窮，殺人若不勝，民惟恐君之後亡矣。人心已去，天命不祐，盍少悛乎！」桀曰：「吾之有天下，猶天之有日也；日亡，吾乃亡矣〔二〕。」遂囚逢而殺之，故《湯誓》有「時日害喪，予及女偕亡」之語。引靈臺而復引經，正是一反一正，且於梁苑十分關切。

孟子見梁惠王。王立於沼上，顧鴻雁麋鹿，曰：「賢者亦樂此乎？」孟子對曰：「賢者而後樂此，不賢者雖有此，不樂也。《詩》云：『經始靈臺，經之營之，庶民攻之，不日成之。經始勿亟，庶民子來。王在靈囿，麀鹿攸伏，麀鹿濯濯，白鳥鶴鶴。王在靈沼，於牣魚躍。』文王以民力爲臺爲沼，而民歡樂之，謂其臺曰靈臺，謂其沼曰靈沼，樂其有麋鹿魚鱉。古之人與民偕樂，故能樂也。《湯誓》曰：『時日害喪，予及女偕亡。』民欲與之偕亡，雖有臺池鳥獸，豈能獨樂哉？」

校勘記

〔一〕《說苑·脩文》：積恩爲愛，積愛爲仁，積仁爲靈。靈臺之所以爲靈者，積仁也。神靈者，天地之本，而爲萬物之始也。

〔二〕《新序·節士》、《太平御覽·皇王部七》均記其事，而文頗有不同。

盡心章

「王道之始」「始」字，恰與「盡心」「盡」字，緊緊注射。「道」字，緊與「心」字對。

王弇州曰：先設好戰一段，先抹倒梁王虛憍之意，然後告以王道。重「無憾」二字，自古國家千百年受用，只受用得草刱時一點人心。此是王道托始處，一落事爲，便不屬始矣。

艾千子曰：「可以衣帛」、「可以食肉」，言富而有其資也。「庠序之教」、「孝弟之義」，則養志在其中，不獨口體矣。「借父耰耡，類有德色；毋取箕箒，立而誶詬〔一〕。」豈皆貧而無其具者乎？此教正所以善吾養耳。

項仲昭曰：觀上文「五十者可以衣帛，七十者可以食肉」，可見孝弟之義已寓其中，庠序不過從而申之耳。教與養不是兩橛。不知簡，不知發，兩不知見，彼於民瘼，絕不關切，何謂盡心？

梁惠王曰：「寡人之於國也，盡心焉耳矣。河內凶則移其民於河東，移其粟於河內。河東凶亦然。察鄰國之政，無如寡人之用心者。鄰國之民不加少，寡人之民不加多，何也？」孟子對曰：「王好戰，請以戰喻。填然鼓之，兵刃既接，棄甲曳兵而走。或百步而後止，或五十步而後止。以五十步笑百步，則何如？」曰：「不可。直不百步耳，是亦走也。」曰：「王如知此，則無望民之多於鄰國也。不違農時，穀不可勝食也；數罟不入洿池，魚鱉不可勝食也；斧斤以時入山林，材木不可勝用也。穀與魚鱉不可勝食，材木不可勝用，是使民養生喪死無憾也。養生喪死無憾，王道之始也。五畝之宅，樹之以桑，五十者可以衣帛矣。鷄豚狗彘之畜，無失其時，七十者可以食肉矣。百畝之田，勿奪其時，數口之家可以無饑矣。謹庠序之教，申之以孝悌之義，頒白者不負戴於道路矣。七十者衣帛食肉，黎民不饑不寒，然而不王者，未之有也。狗彘食人食而不知檢，塗有餓莩而不知發；人死，則曰：『非我也，歲也。』是何異於刺人而殺之，曰：『非我也，兵也。』王無罪歲，斯天下之民至焉。」

校勘記

〔一〕賈誼《新書·時變》：「假父耰鉏杖篲耳，慮有德色矣。母取瓢碗箕帚，慮立訊語。」

作俑章

惠王求教，而孟子所以教之者，不言爲治之事，只感動其心，教之深也。「惡在其」、「如之何」，令其感而自思。「率獸」「率」字，嚴切。

梁惠王曰：「寡人願安承教。」孟子對曰：「殺人以梃與刃，有以異乎？」曰：「無以異也。」「以刃與政，有以異乎？」曰：「無以異也。」曰：「庖有肥肉，廄有肥馬，民有飢色，野有餓莩，此率獸而食人也。獸相食，且人惡之；爲民父母，行政，不免於率獸而食人，惡在其爲民父母也？仲尼曰：『始作俑者，其無後乎！』爲其象人而用之也。如之何其使斯民飢而死也？」

雪恥章

惠王急於報怨，不顧疲民。孟子教它不可性急，且休養生息，俟其力全而後用之。以我閒暇，攻彼疲敝，自然無敵。正是孟子教以報怨之長策也。勾踐歸越，十年生聚，十年教訓。會稽一出，卒以治吴。千古報怨，别無二法。

三晉與秦爲隣。秦地人多土狹，商鞅爲政，其《開塞》《耕戰》《來民》《墾草》諸書，無日不以來三晉之民爲事〔一〕。蓋三晉之游民日入秦地，則秦地草日墾，而國日富矣。故孟子策梁，首言「不違農時」，又言「百畝之田，勿奪其時」，又言「深耕易耨」只是分田制産，安其土著之民始，土著之民安，則梁猶可爲也。此是三晉大勢，鑿鑿如此，奈何爲迂遠而闊於事情？

「疑」最害事。人之所以不聖賢，治之所以不帝王者，俱是此「疑」作梗耳。若能去此「疑」，何事不可爲？故曰「信爲功德母」。

梁惠王曰：「晉國天下莫强焉，叟之所知也。及寡人之身，東敗於齊，長子死焉；西喪地於秦七百里；南辱於楚。寡人恥之，願比死者一洒之，如之何則可？」孟子對曰：「地方百里而可以王。王如施仁政於民，省刑罰，薄税斂，深耕易耨；壯者以暇日修其孝悌忠信，入以事其父兄，出以事其長上，可使製梃以撻秦楚之堅甲利兵矣。彼奪其民時，使不得耕耨以養其父母。父母凍餓，兄弟妻子離散。彼陷溺其民，王往而征之，夫誰與王敵？

故曰：『仁者無敵。』王請勿疑！」

校勘記

〔一〕今《商君書》有《開塞》、《農戰》、《墾令》、《徠民》諸篇。《徠民》有：「徠三晉之民而使之事本，與戰勝同實」語。「書」原作「蟲」，今據上下文意改。

人牧章

徐玄扈曰：世豈有嗜殺人之理，豈有嗜殺人之心？只緣嗜利，故嗜殺，如興兵構怨是也。嗜欲故嗜殺，如狗彘食人食是也。人主能回殺機爲生機，則能轉不一爲歸一。

受牛羊而爲之求牧與芻，尚不可立視其死，況爲人之牧而甘於殺人，惡在其爲人牧哉？故不曰「天下之人君」，而曰「天下之人牧」，此「牧」字「嗜」字中却有深味。

「天下莫不與」，此語甚奇，而實至平。今天下之人牧未有不嗜殺人者也，則是都以天下與人矣，但無取之者耳。若有一個不嗜殺人者出來，真有如水之就下者矣。

吴因之曰：「出語人」，正爲天下之人牧也。

吴能天云：鼓元氣而雷域中，騰百川而雨天下，正要人主七八月間用事。

孟子見梁襄王，出，語人曰：「望之不似人君，就之而不見所畏焉。卒然問曰：『天下惡乎定？』吾對曰：『定於一。』『孰能一之？』對曰：『不嗜殺人者能一之。』『孰能與之？』對曰：『天下莫不與也。王知夫苗乎？七八月間旱，則苗槁矣。天油然作雲，沛然下雨，則苗浮然興之矣。其如是，孰能禦之？今夫天下之人牧，未有不嗜殺人者也。如有不嗜殺人者，則天下之民皆引領而望之矣。誠如是也，民歸之，由水之就下，沛然誰能禦之？』」

牽牛章

仲尼道桓、文，有力降伏桓、文。不然，世道人心未可知也，故其徒不道。必稱堯舜，是孟子本懷。「無以」二字，大有次第。

「是心足以王矣」，不忍故也。若齊桓、晉文，一則殺子糾於生竇，一則殺懷公於高梁，皆亂而後入，爲利而戕至親。心則忍矣，何以及物？「是心足王」，不是不忍一牛之心足王，乃是委曲全牛之心，纔足以王耳。下文許以仁術，政此意。

楊復所曰：君子遠庖廚，要看「君子」二字。君子是有仁民之責者，當養其生機，杜其殺機。遠庖廚者，亦爲無數萬生靈性命計耳，非爲食其肉計也。若小人者，便日日操刀入廚，亦無能害一人也。故「君子」二字，最爲喫緊。

性地原是活潑神化，就機關轉動甚易。若執定正理，便是死機，只好貨，好色好樂、好勇，俱是病痛。凡治病决用藥，孟子决不用藥，只借病治病，何等輕鬆脱化！此等學脉，是武王

《酒誥》來。

「是誠何心哉？」不知，最妙。惟不知，所以爲仁術。略着意，便是智術，不忍見，不忍聞，君子此心不知其然而然，就是仁術。註中「預養」及「廣」字俱多〔一〕。種種較量，是數術，非仁術矣！

無罪就死，分明説人，又分明曉得生死，分明曉得有罪無罪：這就是權心根本，是孟子埋根挑剔處，所以説個「若」字。如若只去牛上尋討，面牆對壁不可入，辜負東園一片花。

齊王到此，纔曉得世間人無罪不甘就死，乃轉動一機括。若只在牛上尋，可憐又加上牛的擔子。

管登子曰：齊王不忍觳觫，此際不但無一毫忍心，亦無一毫僞心，故曰：「是心足以王。」後章之見孺子入井亦然，蓋孟子真知性善之宗者也。

緣木求魚節，破其埋没，如醫人用藥，對症而治。他有個快，便儆之以懼；他有個欲，便示之以災；他有個求得，便惕之以必失。

徐儆弦曰：孟子略道幾句，便能使王笑，又使王悦，又使王笑而不言，又使王曰「吾惛，不能進是」，皆精神鼓弄處，亦一篇中之機關也。心自有權度，然此間語意不重在權度，而重權度者之心，所以下説「王請度之」。若不分劈清伶，總滿紙如花，只看蒼繩兒還在紙窗内。

齊宣王問曰：「齊桓、晉文之事，可得聞乎？」孟子對曰：「仲尼之徒，無道桓文之事者，是以後世無傳焉，臣未之聞也。無以，則王乎？」曰：「德何如則可以王矣？」曰：「保民而王，莫之能禦也。」曰：「若寡人者，可以保民乎哉？」曰：「可。」曰：「何由知吾可也？」曰：「臣聞之胡齕曰：王坐於堂上，有牽牛而過堂下者，王見之，曰：『牛何之？』對曰：『將以釁鐘。』王曰：『舍之，吾不忍其觳觫，若無罪而就死地。』對曰：『然則廢釁鐘與？』曰：『何可廢也？以羊易之！』不識有諸？」曰：「有之。」曰：「是心足以王矣。百姓皆以王爲愛也，臣固知王之不忍也。」王曰：「然。誠有百姓者。齊國雖褊小，吾何愛一牛？即不忍其觳觫，若無罪而就死地，故以羊易之也。」曰：「王無異於百姓之以王爲愛也。以小易大，彼惡知之？王若隱其無罪而就死地，則牛羊何擇焉？」王笑曰：「是誠何心哉？我非愛其財而易之以羊也。宜乎百姓之謂我愛也。」曰：「無傷也，是乃仁術也，見牛未見羊也。君子之於禽獸也，見其生，不忍見其死；聞其聲，不忍食其肉。是以君子遠庖厨也。」王説，曰：「《詩》云：『他人有心，予忖度之。』夫子之謂也。夫我乃行之，反而求之，不得吾心。夫子言之，於我心有戚戚焉。此心之所以合於王者，何也？」曰：「有復於王者曰：『吾力足以舉百鈞，而不足以舉一羽；明足以察秋毫之末，而不見輿薪。』則王許之乎？」曰：「否。」「今恩足以及禽獸，而功不至於百姓者，獨何與？然則一羽之不舉，爲不用力焉；輿薪之不見，爲不用明焉；百姓之不見保，爲不用恩焉。故王之不王，不爲也，非不能也。」曰：「不爲者與不能者之形何以異？」曰：「挾太山以超北海，語人曰『我不能』，是誠不能也。爲長者折枝，語人曰『我不能』，是不爲也，非不能也。故王之不王，非挾太山以超北海之類也；王之不王，是折枝之類也。老吾老，以及人之老；幼吾幼，以及人之幼。天下可運於掌。《詩》云：『刑於寡妻，至於兄弟，以禦於家邦。』言舉斯心加諸彼而已。故推恩足以保四海，不推恩無以保妻子。古之人所以大過人者，無他焉，善推其所爲而已矣。今恩足以及禽獸，而功不至於百姓者，獨何與？權，然後知輕重；度，然後知長短。物皆然，心爲甚。王請度之！抑王興甲兵，危士臣，構怨於諸侯，然後快於心與？」王曰：「否，吾何快於是，將以求吾所大欲也。」曰：「王之所大欲，可得聞與？」王笑而不言。曰：「爲肥甘不足於口與？輕暖不足於體與？抑爲采色不足視於目與？聲音不足聽於耳與？便嬖不足使令於前與？王之諸臣皆足以供之，而王豈爲是哉？」曰：「否。吾不爲是也。」曰：「然則王之所大欲可知已，欲辟土地，朝秦楚，莅中國而撫四夷也。以若所爲，求若所欲，猶緣木而求魚也。」王曰：「若是其甚與？」曰：「殆有甚焉。緣木求魚，雖不得魚，無後災。以若所爲，求若所欲，盡心力而爲之，後必有災。」曰：「可得聞與？」曰：「鄒人與楚人戰，則王以爲孰勝？」曰：「楚人勝。」曰：「然則小固不可以敵大，寡固不可以敵衆，弱固不可以敵强。海内之地，方千里者九，齊集有其一。以一服八，何以異於鄒敵楚哉？蓋亦反其本矣。今王發政施仁，使天下仕者皆欲立於王之朝，耕者皆欲耕於王之野，商賈皆欲藏於王之市，行旅皆欲出於王之塗，天下之欲疾其君者，皆欲赴愬於王。其若是，孰能禦之？」王曰：「吾惽，不能進於是矣。願夫子輔吾志，明以教我。我雖不敏，請嘗試之。」曰：「無恒產而有恒心者，惟士爲能。若民，則無恒產因無恒心。苟無恒心，放僻邪侈，無不爲已。及陷於罪，然後從而刑之，是罔民也。焉有仁人在位，罔民而可爲也？是故明君制民之產，必使仰足以事父母，俯足以畜妻子，樂歲終身飽，凶年免於死亡，然後驅而之善，故民之從之也輕。今也制民之產，仰不足以事父母，俯不足以畜妻子，樂歲終身苦，凶年不免於死亡。此惟救死而恐不贍，奚暇治禮義哉？王欲行之，則盍反其本矣。五畝之宅，樹之以桑，五十者可以衣帛矣。鷄豚狗彘之畜，無失其時，七十者可以食肉矣。百畝之田，勿奪其時，八口之家可以無飢矣。謹庠序之教，申之以孝悌之義，頒白者不負戴於道路矣。老者衣帛食肉，黎民不饑不寒，然而不王者，未之有也。」

校勘記

〔一〕《四書集註》朱熹本節注：「亦以預養是心，而廣爲仁之術也。」

焦循曰：滿堂燕笑，一人向隅而悲，滿堂之人必慘然不樂，其樂不甚矣。故滿堂燕笑，而無向隅之悲，然後滿堂之樂甚。百姓皆樂而無怨嘆之聲，然後君心之樂甚。

周海門曰：「甚」字下得奇，太極至禮。「太」字「至」字俱「甚」字意。漢疏：「良知」「良」字，亦「甚」也。

好樂章

莊暴見孟子，曰：「暴見於王，王語暴以好樂，暴未有以對也。」曰：「好樂何如？」孟子曰：「王之好樂甚，則齊國其庶幾乎！」他日，見於王曰：「王嘗語莊子以好樂，有諸？」王變乎色，曰：「寡人非能好先王之樂也，直好世俗之樂耳。」曰：「王之好樂甚，則齊其庶幾乎！今之樂，由古之樂也。」曰：「可得聞與？」曰：「獨樂樂，與人樂樂，孰樂？」曰：「不若與人。」曰：「與少樂樂，與衆樂樂，孰樂？」曰：「不若與衆。」「臣請爲王言樂。今王鼓樂於此，百姓聞王鐘鼓之聲，管籥之音，舉疾首蹙頞而相告曰：『吾王之好鼓樂，夫何使我至於此極也？父子不相見，兄弟妻子離散。』今王田獵於此，百姓聞王車馬之音，見羽毛之美，舉疾首蹙頞而相告曰：『吾王之好田獵，夫何使我至於此極也？父子不相見，兄弟妻子離散。』此無他，不與民同樂也。今王鼓樂於此，百姓聞王鐘鼓之聲，管籥之音，舉欣欣然有喜色，而相告曰：『吾王庶幾無疾病與，何以能鼓樂也？』今王田獵於此，百姓聞王車馬之音，見羽旄之美，舉欣欣然有喜色，而相告曰：『吾王庶幾無疾病與，何以能田獵也？』此無他，與民同樂也。今王與百姓同樂，則王矣。」

問囿章

蘇子由曰：文王七十里，蓋亦山林陵麓與民共之，而以囿名焉[一]。「民猶以爲小」，是孟子自意。東坡云：「想當然耳。」

齊宣王問曰：「文王之囿方七十里，有諸？」孟子對曰：「於傳有之。」曰：「若是其大乎？」曰：「民猶以爲小也。」曰：「寡人之囿，方四十里，民猶以爲大，何也？」曰：「文王之囿，方七十里，芻蕘者往焉，雉兔者往焉，與民同之。民以爲小，不亦宜乎？臣始至於境，問國之大禁，然後敢入。臣聞郊關之内有囿，方四十里，殺其麋鹿者如殺人之罪，則是方四十里爲阱於國中。民以爲大，不亦宜乎？」

校勘記

〔一〕《欒城後集·孟子解》：「周雖大國，未有以七十里爲囿而不加害於民者也。意者山林藪澤與民共之，而以囿名焉。」

交鄰章

謝象三曰：合事小事大而總歸之天，所以啓人主忌憚之心。合樂天畏天而總歸於畏，所以奪人主好勝之氣。合國與天下而總歸於保，所以破人主忿争之習。畏天節不單指保國説，亦不必補出樂天。

張賓王曰：文大而密小，又嘗事小而密終不化，則一怒伐之，是仁者之勇，亦即是樂天所在。武小而紂大，武嘗事大而紂終不悔，則一怒伐之，是智者之勇，亦即是畏天所在。

此時宣王以合從連衡之説交戰胸中，訖無定見。交隣其所最吃緊之事，故以爲問。孟子説以大事小者：湯事葛，而後又伐葛；文王事昆夷，而後又伐昆夷。以小事大者：太王事獯鬻，而周人終伐獯鬻；勾踐事吴，而越終伐吴。吴子言此，政自有意。孟子決不以割地事秦之策爲得計也。後言一怒安民，則孟子之芳心盡露矣。明眼人不可不知。

無鹽謂齊王曰：「殆哉！王之圖國也。妾以齊國東負滄海之饒，西按岱宗之險，表裏九河，縱横千里，天下之彊國也。而西向事人，號爲東藩，妾誠惑之。大王誠爲謝連衡之約，擯合從之議，斥游説之士，罷春秋之請，南城瑯琊，則楚人不敢窺薛。北屯千乘，以河爲池，則燕之士馬不敢南向。西盡汶濟，布十萬之師於防鄄之間，則三晉之軍，不敢東顧，然後閉關而守，興魚鹽之利，席棗栗之饒，脩太廟之教，講管子之法，西向而亢强秦，不及十年，可爲東帝。今大王計不出此，而聽諸侯游説士之談，以合從連衡爲事。從成，則三晉興，楚分其利，齊不能越韓魏而有秦；衡成，則秦享其成，而齊以空名奔走諸侯之後，是坐而自索也。妾誠惜之。」此言深中齊王之病。

齊宣王問曰：「交鄰國有道乎？」孟子對曰：「有。惟仁者爲能以大事小，是故湯事葛，文王事昆夷。惟智者爲能以小事大，故太王事獯鬻，勾踐事吴。以大事小者，樂天者也；以小事大者，畏天者也。樂天者保天下，畏天者保其國。《詩》云：『畏天之威，于時保之。』」王曰：「大哉言矣！寡人有疾，寡人好勇。」對曰：「王請無好小勇。夫撫劍疾視曰：『彼惡敢當我哉！』此匹夫之勇，敵一人者也。王請大之！《詩》云：『王赫斯怒，爰整其旅，以遏徂莒，以篤周祜，以對於天下。』此文王之勇也。文王一怒而安天下之民。《書》曰：『天降下民，作之君，作之師，惟曰其助上帝寵之。四方有罪無罪，惟我在，天下曷敢有越厥志？』一人衡行於天下，武王耻之。此武王之勇也。而武王亦一怒而安天下之民。民唯恐王之不好勇也。」

雪宫章

牛春宇曰：惟君所行，不兼今時之弊。晏子已明説先王無流連荒亡了，豈又令君自擇所行乎？猶云臣所陳先王之道，可以爲後世法程至明，惟君力行之耳，非請擇之説也。

看「遵海而南」一句，齊大海東環，南通吳越，北至遼濡，諸山環列，吾欲觀海也，轉附瑯琊，是起止處。

「始興發，補不足」，此時政是景公春游，故止説「補不足」，正從「春省耕而補不足」來。己酉，南畿墨卷都夾雜「助不給」在內，一友人謔之曰：「景公郊居半年，亦甚難過日子。」極妙。

真西山曰：《易》之大、小畜，皆以止爲義。凡止君之欲者，乃所以愛君也。忠臣之心，惟恐君之有欲；邪臣之心，惟恐君之無欲。

齊宣王見孟子於雪宫。王曰：「賢者亦有此樂乎？」孟子對曰：「有。人不得，則非其上矣。不得而非其上者，非也；爲民上而不與民同樂者，亦非也。樂民之樂者，民亦樂其樂；憂民之憂者，民亦憂其憂。樂以天下，憂以天下，然而不王者，未之有也。昔者，齊景公問於晏子曰：『吾欲觀於轉附朝儛，遵海而南，放於琅邪，吾何脩而可以比於先王觀也？』晏子對曰：『善哉問也！天子適諸侯曰巡狩。巡狩者，巡所守也。諸侯朝於天子曰述職。述職者，述所職也。無非事者。春省耕而補不足，秋省斂而助不給。夏諺曰：「吾王不游，吾何以休？吾王不豫，吾何以助？一游一豫，爲諸侯度。」今也不然：師行而糧食，飢者弗食，勞者弗息。睊睊胥讒，民乃作慝。方命虐民，飲食若流。流連荒亡，爲諸侯憂。從流下而忘反謂之流，從流上而忘反謂之連，從獸無厭謂之荒，樂酒無厭謂之亡。先王無流連之樂，荒亡之行，惟君所行也。』景公説，大戒於國，出舍於郊。於是始興發補不足。召太師曰：『爲我作君臣相説之樂！』蓋《徵招》、《角招》是也。其詩曰：『畜君何尤！』畜君者，好君也。」

明堂章

唐王仁忠議曰：明堂之建，其所從來遠矣。自天垂象，聖人則之。蔦柱茅簷之規，上員下方之制，考之大數，不踰三七之間。「定之方中」〔二〕，必居丙巳之地者，豈非得房心布政之所，當太微上帝之宫乎？

齊宣王問曰：「人皆謂我毁明堂，毁諸？已乎？」孟子對曰：「夫明堂者，王者之堂也。王欲行王政，則勿毁之矣。」王曰：「王政可得聞與？」對曰：「昔者文王之治岐也，耕者九一，仕者世禄，關市譏而不征，澤梁無禁，罪人不孥。老而無妻曰鰥，老而無夫曰寡，老而無子曰獨，幼而無父曰孤。此四者，天下之窮民而無告者。文王發政施仁，必先斯四者。《詩》云：『哿矣富人，哀此煢獨。』」王曰：「善哉言乎！」曰：「王如善之，則何爲不行？」王曰：「寡人有疾，寡人好貨。」對曰：「昔者公劉好貨。《詩》云：『乃積乃倉，乃裹餱粮，于橐于囊。思戢用光。弓矢斯張，干戈戚揚，爰方啓行。』故居者有積倉，行者有裹糧也，然後可以爰方啓行。王如好貨，與百姓同之，於王何有？」王曰：「寡人有疾，寡人好色。」對曰：「昔者太王好色，愛厥妃。《詩》云：『古公亶父，來朝走馬，率西水滸，至於岐下。爰及姜女，聿來胥宇。』當是時也，内無怨女，外無曠夫。王如好色，與百姓同之，於王何有？」

校勘記

〔一〕《詩·鄘·定之方中》：「定之方中，作於楚宫。」

王臣章

齊之四境不治，皆由王之左右凍餒其民，訟獄繁興所致。其曰王臣負友，士師鰥官，皆因王之左右在前，不容直指，故爲託名，拈此烹阿封即墨公案耳。王顧左右，亦會此意。無奈一暴十寒，迷惑日甚，齊之所以不治也。

《周禮》：卿士，掌六卿獄；縣士，掌一縣之獄；而士師爲之長。不能治士，就刑獄失宜説。

孟子謂齊宣王，曰：「王之臣有托其妻子於其友而之楚游者，比其反也，則凍餒其妻子，則如之何？」王曰：「已之。」曰：「四境之内不治，則如之何？」王顧左右而言他。

喬木章

蘇東坡曰：世臣，蓋功業德望已信於人，譬之喬木，封殖愛養，自拱把以至合抱，非一日之故也。平居無事，商功利，課殿最，誠不如新進之士。至於緩急之際，决大策，定大衆，呼之則來，揮之則散者，惟世臣巨室爲能耳〔一〕。

黄貞父曰：昔者以忽略心進人，原無爲國鑒別真才之心，故昔進今亡。何能得賢者之用？「如不得已」四字，真是對昏病下鍼。

李卓吾曰：非左右、諸大夫不如國人，以左右、諸大夫之爲君，必不如國人之自爲，故可不可總以國人爲憑。

如此然後可以爲民父母，此與《大學》不同〔二〕：彼重民心，此要得它兢兢業業，就進賢上體恤國人意，方與上「慎」字相合。

孟子見齊宣王，曰：「所謂故國者，非謂有喬木之謂也，有世臣之謂也。王無親臣矣，昔者所進，今日不知其亡也。」王曰：「吾何以識其不才而舍之？」曰：「國君進賢，如不得已，將使卑逾尊，疏逾戚，可不慎與？左右皆曰賢，未可也；諸大夫皆曰賢，未可也；國人皆曰賢，然後察之；見賢焉，然後用之。左右皆曰不可，勿聽；諸大夫皆曰不可，勿聽；國人皆曰不可，然後察之；見不可焉，然後去之。左右皆曰可殺，勿聽；諸大夫皆曰可殺，勿聽；國人皆曰可殺，然後察之；見可殺焉，然後殺之。故曰國人殺之也。如此然後可以爲民父母。」

校勘記

〔一〕《蘇東坡集·王仲儀真贊》：

夫所謂世臣者，豈特世禄之人；而巨室者，豈特侈富之家也哉。蓋功烈已著於時，德望已信於人。譬之喬木，封殖愛養，自拱把以至於合抱者，非一日之故也。平居無事，商功利，課殿最，誠不如新進之士。至於緩急之際，決大策，安大衆，呼之則來，揮之則散者，惟世臣巨室爲能。

〔二〕《大學》第十章：民之所好好之，民之所惡惡之，此之謂民之父母。

獨夫章

宋高宗問尹焞曰：紂亦君也，孟子何以謂之獨夫？焞對曰：此非孟子之言，武王誓師之言也。「獨夫受，洪惟作威。」〔一〕高宗又問曰：君視臣如草芥，臣可遽視君如寇仇乎？焞對曰：此亦非孟子之言。《書》云：「撫我則后，虐我則仇〔二〕。」高宗大喜。若焞者，可謂善言孟子者矣。

齊宣王問曰：「湯放桀，武王伐紂，有諸？」孟子對曰：「於傳有之。」曰：「臣弒其君，可乎？」曰：「賊仁者謂之賊，賊義者謂之殘。殘賊之人，謂之一夫。聞誅一夫紂矣，未聞弒君也。」

校勘記

〔一〕〔二〕語出《書·泰誓下》。

巨室章

「雖萬鎰」，不是説價少，還是説價多，方形容愛的意思得出。

孟子見齊宣王，曰：「爲巨室，則必使工師求大木。工師得大木，則王喜，以爲能勝其任也。匠人斲而小之，則王怒，以爲不勝任矣。夫人幼而學之，壯而欲行之，王曰『姑舍女所學而從我』，則何如？今有璞玉於此，雖萬鎰，必使玉人雕琢之。至於治國家，則曰『姑舍女所學而從我』，則何以異於教玉人雕琢玉哉？」

勝燕章

清風氏曰：文王惟知有商，曷知民心之悦己？則真謂民之不悦，正深當於以文服事之心。

齊人伐燕，勝之。宣王問曰：「或謂寡人勿取，或謂寡人取之。以萬乘之國伐萬乘之國，五旬而舉之，人力不至於此。不取，必有天殃。取之，何如？」孟子對曰：「取之而燕民悦，則取之。古之人有行之者，武王是也。取之而燕民不悦，則勿取。古之人有行之者，文王是也。以萬乘之國伐萬乘之國，簞食壺漿以迎王師，豈有他哉？避水火也。如水益深，如火益熱，亦運而已矣。」

取燕章

怨與望只一意，精神全本「天下信之」。「信」字極妙，此「信」不在臨時。「不止」「不變」，全在師行有紀，正與齊之取燕相反，非獨民情慶湯師之來。

齊人伐燕，取之。諸侯將謀救燕。宣王曰：「諸侯多謀伐寡人者，何以待之？」孟子對曰：「臣聞七十里爲政於天下者，湯是也。未聞以千里畏人者也。《書》曰：『湯一征，自葛始。』天下信之，東面而征，西夷怨；南面而征，北狄怨，曰：『奚爲後我？』民望之，若大旱之望雲霓也。歸市者不止，耕者不變，誅其君而吊其民，若時雨降。民大悦。《書》：『徯我后，后來其蘇。』今燕虐其民，王往而征之，民以爲將拯己於水火之中也，簞食壺漿以迎王師。若殺其父兄，係累其子弟，毁其宗廟，遷其重器，如之何其可也？天下固畏齊之强也，今又倍地而不行仁政，是動天下之兵也。王速出令，反其旄倪，止其重器，謀於燕衆，置君而後去之，則猶可及止也。」

魯鬨章

賈太傅曰：夫民者至賤而不可簡也，至愚而不可欺也，故自古至於今，與民爲仇者，有遲有速而民必勝之〔一〕。

孟氏原只是責君，泥却中間一段，羅織有司，便是屈生屈死。「君之民」三字要看。公只曉得有司是自家的，而不知民也是君的。

鄒與魯鬨。穆公問曰：「吾有司死者三十三人，而民莫之死也。誅之，則不可勝誅；不誅，則疾視其長上之死而不救，如之何則可也？」孟子對曰：「凶年饑歲，君之民，老弱轉乎溝壑，壯者散而之四方者，幾千人矣；而君之倉廩實，府車充，有司莫以告，是上慢而殘下也。曾子曰：『戒之，戒之！出乎爾者，反乎爾者也。』夫民今而後得反之也。君無尤焉！君行仁政，斯民親其上，死其長矣。」

校勘記

〔一〕語出賈誼《新書·大政上》。

效死章

滕文公問曰：「滕，小國也，間於齊楚。事齊乎？事楚乎？」孟子對曰：「是謀非吾所能及也。無已，則有一焉：鑿斯池也，築斯城也，與民守之，效死而民弗去，則是可爲也。」

民心不固，死守何益？「與民」二字，煞有深心，不然子輿氏決不當如此迂腐。

築薛章

孟子一生志願欲爲尚父、阿衡，然非可以望之滕者。若曰滕能長世則已可矣。較之以人國徼倖，大是不同。策士好爲夸詞，如公孫彊頊刻亡曹，其害甚烈。故知聖賢之學，必審於時務。

滕文公問曰：「齊人將築薛，吾甚恐，如之何則可？」孟子對曰：「昔者太王居邠，狄人侵之，去之岐山之下居焉。非擇而取之，不得已也。苟爲善，後世子孫必有王者矣。君子創業垂統，爲可繼也。若夫成功，則天也。君如彼何哉？强爲善而已矣。」

竭力章

太王之遷，他無可考。誦《大雅·綿》，大抵物力强盛，區畫精明，非因狄而播遷也。孟子生平立言，不甚拘泥，或當時小有狄患乎？遷非爲狄也。學者不可不知。

滕文公問曰：「滕小國也，竭力以事大國，則不得免焉，如之何則可？」孟子對曰：「昔者太王居邠，狄人侵之，事之以皮幣，不得免焉；事之以犬馬，不得免焉；事之以珠玉，不得免焉。乃屬其耆老而告之曰：『狄人之所欲者，吾土地也。吾聞之也：君子不以其所以養人者害人。二三子何患乎無君？我將去之。』去邠，逾梁山，邑於岐山之下居焉。邠人曰：『仁人也，不可失也。』從之者如歸市。或曰：『世守也，非身之所能爲也。效死勿去。』君請擇於斯二者。」

臧倉章

王鳳洲曰：此章與《公伯寮愬子路章》同意〔一〕。聖賢於此，不是以天命自諉，乃揭出天命所關之大，而小人無能爲也。正是警制奸邪之意。

夏古汭曰：氣數雖不關小人，小人亦是氣數。

魯平公將出，嬖人臧倉者請曰：「他日君出，則必命有司所之。今乘輿已駕矣，有司未知所之，敢請。」公曰：「將見孟子。」曰：「何哉，君所爲輕身以先於匹夫者？以爲賢乎？禮義由賢者出，而孟子之後喪逾前喪。君無見焉！」公曰：「諾。」樂正子入見，曰：「君奚爲不見孟軻也？」曰：「或告寡人曰：『孟子之後喪逾前喪。』是以不往見也。」曰：「何哉，君所謂逾者？前以士，後以大夫；前以三鼎，而後以五鼎與？」曰：「否。謂棺椁衣衾之美也。」曰：「非所謂逾也，貧富不同也。」樂正子見孟子曰：「克告於君，君爲來見也。嬖人有臧倉者沮君，君是以不果來也。」曰：「行，或使之；止，或尼之。行止，非人所能也。吾之不遇魯侯，天也。臧氏之子焉能使予不遇哉？」

校勘記

〔一〕見《論語·憲問篇》。

孟子公孫丑上

當路章

楊龜山曰：自孟子後，人不敢小管仲，只爲見他不破。近世儒者如荆公，雖知卑管仲，其實亦識他未盡。人若知王良羞與嬖奚乘，「比而得禽獸，雖若丘陵弗爲」之意〔一〕，則管仲自卑不足道。

《路史》曰：賢人君子，國之基址柱石也。桀紂之虐久矣，可以亡矣，然兩賢猶在，三仁未亡，則猶未喪。及一旦去之，基址傾矣，柱石僵矣，堂其能存乎哉？是故《商書》終於微子之命，《夏書》終於女鳩、女方。言賢人君子之去留，社稷存亡之所係也〔二〕。

公孫丑問曰：「夫子當路於齊，管仲、晏子之功，可復許乎？」孟子曰：「子誠齊人也，知管仲、晏子而已矣。或問乎曾西曰：『吾子與子路孰賢？』曾西蹴然曰：『吾先子之所畏也。』曰：『然則吾子與管仲孰賢？』曾西艴然不悦，曰：『爾何曾比予於管仲？管仲得君如彼其專也，行乎國政如彼其久也，功烈如彼其卑也，爾何曾比予於是？』」曰：「管仲、曾西之所不爲也，而子爲我願之乎？」曰：「管仲以其君霸，晏子以其君顯。管仲、晏子猶不足爲與？」曰：「以齊王，由反手也。」曰：「若是，則弟子之惑滋甚。且以文王之德，百年而後崩，猶未洽於天下；武王、周公繼之，然後大行。今言王若易然，則文王不足法與？」曰：「文王何可當也？由湯至於武丁，賢聖之君六七作，天下歸殷久矣，久則難變也。武丁朝諸侯，有天下，猶運之掌也。紂之去武丁未久也，其故家遺俗，流風善政，猶有存者；又有微子、微仲、王子比干、箕子、膠鬲，皆賢人也，相與輔相之，故久而後失之也。尺地，莫非其有也；一民，莫非其臣也；然而文王猶方百里起，是以難也。齊人有言曰：『雖有智慧，不如乘勢；雖有鎡基，不如待時。』今時則易然也：夏后、殷、周之盛，地未有過千里者也，而齊有其地矣。鷄鳴狗吠相聞，而達乎四境，而齊有其民矣。地不改辟矣，民不改聚矣，行仁政而王，莫之能禦也。且王者之不作，未有疏於此時者也。民之憔悴於虐政，未有甚於此時者也。飢者易爲食，渴者易爲飲。孔子曰：『德之流行，速於置郵而傳命。』當今之時，萬乘之國行仁政，民之悦之，猶解倒懸也。故事半古之人，功必倍之，惟此時爲然。」

校勘記

〔一〕見《孟子・滕文公下》。

〔二〕《路史・後記十三下》：「賢人君子其國之基址柱石也歟？桀紂之亂久矣，其可以亡矣，然而兩賢猶在，三仁未去，則猶未至於遽亡。及其一旦釋而去之，基址傾矣，柱石僵矣，堂其能以獨存乎？是故《商書》終於微子之命，而《夏書》終於女鳩、女方，言賢人君子之去就，社稷存亡之所繫也。」

附：置郵而傳命〔一〕

元許白雲曰：馬遞曰置，步遞曰郵。漢制，四馬高足爲置傳，皆君與大夫所乘，其行安舒，故不得不緩。一馬二馬爲軺傳，軍書使命之用，故不得不疾。漢文帝自代來，乘六傳車，取其速也。

校勘記

〔一〕本章孟子原文按《孟子章句集註》歸《當路章》，正文亦因應歸該章，然因張岱自立此題論述，故從之，不加併合，以存原貌。

養氣章

董思白曰：此章叫做養氣，實無一字於氣上討力。通章只是「持志」二字，而持之妙，在「必有事焉」數句。所謂縮者在此，直養者在此，知言者知此，養氣者養此。

北宮黝、孟施舍之勇，俱下個「養」字，亦不得草草看過二子，故均於不動心道中比擬，看下文「又不知曾子」一句，可見腐儒莫大趁口。秦舞陽殺人，莫敢忤視。比至秦庭，變色震恐。只爲胸中見有秦王在，所謂嚴諸侯也。此勇而無養者。

東坡曰：孟子曰：「吾善養吾浩然之氣。」是氣也寓於尋常之中，而塞乎天地之間。卒然遇上，則王公失其貴，晉、楚失其富，良、平失其智，賁、育失其勇，儀、秦失其辯。是孰使之然哉？其必有不依形而立，不恃力而行，不待生而存，不隨死而亡者矣。故在天爲星辰，在地爲河嶽，出則爲鬼神，而明則復爲人。此理之常，無足怪者〔一〕。

丘月林曰：守約不是守這約。約，要也，言所守者得其要也。守得其約，則「守」字活；言守這約，則「守」字死。須辨。

梁無知曰：二「似」字最妙，所謂似是而非也。只爲告子似孟子，恐人誤學脉，故曰：「告子先我不動心。」急欲辨此似處。

楊升庵曰：志之所至，氣必至焉。故至者，至到之至，而非極至之至。次者，次舍之次，而非次第之次也。思水而寒，思火而熱，驚出汗出，哀而淚下，此志至而氣次之驗。「故曰」，原非述古成説，亦非覆證本章，政就自己心脉指言之。乙卯南京元墨只將此二字成一篇妙局。

養氣非求之於氣，知言非求之於言。養氣者養心，知言者知心，此孟子之得於心者也。告子不得而勿求，兩不得處，其心早已動矣。告子只論求不求，孟子只論得不得。

不得於言，勿求於心，是告子。知言以知心，知心以知政事，是孟子。周介生曰：看一「塞」字，到得充斥天地，精神仍是一毫不走散，此是不動心的影像。

氣是先天，道義是後天。先天必合後天而始生，如陰陽伉儷夫婦，配合方有孕誕之理。此言氣配，下言氣生，皆是物也。

朱子曰：集義是養氣丹頭，必有事便是集義的火法。勿正，勿忘，勿助長，正是有事處，非一正一反也。如調琴弦，勿緩勿急；如養丹砂，勿冷勿熱：此義非經生所曉。

養氣須是：錢不妄受，色不妄交，立定根基，方可集義。城市混雜，人氣紛囂，自有一段清真灝氣，一吸一呼，與我默默相應。君子有三戒，正是善養氣法度。自少至老，兢業循理，無少踰越，是爲集義。正、忘、助三項，人俱是求於氣而失之者，若告子則勿求於氣矣。無識者，把告子紐入助、長、內，甚麼相干？

外義、襲義原不同：外義是釋氏，有悍然不顧一切，皆因緣根塵，於性無與之意；襲是桓、文假仁假義之意。向言出類拔萃，孔子與群聖人公共的，不知註曰：「出，高出也。拔，特起也。萃，聚也〔二〕。」群聖人是出民之類，孔子是聚群聖人而又拔乎其萃也。則拔萃宜專屬孔子，方與語氣相合。

公孫丑問曰：「夫子加齊之卿相，得行道焉，雖由此霸王，不異矣。如此，則動心否乎？」孟子曰：「否。我四十不動心。」曰：「若是，則夫子過孟賁遠矣。」曰：「是不難，告子先我不動心。」曰：「不動心，有道乎？」曰：「有。北宮黝之養勇也：不膚撓，不目逃，思以一豪挫於人，若撻之於市朝；不受於褐寬博，亦不受於萬乘之君；視刺萬乘之君，若刺褐夫；無嚴諸侯，惡聲至，必反之。孟施舍之所養勇也，曰：『視不勝，猶勝也；量敵而後進，慮勝而後會，是畏三軍者也。舍豈能爲必勝哉？能無懼而已矣。』孟施舍似曾子，北宫黝似子夏。夫二子之勇，未知其孰賢，然而孟施舍守約也。昔者曾子謂子襄曰：『子好勇乎？吾嘗聞大勇於夫子矣。自反而不縮，雖褐寬博，吾不惴焉；自反而縮，雖千萬人，吾往矣。』孟施舍之守氣，又不如曾子之守約也。」曰：「敢問夫子之不動心與告子之不動心，可得聞與？」「告子曰：『不得於言，勿求於心；不得於心，勿求於氣。』不得於心，勿求於氣，可；不得於言，勿求於心，不可。夫志，氣之帥也；氣，體之充也。夫志至焉，氣次焉，故曰：『持其志，無暴其氣。』」「既曰『志至焉，氣次焉』，又曰『持其志，無暴其氣』者，何也？」曰：「志壹則動氣，氣壹則動志也。今夫蹶者趨者，是氣也，而反動其心。」「敢問夫子惡乎長？」曰：「我知言，我善養吾浩然之氣。」「敢問何謂浩然之氣？」曰：「難言也。其爲氣也，至大至剛，以直養而無害，則塞於天地之間。其爲氣也，配義與道；無是，餒也。是集義所生者，非義襲而取之也。行有不慊於心，則餒矣。我故曰告子未嘗知義，以其外之也。必有事焉，而勿正，心勿忘，勿助長也。無若宋人然。宋人有閔其苗之不長而揠之者，芒芒然歸，謂其人曰：『今日病矣！予助苗長矣！』其子趨而往視之，苗則槁矣。天下之不助苗長者寡矣。以爲無益而舍之者，不耘苗者也；助之長者，揠苗者也。非徒無益，而又害之。」「何謂知言？」曰：「詖辭知其所蔽，淫辭知其所陷，邪辭知其所離，遁辭知其所窮。生於其心，害於其政；發於其政，害於其事。聖人復起，必從吾言矣。」「宰我、子貢善爲説辭，冉牛、閔子、顔淵善言德行。孔子兼之，曰：『我於辭命，則不能也。』然則夫子既聖矣乎？」曰：「惡！是何言也？昔者子貢問於孔子曰：『夫子聖矣乎？』孔子曰：『聖則吾不能，我學不厭而教不倦也。』子貢曰：『學不厭，智也；教不倦，仁也。仁且智，夫子既聖矣。』「夫聖，孔子不居。是何言也？」「昔者竊聞之：子夏、子游、子張，皆有聖人之一體，冉牛、閔子、顔淵，則具體而微，敢問所安？」曰：「姑舍是。」曰：「伯夷、伊尹何如？」曰：「不同道，非其君不事，非其民不使，治則進，亂則退，伯夷也。何事非君，何使非民，治亦進，亂亦進，伊尹也。可以仕則仕，可以止則止，可以久則久，可以速則速，孔子也。皆古聖人也，吾未能有行焉，乃所願，則學孔子也。」「伯夷、伊尹於孔子，若是班乎？」曰：「否。自有生民以來，未有孔子也。」曰：「然則有同與？」曰：「有。得百里之地而君之，皆能以朝諸侯，有天下；行一不義，殺一不辜，而得天下，皆不爲也。是則同。」曰：「敢問其何以異？」曰：「宰我、子貢、有若，智足以知聖人，汙不至阿其所好。宰我曰：『以予觀於夫子，賢於堯舜遠矣。』子貢曰：『見其禮而知其政，聞其樂而知其德，由百世之後，等百世之王，莫之能違也。自生民以來，未有夫子也。』有若曰：『豈惟民哉？麒麟之於走獸，鳳凰之於飛鳥，泰山之於丘垤，河海之於行潦，類也。聖人之於民，亦類也。出於其類，拔乎其萃，自生民以來，未有盛於孔子也。』」

校勘記

〔一〕《蘇東坡集後集·潮州韓文公廟碑》：孟子曰：「吾善養吾浩然之氣」，是氣也，寓於尋常之中，而塞乎天地之間，卒然遇之，則王公失其貴，晉、楚失其富，良、平失其智，賁、育失其勇，儀、秦失其辯。是孰使之然哉？其必有不依形而立，不恃力而行，不待生而行，不隨死而亡者矣。故在天爲星辰，在地爲河嶽，幽則爲鬼神，而明則復爲人。此理之常，無足怪者。

〔二〕《孟子集注》本章注：「出，高出也。拔，特起也。萃，聚也。言自古聖人固皆異於衆人，然未有如孔子之尤盛者。」

王霸章

引《詩》之思服，只證上文心服耳，非又以孔、武作眼。然孔子是德師世的，而自西之《詩》，跟鎬京辟雍來，則是武王亦有盡其作師之責，故致此，「此」，即孔子、武王兩兩對照處。

孟子曰：「以力假仁者霸，霸必有大國；以德行仁者王，王不待大。湯以七十里，文王以百里。以力服人者，非心服也，力不贍也；以德服人者，中心悦而誠服也，如七十子之服孔子也。《詩》云：『自西自東，自南自北，無思不服。』此之謂也。」

仁榮章

焦漪園曰：國家閑暇，可謂無事了，然須存個有事的心。康節子以太平時爲飲酒酩酊、開花離披時候。晦庵子以爲這處去危亡只是一間，要兢兢如捧盤水，方可保得。此明其政刑，所以爲不可緩也。

孟子曰：「仁則榮，不仁則辱；今惡辱而居不仁，是猶惡濕而居下也。如惡之，莫如貴德而尊士，賢者在位，能者在職，國家閒暇，及是時，明其政刑。雖大國，必畏之矣。《詩》云：『迨天之未陰雨，徹彼桑土，綢繆牖户。今此下民，或敢侮予。』孔子曰：『爲此詩者，其知道乎？能治其國家，誰敢侮之？』今國家閒暇，及是時，般樂怠敖，是自求禍也。禍福無不自己求之者。《詩》云：『永言配命，自求多福。』《太甲》曰：『天作孽，猶可違；自作孽，不可活。』此之謂也。」

天吏章

楊升庵曰：氓字從亡，從民，流亡之民也。《周禮》：凡治野以下劑，致氓以田里，安氓以土宜，教氓又立新氓之治，蓋去其本土，而占籍於他國者也〔一〕。陳相自楚至滕，願受一廛而爲氓，是一證〔二〕。

無敵於天下，則不復用兵矣。天吏奉天子民者也，治而教之以復其性，吏之職也。有敵則必戰，戰則必殺戮，溺其職矣。無敵則無戰，牧養咻噢之爲天循良之吏而已。故曰：「無敵於天下者，天吏也。」

孟子曰：「尊賢使能，俊傑在位，則天下之士皆悦，而願立於其朝矣；市廛而不征，法而不廛，則天下之商皆悦，而願藏於其市矣；關譏而不征，則天下之旅皆悦，而願出於其路矣；耕者助而不税，則天下之農皆悦，而願耕於其野矣；廛無夫里之布，則天下之民皆悦，而願爲之氓矣。信能行此五者，則鄰國之民仰之若父母矣。率其子弟，攻其父母，自生民以來未有能濟者也，如此則無敵於天下。無敵於天下者，天吏也。然而不王者，未之有也。」

校勘記

〔一〕《周禮·地官司徒·遂人》：凡治野以下劑，至氓以田里，安氓以樂昏，擾氓以土宜，教氓稼穡以興鋤，利甿以時器，勸氓以强予，任氓以土均平政。

〔二〕《孟子·滕文公上》：有爲神農之言者許行，自楚之滕，踵門而告文公曰：「遠方之人聞君行仁政，願受一廛而爲氓。」（又）陳良之徒陳相與其弟辛負耒耜而自宋之滕，曰：「聞君行聖人之政，是亦聖人也，願爲聖人氓。」按《孟子》原文此「自楚至滕」而又「願受一廛而爲氓」者爲許行，今言陳相，係誤記。

四端章

石竹林曰：石中有火，擊之乃見。今人乍見孺子入井，莫不有怵惕惻隱之心。孟子特於石火見處點之，欲人因擊之火悟火在石中，不擊亦有。

上蔡見明道先生，舉史文成誦，明道謂其玩物喪志，上蔡汗流浹背，面發赤色。明道云：「此便是惻隱之心。」或問：「此分明是羞惡之心，如何見得是惻隱？」朱子曰：「惟有是惻隱之心方會動，惟是先動，方始有羞惡，有辭讓，有是非，動處便是惻隱。若不會動，便不成人。天地生生，未嘗止息，學者只怕間斷了〔一〕。」

辛敞厚於師，背漢事莽，王祥孝於母，叛魏附晉。有是四端而不能充之者與？「然」、「達」二字，不作水火自燃自達，實系然之達之者之力。

火有燈傳，有薪傳。今但曰火者，自其敲石初出時言之也。水有瀾，有濤，今但曰泉者，自其山下初出時言之也。涓涓不塞，將爲江河，熒熒不救，炎炎奈何？燃達之勢，政自不可遏滅。

孟子曰：「人皆有不忍人之心。先王有不忍人之心，斯有不忍人之政矣。以不忍人之心，行不忍人之政，治天下可運之掌上。所以謂人皆有不忍人之心者，今人乍見孺子將入於井，皆有怵惕惻隱之心，非所以内交於孺子之父母也，非所以要譽於鄉黨朋友也，非惡其聲而然也。由是觀之，無惻隱之心，非人也；無羞惡之心，非人也；無辭讓之心，非人也；無是非之心，非人也。惻隱之心，仁之端也；羞惡之心，義之端也；辭讓之心，禮之端也；是非之心，智之端也。人之有是四端也，猶其有四體也。有是四端而自謂不能者，自賊者也；謂其君不能者，賊其君者也。凡有四端於我者，知皆擴而充之矣，若火之始然，泉之始達。苟能充之，足以保四海；苟不充之，不足以事父母。」

校勘記

〔一〕《上蔡先生語録》卷之中：謝上蔡見明道先生，舉史文成誦，明道謂其玩物喪志，上蔡流汗浹背，面發赤色。明道云：「此便見得惻隱之心。」且道上蔡聞得過失慚惶，自是羞惡之心，如何却説得惻隱之心。公試思久之。先生（按指朱熹）曰：「惟是有惻隱之心方會動；若無惻隱之心却不會動。惟是先動了，方始有羞惡，方始有恭敬，方始有是非。動處便是惻隱。若不會動，却不成人。天地之仁生生之理，這些動意未嘗止息，看如何梏亡，亦未嘗盡消滅，自是有時而動，學者只怕間斷了。」

慎術章

「正己而後發」，只對照人役以前不善擇術事；「正己」，即是「反求」。「不中」「不怨」一段，正破當時諸侯好勝忿争之習，如不教梁惠之洒恥而第教以施仁，即「不怨勝己」，「反求諸己」之一證。

孟子曰：「矢人豈不仁於函人哉？矢人惟恐不傷人，函人惟恐傷人。巫匠亦然。故術不可不慎也。孔子曰：『里仁爲美。擇不處仁，焉得智？』夫仁，天之尊爵也，人之安宅也。莫之御而不仁，是不智也。不仁、不智、無禮、無義，人役也。人役而恥爲役，由弓人而恥爲弓，矢人而恥爲矢也。如恥之，莫如爲仁。仁者如射：射者正己而後發；發而不中，不怨勝己者，反求諸己而已矣。」

樂善章

一「舍己」也，由樂舍己之過，舜樂舍己之善；一「從人」也，禹樂從乎賢人，舜樂從乎衆人，故曰「大舜大焉」。

徐子卿曰：嚴印持言方孟旋妙解書旨，如言「舍己」，往時只説個舍己，不是大舜之舍己，如凡人施一粒一絲，不知龐居士投百萬水中襟度也〔一〕。余云：「龐居士之視百萬，原只一絲一粒。」嚴云：「大鵬之與斥鷃，寧無分别？」余云：「分别者，人之視大鵬斥鷃耳。安知大鵬之自視非至小，而斥鷃之自視非至大乎？」

孟子曰：「子路，人告之以有過，則喜。禹聞善言，則拜。大舜有大焉，善與人同，舍己從人，樂取於人者。自耕、稼、陶、漁以至爲帝，無非取於人者。取諸人以爲善，是與人爲善者也。故君子莫大乎與人爲善。」

校勘記

〔一〕見《南村輟耕録》卷十九。

夷惠章

顧九疇曰：夷、惠原不從由人得來，不由「隘」與「不恭」，正由不屑之神也。魯男子之善學柳下惠，政如此。

「隘」、「不恭」是二聖極得力處，若有人由得，便不成「隘」，不成「不恭」，此是劈開千古議論。

聖人作用，龍藏蛇説，虎假狐皮。伯夷清，非絶俗，柳下員，不破觚。「隘」與「不恭」，解蛻脱皮，質不在是耳。故千古下得一不由之君子，而二聖皆活矣。

孟子曰：「伯夷，非其君，不事；非其友，不友。不立於惡人之朝，不與惡人言；立於惡人之朝，與惡人言，如以朝衣朝冠坐於涂炭。推惡惡之心，思與鄉人立，其冠不正，望望然去之，若將浼焉。是故諸侯雖有善其辭命而至者，不受也。不受也者，是亦不屑就已。柳下惠不羞污君，不卑小官；進不隱賢，必以其道；遺佚而不怨，阨窮而不憫。故曰：『爾爲爾，我爲我，雖袒裼裸裎於我側，爾焉能浼我哉？』故由由然與之偕而不自失焉，援而止之而止。援而止之而止者，是亦不屑去已。」孟子曰：「伯夷隘，柳下惠不恭，君子不由也。」

校勘記

〔一〕魯男子善學柳下惠事見《孔子家語·好生》。

孟子公孫丑下

天時章

宋羽皇曰：環攻不勝中已見人和方不能勝，不然，便如今日之開門延敵矣。中心悅服曰「助」，就本國之民言。中心願歸曰「順」，就天下之民言。服遍天下，則助遍天下矣，故曰「至」。

孟子曰：「天時不如地利，地利不如人和。三里之城，七里之郭，環而攻之而不勝。夫環而攻之，必有得天時者矣，然而不勝者，是天時不如地利也。城非不高也，池非不深也，兵革非不堅利也，米粟非不多也，委而去之，是地利不如人和也。故曰：域民不以封疆之界，固國不以山溪之險，威天下不以兵革之利。得道者多助，失道者寡助。寡助之至，親戚畔之；多助之至，天下順之。以天下所順，攻親戚之所畔，故君子有不戰，戰必勝矣。」

將朝章

黃貞父曰：非堯舜之道不敢陳，是臣敬君，故不敢；湯於尹，桓於仲，不敢召，是君敬臣，故不敢，方是個「君臣主敬」。孟子並引伊尹、管仲，便恐落了自己地步。至此又將管仲掃倒，政了我非堯舜之道不陳意。通章總是孟子敬王，不是傲王。

孟子將朝王，王使人來曰：「寡人如就見者也，有寒疾，不可以風。朝將視朝，不識可使寡人得見乎？」對曰：「不幸而有疾，不能造朝。」明日，出吊於東郭氏。公孫丑曰：「昔者辭以病，今日吊，或者不可乎？」曰：「昔者疾，今日愈，如之何不吊？」王使人問疾，醫來。孟仲子對曰：「昔者有王命，有采薪之憂，不能造朝。今病小愈，趨造於朝，我不識能至否乎？」使數人要於路，曰：「請必無歸，而造於朝！」不得已而之景丑氏宿焉。景子曰：「内則父子，外則君臣，人之大倫也。父子主恩，君臣主敬。丑見王之敬子也，未見所以敬王也。」曰：「惡！是何言也！齊人無以仁義與王言者，豈以仁義爲不美也？其心曰：『是何足與言仁義也』云爾，則不敬莫大乎是。我非堯舜之道不敢以陳於王前，故齊人莫如我敬王也。」景子曰：「否。非此之謂也。《禮》曰：『父召，無諾；君命召，不俟駕。』固將朝也，聞王命而遂不果，宜與夫禮若不相似然。」曰：「豈謂是與？曾子曰：『晉楚之富，不可及也。彼以其富，我以吾仁；彼以其爵，我以吾義，吾何慊哉？』夫豈不義而曾子言之？是或一道也。天下有達尊三：爵一，齒一，德一。朝廷莫如爵，鄉黨莫如齒，輔世長民莫如德。惡得有其一以慢其二哉？故將大有爲之君，必有所不召之臣；欲有謀焉，則就之，其尊德樂道，不如是，不足與有爲也。故湯之於伊尹，學焉而後臣之，故不勞而王；桓公之於管仲，學焉而後臣之，故不勞而霸。今天下地醜德齊，莫能相尚。無他，好臣其所教，而不好臣其所受教。湯之於伊尹，桓公之於管仲，則不敢召。管仲且猶不可召，而況不爲管仲乎？」

辭餽章

孟子道既不行於齊，安肯復受其問餽？孟子此意亦不明言，第曰「未有處」，又曰「不可以貨取」，其意隱隱可思。「未有處」全重自家説，不重小人。蓋小人儘有貨利來交，假托名義者。若只靠他有辭，便墮其雲霧中矣。

陳臻問曰：「前日於齊，王餽兼金一百，而不受；於宋，餽七十鎰而受；於薛，餽五十鎰而受。前日之不受是，則今日之受非也；今日之受是，則前日之不受非也。夫子必居一於此矣。」孟子曰：「皆是也。當在宋也，予將有遠行，行者必以贐，辭曰：『餽贐。』予何爲不受？當在薛也，予有戒心，辭曰：『聞戒，故爲兵餽之。』予何爲不受？若於齊，則未有處也。無處而餽之，是貨之也。焉有君子而可以貨取乎？」

平陸章

當時宋神宗行新法何等嚴切，鮮于侁上不害法，中不廢親，下不傷民，人以爲難〔一〕。程子亦謂賢者所當盡力之時，寬一分則民受一分之賜，奈何紛紛去位？由此觀之，爲政不可拘於法，而一切諉之不得爲也。一命之士苟存心於愛物，於人必有所濟；若一切諉之於不得爲，則君亦何賴於爾，民亦何賴於爾哉！

孟子之平陸，謂其大夫曰：「子之持戟之士，一日而三失伍，則去之否乎？」曰：「不待三。」「然則子之失伍也亦多矣。凶年饑歲，子之民，老羸轉於溝壑，壯者散而之四方者，幾千人矣。」曰：「此非距心之所得爲也。」曰：「今有受人之牛羊而爲之牧之者，則必爲之求牧與芻矣。求牧與芻而不得，則反諸其人乎？抑亦立而視其死與？」曰：「此則距心之罪也。」他日見於王曰：「王之爲都者，臣知五人焉。知其罪者，惟孔距心。」爲王誦之。王曰：「此則寡人之罪也。」

校勘記

〔一〕《史綱評要·宋紀》：侁既爲副使，部民不請青苗錢。安石遣吏詰之。侁曰：「青苗之法，願取則與，民自不願，豈能强之哉。」蘇軾稱侁，上不害法，中不廢親，下不傷民。

蚳鼃章

蚳鼃聞孟子言，不得不諫；諫而不用，不得不去。面折廷諍，去就截然，政是孟子善爲鼃處，亦是孟子善用鼃以善王處。

孟子謂蚳鼃曰：「子之辭靈丘而請士師，似也，爲其可以言也。今既數月矣，未可以言與？」蚳鼃諫於王而不用，致爲臣而去。齊人曰：「所以爲蚳鼃則善矣，所以自爲則吾不知也。」公都子以告。曰：「吾聞之也：有官守者，不得其職則去；有言責者，不得其言則去。我無官守，我無言責也，則吾進退，豈不綽綽有餘裕哉？」

弔滕章

王陽明曰：聖賢待人亦有時而委曲，有道未嘗不直也。若已爲君子而使人爲小人，亦非仁人忠恕惻怛之心。孔孟於群小，渾然不露圭角者，政是不使他爲小人耳，此所以爲仁聖哉！

孟子爲卿於齊，出吊於滕，王使蓋大夫王驩爲輔行。王驩朝暮見，反齊滕之路，未嘗與之言行事也。公孫丑曰：「齊卿之位，不爲小矣；齊滕之路，不爲近矣，反之而未嘗與言行事，何也？」曰：「夫既或治之，予何言哉？」

止嬴章

充虞之問，逾喪之議所由來矣。「無財，不可爲悦」句，政隱隱道父喪之薄抱恨於終天意。今之有財，即「自齊」二字可見。亦是子輿現身辟墨處。

子思之母死於衛，柳若謂子思曰：「子，聖人之後也，四方於子乎觀禮，子盍慎諸？」子思曰：「吾何慎哉？吾聞之，有其禮無其財，君子弗行也；有其禮，有其財，無其時，君子弗行也。吾何慎哉？」孟子厚葬其母，是子思家法。

孟子自齊葬於魯，反於齊，止於嬴。充虞請曰：「前日不知虞之不肖，使虞敦匠事。嚴，虞不敢請。今願竊有請也：木若以美然。」曰：「古者棺椁無度，中古棺七寸，椁稱之。自天子達於庶人，非直爲觀美也。然後盡於人心。不得，不可以爲悦；無財，不可以爲悦。得之爲有財，古之人皆用之，吾何爲獨不然？且比化者無使土親膚，於人心獨無校乎？吾聞之君子，不以天下儉其親。」

沈同章

燕私授受，齊私征伐，厥罪維均。以燕伐燕，如山之案。總見堯舜湯武，天下後世，都是假不得的。

沈同以其私問曰：「燕可伐與？」孟子曰：「可。子噲不得與人燕，子之不得受燕於子噲。有仕於此，而子悅之，不告於王而私與之吾子之祿爵；夫士也，亦無王命而私受之於子，則可乎？何以異於是？」齊人伐燕。或問曰：「勸齊伐燕，有諸？」曰：「未也。沈同問『燕可伐與』，吾應之曰『可』，彼然而伐之也。彼如曰：『孰可以伐之？』則將應之曰：『爲天吏，則可以伐之。』今有殺人者，或問之曰：『人可殺與？』則將應之曰：『可。』彼如曰：『孰可以殺之？』則將應之曰：『爲士師，則可以殺之。』今以燕伐燕，何爲勸之哉？」

謝象三曰：沈同私問，方開釁於事前；陳賈請解，更飾非於事後，此皆長君逢君之罪人也。合上章來，總是明揚齊臣罪狀處，其比擬不倫，不可得解，又弗論。

燕畔章

燕人畔。王曰：「吾甚慚於孟子。」陳賈曰：「王無患焉。王自以爲與周公孰仁且智？」王曰：「惡！是何言也？」曰：「周公使管叔監殷，管叔以殷畔。知而使之，是不仁也；不知而使之，是不智也。仁智，周公未之盡也，而況於王乎？賈請見而解之。」見孟子，問曰：「周公何人也？」曰：「古聖人也。」曰：「使管叔監殷，管叔以殷畔也，有諸？」曰：「然。」曰：「周公知其將畔而使之與？」曰：「不知也。」「然則聖人且有過與？」曰：

「周公，弟也；管叔，兄也。周公之過，不亦宜乎？且古之君子，過則改之；今之君子，過則順之。古之君子，其過也如日月之食，民皆見之，及其更也，民皆仰之。今之君子，豈徒順之，又從爲之辭。」

致臣章

齊王不用孟子，而但以利禄相羈。齊臣驚萬鍾，而轉展相告，則是君臣師友之間，皆有市心矣。故孟子有龍斷之論。

叔疑使子弟爲卿，如若士衍《邯鄲》傳奇，至盧生病篤，上表乞恩，猶視作鍾繇楷法。身到黄河，猶熱中若此。

孟子致爲臣而歸。王就見孟子，曰：「前日願見而不可得，得侍同朝，甚喜；今又棄寡人而歸，不識可以繼此而得見乎？」對曰：「不敢請耳，固所願也。」他日，王謂時子曰：「我欲中國而授孟子室，養弟子以萬鍾，使諸大夫國人皆有所矜式。子盍爲我言之！」時子因陳子而以告孟子，陳子以時子之言告孟子。孟子曰：「然。夫時子惡知其不可也？如使予欲富，辭十萬而受萬，是爲欲富乎？季孫曰：『異哉子叔疑！使已爲政，不用，則亦已矣，又使其子弟爲卿。人亦孰不欲富貴？而獨於富貴之中有私龍斷焉。』古之爲市者，以其所有易其所無者，有司者治之耳。有賤丈夫焉，必求龍斷而登之，以左右望，而罔市利。人皆以爲賤，故從而征之。征商自此賤丈夫始矣。」

宿晝章

安泄柳、申詳之人，尚在繆公之側。此人既無王命，但來孟子前空致慇懃，不特不及子思，並不及申泄矣。此意未破。

陳眉公曰：「孟子去齊，宿於晝」，當作「晝」。《史記》田單聞晝邑王蠋賢，劉熙註：「晝音獲，齊西南近邑〔一〕。」後漢耿弇討張步，進兵晝中，遂攻臨淄，即此可知〔二〕。

孟子去齊，宿於晝。有欲爲王留行者，坐而言。不應，隱几而卧。客不悦曰：「弟子齊宿而後敢言，夫子卧而不聽，請勿復敢見矣。」曰：「坐！我明語子。昔者魯繆公無人乎子思之側，則不能安子思；泄柳、申詳無人乎繆公之側，則不能安其身。子爲長者慮，而不及子思。子絶長者乎？長者絶子乎？」

校勘記

〔一〕《史記·田單列傳》：燕之初入齊，聞晝邑人王蠋賢。《集解》引劉熙曰：「齊西南近邑，晝音獲。」

〔二〕《後漢書·耿弇傳》：「時張步都劇……弇進軍晝中，居二城之間。……至期夜半，弇勑諸將皆蓐食，會明至臨淄城。」注：「晝中，邑名也。晝音胡參反。故城在今西安城東南。有弇水，因名焉。」

尹士章

蚳鼃急去，不爲王用也；孟子緩去，猶欲用王也。看來不是孟子要用王，只要用齊耳。觀《當路章》，真心已露〔一〕。「王由足用爲善」是句假話，莫認真。且易牛一事，是宣王足用爲善。此是湣王，人多錯認。

孟子去齊。尹士語人曰：「不識王之不可以爲湯武，則是不明也。識其不可然且至，則是干澤也。千里而見王，不遇故去，三宿而後出晝，是何濡滯也？士則茲不悦。」高子以告。曰：「夫尹士惡知予哉？千里而見王，是予所欲也，不遇故去，豈予所欲哉？予不得已也，予三宿而出晝，於予心猶以爲速，王庶幾改之！王如改諸，則必反予。夫出晝而王不予追也，予然後浩然有歸志。予雖然，豈舍王哉！王由足用爲善，王如用予，則豈徒齊民安，天下之民舉安。王庶幾改之！予日望之，予豈若是小丈夫然哉？諫於其君而不受，則怒，悻悻然見於其面，去則窮日之力而後宿哉？」尹士聞之，曰：「士誠小人也。」

校勘記

〔一〕蚳鼃事見《孟子·公孫丑下·蚳鼃章》。《當路章》在《孟子·公孫丑上》。

名世章

若據題面，只是有王者必有名世而已。不知「其間」兩字，正指王者雖生而風雲未合時言之，特爲拈出。

「必有名世」，爲生於其時，定不寂寞。蕭、曹、絳、灌，雲興霧隱，識者已知是地之有真人矣。有名世，無有不遇王者之理。

孟子去齊，充虞路問曰：「夫子若有不豫色然。前日虞聞諸夫子曰：『君子不怨天，不尤人。』」曰：「彼一時，此一時也。五百年必有王者興，其間必有名世者。由周而來，七百有餘歲矣。以其數，則過矣；以其時考之，則可矣。夫天未欲平治天下也；如欲平治天下，當今之世，舍我其誰也？吾何爲不豫哉？」

居休章

此是宿晝三章補義。人見孟子去齊之時，尚且遲迴如此，則居齊時，不言可想矣。豈知一見便有去志，是先見之明；去志終不變，是不回之守。此其所以爲孟子。

或問：一見思去，又何出晝之遲遲？沈無回曰：聖賢之救亂世，如慈母之救病子，有一分未絕，亦不肯放手，便是孔子「知其不可爲而爲之」之家法。

孟子去齊，居休。公孫丑問曰：「仁而不受禄，古之道乎？」曰：「非也；於崇，吾得見王，退而有去志，不欲變，故不受也。繼而有師命，不可以請。久於齊，非我志也。」

孟子滕文公上

性善章

一部《孟子》，無一句不是道性善，却於滕世子一句提宗，如震霆破睡，摘衣珠以貸貧，喚醒千古生人面目。「若藥不瞑眩」，分明把父兄、百官、許行、陳相等事先參破了也。「瞑眩」，猶言作梗。天下事大率多如此。

滕文公爲世子，將之楚，過宋而見孟子。孟子道性善，言必稱堯舜。世子自楚反，復見孟子。孟子曰：「世子疑吾言乎？夫道一而已矣。成覸謂齊景公曰：『彼，丈夫也；我，丈夫也。吾何畏彼哉？』顔淵曰：『舜，何人也？予何人也？有爲者亦若是。』公明儀曰：『文王，我師也；周公豈欺我哉？』今滕，絶長補短，將五十里也，猶可以爲善國。《書》曰：『若樂不瞑眩，厥疾不瘳。』」

自盡章

魯文公禫制未終而思娶，宣公喪未期年而逆女，魯至文、宣蓋凡幾世矣，故知不行三年之喪者，非周公制也。《志》言「從先祖」，立法之祖也，而後人則以壞法之祖爲祖矣。曰「有所受」，其受之誰乎？

滕定公薨，世子謂然友曰：「昔者孟子嘗與我言於宋，於心終不忘。今也不幸至於大故，吾欲使子問於孟子，然後行事。」然友之鄒問於孟子，孟子曰：「不亦善乎！親喪固所自盡也。曾子曰：『生，事之以禮；死，葬之以禮，祭之以禮，可謂孝矣。』諸侯之禮，吾未之學也；雖然，吾嘗聞之矣。三年之喪，齊疏之服，飦粥之食，自天子達於庶人，三代共之。」然友反命，定爲三年之喪。父兄百官皆不欲，曰：「吾宗國魯先君莫之行，君先君亦莫之行也，至於子之身而反之，不可。且《志》曰：『喪祭從先祖。』曰：『吾有所受之也。』」謂然友曰：「吾他日未嘗學問，好馳馬試劍。今也父兄百官不我足也，恐其不能盡於大事，子爲我問孟子。」然友復之鄒問孟子。孟子曰：「然。不可以他求者也。孔子曰：『君薨，聽於冢宰，歠粥，面深墨，即位而哭，百官有司莫敢不哀，先之也。』上有好者，下必有甚焉者矣。君子之德，風也；小人之德，草也。草尚之風，必偃。是在世子。」然友反命。世子曰：「然。是誠在我。」五月居廬，未有命戒。百官族人可，謂曰知。及至葬，四方來觀之，顔色之戚，哭泣之哀。弔者大悦。

井田章

徐儆弦曰：圭田是禄外之禄，所以厚其臣。餘夫是田外之田，所以厚其民。五十畝者，準百畝而中分之也；二十五畝者，準百畝而四析之也。皆起於井田之制也。

譜而弈，弈秋弗是也；方而藥，盧扁弗是也；執圖册而行井田，聖人弗是也。奕在着先，藥在方外，聖人之精神，離法而寄於法者也。離法則法活矣，不離法則法死矣。

滕文公問爲國。孟子曰：「民事不可緩也。《詩》云：『晝爾于茅，宵爾索綯。亟其乘屋，其始播百穀。』民之爲道也，有恒産者有恒心，無恒産者無恒心。苟無恒心，放辟邪侈，無不爲已。及陷乎罪，然後從而刑之，是罔民也。焉有仁人在位，罔民而可爲也？是故賢君必恭儉禮下，取於民有制。陽虎曰：『爲富不仁矣，爲仁不富矣。』夏后氏五十而貢，殷人七十而助，周人百畝而徹，其實皆什一也。徹者，徹也。助者，藉也。龍子曰：『治地莫善於助，莫不善於貢。』貢者，校數歲之中以爲常。樂歲粒米狼戾，多取之而不爲虐，則寡取之；凶年，糞其田而不足，則必取盈焉。爲民父母，使民盻盻然，將終歲勤動，不得以養其父母，又稱貸而益之，使老稚轉乎溝壑，惡在其爲民父母也？夫世禄，滕固行之矣。《詩》云：『雨我公田，遂及我私。』惟助爲有公田。由此觀之，雖周亦助也。設爲庠序學校以教之。庠者，養也。校者，教也。序者，射也。夏曰校，殷曰序，周曰庠，學則三代共之，皆所以明人倫也。人倫明於上，小民於親下。有王者起，必來取法，是爲王者師也。《詩》云：『周雖舊邦，其命維新。』文王之謂也。子力行之，亦以新子之國！」使畢戰問井地。孟子曰：「子之君將行仁政，選擇而使子，子必勉之！夫仁政，必自經界始。經界不正，井地不均，穀禄不平，是故暴君汙吏必慢其經界。經界既正，分田制禄，可坐而定也。夫滕，壤地褊小，將爲君子焉，將爲野人焉。無君子莫治野人，無野人莫養君子。請野九一而助，國中什一使自賦。卿以下必有圭田，圭田五十畝，餘夫二十五畝。死徙無出鄉，鄉田同井，出入相友，守望相助，疾病相扶持，則百姓親睦。方里而井，井九百畝，其中爲公田。八家皆私百畝，同養公田，公事畢，然後敢治私事，所以别野人也。此其大略也。若夫潤澤之，則在君與子矣。」

并耕章

許行亦不是尋常人，尋出一開天劈地的聖人出來，不惟欲壓倒時君，政欲壓倒堯、舜、周公、仲尼。

許行始托神農君民并耕之説，欲齊人也，而不知有大小之等，不可以相兼；繼托神農市價不二之説，欲齊物也，而不知物有精粗之殊，不可以畫一。

「有大人之事」一句，是闢并耕一章冒頭：下面堯舜用心，都在此處藏着，着不得一實語。大人不直是君，孟子自視亦一大人。

五倫首父子，而此處乃首君臣，正以大人小人之分，素明於唐虞。韓求仲云：有親有義等，如云因其自然之意，此間不重此時，洪荒初闢，人亦未必盡開等竅，聖人揭之使有耳。

馮開之曰：「以天下與人易」二句，劉緡雲説「與人」，直是委託之意。此二句猶言付托天下不難，付托得人爲難，此説絶佳。

「惠」、「忠」二字，吾不欲説壞，蓋此亦是所得之一人一事，稷契足以當之，合之總成堯舜之仁者耳。

江漢秋陽，是曾子分明指出聖人心印不與人俱没者。我輩瞻事如生，不必求諸音容笑貌之似也。題意如此，若有若之不如，何須較量也。特爲拈出。

王龍溪曰：江漢秋陽，只形容得曾子的孔子；東山泰山，只形容得孟子的孔子。楊維斗云：江漢秋陽不作比擬，直從聖人心中寫出一片潔白光明氣象。釋氏所云「佛身清浄似琉璃」，於此可參。

《樗齋漫録》云人知堯以天下與舜，舜以天下與禹。夫天下者，天下人之天下也。堯以天下擇君，以不得舜爲己憂；得舜而天下治，是堯以舜與天下，非以天下與舜也。舜爲天下擇君，以不得禹爲己憂；得禹而天下治，是舜以禹與天下，非以天下與禹也。故曰：「爲天下得人者，謂之仁〔二〕。」

有爲神農之言者許行，自楚之滕，踵門而告文公曰：「遠方之人聞君行仁政，願受一廛而爲氓。」文公與之處。其徒數十人，皆衣褐，捆屨、織席以爲食。陳良之徒陳相與其弟辛，負耒耜而自宋之滕，曰：「聞君行聖人之政，是亦聖人也，願爲聖人氓。」陳相見許行而大悦，盡棄其學而學焉。陳相見孟子，道許行之言曰：「滕君則誠賢君也。雖然，未聞道也。賢者與民并耕而食，饔飧而治。今也滕有倉廩府庫，則是厲民而以自養也，惡得賢？」孟子曰：「許子必種粟而後食乎？」曰：「然。」「許子必織布而後衣乎？」曰：「否。許子衣褐。」「許子冠乎？」曰：「冠。」曰：「奚冠？」曰：「冠素。」曰：「自織之與？」曰：「否。以粟易之。」曰：「許子奚爲不自織？」曰：「害於耕。」「許子以釜甑爨，以鐵耕乎？」曰：「然。」「自爲之與？」曰：「否。以粟易之。」「以粟易械器者，不爲厲陶冶，陶冶亦以其械器易粟者，豈爲厲農夫哉？且許子何不爲陶冶，舍皆取諸其宮中而用之？何爲紛紛然與百工交易？何許子之不憚煩？」曰：「百工之事固不可耕且爲也。」「然則治天下獨可耕且爲與？有大人之事，有小人之事。用一人之身，而百工之所爲備，如必自爲而用之，是率天下而路也。故曰：或勞心，或勞力。勞心者治人，勞力者治於人。治於人者食人，治人者食於人：天下之通義也。當堯之時，天下猶未平，洪水横流，氾濫於天下，草木暢茂，禽獸繁殖，五穀不登，禽獸偪人，獸蹄鳥迹之道交於中國。堯獨憂之，舉舜而敷治焉。舜使益掌火，益烈山澤而焚之，禽獸逃匿。禹疏九河，瀹濟漯而注諸海，決汝漢，排淮泗而注之江，然後中國可得而食也。當是時也，禹八年於外，三過其門而不入，雖欲耕，得乎？后稷教民稼穡，樹藝五穀；五穀熟而民人育。人之有道也，飽食、暖衣、逸居而無教，則近於禽獸。聖人有憂之，使契爲司徒，教以人倫：父子有親，君臣有義，夫婦有別，長幼有序，朋友有信。放勳曰：『勞之來之，匡之直之，輔之翼之，使自得之，又從而振德之。』聖人之憂民如此，而暇耕乎？堯以不得舜爲己憂，舜以不得禹、皋陶爲己憂。夫以百畝之不易爲己憂者，農夫也。分人以財謂之惠，教人以善謂之忠，爲天下得人者謂之仁。是故以天與人易，爲天下得人難，孔子曰：『大哉堯之爲君！惟天爲大，惟堯則之，蕩蕩乎民無能名焉！君哉舜也！巍巍乎有天下而不與焉！』堯舜之治天下，豈無所用其心哉？亦不用於耕耳。吾聞用夏變夷者，未聞變於夷者也。陳良，楚産也，悦周公、仲尼之道，北學於中國。北方之學者，未能或之先也。彼所謂豪傑之士也。子之兄弟事之數十年，師死而遂倍之！昔者孔子没，三年之外，門人治任將歸，入揖於子貢，相嚮而哭，皆失聲，然後歸。子貢反，築室於場，獨居三年，然後歸。他日，子夏、子張、子游以有若似聖人，欲以所事孔子事之，强曾子。曾子曰：『不可。江漢以濯之，秋陽以暴之，皓皓乎不可尚已。』今也南蠻鴃舌之人，非先王之道，子倍子之師而學之，亦異於曾子矣。吾聞出於幽谷遷於喬木者，未聞下喬木而入於幽谷者。《魯頌》曰：『戎狄是膺，荆舒是懲。』周公方且膺之，子是之學，亦爲不善變矣。」「從許子之道，則市賈不貳，國中無僞；雖使五尺之童適市，莫之或欺。布帛長短同，則賈相若；麻縷絲絮輕重同，則賈相若；五穀多寡同，則賈相若；屨大小同，則賈相若。」曰：「夫物之不齊，物之情也，或相倍蓰，或相什伯，或相千萬。子比而同之，是亂天下也。巨屨小屨同賈，人豈爲之哉？從許子之道，相率而爲僞者也。惡能治國家？」

校勘記

〔一〕此條本眉批，今移入正文。

墨者章

孟子接引人只就他明處通，不直言其非，亦不説道理，到底只動其心，就彼破彼，極妙！

姚承庵曰：上世之委親於壑，非忍棄之也。禮制未起，不曉如何殯葬，没奈何姑置諸此。他日過之，亦其已置不忍忘處。

當時治墨者鄧陵、相里、相夫三家。自宋銒、尹文皆有書，而墨分爲五，且其徒禽滑釐之屬，嘗三百人而治國用兵，天下難爲亞。墨氏亦號多才，其羽翼甚盛。「其顙有泚」，即「一本」天真呈露處，最好識認。「非爲人泚」者，天也。嵇康云：「服藥求汗，未必得汗。愧情一集，則泚然流離。」即是此意。世人皆以禮爲僞，而不知葬禮起於顙泚。顙泚者，天也，「一本」故也。

鍾伯敬曰：「夷子憮然」，言下有五體墮地，涕泣悲悔光景在。不第受孟子之命，直是自得其「一本」真心也。

墨者夷之因徐辟而求見孟子。孟子曰：「吾固願見，今吾尚病，病愈，我且往見。夷子不來！」他日，又求見孟子。孟子曰：「吾今則可以見矣。不直，則道不見；我且直之。吾聞夷子，墨者。墨之治喪也，以薄爲其道也。夷子思以易天下，豈以爲非是而不貴也？然而夷子葬其親厚，則是以所賤事親也。」徐子以告夷子。夷子曰：「儒者之道，古之人若保赤子，此言何謂也？之則以爲愛無差等，施由親治。」徐子以告孟子。孟子曰：「夫夷子信以爲人之親其兄之子爲若親其鄰之赤子乎？彼有取爾也。赤子匍匐將入井，非赤子之罪也。且天之生物也，使之一本，而夷子二本故也。蓋上世嘗有不葬其親者，其親死，則舉而委之於壑。他日過之，狐狸食之，蠅蚋姑嘬之，其顙有泚，睨而不視。夫泚也，非爲人泚，中心達於面目，蓋歸反虆梩而掩之。掩之誠是也，則孝子仁人之掩其親，亦必有道矣。」徐子以告夷子。夷子憮然爲間曰：「命之矣。」

陳代章

尹和靖曰：有枉尺直尋之心，則必至於枉尋直尺矣。此身一枉，如喬嶽坐隳，不能分寸，安問尋尺？「亦可爲與」是詰語，亦是跌語，下得極圓。

陳代曰：「不見諸侯，宜若小然；今一見之，大則以王，小則以霸。且《志》曰：『枉尺而直尋』，宜若可爲也。」孟子曰：「昔齊景公田，招虞人以旌，不至，將殺之。志士不忘在溝壑，勇士不忘喪其元。孔子奚取焉？取非其招不往也。如不待其招而往，何哉？且夫『枉尺而直尋』者，以利言也。如以利，則枉尋直尺而利，亦可爲與？昔者趙簡子使王良與嬖奚乘，終日而不獲一禽。嬖奚反命曰：『天下之賤工也。』或以告王良。良曰：『請復之。』强而後可，一朝而獲十禽。嬖奚反命曰：『天下之良工也。』簡子曰：『我使掌與女乘。』謂王良。良不可，曰：『吾爲之範我馳驅，終日不獲一；爲之詭遇，一朝而獲十。《詩》云：「不失其馳，舍矢如破。」我不貫與小人乘，請辭。』御者且羞與射者比，比而得禽獸，雖若丘陵弗爲也。如枉道而從彼，何也？且子過矣，枉己者，未有能直人者也。」

妾婦章

春秋一代仕宦，孔子只題兩字曰「斗筲」。戰國一時利達，孟子只題兩字曰「妾婦」。非是聖賢輕世，亦是當時人物體質如此。

景春曰：「公孫衍、張儀豈不誠大丈夫哉？一怒而諸侯懼，安居而天下熄。」孟子曰：「是焉得爲大丈夫乎？子未學禮乎？丈夫之冠也，父命之；女子之嫁也，母命之，往送之門，戒之曰：『往之女家，必敬必戒，無違夫子！』以順爲正者，妾婦之道也。居天下之廣居，立天下之正位，行天下之大道。得志，與民由之；不得志，獨行其道。富貴不能淫，貧賤不能移，威武不能屈，此之謂大丈夫。」

周霄章

杜靜臺曰：「『未嘗不欲仕』，雖與『鑽穴隙』對説，然願字、賤字，出於父母國人的心；欲字、惡字，出於君子自家的心。非爲怕人賤惡而然也，全要得孟子不見諸侯本意。

周霄問曰：「古之君子仕乎？」孟子曰：「仕。《傳》曰：『孔子三月無君，則皇皇如也，出疆必載質。』公明儀曰：『古之人三月無君，則吊。』」「三月無君則吊，不以急乎？」曰：「士之失位也，猶諸侯之失國家也。《禮》曰：『諸侯耕助，以共粢盛；夫人蠶繅，以爲衣服。犧牲不成，粢盛不潔，衣服不備，不敢以祭。惟士無田，則亦不祭。』牲殺、器皿、衣服不備，不敢以祭，則不敢以宴，亦不足吊乎？」「出疆必載質，何也？」曰：「士之仕也，猶農夫之耕也；農夫豈爲出疆舍其耒耜哉？」曰：「晉國亦仕國也，未嘗聞仕如此其急。仕如此其急也，君子之難仕，何也？」曰：「丈夫生而願爲之有室，女子生而願爲之有家，父母之心，人皆有之。不待父母之命，媒妁之言，鑽穴隙相窺，逾牆相從，則父母國人皆賤之。古之人未嘗不欲仕也，又惡不由其道。不由其道而往者，與鑽穴隙之類也。」

傳食章

「於此有人焉」一句，極重。蓋吾道值大明之時，即繩趨尺步，不見所繫之重，今異端蜂起，邪説横流，此乾坤何等時節？乃有人焉起而擔當世教，其功之大何如？

彭更問曰：「後車數十乘，從者數百人，以傳食於諸侯，不以泰乎？」孟子曰：「非其道，則一簞食不可受於人；如其道，則舜受堯之天下，不以爲泰，子以爲泰乎？」曰：「否。士無事而食，不可也。」曰：「子不通功易事，以羨補不足，則農有餘粟，女有餘布；子如通之，則梓匠輪輿皆得食於子。於此有人焉，入則孝，出則悌，守先王之道，以待後之學者，而不得食於子。子何尊梓匠輪輿，而輕爲仁義者哉？」曰：「梓匠輪輿，其志將以求食也；君子之爲道也，其志亦將以求食與？」曰：「子何以其志爲哉？其有功於子，可食而食之矣。且子食志乎？食功乎？」曰：「食志。」曰：「有人於此，毀瓦畫墁，其志將以求食也，則子食之乎？」曰：「否。」曰：「然則子非食志也，食功也。」

宋國章

征伐是王政，然要有王者實心，順天應人，不得已而用。宋王偃滅滕伐薛，敗齊楚魏之兵，求伯勝於天下，乃區區不鼓不禽，謂是王政，如何不動齊楚之師！

萬章問曰：「宋，小國也，今將行王政，齊楚惡而伐之，則如之何？」孟子曰：「湯居亳，與葛爲鄰，葛伯放而不祀，湯使人問之曰：『何爲不祀？』曰：『無以供犧牲也。』湯使遺之牛羊。葛伯食之，又不以祀。湯又使人問之曰：『何爲不祀？』曰：『無以供粢盛也。』湯使亳衆往爲之耕，老弱饋食。葛伯率其民，要其有酒食黍稻者奪之，不授者殺之。有童子以黍肉餉，殺而奪之。《書》曰：『葛伯仇餉。』此之謂也。爲其殺是童子而征之，四海之内皆曰：『非富天下也，爲匹夫匹婦復讎也。』『湯始征，自葛載』，十一征而無敵於天下。東面而征，西夷怨；南面而征，北狄怨，曰：『奚爲後我？』民之望之，若大旱之望雨也。歸市者弗止，芸者不變，誅其君，弔其民，如時雨降。民大悦。《書》曰：『徯我后，后來其無罰！』『有攸不惟臣，東征，綏厥士女，匪厥玄黃，紹我周王見休，惟臣附於大邑周。』其君子實玄黃于匪以迎其君子，其小人簞食壺漿以迎其小人，救民于水火之中，取其殘而已矣。《大誓》曰：『我武惟揚，侵于之疆，則取于殘，殺伐用張，于湯有光。』不行王政云爾，苟行王政，四海之内皆舉首而望之，欲以爲君。齊楚雖大，何畏焉？」

善王章

薛居州善力亦不大，故須左右夾輔。若論古名臣：太甲改德，一伊尹；高宗中興，一傅説。止藉一人旋轉，何在衆士薰陶？

孟子謂戴不勝曰：「子欲子之王之善與？我明告子。有楚大夫于此，欲其子之齊語也，則使齊人傅諸？使楚人傅諸？」曰：「使齊人傅之。」曰：「一齊人傅之，衆楚人咻之，雖日撻而求其齊也，不可得矣；引而置之莊嶽之間數年，雖日撻而求其楚，亦不可得矣。子謂薛居州，善士也，使之居于王所。在於王所者，長幼卑尊皆薛居州也，王誰與爲不善？在王所者，長幼卑尊皆非薛居州也，王誰與爲善？一薛居州，獨如宋王何？」

夏畦章

「由是觀之」，通上段干木等。孔子及曾子、子路之言皆在内。「君子之所養」，孟子自言己意亦在其中。

公孫丑問曰：「不見諸侯何義？」孟子曰：「古者不爲臣不見，段干木逾垣而辟之，泄柳閉門而不内，是皆已甚；迫，斯可以見矣。陽貨欲見孔子而惡無禮，大夫有賜於士，不得受於其家，則往拜其門。陽貨瞰孔子之亡也，而饋孔子蒸豚；孔子亦瞰其亡也，而往拜之。當是時，陽貨先，豈得不見？曾子曰：『脅肩諂笑，病于夏畦。』子路曰：『未同而言，觀其色赧赧然，非由之所知也。』由是觀之，則君子之所養可知已矣。」

攘雞章

「知」字極重，只是知之不切，故猶然可待。若知火者，决不蹈火；知水者，决不溺水。知之真也。

戴盈之曰：「什一，去關市之征，今茲未能，請輕之以待來年，然後已，何如？」孟子曰：「今有人日攘其鄰之鷄者，或告之曰：『是非君子之道。』曰：『請損之，月攘一鷄，以待來年，然後已。』如知其非義，斯速已矣，何待來年？」

好辯章

天地生生，不但治爲生，即亂亦爲生。蓋治之生，是順而生；亂之生是逆而生，是以聖人曰：「蠱，元亨也。」

韓求仲云：布衣作《春秋》，何異處士横議；處士横議，正是藉口聖人，此治胎亂也。及横議矣，孟子又以議論救之，此亂胎治也。一治一亂，括盡世界。

張南軒曰：驅虎豹犀象而遠之，放蛇龍於菹，不是將來俱滅絶了；防之，毋令爲民害而已。此並生之意。

袁了凡曰：《春秋》因魯史以明天子之法，猶禹承堯命以治水，周公相成王以撥亂，所行者莫非天子之事，故曰「天子之事也」。

孟子只自任距楊墨，首曰仁義，便是闢楊墨大端。一書，無非説仁義，道性善。性，仁義所出也，楊墨終不能自外本性。

以罪我爲懼，此義原根《左傳序》來，然聖人爲萬世定大公案，却脱不得一「懼」字，如堯舜開闢鴻濛，脱不得一「警」字。此理可思。

《春秋》一書義例繁多，使聖人之意反晦。如云「殺君名君，君有罪也」等語，必非作者之意也。今直曰「亂臣賊子懼」，所謂無不是之君父也。此義既明，則亂賊自少矣。

公都子曰：「外人皆稱夫子好辯，敢問何也？」孟子曰：「予豈好辯哉？予不得已也。天下之生久矣，一治一亂。當堯之時，水逆行，泛濫於中國，蛇龍居之，民無所定；下者爲巢，上者爲營窟。《書》曰：『洚水警余。』洚水者，洪水也。使禹治之。禹掘地而注之海，驅蛇龍而放之菹。水由地中行，江淮河漢是也。險阻既遠，鳥獸之害人者消，然後人得平土而居之。堯舜既没，聖人之道衰，暴君代作，壞宫室以爲汙池，民無所安息；棄田以爲園囿，使民不得衣食。邪説暴行又作，園囿、污池、沛澤多而禽獸至。及紂之身，天下又大亂。周公相武王，誅紂伐奄，三年討其君，驅飛廉於海隅而戮之，滅國者五十，驅虎豹犀象而遠之，天下大悦。《書》曰：『丕顯哉，文王謨！丕承哉，武王烈！佑啓我後人，咸以正無缺。』世衰道微，邪説暴行有作，臣殺其君者有之，子殺其父者有之。孔子懼，作《春秋》。《春秋》，天子之事也。是故孔子曰：『知我者，其惟《春秋》乎！罪我者，其惟《春秋》乎！』聖王不作，諸侯放恣，處士横議，楊朱、墨翟之言盈天下。天下之言不歸楊，則歸墨。楊氏爲我，是無君也；墨氏兼愛，是無父也。無父無君，是禽獸也。公明儀曰：『庖有肥肉，廄有肥馬；民有飢色，野有餓莩：此率獸而食人也。』楊、墨之道不息，孔子之道不著，是邪説誣民，充塞仁義也。仁義充塞，則率獸食人，人將相食。吾爲此懼，閑先聖之道，距楊、墨，放淫辭，邪説者不得作。作於其心，害於其事；作於其事，害於其政。聖人復起，不易吾言矣。昔者禹抑洪水而天下平，周公兼夷狄，驅猛獸而百姓寧，孔子成《春秋》而亂臣賊子懼。《詩》云：『戎狄是膺，荆舒是懲，則莫我敢承。』無父無君，是周公所膺也。我亦欲正人心，息邪説，距詖行，放淫辭，以承三聖者，豈好辯哉？予不得已也。能言距楊、墨者，聖人之徒也。」

巨擘章

方孟旋曰：說者謂陳氏篡齊，則世家之禄爲不義，仲子避之，亦恥食周粟意也。故孟子以爲巨擘，不説他不廉，只説他驕，便知天地間不可無此人。

孔子在衛，而不言衛事；孟子在齊，而不言齊事。亦是孔門家法。匡章，齊人。秦假道韓魏以攻齊，齊威王使章將而應之，與秦交和而舍，使者數相往來，章爲變其徽幟，而使秦君，候者言章以齊入秦，威王不應。頃，候者復言，威王復不應，有司請曰：「言章之罪者，異人而同辭，王何不發將而擊之？」王曰：「此不叛寡人明矣，曷爲而擊之！」頃，聞齊兵大勝，秦兵大敗，於是秦稱西藩之臣而謝於齊。左右曰：「何以知之？」曰：「章子之母啓得罪其父，其父殺之而埋於馬棧之下。吾使章子將也，勉之曰：『夫子全兵而還，必更葬將軍之母。』對曰：『臣非不能更葬臣母也。臣之母得罪臣之父，臣之父未命而死。夫不得父命而更葬母，是欺死父也，故不敢。』夫爲人子而不欺死父，豈爲人臣欺生君哉！〔一〕」

陳仲子，字子終，楚王遣使持金百鎰，聘以爲相。仲子曰：「僕有箕箒之婦，請入計。」乃謂妻曰：「今日爲相，明日結駟連騎，食方於前。」妻曰：「左琴右書，樂在其中矣。結駟連騎，所安不過容膝；食方丈於前，所甘不過一肉。今以容膝之安，一肉之味，而懷楚國之憂，恐先生不保命也。」仲子乃相與逃去，爲人灌園〔二〕。

匡章曰：「陳仲子豈不誠廉士哉？居於陵，三日不食，耳無聞，目無見也。井上有李，螬食實者過半矣，匍匐往，將食之，三咽，然後耳有聞，目有見。」孟子曰：「於齊國之士，吾必以仲子爲巨擘焉。雖然，仲子惡能廉？充仲子之操，則蚓而後可者也。夫蚓，上食槁壤，下飲黄泉。仲子所居之室，伯夷之所築與？抑亦盗跖之所築與？所食之粟，伯夷之所樹與？抑亦盗跖之所樹與？是未可知也。」曰：「是何傷哉？彼身織屨，妻辟纑，以易之也。」曰：「仲子，齊之世家也，兄戴，蓋禄萬鍾。以兄之禄爲不義之禄而不食也，以兄之室爲不義之室而不居也，辟兄離母，處於於陵。他日歸，則有饋其兄生鵝者，已頻顣曰：『惡用是鶂鶂者爲哉？』他日，其母殺是鵝也，與之食之。其兄自外至，曰：『是鶂鶂之肉也。』出而哇之。以母則不食，以妻則食之；以兄之室則弗居，以於陵則居之：是尚爲能充其類也乎？若仲子者，蚓而後充其操者也。」

校勘記

〔一〕《戰國策·齊一》：秦假道韓、魏以攻齊，齊威王使章子將而應之。與秦交和而舍，使者數相往來，章子爲變其徽章，以雜秦軍。候者言章子以齊入秦，威王不應。頃之間，候者復言章子以齊兵降秦，威王不應。而此者三。有司請曰：「言章子之敗者，異人而同辭。王何不發將而擊之？」王曰：「此不叛寡人明矣，曷爲擊之！」頃間，言齊兵大勝，秦軍大敗，於是秦王拜西藩之臣而謝於齊。左右曰：「何以知之？」曰：「章子之母啓得罪其父，其父殺之而埋馬棧之下。吾使章子將也，勉之曰：『夫子之强，全兵而還，必更葬將軍之母。』對曰：『臣非不能更葬先妾也。臣之母啓得罪臣之父，臣之父未教而死。夫不得父之教而更葬母，是欺死父也。故不敢。』夫爲人子而不敢欺死父，豈爲人臣欺生君哉？」

〔二〕皇甫謐《高士傳》卷中：陳仲子者，齊人也。其兄戴爲齊卿，食禄萬鍾。仲子以爲不義，將妻子適楚，居於陵，自謂於陵仲子，窮不苟求，不義之食不食……楚王聞其賢，欲以爲相，遣使持金百鎰至於陵，聘仲子，仲子入謂妻曰：「楚王欲以我爲相，今日爲相，明日結駟連騎，食方丈於前，意可乎？」妻曰：「夫子左琴右書，樂在其中矣。結駟連騎，所安不過容膝，食方丈於前，所甘不過一肉，今以容膝之安，一肉之味，而懷楚國之憂，亂世多害，恐先生不保命也。」於是出謝使者，遂相與逃去，爲人灌園。

孟子離婁上

離婁章

别處論政多重心，此獨重法，以當時諸侯蔑視井田學校等法是也。要知法者，心之寄也，心與法固自離不得。

方子春云：道揆有員活意，法守有一定意，所謂君主員，臣主方也。徐子卿曰：怕痛怕癢，反成個不痛不癢，何如爽爽俐俐説個從法，説個不能自行，只管瞻前顧後，將燈影摇曳則甚！

孟子曰：「離婁之明，公輸子之巧，不以規矩，不能成方員；師曠之聰，不以六律，不能正五音；堯舜之道，不以仁政，不能平治天下。今有仁心仁聞，而民不被其澤，不可法於後世者，不行先王之道也。故曰：徒善不足以爲政，徒法不能以自行。《詩》云：『不愆不忘，率由舊章。』遵先王之法而過者，未之有也。聖人既竭目力焉，繼之以規矩準繩，以爲方員平直，不可勝用也；既竭耳力焉，繼之以六律，正五音，不可勝用也；既竭心思焉，繼之以不忍人之政，而仁覆天下矣。故曰：爲高必因丘陵，爲下必因川澤；爲政不因先王之道，可謂智乎！是以惟仁者宜在高位。不仁而在高位，是播其惡於衆也。上無道揆也，下無法守也，朝不信道，工不信度，君子犯義，小人犯刑，國之所存者幸也。故曰：城郭不完，兵甲不多，非國之災也；田野不辟，貨財不聚，非國之害也。上無禮，下無學，賊民興，喪無日矣。《詩》曰：『天之方蹶，無然泄泄。』泄泄，猶沓沓也。事君無義，進退無禮，言則非先王之道者，猶沓沓也。故曰：責難於君謂之恭，陳善閉邪謂之敬，吾君不能謂之賊。」

規矩章

張侗初曰：何謂「規矩，方員之至，聖人，人倫之至？」至則有神明變化之義，未易爲尋常守株者言也。往史玉池先生教余曰：「學問要有規矩。」此言政合。韓求仲云：「皆法」是交法其合二者，而法之要始盡。仲昭謂一人而法堯舜，猶一物而備規矩。靈思妙想。

千古以來，堯舜得有幾人？一不如堯舜，便降爲幽厲賊臣，反易開人以不肖之路，又無以處夫湯武以下諸君。陳大士有文曰：「吾不責其如堯，責其法堯而已矣；吾不責其如舜，責其法舜而已矣。法堯舜而至，則堯舜也；法堯舜而不至，則爲君猶不失湯武與太甲、成王之諸君也，爲臣猶不失伊周與仲虺、君陳之諸臣也。何者？其人非堯舜之人，而其道固堯舜所以事君，所以治民之道也。一誤其趨，遂有慢君賊臣之號，可不慎與！」此言名通。

孟子曰：「規矩，方員之至也；聖人，人倫之至也。欲爲君盡君道，欲爲臣盡臣道，二者皆法堯舜而已矣。不以舜之所以事堯事君，不敬其君者也；不以堯之所以治民治民，賊其民者也。孔子曰：『道二，仁與不仁而已矣。』暴其民甚，則身弒國亡；不甚，則身危國削。名之曰『幽』『厲』，雖孝子慈孫，百世不能改也。《詩》云：『殷鑒不遠，在夏后之世。』此之謂也。」

三代章

張元岵曰：首二句側重失上。見祖宗得之以仁者，其子孫即失之以不仁，可見決不可不仁的。有警醒人意。

東坡曰：「霸之於王也，猶兄之於父也。聞天下之父嘗有曰堯者，而曰必堯而後父，少不若堯而降爲兄，則瞽鯀懼至僕妾焉，天下將有降父而至於僕妾者，無怪也。從章子之説者，其弊固至於此也[二]。」與大士之言可參。

孟子曰：「三代之得天下也以仁，其失天下也以不仁。國之所以廢興存亡者亦然。

天子不仁，不保四海；諸侯不仁，不保社稷；卿大夫不仁，不保宗廟；士庶人不仁，不保四體。今惡死亡而樂不仁，是猶惡醉而强酒。」

校勘記

〔一〕語出《蘇東坡集·後正統論之三》。

反求章

張侗初曰：鉤曲之形，無繩直之影；參差之上，無整齊之下；化本在我，不由於彼。故管子曰：君子繩繩乎慎其所先。明乎物之性者必以其類來也，我不先而求物之來，豈物之性哉！然則「反求」「自求」之旨深矣。

「愛人」、「禮人」、「治人」，原不從人上用心，故「自反」時亦只是返心自問。蓋人爲心鑑，形自妍醜，鑑也何尤？作如是觀，方成「反」義。

大全註云：「永言配命」是常思量要合道理，亦是無間斷意。

孟子曰：「愛人不親，反其仁；治人不治，反其智；禮人不答，反其敬。行有不得者皆反求諸己，其身正而天下歸之。《詩》云：『永言配命，自求多福。』」

恒言章

「天下國家」，是懸空一句説話，定要説出它實際；是籠統一句説話，定要説出他首尾；是極没要緊一句説話，定要説出它直恁關係。所以省察恒言，是聖賢極大學問。

孟子曰：「人有恒言，皆曰『天下國家』。天下之本在國，國之本在家，家之本在身。」

巨室章

戰國時巨室與春秋不同。春秋時巨室如齊、韓、趙、魏，皆屬世卿，其人皆有雄材大略，其志不至於得國不已。若戰國孟嘗、平原諸輩，崇務虚名，收養游士；不過游揚煽動，内懾君長，外張浮譽，本無才略，不足防慮，而用之亦足以收名、致遠、交隣、動衆。是以田文相而齊安；無忌興而魏强。巨室與國勢相爲終始。無有大故，可輕自摇動哉？

齊之田裳，晉之趙盾，魯之三家，輕犯其鋒，皆有烈禍，巨室之不可輕動若此。以孔子之聖，計墮三都而孟氏不肯墮成，而卒以出走，可望之它人乎？

孟子曰：「爲政不難，不得罪於巨室。巨室之所慕，一國慕之；一國之所慕，天下慕之，故沛然德教溢乎四海。」

順天章

張侗初曰：明聖興而威福一，乃天與以安天下之資。群雄起而禍亂生，亦天與以争天下之資。所謂天授非人力，意正如此。

裴晉公曰：韓弘輿疾討賊，承宗斂手削地，非朝廷之力能置其死命，特以處置得宜，能服其心故爾。此是一證。

孟子曰：「天下有道，小德役大德，小賢役大賢；天下無道，小役大，弱役强。斯二者，天也。順天者存，逆天者亡。齊景公曰：『既不能令，又不受命，是絶物也。』涕出而女於吴。今也小國師大國，而恥受命焉，是猶弟子而恥受命於先師也。如恥之，莫若師文王。師文王，大國五年，小國七年，必爲政於天下矣。《詩》云：『商之孫子，其麗不億。上帝既命，侯于周服。侯服于周，天命靡常。殷士膚敏，祼將于京。』孔子曰：『仁不可爲衆也。夫國君好仁，天下無敵。』今也欲無敵於天下而不以仁，是猶執熱而不以濯也。《詩》云：『誰能執熱，逝不以濯？』」

自取章

孺子二節，全爲不仁者不可與言作對照。「有」字要發見。無言則已，有，則邇言亦所當察矣。「自取」意是孔子以己意尋繹出來，孺子政未必有此意在。如郢人發書，誤書舉燭，而燕相國用以舉賢、退不肖，與此一例〔二〕。此歌原是楚謡，今人都竟作孺子之歌，非是。

世間禍福，未有不以清濁爲之取者。清者必明於事機之將然；濁者必惛於事勢之已然。

孟子曰：「不仁者可與言哉？安其危而利其菑，樂其所以亡者。不仁而可與言，則何亡國敗家之有？有孺子歌曰：『滄浪之水清兮，可以濯我纓；滄浪之水濁兮，可以濯我足。』孔子曰：『小子聽之！清斯濯纓，濁斯濯足矣。自取之也。』夫人必自侮，然後人侮之；家必自毀，而後人毀之；國必自伐，而後人伐之。《太甲》曰：『天作孽，猶可違；自作孽，不可活。』此之謂也。」

校勘記

〔一〕見《韓非子·外儲説左上》。

歸仁章

嶺南多毒，而有金蛇白藥以治毒；湖南多氣，而有薑橘茱萸以治氣。魚鱉螺蜆治濕氣，而生於水；麝香羚羊治石毒，而生於山。蓋有是病，即生是藥；有是亂，即生是人。蓋不蓄，則自不得也，所以不重艾而重蓄艾之人。

前引「執熱」，此引「胥溺」，總見天下如火益熱、如水益深意。

孟子曰：「桀紂之失天下也，失其民也；失其民者，失其心也。得天下有道，得其民，斯得天下矣；得其民有道，得其心，斯得民矣；得其心有道，所欲與之聚之，所惡勿施爾也。民之歸仁也，猶水之就下，獸之走壙也。故爲淵驅魚者，獺也；爲叢驅爵者，鸇也；爲湯、武驅民者，桀與紂也。今天下之君有好仁者，則諸侯皆爲之驅矣。雖欲無王，不可得已。今之欲王者，猶七年之病求三年之艾也。苟爲不畜，終身不得。苟不志於仁，終身憂辱，以陷於死亡。《詩》云：『其何能淑，載胥及溺。』此之謂也。」

暴棄章

此爲戰國之人君言。以爲迂遠而闊於事情者，即自暴也；吾昏不能進於是者，即自棄也。

孟子曰：「自暴者，不可與有言也；自棄者，不可與有爲也。言非禮義，謂之自暴也；吾身不能居仁由義，謂之自棄也。仁，人之安宅也；義，人之正路也。曠安宅而弗居，舍正路而不由，哀哉！」

「哀哉」與賈生之痛哭流涕同。

親長章

親長之道明，則凡爲人父兄者，皆與人主共治天下矣。故其道最爲易簡。

艾千子曰：此章原爲立教治世者説，非自爲學而過焉也。即楊墨申商以其説治天下之徒。人人親親長長而天下平，即所謂制田里，教樹畜，導其妻子，使養其老，入以事其父兄，出以事其長上之事。非就親長之人言，乃就教親長之治言也。從來作者，皆不及也。

孟子曰：「道在邇而求諸遠，事在易而求之難，人人親其親，長其長，而天下平。」

思誠章

此章全與《中庸》同。《中庸》於誠之者處，猶有擇善、固執、博學、篤行等功夫，而此但以「思誠」二字盡之，尤爲簡切。

孟子曰：「居下位而不獲於上，民不可得而治也。獲於上有道，不信於友，弗獲於上矣。信於友有道，事親弗悦，弗信於友矣。悦親有道，反身不誠，不悦於親矣。誠身有道，不明乎善，不誠其身矣。是故誠者，天之道也；思誠者，人之道也。至誠而不動者，未之有也；不誠，未有能動者也。」

大老章

《野乘》曰：問二老同歸文王，一則爲鷹揚之烈，一則爲叩馬之諫，何其不同也？曰：太公是憫當世之無君，而救之切；伯夷是恐後日之無君，而慮之深。《鶴林玉露》曰：太公進而以功業濟世，伯夷退而以名節勵世。二老各爲世間辦一大事〔一〕。可謂不負文王所養矣。

此言文王之政能致天下之歸，見文王「爲政於天下」處。善養，特就政中指言之，與《盡心·辟紂章》專言養老者不同。

宣廟經筵進講此章。上曰：「伯夷、太公皆處海濱而歸文王，及武王伐紂，一佐之，一扣馬而諫，何以所見不同？」儒臣對曰：「太公以救民爲心，伯夷以君臣爲重。」上曰：「太公之心在當時，伯夷之心在萬世，無非爲天下生民計也。」

孟子曰：「伯夷避紂，居北海之濱，聞文王作，興曰：『盍歸乎來！吾聞西伯善養老者。』太公辟紂，居東海之濱，聞文王作，興曰：『盍歸乎來！吾聞西伯善養老者。』二老者，天下之大老也，而歸之，是天下之父歸之也。天下之父歸之，其子焉往？諸侯有行文王之政者，七年之内，必爲政於天下矣。」

校勘記

〔二〕《鶴林玉露》卷十二《伯夷太公》條：太公之鷹揚，伯夷之叩馬，道並行不相悖也。太公處東海之濱，進而以功業濟世；伯夷處北海之濱，退而以名節勵世。二老者，天下之大老也，故各爲世間辦一大事，可謂無負文王之所養矣。

善戰章

此章論善戰之罪，而以富國起語，所以甚善戰之罪也。首節是例，次節是案，末節是斷。

董是彝曰：土地闢，田野治，則有慶；辟草萊，任土地者，則次上刑。孟子論人功罪，只原其心。蓋治地而主於利民，則守國之功可以論；治地而主於利國，則殃民之罪不可逃。

孟子曰：「求也爲季氏宰，無能改於其德，而賦粟倍他日，孔子曰：『求非我徒也，小子鳴鼓而攻之可也。』由此觀之，君不行仁政而富之，皆棄於孔子者也。況於爲之强戰？争地以戰，殺人盈野；争城以戰，殺人盈城。此所謂率土地而食人肉，罪不容於死也。故善戰者服上刑，連諸侯者次之，辟草萊、任土地者次之。」

眸子章

張南軒曰：學者讀此，非獨可得觀人之法，並可得檢身之要。私心邪氣，頃刻不可有。一有於中，而昭昭然不容掩矣。可懼哉！

宋羽皇曰：既觀眸子，又何説聽言？蓋「知言」是孟子大學問，必聽其言之若何，而後觀其眸子，乃可知其或蔽、或陷、或離、或窮，其不正者在何處，非籠統説個「不正」而已。有聖賢之心，方可以行摘發之事。如韓子一有竊鈇之疑，聲音笑貌無非竊鈇者矣。自用聰明，妄入人罪，貽害無窮，皆以孟氏此言借爲口實，可不慎乎？

孟子曰：「存乎人者，莫良於眸子。眸子不能掩其惡。胸中正，則眸子瞭焉；胸中不正，則眸子眊焉。聽其言也，觀其眸子，人焉廋哉？」

恭儉章

侮奪人之君，既行其實，又欲搶其名，假借恭儉，狐蒙虎皮。故孟子把聲音笑貌窮其所托，亦只是要世主以真心行此恭儉耳。《書》曰：「恭儉惟德，無載爾僞〔一〕。」正與此相發。

孟子曰：「恭者不侮人，儉者不奪人。侮奪人之君，惟恐不順焉，惡得爲恭儉？恭儉豈可以聲音笑貌爲哉！」

校勘記

〔一〕語出《尚書·周官》。

援溺章

楊復所曰：天下溺於邪説，孟子以仁義援之；天下溺於功利，孟子以正道援之。此正時時以道援天下處。默運其權，非若手援之可以跡見也。末句語氣如云：子欲手援天下，纔是援乎？正要髡思吾道之所以援天下處，非如俗徒手之説。

李崆峒曰：髡問男女授受之禮，而舉嫂叔者，何也？禮嫂叔無服，又不通問。斯別之又別，嫌之又嫌者。髡真辯雄哉！大抵戰國横議堅白，非孟子不能破。

淳于髡曰：「男女授受不親，禮與？」孟子曰：「禮也。」曰：「嫂溺，則援之以手乎？」

曰：「嫂溺不援，是豺狼也。男女授受不親，禮也；嫂溺援之以手者，權也。」曰：「今天下溺矣，夫子之不援，何也？」曰：「天下溺，援之以道；嫂溺，援之以手。子欲手援天下乎？」

教子章

沈無回曰：古者易子而教之，不得已，爲不肖子慮也。若上智中材，則傳曰：「愛子，教之以義方，弗納於邪〔一〕。」父亦未嘗不教。

韓求仲云：孔子之教伯魚，未聞其易子也。周公之撻伯禽，未聞其勢不行也。易子而教，終是爲不肖子說法。

弇州云：《問服章》可以示君，不可以示臣。《責善章》可以示父〔二〕，不可以示子。

謝太傅云：吾嘗自教兒。深得教子之法。

公孫丑曰：「君子之不教子，何也？」孟子曰：「勢不行也。教者必以正；以正不行，繼之以怒，則反夷矣。『夫子教我以正，夫子未出於正也。』則是父子相夷也。父子相夷，則惡矣。古者易子而教之，父子之間不責善。責善則離，離則不祥莫大焉。」

校勘記

〔一〕《左傳·隱公三年》：「臣聞愛子，教之以義方，弗納於邪。」

〔二〕《責善章》即《教子章》。

養志章

當時屈身仕禄如毛義捧檄之類，皆曰：「吾爲養親計耳。」不知一失其身，便辱其親，又安能事親？苟能承順親志，即如曾子尋常日用間，亦可以承歡，故曰：「事親若曾子者可也。」

陳眉公曰：《康誥》「如保赤子〔一〕」，心誠求之。大約父母之於赤子，無一件不是養志的；人子報父母却只養口體，此心何安？即如曾子養曾晳，比之三家村老嫗養兒，十分尚不及一，所以僅稱得個「可」。

曾子每讀《喪禮》，泣下沾襟曰：往而不可還者親也。子欲養而親不待，是故椎牛而祭，不如鷄豚之逮親存也。初，吾爲吏，禄不及釜，尚欣欣而喜者，非以爲多也，樂其逮親也。既没之後，吾嘗南游於楚，得尊官焉，猶北面而涕泣者，非爲賤也，悲不逮吾親也〔二〕。

曾參後母遇參無恩，供養不衰；其妻蒸藜不熟，因出之。人曰：「非七出也。」參曰：「蒸藜，小物耳，而不用命，況大事乎？」遂出之。其子曾元請再娶，曾子曰：「高宗以後妻殺孝已；尹吉甫以後妻放伯奇。吾上不及高宗，下不及吉甫，庸能免於非乎？」遂終身不娶〔三〕。

孟子曰：「事，孰爲大？事親爲大。守，孰爲大？守身爲大。不失其身而能事其親者，吾聞之矣；失其身而能事其親者，吾未之聞也。孰不爲事？事親，事之本也；孰不爲守？守身，守之本也。曾子養曾晳，必有酒肉；將徹，必請所與；問有餘，必曰：『有。』曾晳死，曾元養曾子，必有酒肉；將徹，不請所與；問有餘，曰：『亡矣。』將以復進也。此所謂養口體者也。若曾子，則可謂養志也。事親若曾子者，可也。」

校勘記

〔一〕《書·康誥》：「若保赤子，惟民其康乂。」

〔二〕《韓詩外傳》卷七第七章：曾子曰：「往而不可還者親也，至而不可加者年也。是故孝子欲養，而親不待也，木欲直，而時不待也。是故椎牛而祭墓，不如雞豚逮親存也。故吾嘗仕齊爲吏，祿不過鍾釜，尚猶欣欣而喜者，非以爲多也，樂其逮親也。既没之後，吾嘗南游於楚，得尊官焉，堂高九仞，轉轂百乘，猶北鄉而泣涕者，非爲賤也，悲不逮吾親也。故家貧親老，不擇官而仕。」

〔三〕《孔子家語·七十二弟子解》：參後母遇之無恩而供養不衰，及其妻以藜蒸不熟，因出之。人曰：「非七出也。」曾子曰：「藜蒸小物耳，吾欲使熟而不用吾命，況大事乎？」遂出之，終身不娶妻。其子元請焉，告其子曰：「高宗以後妻殺孝己，尹吉甫以後妻放伯奇。吾上不及高宗，中不比吉甫，庸知其得免於非乎？」

格非章

「格君心之非」，絶無工夫；工夫全在自己爲大人。大人者，居仁由義，正己而物正者也。君仁君義，俱從大人來。

昔孟子三見齊王而不言事，門人疑之。孟子曰：「我先攻其邪心，心既正，而後天下之事可從而理也。」可想格君之義。

孟子曰：「人不足與適也，政不足與間也，惟大人爲能格君心之非。君仁，莫不仁；君義，莫不義；君正，莫不正。一正君而國定矣。」

毀譽章

二「有」字要着意。「有」者，間有之而世不盡然也。如此説方斟酌。斥松爲樗，何損於材；譽蕕爲蘭，不掩其臭。故毀譽之加諸己也，君子必自省；其施諸人也，君子必不輕。

王陽明曰：毀譽久之自見，未有能掩其實者。王通以無辨止毀，良是。「不虞之譽」，爲驟得而自喜者坊也。「求全之毀」，爲聞穢而輕信者坊也。兩意自別，傳註中亦不及此。

孟子曰：「有不虞之譽，有求全之毀。」

易言章

「責」，任也，任内難盡，任外易言。《韓非子》有「言者，必責之以事」，即此意。諺曰：錢不出家言「與之」，病不着身言「忍之」。

有如今之言邊事者，即責之以禦虜；今之言流寇者，即責之以殺賊，豈不甚難？清夜思之，在言路者，得不三捫其舌？

孟子曰：「人之易其言也，無責耳矣。」

人師章

孔子曰：如垤而進，吾與之；如丘而止，吾已矣。今學曾未如疣贅，則具然欲爲人師。

孟子曰：「人之患在好爲人師。」

樂正章

孟子敘此「來見」一段，全在「克有罪」一句，以表樂正子之勇，絶不覆藏其過。

樂正子從於子敖之齊。樂正子見孟子。孟子曰：「子亦來見我乎？」曰：「先生何爲出此言也？」曰：「子來幾日矣？」曰：「昔者。」曰：「昔者，則我出此言也，不亦宜乎？」曰：「舍館未定。」曰：「子聞之也，舍館定，然後求見長者乎？」曰：「克有罪。」

餔啜章

失足王驩，不好明說，只把「餔啜」二字，小立罪名。若認真「餔啜」爲正子實情，不啻癡人説夢。

孟子謂樂正子曰：「子之從於子敖來，徒餔啜也。我不意子學古之道而以餔啜也。」

猶告章

惟柳下惠可以坐懷，惟舜可以不告。君子必原其至情，方可略其形跡。故達權者，聖也；守經者，賢也。

孟子曰：「不孝有三，無後爲大。舜不告而娶，爲無後也，君子以爲猶告也。」

仁實章

仁、實、禮、樂所包甚廣，專指事親從兄，故謂之「實」，猶《論語》「本立而道生」之「本」耳〔一〕。若不括其餘而言之，則非仁之實，仁之事而已。疏此章意者，皆當思此。

王龍谿曰：手舞足蹈而不自知，是樂到忘處；樂至於忘，始爲真樂，故曰「至樂無樂」。

周海門曰：次節言「知」，而又言「不知」；知而不知，不知而知，此即孩提稍長之知，亦即聖不可知之知，無有二也。

徐子卿曰：或問義主於敬，敬莫先從兄，此義云何？余云：本文只説「從兄」，何曾説「敬」？且如孟子云長知敬兄，斯義畢竟未妥，不如「從」字之妙。蓋仁者包覆無外，而其實在元初一點不可分析處。故曰「事親是也」。義者宰制天下，而其實在自己不去逆亂。夫畢幼者，生來血性，初與世故交錯，此時正用逆之端倪，而兄涉同儕尤易逆之機竅，若長幼有序，而天下之條理得矣。故曰「從兄是也」。

孟子曰：「仁之實，事親是也；義之實，從兄是也；智之實，知斯二者弗去是也；禮之實，節文斯二者是也；樂之實，樂斯二者，樂則生矣；生則惡可已也，惡可已，則不知足之蹈之、手之舞之。」

校勘記

〔一〕《論語·學而》：「君子務本，本立而道生。」

厎豫章

羅仲素論「瞽瞍厎豫而天下之爲父子者定」，云只爲天下無不是底父母。了翁聞而善之曰：唯如此，而後天下之爲父子者定。彼臣弑其君，子弑其父，常見有不是處耳。《易》曰：「臣弑其君，子弑其父，非一朝一夕之故也，其所繇來者漸矣。繇辨之不蚤辨也。」〔一〕亦是此意。

孟子曰：「天下大悦而將歸己，視天下悦而歸己，猶草芥也，惟舜爲然。不得乎親，不可以爲人；不順乎親，不可以爲子。舜盡事親之道而瞽瞍厎豫，瞽叟厎豫而天下化，瞽叟厎豫而天下之爲父子者定，此之謂大孝。」

校勘記

〔一〕見《易·坤卦》。「辨」作「辯」。

孟子離婁下

符節章

馬君常曰：讀此知《平世章》不單指禹、稷、顏淵，《武城章》不單指曾子、子思。會得聖賢真符節，則節節皆活。

末節「揆」字，註訓爲「度」，「言度之而其道無不同〔一〕」，是我去揆度二聖，非也。「揆」，乃二聖得志所行之根宗處，今言政府謂之「揆地」。孟子言「上無道揆」〔二〕，「揆」字皆同。

孟子曰：「舜生於諸馮，遷於負夏，卒於鳴條，東夷之人也。文王生於岐周，卒於畢郢，西夷之人也。地之相去也，千有餘里；世之相後也，千有餘歲。得志行乎中國，若合符節，先聖後聖，其揆一也。」

校勘記

〔一〕《四書集注》本章朱熹注：「言度之而其道無不同也。」

〔二〕《孟子·離婁上·離婁章》：「上無道揆也，下無法守也，朝不信通，工不信度，君子犯義，小人犯刑，國之所存者幸也。」

溱洧章

只論爲政大體，借子產作案。

孟子譏「濟人」，即孔子惜樊纓之意，原不止爲一事。

子產爲政，作田賦，鑄刑書，其猛如火。孔子特表之曰：「古之遺愛〔一〕。」子產，衆人之母，惠而不知爲政，特地説出他一段慈祥愷弟，與民同患之意，此是孔子表微處。子產是夫子極得意人。子產治鄭，與夫子治魯，發令之始，不得不尚嚴毅。故輿人之誦，與麛裘之謗，亦若出諸一口。孔子特地稱子產曰「古之遺愛」，亦見得我之誅少正卯，沈猶氏不敢飲羊，公慎氏之出其妻，慎潰氏越境而徙，〔二〕不是我行法之嚴，無非加惠全魯也。借子產蓋以自況。

子產聽鄭國之政，以其乘輿濟人於溱洧。孟子曰：「惠而不知爲政，歲十一月，徒杠成，十二月，輿梁成，民未病涉也。君子平其政，行辟人可也，焉得人人而濟之？故爲政者，每人而悦之，日亦不足矣。」

校勘記

〔一〕《孔子家語·正論解》：子産之卒也，孔子聞之出涕曰：「古之遺愛。」

〔二〕《孔子家語·相魯》：「初，魯之販羊有沈猶氏者，常朝飲其羊，以詐市人；有公慎氏者，妻淫不制；有慎潰氏奢侈逾法。魯之鬻六畜者，飾之以儲價。及孔子之爲政也，則沈猶氏不敢朝飲其羊，公慎氏出其妻，慎潰氏越境而徙，三月則鬻牛馬者不儲價，賣羊豚者不加飾，男女行者别其塗，道不拾遺，男尚忠信，女尚貞順，四方客至於邑，不求有司，皆如歸焉。」《孔子家語·始誅》：「孔子爲魯司寇，攝行相事……朝政七日而誅亂政大夫少正卯，戮之於兩觀之下，屍於朝。」

視臣章

穆公問於子思曰：「爲舊君反服，古與？」子思曰：「古之君子進人以禮，退人以禮，故有舊君反服之禮也。今之君子進人若將加諸膝，退人若將墜諸淵，毋爲戎首，不亦善乎，又何反服之禮之有？」孟子此對，得之子思。

丘毛伯曰：人臣豈有報復其君之理，而不能必其心。

此膏澤屬臣，言嘘雲布雨，神龍之能，但非帝有命，不能下耳。

孟子告齊宣王曰：「君之視臣如手足，則臣視君如腹心；君之視臣如犬馬，則臣視君如國人；君之視臣如土芥，則臣視君如寇讎。」王曰：「禮，爲舊君有服，何如斯可爲服矣？」曰：「諫行言聽，膏澤下於民；有故而去，則君使人導之出疆，又先於其所往；去三年不反，然後收其田里。此之謂三有禮焉。如此，則爲之服矣。今也爲臣，諫則不行，言則不聽；膏澤不下於民；有故而去，則君搏執之，又極之於其所往；去之日，遂收其田里。此之謂寇讎。寇讎，何服之有？」

去徙章

趙簡子殺竇犨鳴犢及舜華，孔子聞之，臨河而嘆曰：丘聞之，刳胎殺夭則麟麟不至其郊，竭澤而漁則蛟龍不處其淵，覆巢破卵則鳳凰不翔其邑。鳥獸之於不義尚知避之，況於人乎？遂還息於鄒，作槃琴以哀之[一]。君子見幾，當法孔子。

孟子曰：「無罪而殺士，則大夫可以去；無罪而戮民，則士可以徙。」

校勘記

〔一〕《孔子家語·困誓》：孔子自衛將入晉，至河，聞趙簡子殺竇犨鳴犢及舜華，乃臨河而嘆曰：「美哉，水洋洋乎，丘之不濟此，命也夫！」子貢趨而進曰：「敢問何謂也？」孔子曰：「竇犨鳴犢、舜華，晉之賢大夫也，趙簡子未得志之時，須此二人而後從政，及其已得志也而殺之。丘聞之，刳胎殺夭則麒麟不至其郊，竭澤而漁則蛟龍不處其淵，覆巢破卵則鳳凰不翔其邑，何則？君子遠傷其類者也。鳥獸之於不義，尚知避之，況於人乎？」遂還，息於鄒，作槃琴以哀之。

仁義章

張侗初曰：仁主覆露，義主裁割；仁義雙行，生殺並用，帝王之道也。經濟言曰：君者，儀也，儀正而景正。君者，槃也，槃圓而水圓。君者，盂也，盂方而水方。

君子曰：「君仁莫不仁；君義莫不義。」

禮義章

非禮而仍託之禮，非義而仍託之義，總之假仗者所爲，如小人之無忌憚而仍謂之中庸〔一〕。大人於此不可不察！

孟子曰：「非禮之禮，非義之義，大人弗爲。」

校勘記

〔一〕《中庸》第二章：「小人之中庸也，小人而無忌憚也。」

中才章

徐儆弦曰：「養」如養花木一般，栽培灌溉則天全而性得矣。「樂」字正從「養」字來，有欣欣向榮之意。「棄」正與「養」相反。

孟子曰：「中也養不中，才也養不才，故人樂有賢父兄也。如中也棄不中，才也棄不才，則賢不肖之相去，其間不能以寸。」

有爲章

艾千子曰：平居不立廉隅，苟且自將，必不能大有所就。司馬相如失節臨邛，細行已虧，後雖遭時遇主，終無事業可觀，亦一證也。此題意原如此，善謀後動不輕舉，乃題中末意，學者當知之。

「有不爲」是介然有守，如「非其義，非其道，一介不以取諸人」之意；如「行一不義，殺一不辜得天下，有不爲」之意。時文講「不爲」，作尺蠖之屈，龍蛇之蟄，遵養時晦者，皆非。

孟子曰：「人有不爲也，而後可以有爲。」

後患章

眉公有作云：言攻不善人，而善人之求全者，且爲之動色；言一不善人，而衆不善之旁觀者，亦爲之切齒。參透世情，宜銘座右。

伏波將軍戒其兄子言，聞人之惡，當如聞父母之名，耳可得而聞，口不可得而言也〔一〕。

沈無回曰：言人不善的人，滿腔都是殺機，不有奇禍，必有奇窮。「後患」，不拈定報復説。

伊川曰：前輩不言人短，每見言人之短者，則曰「女且取他長處」〔二〕，真長者之言。盤雲太師曰：天地包涵萬物，山澤藏納污垢。人遇不善，不可無此度量。

孟子曰：「言人之不善，當如後患何？」

校勘記

〔一〕《後漢書・馬援列傳》：初，兄子嚴、敦並喜譏議，而通輕俠客。援前在交阯，還書誡之曰：「吾欲汝曹聞人過失，如聞父母之名，耳可得聞，口不可得言也。好論議人長短，妄是非正法，此吾所大惡也，寧死不願聞子孫有此行也。」

〔二〕《二程語録》卷十七：寬因問伊川謂永叔如何？先生曰：「前輩不言人短，每見人論前輩，則曰：『汝輩且取他長處。』」

已甚章

時説恒以「已甚者」屬之賢智，不知惟聖人纔能「爲已甚」。能爲而能不爲，所以爲仲尼也。揭出仲尼經與它聖對較，不與賢智平揣。「道」只是恰好，略着意過一分便是「已甚」。孟子見當時廉如陣仲子，賦法如白圭，並耕如許行，仁義如楊墨，都是過一分的，所以説個「仲尼不爲已甚者」救他，不應作中庸隱怪解也。

伯夷之清，柳下惠之和，皆不免「已甚」。「不爲」，非有意，孟子觀之謂如是而已。或上楊龜山書云：「徐行後長〔一〕，得堯舜之道；不爲已甚，知仲尼之心。」龜山讀之甚喜。

孟子曰：「仲尼不爲已甚者。」

校勘記

〔一〕見《孟子·告子下》。

信果章

孔子罹蒲之難，蒲人曰：「毋適衛，吾出子。」與之盟，出孔子東門。孔子遂適衛。子貢曰：「盟可負耶？」孔子曰：「要盟也，神不聽〔一〕。」此正惟義所在，而不必信果者。義是個大世界，必信必果是個小蹊小徑。象山子曰：大世界不享，却要占個小蹊小徑；大人不做，却要做個小人。惜哉〔二〕！

孟子曰：「大人者，言不必信，行不必果，惟義所在。」

校勘記

〔一〕《孔子家語·困誓》：孔子適衛，路出於蒲，會公叔氏以蒲伐叛衛而止之。孔子弟子有公良儒者，爲人賢，長而有力，以私車五乘從夫子行，喟然曰：「昔吾從夫子，遇難於匡，又伐樹於宋，今遇困於此，命也。夫與其見夫子仍遇於難，寧我鬥死！」挺劍而合衆，將與之戰。蒲人懼，曰：「苟無適衛，吾則出子。」以盟孔子，而出之東門。孔子遂適衛。子貢曰：「盟可負乎？」孔子曰：「要我以盟，非義也。」衛侯聞孔子之來，喜，而於郊迎之。

〔二〕《象山先生全集·語録》：大世界不享，却要占箇小蹊小徑子。大人不做，却要爲小兒態。可惜！

赤子章

赤子與孩提不同，赤子纔離胞胎以其身赤，故曰赤子。孩提知愛知敬，已落知能。赤子渾沌初剖，塊然純樸，無知無能，一天命之性，老子謂「如嬰兒之未孩者」是也。故赤子是未發，孩提是已發。

李見羅曰：「不失」内雖有學問在，然此以現成大人說。論工夫，聖人亦無歇手；論本體，庸人亦是現成。

徐自溟曰：赤子之心所由失者，不獨以私欲僞妄失之，即聰明才辨亦所以失之。外來者日增，本來者日減。

李崆峒曰：大人赤子心一耳。擴之爲大人，未擴則赤子。如草木始終萌芽，出土時分量已具，大人只培之使足已耳，非能矯之使增也。如松參天，柏盤石，桃李能之乎？

孟子曰：「大人者，不失其赤子之心者也。」

大事章

喬君求曰：事親者，直到送死，方是人子養生的盡頭處。古所稱必誠必信，勿之有悔，方是孝子用心之極。

孟子曰：「養生者不足以當大事，惟送死可以當大事。」

自得章

王龍谿曰：學貴自信自立，不是倚傍世界做得的，求自得而已。自得之學，居安則動不危，資深則機不露，左右逢源，則應不窮，見在流行，隨處平滿。

張侗初曰：須要識個道，道，性靈所自有也。吾自有而吾得之，故曰「自得」。深造以道，勿忘勿助，如鷄抱卵，如火養丹。

從門入者不爲家珍，莊老不必論，申韓卑卑名實之間，中有獨得，故持之彌堅，言之彌確，見諸天下國家都是成效。吾儒大而無用，只爲倚門傍户，體既不真，用亦不實。

君子之深造必以道。道者，率性者也。以道方自得，非由外鑠，我固有之者也，終身由而不知其道，所行習者，祇從名義上周旋，形跡上簡點，而固有者茫無干涉。

孟子曰：「君子深造之以道，欲其自得之也。自得之，則居之安；居之安，則資之深；資之深，則取之左右逢其原。故君子欲其自得之也。」

反約章

張侗初曰：且理會博的是甚麼？件件都是我本體做出，如何不還本體上？時時博，便時時約；處處博，便處處約。若説博了許多，方纔反約，是商賈積聚一般，不成個學問。

丘月林曰：理本約，先博了，仍回到約上來，故曰「反約」。

孟子曰：「博學而詳説之，將以反説約也。」

心服章

朱子曰：以善服人，惟恐人之善，如張華對武帝，恐吴人更立令主，則江南不可取之類。以善養人，惟恐人不入於善，如湯於葛，遺之牛羊，又使人往爲之耕之類。

張南軒曰：霸者所爲，不過欲以善服人。如齊桓會首止，而定王世子；晉文盟踐土，率諸侯以朝王之類。故此章意，當從王者、霸者服當時諸侯處想像比切，今作者皆就養百姓上講，浪及井田、學校、孝弟、忠信、勞來、匡直等，絶不相蒙。

孟子曰：「以善服人者，未有能服人者也；以善養人，然後能服天下。天下不心服而王者，未之有也。」

蔽賢章

季彭山曰：凡言之足以致不祥者，皆「實」也。曰「無實不祥」者，甚蔽賢之詞也。觀兩「實」相應可見。

孟子曰：「言無實不祥。不祥之實，蔽賢者當之。」

原泉章

一僞皆僞，淺深自知。「恥」，不恥其它日之涸，政恥其今日之盈，寸心先對不過。「情」字作「實」字解，不得。不曰「過實」，而曰「過情」，正在自已真情所不能掩飾處説。

徐子曰：「仲尼亟稱於水，曰『水哉，水哉！』何取於水也？」孟子曰：「原泉混混，不舍晝夜，盈科而後進，放乎四海，有本者如是，是之取爾。苟爲無本，七八月之間雨集，溝澮皆盈；其涸也，可立而待也。故聲聞過情，君子恥也。」

幾希章

「幾希」不是有件東西，而君子存之，即此一念存留肯照顧者，便是「存」字，即是形容「幾希」字眼。抱而不脱「爐存火似紅」〔二〕之存甚不多些。「之」字，不指「幾希」，指君子之人。《大學》「至善」，《中庸》「修道」，總無出人倫外，「人之所以異於禽獸者幾希」，只有倫與無倫之間耳。故舜之所爲明者，正明物之異於人，所爲察者，正察人之異於物。

陸景鄴曰：由於人倫庶物之藹然而不可解者，仁也；由於人倫庶物截然而不可紊者，義也。講仁義極透。幾希，不多也。然静而方動曰「幾」；動而無形曰「希」。

「庶民去之」，則人皆禽獸矣，何以人類至今不絕也？ 虧得君子以一人之存，存天下之去耳。兩句應如此説，始與下數章有關合。

千古聖賢憂勤惕勵，只爲此庶民，若只存一己幾希，作自了漢而已。祥麟威鳳，匿采藏輝，與鳥獸何異！ 兩「之」字要理會。

孟子曰：「人之所以異於禽獸者幾希，庶民去之，君子存之。舜明於庶物，察於人倫，由仁義行，非行仁義也。」

校勘記

〔一〕語見杜甫《對雪》詩。

禹惡章

虞廷儆戒，不過「人心惟危，道心惟微〔一〕」。「惡旨酒」，遏絶之嚴，是峻人心之隄防。「好善言」，延訪之勤，是開道心之扃鑰。

楊升庵曰：虞夏用人止於世族，八元八凱，皆高陽高辛之才子，至湯始廣其途，故商書一則曰「敷求哲人〔二〕」，再則曰「旁招俊乂〔三〕」。伊尹、萊朱、巫咸、傅説皆以賢，非以親舊也。「立賢無方」，即是它執中之一端。 艾千子曰：岐、豐，邇也；邶、鄘、衛，遠也。始克商，邇也；卜世三十，卜年八百，遠也。 如此摹神，乃是武王「不泄邇，不忘遠」。

敷求旁招，至湯始廣其途。後此，而魯三桓，鄭七穆，秦、齊、趙、魏之四君，皆以門第相沿。及東晉六朝王、謝、崔、盧輩，各據紈褲膏粱。「立賢無方」，故是千古希覯。建侯樹屏所必飾，燕翼貽謀所必預，此是「不泄邇」的樣子。綴衣虎賁皆知恤刀劍，户牖皆箴銘，此是「不忘遠」的樣子。

周介生曰：《見知章》稱伊、朱、望、散，而不及周公。《幾希章》〔四〕稱舜、禹、湯、武，而不及帝堯。蓋堯開君道之始，周公居相道之終。合兩章觀之，而道統源流始爲無漏。

孟子曰：「禹惡旨酒而好善言。湯執中，立賢無方。文王視民如傷，望道而未之見。武王不泄邇，不忘遠。周公思兼三王，以施四事；其有不合者，仰而思之，夜以繼日；幸而得之，坐以待旦。」

校勘記

〔一〕《尚書·大禹謨》：「人心惟危，道心惟微。」

〔二〕《尚書·伊訓》：「敷求哲人。」

〔三〕《尚書·説命下》：「旁招俊乂。」

〔四〕《見知章》、《幾希章》指《孟子·離婁下》各該章。

王跡章

六經惟禮樂居閏位。天開於人，羲始畫《易》；皇易而帝，《書》首唐虞；帝降而王，《詩》首商頌；王分而伯，《春秋》始乎隱。此四經之傳，皆與五德之運，代爲終始，以遞明王跡者也。故《詩》於《春秋》體異，而用則同。或曰「義」，乃王者之「義」。孔子有德無位，故以爲竊取王者之「義」，而定二百四十二年之邪正是非也。

孟子曰：「王者之迹熄而《詩》亡，《詩》亡然後《春秋》作。晉之《乘》，楚之《檮杌》，魯之《春秋》，一也。其事則齊桓、晉文，其文則史。孔子曰：『其義則丘竊取之矣。』」

私淑章

李鹿園云：此章從來混混，政與竊取心法相似。猶云：君子之澤五世而斬，小人之澤亦五世而斬，孔子之澤至我將斬矣。予恨未得親炙，今將私淑而表明之也。兩個「予」字口氣極緊，正有矜之意在。虞溥有言：希驥之馬，亦驥之乘；希顏之徒，亦顏之倫。子輿之學孔子，固其志也。余觀七十二賢見於《家語》、《史記》者，頗少著述，而亦以傳。語曰：登龍門者價倍。〔一〕「世無仲尼，不當在弟子之列〔二〕。」此韓昌黎之所以自任歟？

孟子曰：「君子之澤五世而斬，小人之澤五世而斬。予未得爲孔子之徒也，予私淑諸人也。」

校勘記

〔一〕《李太白集·與韓荊州書》：一登龍門則身價百倍。

〔一〕見《韓昌黎集・答呂毉山人書》。

廉惠章

次言「可以無」者，乃斷然之見。非自疑之詞也。

孟子曰：「可以取，可以無取，取傷廉。可以與，可以無與，與傷惠。可以死，可以無死，死傷勇。」

逢蒙章

張南軒曰：使逢爲夏廷之臣，羿篡夏氏，凡爲臣子得而誅之。蒙以義討賊，雖嘗學射，亦何罪之有？蒙以私意，忌而射之，是則爲殺其師耳！以此而觀，輕重之權衡，可得而推矣。

逢蒙學射於羿，盡羿之道，思天下惟羿爲愈己，於是殺羿。孟子曰：「是亦羿有罪焉。」公明儀曰：「宜若無罪焉。」曰：「薄乎云爾，惡得無罪？鄭人使子濯孺子侵衛，衛使庾公之斯追之。子濯孺子曰：『今日我疾作，不可以執弓，吾死矣夫！』問其僕曰：『追我者誰也？』其僕曰：『庾公之斯也。』曰：『吾生矣。』其僕曰：『庾公之斯，衛之善射者也，夫子曰「吾生」，何謂也？』曰：『庾公之斯學射於尹公之他，尹公之他學射於我。夫尹公之他，端人也，其取友必端矣。』庾公之斯至，曰：『夫子何爲不執弓？』曰：『今日我疾作，不可以執弓。』曰：『小人學射於尹公之他，尹公之他學射於夫子。我不忍以夫子之道反害夫子。雖然，今日之事，君事也。我不敢廢。』抽矢扣輪，去其金，發乘矢而後反。」

西子章

孟子曰：「西子蒙不潔，則人皆掩鼻而過之；雖有惡人，齋戒沐浴，則可以祀上帝。」

此以破「有性善，有性不善」之旨，俱是設言。張符九曰：借兩等極美極惡人，該却中間許多人在。

言性章

孟子曰：「天下之言性也，則故而已。故者，以利爲本。所惡於智者，爲其鑿也。如智者若禹之行水也，則無惡於智矣。禹之行水也，行其所無事也。如智者亦行其所無事，則智亦大矣。天之高也，星辰之遠也，苟求其故，千歲之日至，可坐而致也。」

此章書爲天下之言性者而發，故頻呼「言性」二字，如此則是，如此則非，綱領既明，不煩頭緒。

蘇子瞻曰：無所待之謂性，有所因之謂故。故者必出於自然，世間斷無不利之故，故曰：「以利爲本。」「本」者，本體也，非本末之謂也。

簡驩章

聖賢待小人，定有看家拳，又有藏身法。劈頭一「禮」字壓倒驩，心知其簡而無如之何，誰謂嚴而不惡？

公行子有子之喪，右師往吊。入門，有進而與右師言者，有就右師之位而與右師言者。孟子不與右師言，右師不悦，曰：「諸君子皆與驩言，孟子獨不與驩言，是簡驩也。」孟子聞之曰：「禮，朝廷不歷位而相與言，不逾階而相揖也。我欲行禮，子敖以我爲簡，不亦異乎？」

存心章

馮爾賡曰：「異人」是總冒，「存心」是骨子，「自反」即是「存心」，「終身憂」即是自反無歇手處。此正君子法聖人而異人處。

謝象三曰：「禽獸何難」，作難易之難解，如舜使鳳儀獸舞，則是禽獸亦不難化，而何況於人！正見存心無住手處，若説付之不較，則又非存心矣。

千古聖人多矣，何只舉一舜？正爲處横逆者作榜樣耳。然「爲法」「可傳」，吾欲從授受傳心説起，處横逆一事，綽合其中。單舉此爲法爲傳，未可得也。

「憂之如何」？不作歇後語，竟作心口相商，自恨自悼景象，絶爲「憂」字描神，舜不可「如」，「如」其憂思而已，不然即優孟衣冠，與舜何與？

孟子曰：「君子所以異於人者，以其存心也。君子以仁存心，以禮存心。仁者愛人，有禮者敬人。愛人者人恒愛之，敬人者人恒敬之。有人於此，其待我以横逆，則君子必自反也：我必不仁也，必無禮也，此物奚宜至哉？其自反而仁矣，自反而有禮矣，其横逆由是也，君子必自反也，我必不忠。自反而忠矣，其横逆由是也，君子曰：『此亦妄人也已矣。如此，則與禽獸奚擇哉？於禽獸又何難焉？』是故君子有終身之憂，無一朝之患也。乃若所憂則有之。舜，人也；我，亦人也。舜爲法於天下，可傳於後也，我由未免爲鄉人也，是則可憂也。憂之如何？如舜而已矣。若夫君子所患則亡矣。非仁無爲也，非禮無行也。如有一朝之患，則君子不患矣。」

禹稷章

此章爲顔子闡幽，非爲禹、稷敘功。惟其不易地而然，所以易地而然，直以持世之功歸顔子，令千古窮措大生色，想夫子兩賢之意，應亦爾爾。

張元岵曰：章旨原表章顔子飢溺一節，却重説禹、稷。客意明，則主意自透。

「閉户」有大作用在，所謂龍德而潛也〔一〕；政是救世處，孟子取以自況也。

東坡喜蓄藥釀酒，云：「病者得藥，吾爲之體輕；飲者困於酒，吾爲之酣適。全非爲人，政以自爲。〔二〕」飢溺繇己，政是此意。

禹、稷當平世，三過其門而不入，孔子賢之。顏子當亂世，居於陋巷，一簞食，一瓢飲；人不堪其憂，顏子不改其樂，孔子賢之。孟子曰：「禹、稷、顏回同道。禹思天下有溺者，由己溺之也；稷思天下有飢者，由己飢之也，是以如是其急也。禹、稷、顏子易地則皆然。今有同室之人鬥者，救之，雖被髮纓冠而救之，可也；鄉鄰有鬥者，被髮纓冠而往救之，則惑也，雖閉户可也。」

校勘記

〔一〕《易·乾卦》：「龍德而隱者也。」

〔二〕《蘇東坡集後集·書東皋子傳後》：或曰：「子無病而多蓄藥，不飲而多釀酒，勞己以爲人，何也？」子笑曰：「病者得藥，吾爲之體輕，飲者困於酒，吾爲之酣適。蓋專以自爲也。」

責善章

孟子於匡章只是「其設心」三個字，所以取之。定陳仲子罪曰：「辟兄離母。」原匡章之心曰：「出妻屏子。」是孟子之刑書。

章子之父殺章子之母，章子强諫，父怒而逐之。章子外居，出妻屏子，雖父死，終身不復見。蓋非止謝其父，乃以謝其母；謂其母死而已不得救也。不欺死父，豈欺生君？戰國時有爲章子訟冤者。孟夫子之不明言，不知何故〔一〕？

章子之父以隱事殺其母，並逐其子，外人皆不之知，故匡章因父所逐，遂傳此不孝之名。章子甘受其名，而爲父隱過，總是其孝處。孟子止辨其不孝，而不發其隱，亦聖賢錫類之孝也。

公都子曰：「匡章，通國皆稱不孝焉，夫子與之游，又從而禮貌之，敢問何也？」孟子曰：「世俗所謂不孝者五：惰其四支，不顧父母之養，一不孝也；博奕好飲酒，不顧父母之養，二不孝也；好貨財，私妻子，不顧父母之養，三不孝也；從耳目之欲，以爲父母戮，四不孝也；好勇鬥很，以危父母，五不孝也。章子有一於是乎？夫章子，子父責善而不相遇也。責善，朋友之道也；父子責善，賊恩之大者。夫章子，豈不欲有夫妻子母之屬哉？爲得罪於父，不得近，出妻屏子，終身不養焉。其設心以爲不若是，是則罪之大者，是則章子已矣。」

校勘記

〔一〕參見《戰國策·齊策一》。

武城章

張侗初曰：顏子未嘗不胼胝，禹、稷未嘗不簞瓢。武城亦有捍禦之勞臣，衛國亦有先幾之高士。隨時圓轉，到處靈通，開此眼界，方知書册上古人都是活局。

曾子居武城，有越寇。或曰：「寇至，盍去諸？」曰：「無寓人於我室，毁傷其薪木。」寇退，則曰：「修我牆屋，我將反。」寇退，曾子反。左右曰：「待先生如此其忠且敬也！寇至，則先去以爲民望；寇退，則反。殆於不可。」沈猶行曰：「是非汝所知也。昔沈猶有負芻之禍，從先生者七十人，未有與焉。」子思居於衛，有齊寇。或曰：「寇至，盍去諸？」子思曰：「如伋去，君誰與守？」孟子曰：「曾子、子思同道。曾子，師也，父兄也；子思，臣也，微也。曾子、子思易地則皆然。」

儲子章

不只證己之無異。仍是打動齊王爲堯舜，以實己堯舜陳前之意。泛説便無義味。

儲子曰：「王使人瞯夫子，果有以異於人乎？」孟子曰：「何以異於人哉？堯舜與人同耳。」

齊人章

韓求仲曰：妻妾之必羞必泣，總是君子看他情狀，想當然耳，故此節「繇君子觀之」一句，直貫到底。

南嶽師曰：富貴利達，難保不作東陵之骨，祇存其所嗜之餘，以待來墦間者。現在之求可泣，已往、未來皆可泣。

齊人有一妻一妾而處室者，其良人出，則必饜酒肉而後反。其妻問所與飲食者，則盡富貴也。其妻告其妾曰：「良人出，則必饜酒肉而後反。問其與飲食者，盡富貴也，而未嘗有顯者來。吾將瞯良人之所之也。」蚤起，施從良人之所之，遍國中無與立談者。卒之東郭墦間，之祭者，乞其餘；不足，又顧而之他。此其爲饜足之道也。其妻歸，告其妾，曰：「良人者，所仰望而終身也，今若此！」與其妾訕其良人，而相泣於中庭。而良人未之知也，施施從外來，驕其妻妾。由君子觀之，則人之所以求富貴利達者，其妻妾不羞也，而不相泣者，幾希矣。

孟子萬章上

怨慕章

通章只重「怨慕」二字，須知慕君之人，原不知有君，到底只爲妻子少艾耳。求忠臣必於孝子之門，豈有不能慕父母而能慕君者乎？

萬章問曰：「舜往于田，號泣于旻天，何爲其號泣也？」孟子曰：「怨慕也。」萬章曰：

「『父母愛之，喜而不忘；父母惡之，勞而不怨。』然則舜怨乎？」曰：「長息問於公明高曰：『舜往于田，則吾既得聞命矣；號泣于旻天，于父母，則吾不知也。』公明高曰：『是非爾所知也。』夫公明高以孝子之心，爲不若是恝，我竭力耕田，共爲子職而已矣，父母之不愛我，於我何哉？帝使其子九男二女，百官牛羊倉廩備，以事舜於畎畝之中，天下之士多就之者，帝將胥天下而遷之焉。爲不順於父母，如窮人無所歸。天下之士悦之，人之所欲也，而不足以解憂；好色，人之所欲，妻帝之二女，而不足以解憂；富，人之所欲，富有天下，而不足以解憂；貴，人之所欲，貴爲天子，而不足以解憂。人悦之、好色、富貴無足以解憂者，惟順於父母可以解憂。人少則慕父母，知好色則慕少艾，有妻子則慕妻子，仕則慕君，不得於君則熱中，大孝終身慕父母。五十而慕者，予於大舜見之矣。」

妻舜章

有堯爲主，然後舜可以不告，蓋君父一體也。後世曾見有帝王之家，選中駙馬，必請父母之命，然後來尚宫主乎？舜在當時亦有鰥之匹夫耳，不必太説得奇異。

一説「使舜完廩」者父與母，而禁廩時止一瞽瞍，舜所以免爲廩上之灰。使浚井，瞽瞍迨其既出，然後從而揜之，舜所以免爲井中之泥。此時瞽瞍亦只壓於後妻之言，而父子天性尚未絶也，故隨即有底豫之事。後來閔子一子寒，三子單之語，亦窺見到此。

萬章諸問，政須與《桃應章》[一]參看，舜以克諧烝人，而有釐降之事。完廩、浚井，爲子虛烏有無疑。

徐自溟曰：魚不生於水，而生於子産之心，可見君子之仁，不爲世情所窮。

萬章問曰：「《詩》云：『娶妻如之何？必告父母。』信斯言也，宜莫如舜。舜之不告而娶，何也？」孟子曰：「告則不得娶。男女居室，人之大倫也。如告，則廢人之大倫，以懟父母，是以不告也。」萬章曰：「舜之不告而娶，則吾既得聞命矣；帝之妻舜而不告，何也？」曰：「帝亦知告焉則不得妻也。」萬章曰：「父母使舜完廩，捐階，瞽瞍焚廩。使浚井，出，從而揜之。象曰：『謨蓋都君咸我績，牛羊父母，倉廩父母，干戈朕，琴朕，弤朕，二嫂使治朕棲。』象往入舜宫，舜在床琴。象曰：『鬱陶思君爾。』忸怩。舜曰：『惟茲臣庶，汝其于予治。』不識舜不知象之將殺己與？」曰：「奚而不知也？象憂亦憂，象喜亦喜。」曰：「然則舜僞喜者與？」曰：「否。昔者有饋生魚於鄭子産，子産使校人畜之池。校人烹之，反命曰：『始舍之，圉圉焉，少則洋洋焉，攸然而逝。』子産曰：『得其所哉！得其所哉！』校人出，曰：『孰謂子産智？予既烹而食之，曰得其所哉，得其所哉。』故君子可欺以其方，難罔以非其道。彼以愛兄之道來，故誠信而喜之，奚僞焉。」

校勘記

〔一〕見《孟子·盡心下》。

封象章

王弇州曰：舜之誅四凶而封象也，何居？曰：「四凶得罪於天下也，象不過得罪於己也。得罪於天下，雖弟無赦也；得罪於己，雖疎無誅也，況親如弟乎？」謂聖人而修匹夫之恡於弟，非也。

王陽明曰：只説不留一點怨怒於胸中，語意自融，何消説怨怒在弟，而已不藏宿。天子使吏治其國，政是親愛吾弟處。暴民跋扈，法必難容，富貴安能終保？故知周公之處管、蔡，終不如大舜之處傲象。

源源而見，則舜之待弟且不與四岳十二牧同例，何況四凶。我明之封建，止食俸禄，而不受民社，使帶礪勳名，世世可久。此政漢馬后之所以善保其世族也。我朝之待元勳戚畹，俱用此法。

萬章問曰：「象日以殺舜爲事，立爲天子則放之，何也？」孟子曰：「封之也；或曰：放焉。」萬章曰：「舜流共工於幽州，放驩兜于崇山，殺三苗于三危，殛鯀于羽山，四罪而天下咸服，誅不仁也。象至不仁，封之有庳。有庳之人奚罪焉？仁人固如是乎？在他人則誅之，在弟則封之。」曰：「仁人之於弟也，不藏怒焉，不宿怨焉，親愛之而已矣。親之欲其貴也，愛之欲其富也。封之有庳，富貴之也。身爲天子，弟爲匹夫，可謂親愛之乎？」

「敢問或曰放者，何謂也？」曰：「象不得有爲於其國，天子使吏治其國，而納其貢稅焉，故謂之放。豈得暴彼民哉？雖然，欲常常而見之，故源源而來。『不及貢，以政接於有庳』。此之謂也。」

盛德章

方孟旋曰：蒙「語云」無據。孟子引《堯典》，又引《詩》、《書》之語以爲證，蓋謂語不載於《詩》、《書》者，皆可以齊東野人斥之。

咸丘蒙問曰：「語云：『盛德之士，君不得而臣，父不得而子。』舜南面而立，堯帥諸侯北面而朝之，瞽瞍亦北面而朝之。舜見瞽瞍，其容有蹙。孔子曰：『於斯時也，天下殆哉，岌岌乎！』不識此語誠然乎哉？」孟子曰：「否。此非君子之言，齊東野人之語也。堯老而舜攝也。《堯典》曰：『二十有八載，放勛乃徂落，百姓如喪考妣。三年，四海遏密八音。』孔子曰：『天無二日，民無二王。』舜既爲天子矣，又帥天下諸侯以爲堯三年喪，是二天子矣。」咸丘蒙曰：「舜之不臣堯，則吾既得聞命矣。《詩》云：『普天之下，莫非王土；率土之濱，莫非王臣。』而舜既爲天子矣，敢問瞽瞍之非臣，如何？」曰：「是詩也，非是之謂也，勞於王事而不得養父母也。曰：『此莫非王事，我獨賢勞也。』故説詩者，不以文害辭，不以辭害志。以意逆志，是爲得之。如以辭而已矣，《雲漢》之詩曰：『周餘黎民，靡有子遺。』信斯言也，是周無遺民也。孝子之至，莫大乎尊親；尊親之至，莫大乎以天下養。爲天子父，尊之至也；以天下養，養之至也。《詩》曰：『永言孝思，孝思維則。』此之謂也。《書》曰：『祇載見瞽瞍，夔夔齊栗，瞽瞍亦允若。』是爲父不得而子也。」

天與章

顧涇陽曰：堯以天下與舜，此事載之典謨，何須更問？孟子諄諄出一「天」字，不特爲子噲輩徒增笑資，即後世一切奸雄萌問鼎之志者，亦可消他許多癡夢。

萬章曰：「堯以天下與舜，有諸！」孟子曰：「否。天子不能以天下與人。」「然則舜有天下也，孰與之？」曰：「天與之。」「天與之者，諄諄然命之乎？」曰：「否。天不言，以行與事示之而已矣。」曰：「以行與事示之者，如之何？」曰：「天子能薦人於天，不能使天與之天下；諸侯能薦人於天子，不能使天子與之諸侯；大夫能薦人於諸侯，不能使諸侯與之大夫。昔者，堯薦舜於天，而天受之，暴之於民，而民受之。故曰天不言，以行與事示之而已矣。」曰：「敢問薦之於天，而天受之；暴之於民，而民受之。如何？」曰：「使之主祭，而百神享之，是天受之；使之主事，而事治，百姓安之，是民受之也。天與之，人與之，故曰天子不能以天下與人。舜相堯二十有八載，非人之所能爲也，天也。堯崩，三年之喪畢，舜避堯之子於南河之南。天下諸侯朝覲者，不之堯之子而之舜；訟獄者，不之堯之子而之舜；謳歌者，不謳歌堯之子而謳歌舜。故曰天也。夫然後之中國，踐天子位焉。而居堯之宮，逼堯之子，是篡也，非天與也。《太誓》曰：「天視自我民視，天聽自我民聽。」此之謂也。」

傳子章

韓退之曰：「堯舜之傳賢也，欲天下之得所也；禹之傳子也，憂後世爭之之亂也。堯舜之利民也大，禹之慮民也深。與其傳不得人而爭且亂，孰若傳之子！雖不得賢，猶可守法[一]。」

薛方山曰：堯舜之禪受，堯舜之愛其子也：湯武之放伐，湯武之舍其身也。後世有挈祖宗之天下，俛焉授不肖之子，使不旋踵而爲天下大戮若秦政、隋文之類者，可謂愛其子哉？

黄貞父曰：啓所能敬承繼禹之道，即堯舜兢業之心法，故與子即與賢也，如均朱之傲慢，其不敬處，即其不肖處。

《尚書》曰：「予弗狎於弗順，營於桐宮，密邇先王其訓，無俾世迷，王徂桐宮，居憂[二]。」原不曾有「放」字，「放」字自孟子始。故先儒云：「「放」者，教也，古文篆隸之訛也，庶或近之。

萬章問曰：「人有言：『至於禹而德衰，不傳於賢，而傳於子。』有諸！」孟子曰：「否，不然也。天與賢，則與賢，天與子，則與子。昔者，舜薦禹於天，十有七年，舜崩，三年之喪畢，禹避舜之子於陽城。天下之民從之，若堯崩之後不從堯之子而從舜也。禹薦益於天，七年，禹崩，三年之喪畢，益避禹之子於箕山之陰。朝覲訟獄者，不之益而之啓，曰：『吾君之子也。』謳歌者，不謳歌益而謳歌啓，曰：『吾君之子也。』丹朱之不肖，舜之子亦不肖。舜之相堯、禹之相舜也，歷年多，施澤於民久。啓賢，能敬承繼禹之道。益之相禹也，歷年少，施澤於民未久。舜、禹、益相去久遠，其子之賢不肖，皆天也，非人之所能爲也。莫之爲而爲者，天也；莫之致而至者，命也。匹夫而有天下者，德必若舜禹，而又有天子薦之者，故仲尼不有天下。繼世以有天下，天之所廢，必若桀紂者也，故益、伊尹、周公不有天下。伊尹相湯以王於天下，湯崩，太丁未立，外丙二年，仲壬四年，太甲顛覆湯之典刑，伊尹放之於桐。三年，太甲悔過，自怨自艾，於桐處仁遷義，三年，以聽伊尹之訓己也，復歸於亳。周公之不有天下，猶益之於夏、伊尹之於殷也。孔子曰：『唐、虞禪，夏后殷、周繼，其義一也。』」

校勘記

〔一〕《韓昌黎文集·對禹問》：「堯舜之傳賢也，欲天下之得所也；禹之傳子也，夏後世事之之亂也，堯舜之利民也大，禹之慮民也深……與其傳不得人而争且亂，孰若傳諸子！雖不得賢，猶中守法。」

〔二〕語出《尚書·太甲上》。

伊尹章

魏蒼雲曰：看聖賢，看其細處無滲漏；看豪傑，看其大處不走作。二語可括伊尹三章。

胸中無完竹，畫於未畫也；心正而筆正，書於未書也。臨楮求書，書不成書矣；臨縑求繪，繪不成圖矣。阿衡搆於有莘，商舟締於版築，鷹揚造於漁釣，鼎足定於隆中。論事業者論藴藉，不論遭際也。在畎畝之中，不樂巢許之道，而樂堯舜之道，便不是終於畎畝之人。

黄貞父曰：連湯之慙德都一概承當，總見他使君爲堯舜之君處。

《路史》曰：桀都安邑而湯都亳，東西相近。乃湯之伐桀，不徑走安邑而反迂走鳴條。蓋不掩襲以出桀之不意，師出以正，皆尹教之也。尹正己以正天下者也，其無要湯之事，益明矣。

「囂然」，「幡然」，出處雖是兩截，伊尹原做一件事，只樂堯舜之道而已。孔、顔「惟我與爾有是夫〔一〕」，「是」字；漆雕開「吾斯之未能信〔二〕」，「斯」字，謂此件事也。昔高忠憲公講學東林，偶問及出山，公答曰：「一生只做得一件事。」亦是此意。

萬章問曰：「人有言：『伊尹以割烹要湯。』有諸？」孟子曰：「否，不然。伊尹耕於有莘之野，而樂堯舜之道焉。非其義也，非其道也，禄之以天下，弗顧也；繫馬千駟，弗視也。非其義也，非其道也，一介不以與人，一介不以取諸人。湯使人以幣聘之，囂囂然曰：『我何以湯之聘幣爲哉？我豈若處畎畝之中，由是以樂堯舜之道哉？』湯三使往聘之，既而幡然改曰：『與我處畎畝之中，由是以樂堯舜之道，吾豈若使是君爲堯舜之君哉？吾豈若使是民爲堯舜之民哉？吾豈若於吾身親見之哉？天之生此民也，使先知覺後知，使先覺覺後覺也。予，天民之先覺者也，予將以斯道覺斯民也。非予覺之，而誰也？』思天下之民，匹夫匹婦有不被堯舜之澤者，若己推而内之溝中。其自任以天下之重如此，故就湯而説之，以伐夏救民。吾未聞枉己而正人者也，況辱己以正天下者乎？聖人之行不同也，或遠或近，或去或不去，歸潔其身而已矣。吾聞其以堯舜之道要湯，未聞以割烹也。《伊訓》曰：『天誅造攻自牧宫，朕載自亳。』」

校勘記

〔一〕《論語・述而》：子謂顔淵曰：「用之則行，舍之則藏，惟我與爾有是夫！」

〔二〕《論語・公冶長》：子使漆雕開仕。對曰：「吾斯之未能信。」子説。

有命章

丘毛伯曰：彌子瑕之誘孔子也以利，桓司馬之刼孔子也以威。若孔子之自處，只是以禮以義。

周介生曰：彌子可主而不主，豈關造化？「有命」直是寓言，正其禮進義退處。

雍姓睢名，又名渠，衛靈公之嬖臣。衛靈公嘗與夫人同車，睢爲驂乘出使，孔子爲次乘，招搖市過之，孔子醜之，去衛。瘠環：瘠姓環名，齊之寺人也，爲齊景公所近狎。

萬章問曰：「或謂孔子於衛主癰疽，於齊主侍人瘠環。有諸乎？」孟子曰：「否，不然也。好事者爲之也。於衛主顔仇由。彌子之妻與子路之妻，兄弟也。彌子謂子路曰：

『孔子主我，衛卿可得也。』子路以告。孔子曰：『有命。』孔子進以禮，退以義，得之不得，曰：有命。而主癰疽與侍人瘠環，是無義無命也。孔子不悦於魯衛，遭宋桓司馬將要而殺之，微服而過宋。是時，孔子當阨，主司城貞子，爲陳侯周臣。吾聞觀近臣，以其所爲主；觀遠臣，以其所主。若孔子主癰疽與侍人瘠環，何以爲孔子？」

五羖章

千古少不得宮之奇一諫。事亂君者，知君之不可諫。猶必强諫而止之，非不知殞身碎首無益於數，盡吾節焉耳。譬如擊鼓而救日，豈謂日真可以鼓救者哉，致吾扶陽之誠焉耳已！

○宮之奇亦以其族行，亦不終爲虞人。

晉，虞仇也。當時列國可以報晉者，莫如秦，故去虞入秦。三置晉君，乃爲虞報仇，與子房始終爲韓事同。

于忠肅曰：使管仲無佐桓一段功業，終有愧於召忽；使百里奚無相穆一段功業，終有媿於宮之奇。

萬章問曰：「或曰百里奚自鬻於秦養牲者，五羊之皮，食牛，以要秦穆公。信乎？」孟子曰：「否，不然。好事者爲之也。百里奚，虞人也。晉人以垂棘之璧與屈産之乘，假道於虞，以伐虢。宮之寄諫，百里奚不諫。知虞公之不可諫而去之秦，年已七十矣，曾不知以食牛干秦穆公之爲污也，可謂智乎？不可諫而不諫，可謂不智乎？知虞公之將亡而先去之，不可謂不智也。時舉於秦，知穆公之可與有行也而相之，可謂不智乎？相秦而顯其君於天下，可傳於後世，不賢而能之乎？自鬻以成其君，鄉黨自好者不爲，而謂賢者爲之乎？」

孟子萬章下

大成章

何謂「巧」？太空無翳，明鏡無塵，不起念頭，不落邊際，胸中完完全全有個正鵠，這個就是一團元氣，輕輕脱脱，發處都中紅心，雖然用力，原不着力也。孟子將「巧」來比個「智」，將「智」來説個「時」，正獨見聖人先天處。

韓求仲曰：題中命脉在二「而」字。金聲於前，玉振於後，中間包絡無數，故曰「集大成」。「金聲而玉振」，下二「而」字，則重在金聲，有金聲纔有玉振，有始纔有終也。智之事，聖之事，只是一事。必智以開其始，然後聖以要其終，此正論聖之時，全由於智。下文取譬不過足其意耳。俗儒分析知行，便把始終條理截作兩件。始作樂時，八音可缺得一件否？作樂終時，八音亦可缺得一件否？終始只是一件事，從古聖人亦只做一件事。

孟子曰：「伯夷目不視惡色，耳不聽惡聲。非其君不事，非其民不使。治則進，亂則退。横政之所出，横民之所止，不忍居也。思與鄉人處，如以朝衣朝冠坐於涂炭也。當紂之時，居北海之濱，以待天下之清也。故聞伯夷之風者，頑夫廉，懦夫有立志。伊尹曰：『何事非君？何使非民？』治亦進，亂亦進，曰：『天之生斯民也，使先知覺後知，使先覺覺後覺。予，天民之先覺者也。予將以此道覺此民也。』思天下之民，匹夫匹婦有不與被堯舜之澤者，若己推而内之溝中，其自任以天下之重也。柳下惠不羞汚君，不辭小官。進不隱賢，必以其道。遺佚而不怨，阨窮而不憫。與鄉人處，由由然不忍去也。『爾爲爾，我爲我，雖袒裼裸裎於我側，爾焉能浼我哉？』故聞柳下惠之風者，鄙夫寬，薄夫敦。孔子之去齊，接淅而行；去魯，曰：『遲遲吾行也，去父母國之道也。』可以速而速，可以久而久，可以處而處，可以仕而仕，孔子也。」孟子曰：「伯夷，聖之清者也；伊尹，聖之任者也；柳下惠，聖之和者也；孔子，聖之時者也。孔子之謂集大成。集大成也者，金聲而玉振之也。金聲也者，始條理也；玉振之也者，終條理也。始條理者，智之事也；終條理者，聖之事也。智，譬則巧也；聖，譬則力也。由射於百步之外也，其至，爾力也，其中，非爾力也。」

爵禄章

章大力云：王者制爵從天，制禄從地，度量起於庶人自吏之至下者。始不曰：「我禄之也。」其勞力如是，而食其報適如庶人之自耕而食耳。下士代耕之義明，然後卿大夫之義皆明，雖天子諸侯亦皆代耕而已。苟爲無功於民，則是不耕而食，於義無處也。故天子庶人無以相過，而享大奉者有大責也。

天子與庶人緊緊對付，中間不過轉輸之吏耳。玉食鼎養，都從農夫較量出來，莫便忘所自始。

此章詳説代耕，政見封建井田相爲表裏。

北宫錡問曰：「周室班爵禄也，如之何？」孟子曰：「其詳不可得聞也，諸侯惡其害己也，而皆去其籍，然而軻也嘗聞其略也。天子一位，公一位，侯一位，伯一位，子、男同一位，凡五等也。君一位，卿一位，大夫一位，上士一位，中士一位，下士一位，凡六等。天子之制，地方千里，公侯皆方百里，伯七十里，子、男五十里，凡四等。不能五十里，不達於天子，附於諸侯，曰附庸。天子之卿受地視侯，大夫受地視伯，元士受地視子、男。大國地方百里，君十卿禄，卿禄四大夫，大夫倍上士，上士倍中士，中士倍下士，下士與庶人在官者同禄，禄足以代其耕也。次國地方七十里，君十卿禄，卿禄三大夫，大夫倍上士，上士倍中士，中士倍下士，下士與庶人在官者同禄，禄足以代其耕也。小國地方五十里，君十卿禄，卿禄二大夫，大夫倍上士，上士倍中士，中士倍下士，下士與庶人在官者同禄，禄足以代其耕也。耕者之所獲，一夫百畝，百畝之糞，上農夫食九人，上次食八人，中食七人，中次食六人，下食五人。庶人在官者，其禄以是爲差。」

友德章

樂正裘，汶上人，家貧不能膳，讀書十二載，卒不一遇，遂去，而老於嵩山下。孟獻子田於郊外，過其隱匿之廬，握手甚歡，不忍言旋，於是兩人之交甚善。牧仲，展氏之樵人也，夏不襦葛，冬不束帶，笑歌於市中。歌曰：「牧仲，牧仲，爾胡憧憧，世已江河，長此安窮。」獻子聞而詫之曰：「異人也。」遂引至其家，居數月不復佯狂焉。至與樂正裘論占雲之辨，語多足記，另見諸集中。

陶石簣曰：無獻子之家，就獻子自無其家説，若都作五人説，乃專是五人忘勢，非是百乘之家忘勢矣。惟獻子視己之家有而若無，所以五人亦不有其家，獻子方肯與之友，否則豈肯與之友？如此説方得「亦」字明白，方是獻子「不挾貴」意。

《高士傳》云：亥唐，晉人也。高恪寡素，晉國憚之。平公與亥唐坐，有間，亥唐出，叔向入，平公伸一足曰：「吾向時與亥子坐，腓痛足痹不敢伸。」叔向不悦。公曰：「子欲富乎？吾禄子。欲貴乎？吾爵子。亥先生乃無欲也，吾非正坐，無以養之。子何不悦乎〔一〕？」

萬章問曰：「敢問友。」孟子曰：「不挾長，不挾貴，不挾兄弟而友。友也者，友其德也，不可以有挾也。孟獻子，百乘之家也，有友五人焉：樂正裘、牧仲，其三人，則予忘之矣。獻子之與此五人者友也，無獻子之家者也。此五人者，亦有獻子之家，則不與之友矣。非惟百乘之家爲然也，雖小國之君亦有之。費惠公曰：『吾於子思，則師之矣；吾於顔般，則友之矣；王順、長息則事我者也。』非惟小國之君爲然也，雖大國之君亦有之。晋平公之於亥唐也，入云則入，坐云則坐，食云則食，雖疏食菜羹，未嘗不飽，蓋不敢不飽也。然終於此而已矣。弗與共天位也，弗與治天職也，弗與食天禄也，士之尊賢者也，非王公之尊賢也。舜尚見帝，帝館甥於貳室，亦饗舜，迭爲賓主，是天子而友匹夫也。用下敬上，謂之貴貴，用上敬下，謂之尊賢，貴貴尊賢，其義一也。」

校勘記

〔一〕嵇康《高士傳》：亥唐，晋人也。高恪寡素，晋國憚之，雖蔬食菜羹，平公每爲之欣飽。公與亥唐坐，有間，亥唐出，叔向入，平公伸一足曰：「吾向時與亥子坐，腓痛足痺不敢伸。」叔向勃然作色，不悦。公曰：「子欲富乎？吾爵子。子欲貴乎？吾禄子。夫亥先生乃無欲也，吾非正坐，無以養之，子何不悦哉？」

當日行道之機可通一線者，止有交際一款。故孔子之獵較，孟子之受餽，總一委曲行道之苦心也，然無以爲往役之庶人，只不可以爲見君之士，即此便是禮門義路所界限處。

交際章

萬章問曰：「敢問交際何心也？」孟子曰：「恭也。」曰：「『卻之卻之爲不恭』，何哉？」曰：「尊者賜之，曰：『其所取之者，義乎，不義乎？』而後受之，以是爲不恭，故弗卻也。」曰：「請無以辭卻之，以心卻之，曰：『其取諸民之不義也。』而以他辭無受，不可乎？」曰：「其交也以道，其接也以禮，斯孔子受之矣。」萬章曰：「今有禦人於國門之外者，其交也以道，其餽也以禮，斯可受禦與？」曰：「不可。《康誥》曰：『殺越人于貨，閔不畏死，凡民罔不譈。』是不待教而誅者也。殷受夏，周受殷，所不辭也；於今爲烈，如之何其受之？」曰：「今之諸侯取之於民也，猶禦也。苟善其禮際矣，斯君子受之，敢問何説也？」曰：「子以爲有王者作，將比今之諸侯而誅之乎？其教之不改而後誅之乎？夫謂非其有而取之者盜也，充類至義之盡也。孔子之仕於魯也，魯人獵較，孔子亦獵較。獵較猶可，而況受其賜乎？」曰：「然則孔子之仕也，非事道與？」曰：「事道也。」「事道奚獵較也？」曰：「孔子先簿正祭器，不以四方之食供簿正。」曰：「奚不去也？」曰：「爲之兆也。兆足以行矣，而不行，而後去，是以未嘗有所終三年淹也。孔子有見行可之仕，有際可之仕，有公養之仕。於季桓子，見行可之仕也；於衛靈公，際可之仕也；於衛孝公，公養之仕也。」

貧仕章〔一〕

王陽明曰君子之仕也以行道，不以道而仕者，竊也。雖古之有祿仕也，未嘗奸其職也。曰「牛羊茁壯」，「會計當」也。

袁石浦曰：「位卑言高者，罪。」可見位卑不必言高也。爲貧之夫，辭尊居卑，正以此耳。若立朝而道不行，則位不卑而高，又不能言廟堂之上，豈齷齪之士所糊口之地。故曰「仕非爲貧」。

孟子曰：「仕非爲貧也，而有時乎爲貧；娶妻非爲養也，而有時乎爲養。爲貧者，辭尊居卑，辭富居貧。辭尊居卑，辭富居貧，惡乎宜乎？抱關擊柝，孔子嘗爲委吏矣，曰：『會計當而已矣。』嘗爲乘田矣，曰：『牛羊茁壯長而已矣。』位卑而言高，罪也；立乎人之本朝而道不行，耻也。」

校勘記

〔一〕此章鈔稿本誤入《告子上》，今移此。

問子思摽使不受，何以必於卒也？ 焦漪園曰：前此還望繆公之悔悟，「卒」之一字，可見聖賢發之不暴處。「稽首再拜」，聖賢終是何等氣象〔一〕！

養賢章

萬章曰：「士之不託諸侯，何也？」孟子曰：「不敢也。諸侯失國，而後託於諸侯，禮也；士之託於諸侯，非禮也。」萬章曰：「君餽之粟，則受之乎？」曰：「受之。」「受之何義也？」曰：「君之於氓也，固周之。」曰：「周之則受，賜之則不受，何也？」曰：「不敢也。」曰：「敢問其不敢何也？」曰：「抱關擊柝者，皆有常職以食於上。無常職而賜於上者，以爲不恭也。」曰：「君餽之，則受之，不識可常繼乎？」曰：「繆公之於子思也，亟問，亟餽鼎肉。子思不悦。於卒也，摽使者出諸大門之外，北面稽首再拜而不受，曰：『今而後知君之犬馬畜伋。』蓋自是臺無餽也。悦賢不能舉，又不能養，可謂悦賢乎？」曰：「敢問國君欲養君子，如何斯可謂養矣？」曰：「以君命將之，再拜稽首而受。其後廩人繼粟，庖人繼肉，不以君命將之。子思以爲鼎肉使己僕僕爾亟拜也，非養君子之道也。堯之於舜也，使其子九男事之，二女女焉，百官牛羊倉廩備，以養舜於畎畝之中，後舉而加諸上位，故曰王公之尊賢者也。」

校勘記

〔一〕此段正文鈔稿本誤入《告子上》，今移此。

不見章

薛方山曰：士可以爲草莽之臣，可以爲市井之臣，可發其疑，韓子之三品，復因三子之論而酌其似非體驗得者也。「爲」字，是告子病根；「戕賊」字，就他「爲」字翻出〔一〕。

袁了凡曰：「不忘」自有所指，如云「造次必於是，顛沛必於是」也〔二〕。宋張思敬因讀孟子此二句〔三〕，始有自得處，後更窮理造微，鮮有及此者矣。馬時中嘗述此二句曰：「今日何時？溝壑乃吾死所也。」臨事奪不顧身，每能自遂。二子皆程門高弟〔四〕。

徐子卿曰：君子就是多聞與賢之人，平生以禮義自守，決不失足於君希寵。「門」「路」二字，亦借來形他擬足而動的光景〔五〕。

萬章曰：「敢問不見諸侯，何義也？」孟子曰：「在國曰市井之臣，在野曰草莽之臣，皆謂庶人。庶人不傳質爲臣，不敢見於諸侯，禮也。」萬章曰：「庶人召之役，則往役；君欲見之，召之，則不往見之，何也？」曰：「往役，義也；往見，不義也。且君之欲見之也，何爲也哉？」曰：「爲其多聞也，爲其賢也。」曰：「爲其多聞也，則天子不召師，而況諸侯乎？爲其賢也，則吾未聞欲見賢而召之也。繆公亟見於子思，曰：『古千乘之國以友士，何如？』子思不悦，曰：『古之人有言曰，事之云乎，豈曰友之云乎？』子思之不悦也，豈不曰：『以位，則子，君也；我，臣也，何敢與君友也？以德，則子事我者也，奚可以與我友？』千乘之君求與之友而不可得也，而況可召與？齊景公田，招虞人以旌，不至，將殺之。志士不忘在溝壑，勇士不忘喪其元。孔子奚取焉？取非其招不往也。」曰：「敢問招虞人何以？」曰：「以皮冠，庶人以旃，士以旂，大夫以旌。以大夫之招招虞人，虞人死不敢往，以士之招招庶人，庶人豈敢往哉？况乎以不賢人之招招賢人乎？欲見賢人而不以其道，猶欲其入而閉之門也。夫義，路也；禮，門也。惟君子能由是路，出入是門也。《詩》云：『周道如底，其直如矢，君子所履，小人所視。』」萬章曰：「孔子，君命召，不俟駕而行，然則孔子非與？」曰：「孔子當仕有官職，而以其官召之也。」

校勘記

〔一〕此段正文，就其内容考慮，應入《杞柳章》，原抄本以文中有「草莽之臣」等語列此。爲存原貌，不作移動。

〔二〕語見《論語·里仁》。

〔三〕指「志士不忘在溝壑，勇士不忘喪其元」兩句。

〔四〕〔五〕此二段正文原抄本誤列入《交際章》，今移此。

友善章

成玉弦曰：只泛論交道宜廣，不泥定由鄉國而及天下，由今人而及古人。須知方寸之中，森羅萬象；一室之内，晤言千古。

或曰：孟子教人，見善便取友，如貪賈入市，見物便收：看「斯」字最妙。「一鄉之善士」等句，泛就人之有善者説，善一而已，豈有鄉、國、天下之分？

楊復所曰：「斯」字最妙。自家人品不到此，即與聖賢覿面，亦自當面蹉過了也。畢竟自家爲何等人品，方纔能友何等人品，不然材學堂中，黄髮孺子，腐齒老翁，日日在彼伊吾「曰若稽古，帝堯」〔一〕，並「關關雎鳩」〔二〕，便爲尚友古人乎？

論古方與古人爲友，論者品第高下，必我造詣意見與他差不多方可論。

孟子謂萬章曰：「一鄉之善士斯友一鄉之善士，一國之善士斯友一國之善士，天下之善士斯友天下之善士。以友天下之善士爲未足，又尚論古之人。頌其詩，讀其書，不知其人，可乎？是以論其世也。是尚友也。」

校勘記

〔一〕《尚書》第一篇《堯典》第一句。

〔二〕《詩經》第一篇《關雎》第一句。

問卿章

孟子言其概，微子去之，伊尹放太甲於桐，皆不論貴戚、異姓也。不必實有事，齊王聞之如冷水澆背，陡然一驚，蓋黄葉止啼法也。

齊宣王問卿。孟子曰：「王何卿之問也？」王曰：「卿不同乎？」曰：「不同。有貴戚之卿，有異姓之卿。」王曰：「請問貴戚之卿。」曰：「君有大過則諫；反覆之而不聽，則易位。」王勃然變乎色。曰：「王勿異也。王問臣，臣不敢不以正對。」王色定，然後請問異姓之卿。曰：「君有過則諫，反覆之而不聽，則去。」

孟子告子上

杞柳章

弇州曰：荀子之言性惡鑿矣，然亦自體驗得之。如告子亦體驗而得者也。楊子之善惡混從荀孟之論，而處而辭百鎰，將行而辭萬鍾，其介未嘗少貶，則事道之意愈明矣。

告子曰：「性猶杞柳也，義猶桮棬也；以人性爲仁義，猶以杞柳爲桮棬。」孟子曰：「子能順杞柳之性而以爲桮棬乎？將戕賊杞柳而後以爲桮棬也。如將戕賊杞柳而以爲栝棬，則亦將戕賊人以爲仁義與？率天下之人而禍仁義者，必子之言夫！」

湍水章

「決」之一字，是告子自陳公案。「在山」「過顙」，正了「決」字義。是就彼説法。顧九疇云：告子借先天疑後天，孟子從後天信先天。先天者，惑世；後天者，持世。

告子曰：「性猶湍水也，決諸東方則東流，決諸西方則西流。人性之無分於善不善也，猶水之無分於東西也。」孟子曰：「水信無分於東西，無分於上下乎？人性之善也，猶水之就下也。人無有不善，水無有不下。今夫水，搏而躍之，可使過顙；激而行之，可使在山。是豈水之性哉？其勢則然也。人之可使爲不善，其性亦猶是也。」

生性章

讀《告子篇》當知「生之謂性」一句，此告子論性之宗旨也。杞柳之喻本此，湍水之喻本於此，食色仁内義外之論亦本於此，未嘗少變其説。於兩，然後寫出告子不得於言，勿求於心光景。

告子曰：「生之謂性。」孟子曰：「生之謂性也，猶白之謂白與？」曰：「然。」「白羽之白也，猶白雪之白；白雪之白猶白玉之白與？」曰：「然。」「然則犬之性猶牛之性，牛之性猶人之性與？」

食色章

顧涇陽曰：仁義可分内外，便非性之德。孟子謂告子未嘗知義，以其外之也。吾謂告子未嘗知仁，以其内之也。

告子明於食色，孟子即以食色立論。故一則曰「白馬之白」，一則曰「嗜秦人之炙」。就其一隙之明，使其了曉。

徐子卿曰：仁義禮智都從心生，所以爲「内」。告子之意即如《禮記》所云：「禮者，天地之別也。」又云：「義近於禮〔二〕」，指却萬物散殊之跡言之，故謂之「外」。若如此，則食之甘者自可嗜，色之美者自可悦，仁亦將在外，顧與嗜之悦之者何與哉？

陸子静有云：意見人最難與言，若用意見相剖，斷無了决，直須以遊戲觸之耳。

告子曰：「食色性也。仁，内也，非外也。義，外也，非内也。」孟子曰：「何以謂仁内義外也？」曰：「彼長而我長之，非有長於我也，猶彼白而我白之，從其白於外也，故謂之外也。」曰：「異於白馬之白也，無以異於白人之白也，不識長馬之長也，無以異於長人之長與？且謂長者義乎？長之者義乎？」曰：「吾弟則愛之，秦人之弟則不愛也，是以我爲悦者也，故謂之内。長楚人之長，亦長吾之長，是以長爲悦者也，故謂之外也。」曰：「耆秦人之炙，無以異於耆吾炙，夫物則亦有然者也，然則耆炙亦有外與？」

校勘記

〔一〕《禮記·樂記》：「禮者，天地之別也……義近於禮，仁近於樂。」

行敬章

義者，心之制，事之宜，説不得偏於外，亦説不得偏於內，告子力護其偏至之詞，孟子亦不敢雜以圓融之説，倘於此正告之曰：「義內也，亦外也。」則告子不辯而自服矣。

孟季子問公都子曰：「何以謂義內也？」曰：「行吾敬，故謂之內也。」「鄉人長於伯兄一歲，則誰敬？」曰：「敬兄。」「酌則誰先？」曰：「先酌鄉人。」「所敬在此，所長在彼，果在外，非由內也？」公都子不能答，以告孟子。孟子曰：「敬叔父乎？敬弟乎？彼將曰：『敬叔父。』曰：『弟爲尸，則誰敬？』彼將曰：『敬弟。』子曰：『惡在其敬叔父也？』彼將曰：『在位故也。』子亦曰：『在位故也。庸敬在兄，斯須之敬在鄉人。』」季子聞之，曰：「敬叔父則敬，敬弟則敬，果在外，非由內也。」公都子曰：「冬日則飲湯，夏日則飲水，然則飲食亦在外也。」

性善章

孟子説性善，亦只説得情一邊，性安得有善之可名？且如以惻隱爲仁之端，而舉乍見孺子入井以驗之，然今人乍見美色而心蕩，乍見金銀而心動，此亦非出於矯强，可俱謂之真心耶？

三説紛紛。一傍着「性相近也」立説，一傍着「習相遠也」立説，一傍着「惟上智與下愚不移」立説〔一〕。故引孔子作斷案，三説不攻自破。

有三盲摸象，得象耳者，云象如簸箕；得象鼻者，云象如舂杵，雖獲一方，終不得全象之實。三者言性，政與盲者無異〔二〕。

徐子卿曰：「仁義禮智，非繇外鑠我也」，乃因告子一班把仁義禮智都做了賊性之具，見得另外有個四端將性來消耗，乃是此徒病根，故此針出，不是空空説個繇外至内。

「乃若其情，則可以爲善」，孟子蓋即情以論性也。賀瑒云：性之與情，猶水之與波，靜時是水，動則是波；靜時是性，動則是情，蓋即此意。李習之乃欲滅情以復性，亦異乎孟氏之旨矣。

東坡云：孔子孟軻道同，而其書未必同。何以知之？以其言性知之。孔子之言如珠走盤，孟軻之言如珠着氈〔三〕。

公都子曰：「告子曰：『性無善無不善也。』或曰：『性可以爲善，可以爲不善，是故文武興，則民好善，幽厲興，則民好暴。』或曰：『有性善，有性不善，是故以堯爲君而有象，以瞽瞍爲父而有舜，以紂爲兄之子，且以爲君，而有微子啓、王子比干。』今曰『性善』，然則彼皆非與？」孟子曰：「乃若其情，則可以爲善矣，乃所謂善也。若夫爲不善，非才之罪也。惻隱之心，人皆有之；羞惡之心，人皆有之；恭敬之心，人皆有之；是非之心，人皆有之。惻隱之心，仁也；羞惡之心，義也；恭敬之心，禮也；是非之心，智也。仁義禮智，非由外鑠我也，我固有之也，弗思耳矣。故曰：『求則得之，舍則失之。』或相信蓰而無算者，不能盡其才者也。《詩》曰：『天生蒸民，有物有則。民之秉夷，好是懿德。』孔子曰：『爲此詩者，其知道乎！故有物必有則，民之秉夷也，故好是懿德。』」

校勘記

〔一〕「性相近」三句語出《論語·陽貨》。

〔二〕《涅槃經》：有王告人臣：「汝牽一象來示盲者。」……時彼衆盲各以手觸，大王即喚衆盲各各問言：……「象類何物？」觸其牙者即言「象形如蘿菔根」；觸其耳者言象「如箕」；觸其頭者言象「如石」；觸其鼻者言象「如杵」；觸其脚者言象「如臼」；觸其脊者言象「如床」；觸其腹者言象「如甕」；觸其尾者言象「如繩」。

〔三〕此條原爲眉批，今入正文。

降才章

管登之曰：孟子形容心害最警切。前曰「外鑠」，「鑠」者，以火銷金之名，外偪内也，「道心惟微」之狀如此。今曰「陷溺」，「陷溺」者以水没人之名，内汩外也，「人心惟危」〔一〕之狀如此。

前説犬、牛與人異，以明人、物幾希之辨。此章説聖人與人同，以信堯、舜與同之説。孟子説心却先在眼、耳、口、鼻上指點，纔指破心事。要知口、耳、眼、鼻之外，心又在何處？此是孟氏以名理爲滑稽，須人理會。

孟子曰：「富歲子弟多賴，凶歲子弟多暴，非天之降才爾殊也。其所以陷溺其心者然也。今夫麰麥，播種而耰之，其地同，樹之時又同，浡然而生，至於日至之時，皆熟矣。雖有不同，則地有肥磽，雨露之養、人事之不齊也。故凡同類者，舉相似也，何獨至於人而疑之？聖人與我同類者。故龍子曰：『不知足而爲屨，我知其不爲蕢也。』屨之相似，天下之足同也。口之于味，有同耆也，易牙先得我口之所耆者也。如使口之於味也，其性與人殊，若犬馬之與我不同類也，則天下何耆皆從易牙之於味也？至於味，天下期於易牙，是天下之口相似也。惟耳亦然。至於聲，天下期於師曠，是天下之耳相似也。惟目亦然。至于子都，天下莫不知其姣也。不知子都之姣者，無目者也。故曰口之於味也，有同耆焉；耳之於聲也，有同聽焉；目之於色也，有同美焉。至於心，獨無所同然乎？心之所同然者何也？謂理也，義也。聖人先得我心之所同然耳。故理、義之悦我心，猶芻豢之悦我口。」

校勘記

〔一〕「道心惟微」二句，見《尚書・大禹謨》。

夜氣章

《晏子春秋》曰：「景公游於牛山之上，而北望齊曰：『美哉國乎！鬱鬱泰山，使古而無死，則寡人將去此而何之？』俯而泣沾襟。國子、高子曰：『然。臣賴君之賜，蔬食惡肉，可得而食也；駑馬柴車，可得而乘也，且猶不欲死，況君乎！』俯泣。晏子曰：『樂哉！今日之游也，見怯君一而諛臣二。使古而無死者，則太公至今猶存，吾君方被蓑笠而立乎畎畝之中，惟事之恤，何暇念死乎！』景公慚，舉觴自罰，因罰二臣〔一〕。」

問夜氣。曰：項萬純初訪余僧寮，閒說向夜，留不能去。時春雪生寒，僮僕靜默，因誦王摩詰語：「深巷寒犬，吠聲若豹，村墟夜舂，復與疎鐘相間。」〔二〕真當日事也。久之，兩聲暫歇，賓主嗒然，若冷燈殘，形骸忽廢，故知善言未發者無過孟子。

問平旦之氣。曰：人之旦也，一夢甫終，諸緣未始，靈臺恬曠，虛白自生。非息之以夜，能有是乎？學者於此瞥地一下，何事不了？即樂天所謂「前後際斷處，一念不生時」也。

張元岵云：平旦，謂晝夜平分之時，即初旦也。

操心如操舟，操心如操兵。操舟則中流自在，不礙風波；操兵則奇正五花，鍾鼓寂若。操非死法，存亦活機。范淳夫女謂孟子不識心，心豈有出入？伊川曰：「此女雖不識孟氏，却能識心。」

張侗初曰：人以鼻氣入出爲息，凡物以發榮滋潤爲滋息。生息則知息者，生氣而非止氣也。如宿火於灰，灰煖而火活，傳薪則燃矣，是滿爐都是燃體也。

徐子卿曰：「出入無時，莫知其鄉。」這兩句乃是説操之法，存之妙，是這般神物，乃爲萬化根本。若講得浪蕩，以見心之難存，於「惟」字口氣不像。兩句是讚喜之辭，而非懊惱之辭也。

「息」之一字，範圍三教之宗。釋氏謂之「反息」，老氏謂之「踵息」，蒙莊氏謂之「六月息」。

羅近溪因學者誦《牛山章》嘆曰：聖賢儆人甚切，人特未之思耳。即「牿亡」二字，今人只作尋常看。某舊爲刑曹，親桎梏之苦，自頂至踵，更無寸膚可以動活，輒爲涕下。學者曰：今人從軀殼起念者，皆「梏亡」之類也。先生曰：良心寓形體，形體既牽，良心安得動活？直至中夜，非惟手、足、耳、目廢置不用，雖心思亦皆休歇，然後身中神氣，稍稍得以出寧。及平旦端倪，自然萌動，而良心乃復矣。回思日間形役之苦，何異以良心爲罪人而桎梏之，無所從告也哉！

平旦之氣與夜氣有辨。平旦是人已覺之時，做得一半主了，至夜氣乃沉沉熟睡之時，做不得主，全是靠天的。故有平旦之氣，尚是清明一邊人，至無平旦之氣，方纔説夜氣。可見人縱自絶，而天尚未深絶之也。若夜氣足以存，猶不失爲可與爲善的，可見才善是氣善處。

孟子曰：「牛山之木嘗美矣，以其郊於大國也，斧斤伐之，可以爲美乎？是其日夜之所息，雨露之所潤，非無萌蘖之生焉，牛羊又從而牧之，是以若彼濯濯也。人見其濯濯也，以爲未嘗有材焉，此豈山之性也哉？雖存乎人者，豈無仁義之心哉？其所以放其良心者，亦猶斧斤之於木也，旦旦而伐之，可以爲美乎？其日夜之所息，平旦之氣，其好惡與人相近也者幾希，則其旦晝之所爲，有梏亡之矣。梏之反覆，則其夜氣不足以存；夜氣不足以存，則其違禽獸不遠矣。人見其禽獸也，而以爲未嘗有才焉者，是豈人之情也哉？故苟得其養，無物不長，苟失其養，無物不消。孔子曰：『操則存，舍則亡，出入無時，莫知其鄉。』惟心之謂與？」

校勘記

〔一〕《韓詩外傳十》：齊景公游於牛山之上，而北望齊曰：「美哉國乎！鬱鬱泰山，使古而無死者，則寡人將去此而何之？」俯而泣沾襟。國子、高子曰：「然。臣賴君之賜，疏食惡肉，可得而食也，駑馬柴車，可得而乘也，且猶不欲死，況君乎！」俯泣。晏子曰：「樂哉！今日嬰之遊也，見怯君一而諛臣二。使古而無死者，則太公至今猶存，吾君方今將被蓑笠而立乎畎畝之中，惟事之恤，何暇念死乎！」景公慚而舉觴自罰，因罰二臣。

〔二〕語出王維《山中與裴秀才書》。作者誤記爲《晏子春秋》。

弈秋章

此章與《求其放心章》參看。弈秋誨人，未嘗不學不問；心馳鴻鵠，若瞽若聾矣。故知專心致志，學問之事無他。

孟子曰：「無惑乎王之不智也。雖有天下易生之物也，一日暴之，十日寒之，未有能生者也。吾見亦罕矣，吾退而寒之者至矣，吾如有萌焉何哉？今夫弈之爲數，小數也，不專心致志，則不得也。弈秋，通國之善弈者也。使弈秋誨二人弈，其一人專心致志，惟弈秋之爲聽。一人雖聽之，一心以爲鴻鵠將至，思援弓繳而射之，雖與之俱學，弗若之矣。爲是其智弗若與？曰非然也。」

本心章

欲海無邊，塵心難掃；汗顔頃刻，頑鈍終身。填七尺於羶淫，耗鬚眉於營算。宅畔有宅，田外有田。好利亦復競名，身榮又祈子富。嘗試回頭一看，覺得身外俱閒；世短意長，不知埋没了多少血肉男子。孟子「失其本心」一嘆，真能使行路、乞人一齊痛哭！

沈無回曰：不受呼蹴之心，如電光忽過，景不及搏，稍落第二念，則擾擾萬慮，而未必不受矣。此不受呼蹴的人，與下受無禮義之萬鍾的人作一人看。

常入臨死，不受簞食豆羹，而不辨於萬鍾；好名之人，能讓千乘之國，而見色於簞食豆羹。于此察之，可見「本心」。

孟子曰：「魚我所欲也，熊掌亦我所欲也，二者不可得兼，舍魚而取熊掌者也。生亦我我所欲也，義亦我所欲也，二者不可得兼，舍生而取義者也。生亦我所欲也，所欲有甚於生者，故不爲苟得也。死亦我所惡，所惡有甚於死者，故患有所不辟也。如使人之所欲莫甚於生，則凡可以得生者，何不用也？使人之所惡莫甚於死者，則凡可以辟患者，何不爲也？由是則生而有不用也，由是則可以辟患而有不爲也，是故所欲有甚於生者，所惡有甚於死者。非獨賢者有是心也，人皆有之，賢者能勿喪耳。一簞食，一豆羹，得之則生，弗得則死。呼爾而與之，行道之人弗受；蹴爾而與之，乞人不屑也；萬鍾則不辨禮義而受之，萬鍾於我何加焉？爲宮室之美、妻妾之奉、所識窮乏者得我與？鄉爲身死而不受，今爲宮室之美爲之；鄉爲身死而不受，今爲妻妾之奉而爲之；鄉爲身死而不受，今爲所識窮乏者得我而爲之。是亦不可以已乎？此之謂失其本心。」

放心章

涸魚不忘濡沫，籠鳥不忘理翰。失必思返，物性之常。求放心即心矣，豈若涸魚籠鳥哉！曰「不知求」，其不知處，真是可哀。

學者皆説學問之道無他，只求放心便了，詳孟子、朱子之意，乃是學問許多道理，都是爲求放心。語意毫釐千里。

《譚子化書》曰：牛馬，家畜也，縱之坰牧則悍。鷹鸇，野鳥也，一爲羈絆則馴。此收放心之説也。

張元岵曰：此非教人求放心，教人學問也；只管貪程，不覺錯路，世間學問而放心者，正自不少。

《鶴林玉露》曰：孟子言求放心，而康節邵子曰心要能放，二者天淵懸絶。蓋放心者，自放也；心放者，吾能放也。衆人之心易放，聖賢之心能放。易放者流蕩，能放者開闊。流蕩者失其本心，開闊者全其本心〔一〕。

孟子曰：「仁，人心也；義，人路也。舍其路而弗由，放其心而不知求，哀哉！人有雞犬放，則知求之，有放心而不知求。學問之道無他，求其放心而已矣。」

校勘記

〔一〕《鶴林玉露》卷十三《放心》：孟子言求放心，而康節邵子曰：心要能放，二者天淵懸絶。蓋放心者，心（諸本無心字）自放也，心放者，吾能放也。放心者如雞豚出於塒栅，不求則不得。心放者如鷹隼翔於雲霄，而絛鏇固在吾手也。衆人之心易放，聖賢之心能放，易放者流蕩，能放者開闊，流蕩者失其本心，開闊者全其本心。

信指章

管登之曰：此章近戲言，而孟子發之有深意，蓋發人一點好勝之我心，易而爲羞惡之真心也。姚承庵曰：人心本伸於萬物之上，今却屈於物欲而不能伸，故借指之屈伸爲喻。心之若人，只提醒方寸之間便是，故以不遠秦楚之路影説。徐子卿曰：或問「心不若人」。余云：且要看「人」字。只是這個，原難應付者。若説不如别人，便與許多癡漢子開擴餘地。問「指不若人」如何。余云：正該就此想看，難道人生是恁般指頭？

孟子曰：「今有無名之指屈而不信，非疾痛害事也，如有能信之者，則不遠秦楚之路，爲指之不若人也。指不若人，則知惡之，心不若人，則不知惡，此之謂不知類也。」

桐梓章

牛山萌蘖不斬伐，便是栽培仁義。良心不牿亡，便是灌溉桐梓。吾身更無二養。

孟子曰：「拱把之桐梓，人苟欲生之，皆知所以養之者。至於身而不知所以養之者，豈愛身不若桐梓哉？弗思甚也。」

狼疾章

「仁，人心也」以下四章，皆重「知」字。「不知求」，「不知類」，「不知所以養」，「失肩背而不知」，此最提醒人處。

孟子曰：「人之於身也，兼所愛。兼所愛，則兼所養也。無尺寸之膚不愛焉，則無尺寸之膚不養也。所以考其善不善者，豈有他哉？於己取之而已矣。體有貴賤，有小大。無以小害大，無以賤害貴。養其小者爲小人，養其大者爲大人。今有場師，舍其梧檟，養其樲棘，則爲賤場師焉。養其一指而失其肩背，而不知也，則爲狼疾人也。飲食之人，則人賤之矣，爲其養小以失大也。飲食之人無有失也，則口腹豈適爲尺寸之膚哉？」

大體章

象山一生只是個先立乎其大者。立則我能爲主，先則待物之來。人本自大，大人特不失之耳。故曰「從其大體爲大人」。

徐子卿曰：或問「物交物」？余云：燭不點亮，與別様東西有甚差别？

公都子問曰：「鈞是人也，或爲大人，或爲小人，何也？」孟子曰：「從其大體爲大人，從其小體爲小人。」曰：「鈞是人也，或從其大體，或從其小體，何也？」曰：「耳目之官不思，而蔽於物。物交物，則引之而已矣。心之官則思，思則得之，不思則不得也。此天之所與我者。先立乎其大者，則其小者弗能奪也。此爲大人而已矣。」

天爵章

天爵未嘗不倩人爵而靈，個中境界不同，亦全藉天爵爲運，若徒鄙簪笏，非通儒之見也。

孟子曰：「有天爵者，有人爵者。仁義忠信，樂善不倦，此天爵也；公卿大夫，此人爵也。古之人修其天爵，而人爵從之。今之人修其天爵，以要人爵，既得人爵，而棄其天爵，則惑之甚者也，終亦必亡而已矣。」

良貴章

晉趙氏，世呼趙孟；如智氏，世呼智伯。晉爲盟主，趙氏世卿，故當時謂趙孟能貴賤人。

昔人有忘其千金之璧，貧而假乞於隣。三年忽憶其璧，一朝而獲千金，非自外至也，察與不察也。當其不察，璧亦不亡，此可爲喻。

《譚子化書》曰：網之以冠冕，釣之以爵禄，若馬駕車輅，貴不我得；彘食糠糟，肥不我有，是以大人道不虛貴，德不虛守，貧有所倚，退有所恃〔二〕。

孟子曰：「欲貴者，人之同心也。人人有貴於己者，弗思耳。人之所貴者，非良貴也。

趙孟之所貴，趙孟能賤之。《詩》云：『既醉以酒，既飽以德。』言飽乎仁義也，所以不願人之膏粱之味也，令聞廣譽施於身，所以不願人之文繡也。」

校勘記

〔一〕語見《譚子化書·歌舞》。

仁勝章

此章以治道論一杯水，如移民、移粟之類，「亦終必亡」，與《天爵章》同旨。上是亡爵，此是亡國。

孟子曰：「仁之勝不仁也，猶水勝火。今之爲仁者，猶以一杯水救一車薪之火也；不熄，則謂之水不勝火，此又與於不仁之甚者也，亦終必亡而已矣。」

美種章

鄒肇敏曰：學者必先辨種，而後可以論熟。

黄厚齋曰：仁在乎熟之而已。子路，未熟之五穀。管仲，已熟之荑稗。楊、墨，害五穀之螟螣。

韓求仲云：人都做仁，孰不曾做。熟之，熟之，有多少工夫在。

孟子曰：「五穀者，種之美者也，苟爲不熟，不如荑稗。夫仁亦在乎熟之而已矣。」

教射章

楊維斗曰：「必志於彀」，爲半途而廢者説法；「必以規矩」，爲創述異端者説法。

孟子曰：「羿之教人射，必志於彀，學者亦必志於彀。大匠誨人必以規矩，學者亦必以規矩。」

孟子告子下

任人章

屋廬子知禮之常，不知禮之變。任人知禮之變，不知禮之權。孟子知禮之權，又知禮之意。有人曰：岑樓高於寸木，金重於羽，則屋廬子之説矣。有人曰：寸木高於岑樓，羽重於金，則任人之説矣。有人曰：寸木高於岑樓，而實不高於岑樓；羽可重於金，而實不重於金，則孟子之説矣。

任人有問屋廬子曰：「禮與食孰重？」曰：「禮重。」「色與禮孰重？」曰：「禮重。」曰：「以禮食，則飢而死，不以禮食，則得食，必以禮乎？親迎則不得妻，不親迎則得妻，必親迎乎？」屋廬子不能對，明日之鄒以告孟子。孟子曰：「於答是也，何有？不揣其本，而齊其末，方寸之木可使高於岑樓。金重於羽者，豈謂一鉤金與一輿羽之謂哉？取食之重者與禮之輕者而比之，奚翅食重？取色之重者與禮之輕者而比之，奚翅色重？往應之曰：『紾兄之臂而奪之食，則得食；不紾，則不得食，則將紾之乎？踰東家牆而摟其處子，則得妻；不摟，則不得妻，則將摟之乎？』」

曹交章

顧涇陽曰：着個「爲」字是表工夫，着個「可」字却表本體。又說：孩提之愛親敬長，不學而能，不慮而知，是世間孩提那一個不是堯舜？使人當下識取自家面目，有勃勃興起，不忍薄待其身之心；又能使人當下識取堯舜面目，有欣欣向往，不肯自安於不如之意。

曹交問曰：「人皆可以爲堯舜，有諸？」孟子曰：「然。」「交聞文王十尺，湯九尺，今交九尺四寸以長，食粟而已，如何則可？」曰：「奚有於是？亦爲之而已矣。有人於此，力不能勝一匹雛，則爲無力人矣；今日舉百鈞，則爲有力人矣。然則舉烏獲之任，是亦爲烏獲而已矣。夫人豈以不勝爲患哉？弗爲耳。徐行後長者謂之弟，疾行先長者謂之不弟。夫徐行者，豈人所不能哉？所不爲也。堯舜之道，孝弟而已矣。子服堯之服，誦堯之言，行堯之行，是堯而已矣。子服桀之服，誦桀之言，行桀之行，是桀而已矣。」曰：「交得見於鄒君，可以假館，願留而受業於門。」曰：「夫道若大路然，豈難知哉？人病不求耳。子歸而求之，有餘師。」

小弁章

李東一曰：是論《詩》，不是論平王。論《詩》，故曰親親，曰仁，曰孝；若論平王，寧直小人而已哉！

舜之慕原從怨來，《小弁》祇怨而不能慕，舜能怨而復能慕。聖賢相別在此，初心實一也。

陶石簣曰：是辨小人，不是辨不怨。怨也是好的。

高文端云：孟子不曾寬《小弁》，援舜可見。

公孫丑問曰：「高子曰：《小弁》，小人之詩也。」孟子曰：「何以言之？」曰：「怨。」曰：「固哉，高叟之爲詩也！有人於此，越人關弓而射之，則己談笑而道之，無他，疏之也。其兄關弓而射之，則己垂涕泣而道之；無他，戚之也。《小弁》之怨，親親也。親親，仁也。固矣夫，高叟之爲詩也！」曰：「《凱風》何以不怨？」曰：「《凱風》，親之過小者也；《小弁》，親之過大者也。親之過大而不怨，是愈疏也；親之過小而怨，是不可磯也。愈疏，不孝也；不可磯，亦不孝也。孔子曰：『舜其至孝矣，五十而慕。』」

宋牼章

宋牼説秦楚罷兵，原非策士之流，故孟子亦稱其「大」，須句句與縱横家作對。

宋牼將之楚，孟子遇於石丘，曰：「先生將何之？」曰：「吾聞秦楚搆兵，我將見楚王説而罷之。楚王不悦，我將見秦王説而罷之。二王，我將有所遇焉。」曰：「軻也請無問其詳，願聞其指，説之將何如？」曰：「吾將言其不利也。」曰：「先生之志則大矣，先生之號則不可。先生以利説秦楚之王，秦楚之王悦於利，以罷三軍之師，是三軍之士樂罷而悦於利也。爲人臣者懷利以事其君，爲人子者懷利以事其父，爲人弟者懷利以事其兄，是君臣、父子、兄弟終去仁義，懷利以相接，然而不亡者，未之有也。先生以仁義説秦楚之王，秦楚之王悦於仁義，而罷三軍之師，是三軍之士樂罷而悦於仁義也。爲人臣者懷仁義以事其君，爲人子者懷仁義以事其父，爲人弟者懷仁義以事其兄，是君臣、父子、兄弟去利，懷仁義以相接也，然而不王者，未之有也。何必曰利？」

居鄒章

「爲相」「處守」四字是伏案，「不成享」三字是斷案，「得之鄒」、「不得之平陸」是結案。

孟子居鄒，季任爲任處守，以幣交，受之而不報。處於平陸，儲子爲相，以幣交，受之而不報。他日，由鄒之任，見季子；由平陸之齊，不見儲子。屋廬子喜曰：「連得間矣。」問曰：「夫子之任，見季子；之齊，不見儲子，爲其爲相與？」曰：「非也。《書》曰：『享多儀，儀不及物曰不享，惟不役志於享。』爲其不成享也。」屋廬子悦。或問之。屋廬子曰：「季子不得之鄒，儲子得之平陸。」

名實章

孟子主意全在孔子一節。拈出孔子，分明謂居三卿而去齊者，實本司寇去魯的衣鉢，來將夷、尹、惠、且盡行包括，公儀諸子又不必論。

孟子去齊有云：「王庶幾改之，予日望之[一]。」畢竟有一件説不出的事，與孔子膰肉去魯總是一法。

易牛足王，可謂格及君心；伐燕一策，可謂徙薪曲突；發棠一舉，可謂澤及溝渠。孟子未嘗無功於齊，第難爲俗人道耳。

「名實」二字連説，後人百解不明。但曰：「先名於其實者，爲人也；後名於其實者，自爲也。」則眉目自分。

淳于髡曰：「先名實者，爲人也；後名實者，自爲也。夫子在三卿之中，名實未加於上下而去之，仁者固如此乎？」孟子曰：「居下位，不以賢事不肖者，伯夷也；五就湯，五就桀者，伊尹也；不惡汚君，不辭小官者，柳下惠也。三子者不同道，其趨一也。一者何也？曰仁也。君子亦仁而已矣，何必同？」曰：「魯繆公之時，公儀子爲政，子柳、子思爲臣，魯之削也滋甚。若是乎，賢者之無益於國也。」曰：「虞不用百里奚而亡，秦穆公用之而霸。不用賢則亡，削何可得與？」曰：「昔者，王豹處於淇，而河西善謳；緜駒處於高唐，而齊右善歌；華周、杞梁之妻善哭其夫，而變國俗。有諸内，必形諸外。爲其事而無其功者，髡未嘗睹之也。是故無賢者也，有則髡必識之。」曰：「孔子爲魯司寇，不用，從而祭，燔肉不至，不税冕而行。不知者以爲爲肉也，其知者以爲爲無禮也。乃孔子則欲以微罪行，不欲爲苟去。君子之所爲，衆人固不識也。」

校勘記

〔一〕語見《孟子・公孫丑下》。

五伯章

鍾伯敬曰：章意專罪大夫，其罪諸侯者，欲諸侯知罪而罪大夫也。不朝者三，則非方伯連帥能制其命，亦非折簡可致，故須以天子六師移之。「移」字最妙，見先王武備之豫，紀律之臧。兵出於國都，而此無徵發之勞；威行于侯服，而彼無震驚之患。如以物加移之，而已作移易者恐。

五伯謂齊桓、宋襄、晉文、秦穆、楚莊。一云吴夫差。

孟子曰："五霸者，三王之罪人也；今之諸侯，五霸之罪人也；今之大夫，今之諸侯之罪人也。天子適諸侯曰巡狩，諸侯朝於天子曰述職。春省耕而補不足，秋省斂而助不給。入其疆，土地辟，田野治，養老尊賢，俊傑在位，則有慶，慶以地。入其疆，土地荒蕪，遺老失賢，掊克在位，則有讓。一不朝，則貶其爵；再不朝，則削其地；三不朝，則六師移之。是故天子討而不伐，諸侯伐而不討。五霸者，摟諸侯以伐諸侯者也，故曰五霸者，三王之罪人也。五霸，桓公爲盛。葵丘之會，諸侯束牲載書而不歃血。初命曰，誅不孝，無易樹子，無以妾爲妻。再命曰，尊賢育才，以彰有德。三命曰：敬老慈幼，無忘賓旅。四命曰，士無世官，官事無攝，取士必得。無專殺大夫。五命曰，無曲防，無遏糴，無有封而不告。曰凡我同盟之人，既盟之後，言歸于好。今之諸侯皆犯此五禁，故曰今之諸侯，五霸之罪人也。長君之惡其罪小，逢君之惡其罪大。今之大夫皆逢君之惡，故曰今之大夫，今之諸侯之罪人也。

慎子章

當時齊地方千里，已非舊制，若單以分封責魯，子輿亦大不恕矣。只將兩公世澤醒動慎子，使無啓彊云爾。

夫魯非用武之國，其城薄以卑，其地狹以淺，其君愚而不仁，其大臣僞而無用，其士民又惡甲兵之事，一戰必亡，此切近之災也。昔田常作亂，吾孔子、子貢欲存弱魯，止有亂齊一法，矧可開釁于齊乎？老謀深慮，孟子隱隱言外。

魯欲使慎子爲將軍。孟子曰：「不教民而用之，謂之殃民。殃民者，不容於堯舜之世。一戰勝齊，遂有南陽，然且不可。」慎子勃然不悦曰：「此則滑釐所不識也。」曰：「吾明告子。天子之地方千里；不千里不足以待諸侯。諸侯之地方百里；不百里不足以守宗廟之典籍。周公之封於魯，爲方百里也；地非不足，而儉於百里。太公之封於齊也，亦爲方百里也；地非不足也，而儉於百里。今魯方百里者五，子以爲有王者作，則魯在所損乎，在所益乎！徒取諸彼以與此，然且仁者不爲，況於殺人以求之乎？君子之事君也，務引其君以當道，志於仁而已。」

貉道章

白圭之論，與許行同一學術，故孟子以貉闢之，亦與用夏變夷同一見識。

白圭，貨殖之流也，其所謂二十取一者，亦祖其「人棄我取，人取我與」之故智，以漁奪其民者也。大貊小貊，即是大桀小桀，是孟子誅心之法。

漢文帝二十取一，君子未嘗以爲貉也。今之賦額，重於東南，不止十分取二矣，君子亦未嘗以爲桀也。何者？爲其有不忍取之心也。安石之青苗，名爲與之，實爲奪之。欲富國而民貧滋甚，其術蓋本之白圭也。莫被此老瞞過。

白圭曰：「吾欲二十而取一，何如？」孟子曰：「子之道，貉道也。萬室之國，一人陶，則可乎？」曰：「不可，器不足用也。」曰：「夫貉，五穀不生，惟黍生之。無城郭、宫室、宗廟、祭祀之禮，無諸侯幣帛饔飧，無百官有司，故二十取一而足也。今居中國，去人倫，無君子，如之何其可也？陶以寡，且不可以爲國，況無君子乎？欲輕之於堯舜之道者，大貉小貉也；欲重之於堯舜之道者，大桀小桀也。」

民賊章

陳新安曰：自當時觀之，孟子此論若迂且激。而六國吞，暴秦亡，此論豈不深中大驗。

孟子曰：「今之事君者曰：『我能爲君辟土地，充府庫。』今之所謂良臣，古之所謂民賊也。君不鄉道，不志於仁，而求富之，是富桀也。『我能爲君約與國，戰必克。』今之所謂良臣，古之所謂民賊也。君不鄉道，不志於仁，而求爲之强戰，是輔桀也。由今之道，無變今之俗，雖與之天下，不能一朝居也。」

治水章

辨輕賦，提出堯舜什一之道；辨治水，提出大禹行所無事之道。兩「道」字俱根帝王經世大猷，以壓倒世俗之小見。

白圭曰：「丹之治水也，愈於禹。」孟子曰：「子過矣。禹之治水，水之道也，是故禹以四海爲壑。今吾子以鄰國爲壑。水逆行，謂之洚水。洚水者，洪水也。仁人之所惡也。吾子過矣。」

不亮章

王荆公行新法，滿朝争之不得，豈不自謂有執？然而君子不謂執者，「不亮」故也。故執而是，則爲執持；執而非是，則爲執着，爲執拗，不可不辨。

孟子曰：「君子不亮，惡乎執？」

好善章

樂正子即爲政，濟得個恁事？只如此似半身美人，要使人意中不盡耳。

魯欲使樂正子爲政。孟子曰：「吾聞之，喜而不寐。」公孫丑曰：「樂正子强乎？」

曰：「否。」「有知慮乎？」曰：「否。」「多聞識乎？」曰：「否。」「然則奚爲喜而不寐？」曰：「其爲人也好善。」「好善足乎？」曰：「好善優於天下，而况魯國乎？夫苟好善，則四海之内皆將輕千里而來告之以善；夫苟不好善，則人將曰：『訑訑，予既已知之矣。』訑訑之聲音顔色距人於千里之外。士止於千里之外，則讒諂面諛之人居，國欲治，可得乎？」

三就章

張元岵曰：專問仕而合言「去」「就」，見不一。其「就」者未嘗不委曲，故「就」以此意者，「去」即以此意，却一毫不苟。

陳子曰：「古之君子何如則仕？」孟子曰：「所就三，所去三。迎之致敬以有禮。言，將行其言也，則就之。禮貌未衰，言弗行也，則去之。其次，雖未行其言也，迎之致敬以有禮，則就之。禮貌衰，則去之。其下，朝不食，夕不食，飢餓不能出門户，君聞之，曰：『吾大者不能行其道，又不能從其言也，使飢餓於我土地，吾恥之。』周之，亦可受也，免死而已矣。」

大任章

天以憂患扮演君相，並非以君相酬謝窮人，個中要看得破。庸人事過困衡，天意薄矣。膏粱豢養，淫享終身，此栽培傾覆外另一種人也，直將屍肉視之，弗得與天意參觀。

憂患安樂在人，自心上看，方得此章秘旨。

焦漪園曰：舜、説六人所以爲聖爲賢者，雖是天資不可及，然亦未必不是困中來，蓋困是進人之基。康節子云：當鍛鍊時分勁挺，到磨鑨處發光輝。吾人所以成器者，大率如此。

華芳候作有一日不敢忘畎畝、版築等語，是又從既發既舉後言也，總是生於憂患真種子。

張公亮曰：春草生於和氣，故易糜；松柏生於烈霜，故長存。此亦可悟生於憂患之理。

徐幹《中論》曰：「搥鍾擊鼓所以發其聲也，煮鬯燒薰所以揚其芬也，賢者之窮厄戮辱，此搥、擊、煮、燒之意也〔二〕。」徐徹弦曰：無志人受天磨折便倒；有志人受天磨折益奮、天因材而篤，自樹者方能承天。李崆峒曰：有恃必壞：恃勇者亂，亂必亡；恃才者淩，淩必傷；恃壯者縱，縱必夭；恃勢者驕，驕必戕。孟子所謂「生於憂患而死於安樂也」。

孟子曰：「舜發於畎畝之中，傅説舉於版築之間，膠鬲舉於魚鹽之中，管夷吾舉於士，孫叔敖舉於海，百里奚舉於市。故天將降大任於是人也，必先苦其心志，勞其筋骨，餓其體膚，空乏其身，行拂亂其所爲，所以動心忍性，曾益其所不能。人恒過，然後能改。困於心，衡於慮，而後作。徵於色，發於聲，而後喻。入則無法家拂士，出則無敵國外患者，國恒亡。然後知生於憂患，而死於安樂也。」

校勘記

〔一〕徐幹《中論》卷下《夭壽》：「搥鍾鐘擊磬所以發其聲也，煮鬯燒薰所以揚其芬也，賢者之窮厄戮辱，此搥擊之意也。」

多術章

聖賢如天地雨露，固以生物，即霜雪，亦以成物也。故曰「有教無類」。

孟子曰：「教亦多術矣，予不屑之教誨也者，是亦教誨之而已矣。」

孟子盡心上

盡心章

張元岵曰：世人看得天命之性，正不知何等玄微，全不從自心料理，孟子直就心中指出，總見衣裏有珠，不消向外求乞。

孟子要人還本心，其實落却在盡心一字，即集義之慊，非盡則無由慊。曾子三省終身，只心之無不盡；顔子一日克復，只决不令心之有不盡。

戴忠甫曰：在仙家，首段是丹頭，二段是工夫，三段是沐浴防危。於佛，則爲觀，爲止，爲常寂定。

家大父曰：「殀壽不貳」，非我不貳於殀壽，乃殀壽不貳於我也。夫人之耳、目、口、鼻，幻身也；心性，真身也。吾得其真以游於幻，則自有萬刧不壞者在。獨往獨來，一絲不挂，非立命而何？

問夭壽不二？陽明曰：學問工夫，於一切聲利嗜好，俱能脱落殆盡。尚有一種死生念頭，毫髮挂滯，便於全體有未融釋處。若於此處見得破，透得過，此心全體，方是流行無礙，方是盡性至命。

孟子曰：「盡其心者，知其性也。知其性，則知天矣。存其心，養其性，所以事天也。殀壽不貳，修身以俟之，所以立命也。」

順受章

家大父曰：今人開口便説有命，諉天數而不修人事，不知人事盡而不得，方可言命。故能盡道，即不幸而死，亦謂之正，不能盡道，即幸而免，亦不謂之正。此二段非爲正不正分疏，見得必盡道乃爲順受，語意仍歸盡道上。盡道即上章所謂「修身」。

孟子曰：「莫非命也，順受其正，是故知命者不立乎巖牆之下。盡其道而死者，正命也；桎梏死者，非正命也。」

求我章

黄貞父曰：世之舍内以務外者，乞墦登壟，無所不至。求其得，非求其不得。然在我者，有益於得；在外者，無益於得。若反其外求，而求之我也，蓋以有益無益，撥轉内外之關。

孟子曰：「求則得之，舍則失之，是求有益於得也，求在我者也。求之有道，得之有命，是求無益於得也，求在外者也。」

皆備章

題之血脉有從上章來者。「萬物皆備於我」題，重仁，重誠，重我。紛紛作者，皆非也。上章既説「求在我」，而「求」之一字，却説得渾淪未破，故此章直指個「我」體出來，令人從「强恕」下手，正「求我」著落處也。

孟子曰：「萬物皆備於我矣。反身而誠，樂莫大焉。强恕而行，求仁莫近焉。」

行習章

「行之而不著」，即至「習矣而猶不察」，第二句换一「矣」字，便增多少怪嘆。

孟子曰：「行之而不著焉，習矣而不察焉，終身由之而不知其道者，衆也。」

無恥章

偶讀楊柱史疏云：人有五常，國有四維，莫不藉廉恥以爲之基，廉恥之存亡，國運之盛衰係焉。繇是觀之，人孰可以無恥。

孟子曰：「人不可以無恥，無恥之恥，無恥矣。」

恥大章

又申言上章之意，註中「大」字極明，然再推而言之，伊尹恥其君不爲堯舜。格天事業，繇此一恥成之，非大而何？

孟子曰：「恥之於人大矣，爲機變之巧者，無所用恥焉。不恥不若人，何若人有？」

忘勢章

時至戰國，尊賢重士之禮，無人講究。只一客卿，便是齊之異數；求如魯繆公，費惠公之待子思，已絶響矣。故孟子以此一種道理常常發明。

孟子曰：「古之賢王好善而忘勢，古之賢士何獨不然？樂其道而忘人之勢，故王公不致敬盡禮，則不得亟見之。見且猶不得亟，而況得而臣之乎？」

好游章

士惟不失義，故不失望。泰山喬嶽，衆望而仰之，一旦頹了，便失望。若士窮居碌碌，與衆人一般，是早已無望，又何云失望？故望在窮不在達。謝安石在東山，便有公輔之望，後曾有一毫缺望否？

孟子謂宋句踐曰：「子好游乎？吾語子游。人知之，亦囂囂。人不知，亦囂囂。」曰：「何如斯可以囂囂矣？」曰：「尊德樂義，則可以囂囂矣。故士窮不失義，達不離道。窮不失義，故士得己焉；達不離道，故民不失望焉。古之人，得志，澤加於民；不得志，修身見於世。窮則獨善其身，達則兼善天下。」

豪傑章

聞子將曰：不是全不受聖人陶鑄，見善學聖人者，正不必親炙聖人，分明自爲「私淑諸人」句寫照。

孟子曰：「待文王而後興者，凡民也。若夫豪傑之士，雖無文王猶興。」

韓魏章

張賓王曰：此爲世人多重視富貴，故爲此設言。且無論天下不與，千駟弗視者，何若就韓魏之家而言，自人得之，鮮有不意滿者。如其「自視欿然」，猶夫不附一般，即此已過人遠矣。黄貞父曰：「自視欿然」，只是胸中不着一韓魏也，不是傲睨；傲睨反着韓魏於胸中矣。

孟子曰：「附之以韓、魏之家，如其自視欿然，則過人遠矣。」

佚道章

夫治，無意而已矣。玄寒厲風，寒者不怨；虚舟之觸，褊心弗怒也。網罟設則魚鳥驚矣。是有意無意之别也。

孟子曰：「以佚道使民，雖勞不遠。以生道殺民，雖死不怨殺者。」

王霸章

王者之民，如雨露之於草木；霸者之民，如桔槔之於夏畦。

或問「所存者神」。曰：情識不生，如空如水。問「所過者化」。曰：雁度長空，影落寒水，雁無留跡，水無留影。

徐子卿曰：或問「所過者化」二句須串否？余曰：不必。「過化」即小德川流，「存神」即大德敦化，分不開也串不得。

孟子曰：「霸者之民驩虞如也，王者之民皞皞如也。殺之而不怨，利之而不庸，民日遷善而不知爲之者。夫君子所過者化，所存者神，上下與天地同流，豈曰小補之哉？」

仁言章

「仁聲」，如「帝力何有」之歌是也，不只是稱頌之聲。

孟子曰：「仁言不如仁聲之入人深也，善政不如善教之得民也。善政民畏之，善教民愛之，善政得民財，善教得民心。」

良知章

王龍谿曰：夫「識」與「良知」，同而異名，所爭只毫釐。識有分別，知體渾然，識有去來，知體常寂，故曰「良知」。譬之明鏡，黑白自辨。能辨黑白者，識也。鏡體寂然，原無黑白，以分辨爲明，奚啻千里，其機只在一念入微取證。

顧涇陽曰：孟子以「不學而能」爲「良能」，「不慮而知」爲「良知」。吾以爲不能而學亦「良能」也，不知而慮亦「良知」也，何也？微良知良能，人亦安於不能不知已耳，孰牖之而使學？

孰啓之而使慮也？吾又以爲學而能亦「良能」也，慮而知亦「良知」也，何也？知能之入處異，而知能之究竟處同，非學不學、慮不慮所得而岐也。

孟子曰：「人之所不學而能者，其良能也；所不慮而知者，其良知也。孩提之童，無不知愛其親也，及其長也，無不知敬其兄也。親親，仁也；敬長，義也。無他，達之天下也。」

深山章

問舜亦從聞見入乎？曰：舜之學從精一入，惟其精一，是以靈虚之中，萬善悉備，一有感觸，無不沛然。若胸中本有蔽塞，全靠所聞所見爲主，便落了依傍的窠臼，安能有感即通？然必借見聞爲證合者，如人在夢寐中，得人一聲喚醒，醒即人聲亦無復用矣。

孟子曰：「舜之居深山之中，與木石居，與鹿豕游，其所以異於深山之野人者幾希。及其聞一善言，見一善行，若決江河，沛然莫之能禦也。」

如此章

家大父曰：心體中打疊得乾浄，聖賢學問工夫，自一了百當。張侗初曰：認得本心，一生更無餘事。

孟子曰：「無爲其所不爲，無欲其所不欲，如此而已矣。」

孤孽章

以正大心諳練世故而出者，謂之「德慧術知」，以邪曲心窺瞷世情而出者，謂之機械變詐。故學者不可輕語通達，先務正心。

徐子卿曰：「德慧術智」，原不是别樣聰明機巧，就是心知危而慮能深耳。所以「憂患」兩字，真學問事功的確種子，世人却多從此處淹爛，如何望有出息？

孟子曰：「人之有德慧術知者，恒存乎疢疾。獨孤臣孽子，其操心也危，其慮患也深，故達。」

容悦章

張元岵曰：集蓼非苦，飲荼如甘，千古危疑，原是伊周得意之境，「天民」，不是言其不輕出，正見其一出，必能斡旋天運。

天下將亂，杜鵑啼於天津，禽鳥得氣之先，何至靈之人不識進退？只爲利禄所迷耳！

社稷臣是以安社稷爲悦，不是以社稷安爲悦，猶云樂此不爲疲也。

孟子曰：「有事君人者，事是君則爲容悦者也。有安社稷臣者，以安社稷爲悦者也。有天民者，達可行於天下而後行之者也。有大人者，正己而物正者也。」

三樂章

舜、禹不能完天倫，湯、武未始無慚德，玄王教育未聞得英才，此皆王天下之人也，可與君子三樂同年而語否？可見「王天下不與存焉」是實話。

孟子曰：「君子有三樂，而王天下不與存焉。父母俱存，兄弟無故，一樂也；仰不愧於天，俯不怍於人，二樂也；得天下英才而教育之，三樂也。君子有三樂，而王天下不與存焉。」

分定章

張侗初曰：余外父又懷陸先生，隱士也。余甲午下第，貽書曰：「每見孟郊試不得志，作詩曰：『出門如有礙，誰覺天地寬。』後登第，遂有『一日看遍長安花』之句，私心薄之。若今日快然忍得，他日便恬然做得。」余終身佩其言也。

鄒肇敏曰：性是種子，仁義禮智是華菓，心是栽種的田地。

孟子曰：「廣土衆民，君子欲之，所樂不存焉。中天下而立，定四海之民，君子樂之，所性不存焉。君子所性，雖大行不加焉，雖窮居不損焉，分定故也。君子所性，仁義禮智根於心，其生色也，睟然見於面，盎於背，施於四體，四體不言而喻。」

養老章

五畝章，是教天下以善養老，非實敘文王之政也。下承上言西伯所謂善養老者，亦只如此而已，此所以謂之善養老也。「所謂」即指大公、伯夷所稱來。

徐子卿曰：治天下原是要從做人家極瑣屑處理會得來，纔是好手。

孟子曰：「伯夷辟紂，居北海之濱，聞文王作，興曰：『盍歸乎來，吾聞西伯善養老者。』太公辟紂，居東海之濱，聞文王作，興曰：『盍歸乎來，吾聞西伯善養老者。』天下有善養老，則仁人以爲已歸矣。五畝之宅，樹牆下以桑，匹婦蠶之，則老者足以衣帛矣。五母鷄，二母彘，無失其時，老者足以無失肉矣。百畝之田，匹夫耕之，八口之家足以無飢矣。所謂西伯善養老者，制其田里，教之樹畜，導其妻子使養其老。五十非帛不暖，七十非肉不飽。不暖不飽，謂之凍餒。文王之民無凍餒之老者，此之謂也。」

足民章

聖人治天下，菽粟如水火，加一「有」字，分明照昏暮之叩無弗與者言矣。仁天下只在此句中，不落一層。下二句只咏嘆聖人使天下之妙，教養無二耳。

崐山之下，以玉抵烏，彭蠡之濱，以魚豢犬，而人不愛者，所豐故也。挈瓶丐水，執萑求火，而人不慳，非性好施，有餘故也。故饑饉之春，不賑朋戚；多稔之歲，饗及四鄰。大豐則恩情生，窶乏則仁惠廢也。此以知輕財之士，世非少也；然而不見者，貧掩之也。

孟子曰：「易其田疇，薄其稅斂，民可使富也。食之以時，用之以禮，財不可勝用也。民非水火不生活，昏暮叩人之門户求水火，無弗與者，至足矣。聖人治天下，使有菽粟如水火，菽粟如水火，而民焉有不仁者乎？」

東山章

顧涇陽曰：此章大旨，只是眼界欲空，脚根欲實。

周海門曰：通章俱是喻言，末二句乃實說。成章不是文章外見，如狂簡之斐然成章，打成一片工夫，無有間斷而已。

易牙學琴於成連子，攜之至海，延望無人，但見海水洞湧，山林蒼冥，愴然嘆曰：「先生移我情矣。」陶元亮聞田間水聲，依杖聽之，曰：「禾稻已秀，翠色染人，時剖胸襟，一洗荊棘，此水過吾師丈人遠矣。」山子曰：「人苟置身山海間，睹其飄緲希夷，恍憑日月之光，同吞吐於汪洋萬頃者，此何物也耶？移情之說，堪與俗人道耶？」

先文恭曰：癸酉秋，余請告歸，再登泰山之顛，徘徊四顧，空闊無際，俯視世間，何物塵埃，足以入吾胸次邪？蓋於是恍然大有所悟，恨未能時時如此境界耳。

孟子曰：「孔子登東山而小魯，登太山而小天下，故觀於海者難爲水，游於聖人之門者難爲言。觀水有術，必觀其瀾。日月有明，容光必照焉。流水之爲物也，不盈科不行；君子之志於道也，不成章不達。」

校勘記

〔一〕「易牙」應作「伯牙」。事見《太平御覽·樂部·琴中》引《樂府解題》。

鷄鳴章

按「間」字不可作分開説，正是相接去處，一脚揣着這邊，便不是那邊。故不但利乃爲跖，即有爲而爲善，善亦利也，亦跖也。書曰：「惟聖罔念作狂，惟狂克念作聖〔一〕。」鷄鳴時正平旦之氣，何以又雜入「爲利」一念，此語當質諸孟子。

張元岵曰：舜與跖分，跖何嘗分於舜。利與善間，善何嘗間於利。聖賢文章，細密如此。

孟子曰：「鷄鳴而起，孳孳爲善者，舜之徒也；鷄鳴而起，孳孳爲利者，蹠之徒也。欲知舜與蹠之分，無他，利與善之間也。」

校勘記

〔一〕《尚書·多方》：「惟聖罔念作狂，惟狂克念作聖。」

執一章

方文伯曰："吾儒三權，從何處見得？"曰："時乎簞瓢陋巷，時乎過門不入，適當其可而已。鄒南皋曰：唐虞授受之中，孔子得之爲時，孟子發之爲權。楊復所曰：三家獨子莫最鶻突，不若楊墨二家還精光透露，所以二家傳，而子莫不傳，或問二家傳？曰今之釋道是。"

孟子曰："楊子取爲我，拔一毛而利天下，不爲也。墨子兼愛，摩頂放踵利天下，爲之。子莫執中。執中爲近之。執中無權，猶執一也。所惡執一者，爲其賊道也，舉一而廢百也。"

飢渴章

龜山以"飢者甘食"一章令羅仲素思索，曰："于心害上一着猛省，則可以入道矣。"仲素服膺此語，凡嗜好一切禁止，故學問日新。

孟子曰："飢者甘食，渴者甘飲，是未得飲食之正也，飢渴害之也。豈惟口腹有飢渴之害？人心亦皆有害。人能無以飢渴之害爲心害，則不及人不爲憂矣。"

易介章

「介」是聖人參同契，只就中提出一個極和者，以概其餘，見得萬法歸一惟有此路，不宜粘柳下實事。

孟子曰：「柳下惠不以三公易其介。」

掘井章

正意俱從譬若中見，然「有爲者」三字，最要凝神，不得一語叫過。凡學重本原，知本原，即淵泉之出，其出不窮。若徒矻矻工力，即穿鑿之智日深，而活潑之機愈隱。

孟子曰：「有爲者辟若掘井，掘井九軔而不及泉，猶爲棄井也。」

性之章

此章言「身」，下章言「反」。以身復性，故曰「反」。《論語》「非禮勿視」四句，正在身上做工夫。己即「身」，復即「反」也。「惡知其非有」，非身有也。

孟子曰：「堯舜，性之也；湯武，身之也；五霸，假之也。久假而不歸，惡知其非有也？」

放桐章

桐宫居憂，伊尹攝政，原非放君。古來「放」字頗多，如堯放子朱於丹水，成湯放桀於南巢是也。居之桐宫而慎左右，謹習政，尚志氣，養聰明而天下晏然，而百官不驚，故曰伊尹爲聖之任。凡任天下大事，不可無術也。

徐儆弦曰：伊尹心事如青天白日，篡竊之徒自不敢以尹藉口，且伊尹借亮陰之義而放之桐，亦非明言其放也。霍光之舉，所以謂不學無術。

公孫丑曰：「伊尹曰：『予不狎於不順，放太甲於桐，民大悦。太甲賢，又反之，民大悦。』賢者之爲人臣也，其君不賢，則固可放與？」孟子曰：「有伊尹之志，則可；無伊尹之志，則篡也。」

素餐章

用便是用，安得改爲用其言耶？只礙用，則不當云「素餐」耳，不知此答要在「居是國」三字。用之則可安富尊榮，從之則可孝弟忠信，坐鎮而挾陶鑄一世之具，何謂「素餐」？

公孫丑曰：「《詩》曰：『不素餐兮。』君子之不耕而食，何也？」孟子曰：「君子居是國也，其君用之，則安富尊榮，其子弟從之，則孝弟忠信。『不素餐兮』，孰大於是？」

尚志章

不殺不取是本心浩然，無愧怍處，已占萬仞山頭，故曰「尚志」。尚者無以尚之義也。

王子墊問曰：「士何事？」孟子曰：「尚志。」曰：「何謂尚志？」曰：「仁義而已矣。殺一無罪，非仁也；非其有而取之，非義也。居惡在？仁是也。路惡在？義是也。居仁由義，大人之事備矣。」

仲子章

趙威后語齊使者云：「於陵仲子尚存乎？其爲人也，上不交於君，下不治其家。此率民而出於無用者。何以至今不殺也？〔一〕」可爲斷案。

孟子曰：「仲子，不義與之齊國而弗受，人皆信之，是舍簞食豆羹之義也。人莫大焉亡親戚君臣上下，以其小者信其大者，奚可哉？」

校勘記

〔一〕《戰國策·齊策四》：「於陵仲子尚存乎？是其爲人也，上不臣於王，下不治其家，中不索交於諸侯。此率民而出於無用者。何爲至今不殺乎？」

桃應章

天下不必有的事，都有個恰好的妙理，若在道理上强解，便把輕脱活法，只一二死句便礙住。假使桃應問瞽瞍殺人，孟子曰：「此時瞽瞍底豫想不殺人」，將大舜終身慕父母本色一筆抹殺，後人那得知？故此問答，謂之絶處逢生也。

桃應問曰：「舜爲天子，皋陶爲士，瞽瞍殺人，則如之何？」孟子曰：「執之而已矣。」「然則舜不禁與？」曰：「夫舜惡得而禁之？夫有所受之也。」「然則舜如之何？」曰：「舜視棄天下猶棄敝蹝也。竊負而逃，遵海濱而處，終身訢然，樂而忘天下。」

王子章

陸君啓曰：既以王子形廣居矣，後掉一尾，却以魯君形王子，意思益顯豁，議論益精神，文章絶妙。

孟子自范之齊，望見齊王之子，喟然嘆曰：「居移氣，養移體，大哉居乎！夫非盡人之子與？」孟子曰：「王子宫室、車馬、衣服，多與人同，而王子若彼者，其居使之然也，況居天下之廣居者乎？魯君之宋，呼於垤澤之門。守者曰：『此非吾君也，何其聲之似我君也？』此無他，居相似也。」

恭敬章

周海門曰：「未將」獨言未發，不以時言。註中加一「時」字〔一〕，非也。末節又言「實」，則「恭敬」二字亦掃。

孟子曰：「食而弗愛，豕交之也；愛而不敬，獸畜之也。恭敬者，幣之未將者也。恭敬而無實，君子不可虛拘。」

校勘記

〔一〕本章朱熹引程子曰：「恭敬雖因盛儀幣帛而後發見，然幣之未將時，已有此恭敬之心，非因幣帛而後有也。」

踐形章

全要識理氣非二，方應「踐形」話頭。人生氣聚有此形，形之所用，種種可見，即名爲色，此中都有個當然之則。爲心之生生而不可紊者，此即是天性。天性只是色之條理，色只是形之可見，一「形」字盡之。故下面只説聖人「踐形」，更不提「色」與「性」字。此樣處是聖賢見得渾合處，故説「盡性」也得，説「踐形」也得。

陸君啓曰：形必有色，非有虛飾，非可襲取，是乃天性洋溢。耳之聽，目之視色也，發於天性之聰明；面之睟，背之盎，四體之喻色也，根于天性之四德。色不充形則槁，色不稱形則虧，色取色莊則罔，色非徒色，然後形非委形，所謂踐也。衆人汩性以存形，則形亦塊然；聖人根性以生色，而形非軀殼。

李宏甫曰：孔子之耳順，方是踐耳，他人都是聾。顔子之卓爾，方是踐目，他人都是瞎。孟子之睟面盎背，方是踐身，他人都是疲癃殘疾，痿痹不仁。

陳潛室曰：形色爲性，是引形氣入道理中來；食色爲性，是逐道理出形氣外去。

孟子曰：「形色，天性也。惟聖人然後可以踐形。」

短喪章

我朝以日易月之制，特施之臣庶耳，宮中仍行三年之喪，與民間無〔一〕異。世廟至孝，嚴世蕃奪情起復，嘗使内臣瞷之，見其飲酒食肉，姬妾淫縱，深切惡之。神廟李太后之服除矣，慈寧宮召對劉光復時，梓宮在殿，猶帶白帽。帝王之孝自非下民所能窺見其萬一也。

齊宣王欲短喪。公孫丑曰：「爲期之喪，猶愈於已乎？」孟子曰：「是猶或紾其兄之臂，子謂之姑徐徐云爾，亦教之孝弟而已矣。」王子有其母死者，其傅爲之請數月之喪。公孫丑曰：「若此者何如也？」曰：「是欲終之而不可得也。雖加一日愈於已，謂夫莫之禁而弗爲者也。」

校勘記

〔一〕「無」字疑衍。

五教章

君子之教非有意爲異，而受教者不同，如天雨普滋，而草木自區別也。「私淑艾」、「艾」，芟草也。「自艾」、「淑艾」，皆斬絶自新之意，「懲艾」、「創艾」，亦取諸此。

孟子曰：「君子之所以教者五：有如時雨化之者，有成德者，有達財者，有答問者，有私淑艾者。此五者，君子之所以教也。」

躍如章

康節子學於李之才，請曰：「願先生微開其端，毋竟其説。」蓋道理要自己理會出來，方有無窮妙處，若自己未曾見得到那地位，教者就容易與他説盡，則我自説我的，與學者有何干涉？

徐子卿曰：只是隨他世界掀翻，巴鼻要自己拴定，決不向人前生活耳。

公孫丑曰：「道則高矣，美矣，宜若登天然，似不可及也，何不使彼爲可幾及而日孳孳也？」孟子曰：「大匠不爲拙工改廢繩墨，羿不爲拙射變其彀率。君子引而不發，躍如也。

中道而立，能者從之。」

殉道章

焦漪園曰：殉道，殉身，是以己爲主也，殉人是以人爲主而依附之也。以己爲主，進退之權在我；以人爲主，榮辱之權在人。

孟子曰：「天下有道，以道殉身；天下無道，以身殉道。未聞以道殉乎人者也。」

滕更章

心有所挾，其氣驕而盈，故借不答以折其氣，是不屑之教誨也。

公都子曰：「滕更之在門也，若在所禮，而不答，何也？」孟子曰：「挾貴而問，挾賢而問，挾長而問，挾有勛勞而問，挾故而問，皆所不答也。滕更有二焉。」

進鋭章

三者俱就治術上説。首二句是清淨無爲一流，次二句是殘刻少恩一流，末二句是欲速見小人一流。各揭其短，正見中庸之無弊。

孟子曰：「於不可已而已者，無所不已。於所厚者薄，無所不薄也。其進鋭者，其退速。」

仁愛章

以親親作領，於仁民愛物輾出勿親勿仁，從不仁不愛中虧破帝王神聖大作用。

孟子曰：「君子之於物也，愛之而弗仁；於民也，仁之而弗親。親親而仁民，仁民而愛物。」

當務章

先務急矣，自然足以及物，非急先務而遂遺物也。急親賢矣，自然人無不愛；非急賢而遂忘人也。如此乃謂之「知務」。

孟子曰：「知者無不知也，當務之爲急；仁者無不愛也，急親賢之爲務。堯舜之知而不遍物，急先務也；堯舜之仁不遍愛人，急親賢也。不能三年之喪，而緦、小功之察，放飯流歠，而問無齒决，是之謂不知務。」

孟子盡心下

梁惠章

君子不以其所養人者害人。與此相反，故後來興亡亦相反。

孟子曰：「不仁哉梁惠王也！仁者以其所愛及其所不愛，不仁者以其所不愛及其所愛。」公孫丑曰：「何謂也？」「梁惠王以土地之故，糜爛其民而戰之，大敗，將復之，恐不能勝，故驅其所愛子弟以殉之，是之謂以其所不愛及其所愛也。」

義戰章

《春秋》以道名分。征伐自天子出，《春秋》不作矣；惟不自天子出，而自諸侯出，《春秋》所以作也。征與伐何別？曰：「有不義之伐，無不義之征。」

孟子曰：「春秋無義戰。彼善於此，則有之矣。征者，上伐下也，敵國，不相征也。」

武成章

孟子於《武成》，止取二三策，又曰：「盡信《書》，不如無《書》。」可見古聖賢讀典謨，猶有去取，所以識見籠罩千古也。記稱孟子長於《詩》《書》：其讀《詩》也，「不以文害辭，不以辭害志」〔一〕；其讀書也，「盡信《書》不如無《書》」。此其所以爲長耶！

孟子曰：「盡信《書》，則不如無《書》。吾於《武成》，取二三策而已矣。仁人無敵於天下，以至仁伐至不仁，而何其血之流杵也！」

校勘記

〔一〕語出《孟子·萬章上》。

善陳章

「寧爾也」，玩一「爾」字，恍若有藹然同室之意。

孟子曰：「有人曰：『我善爲陳，我善爲戰。』大罪也。國君好仁，天下無敵焉。南面而征，北狄怨；東面而征，西夷怨，曰：『奚爲後我？』武王之伐殷也，革車三百兩，虎賁三千人。王曰：『無畏！寧爾也，非敵百姓也。』若崩厥角稽首。征之爲言正也，各欲正己也，焉用戰！」

梓匠章

劉子曰：羿無弧矢，不能中微，其中微者，非弧矢也，倕無斧斤，不能善斲，其善斲者，非斧斤也。

管輅曰：「物不精不爲神，數不妙不爲術。故精者神之所合，妙者知之所遇，合之幾微，可以性通，難以言論。」

孟子曰：「梓匠輪輿，能與人規矩，不能使人巧。」

飯糗章

青岩叟曰：「飯糗茹草」四字畫出舜窮困風味。「被袗」八字，畫出舜榮華的景象。「若固有之」，「若將終身」畫出舜濬漠之精神。

孟子曰：「舜之飯糗茹草也，若將終身焉。及其爲天下子也，被袗衣，鼓琴，二女果，若固有之。」

自殺章

沈無回曰：人君養全仁心，自不須論到報復上，戰國之君難以論此，不得已而以禍福之理懼之。

孟子曰：「吾今而後知殺人親之重也：殺人之父，人亦殺其父；殺人之兄，人亦殺其兄。然則非自殺之也，一間耳。」

爲暴章

艾千子曰：爲借法行私者發。暴客害民猶仗上之禦之也。至上自爲暴，更將誰使以禦之？

孟子曰：「古之爲關也，將以禦暴；今之爲關也，將以爲暴。」

行道章

陳定宇曰：濕汭之刑，觀於二女；汝濆之化，始自《關雎》。乃知家難而天下易；能行於妻子，無難於天下矣。

孟子曰：「身不行道，不行於妻子；使人不以道，不能行於妻子。」

周德章

「不能亂」，不但不失自己，實有挽回邪世處。徐子卿曰：若只作邪世自全的人看，何啻霄壤。

孟子曰：「周於利者凶年不能殺，周於德者邪世不能亂。」

好名章

張符九云：好名者未必定貪簞豆，只是窮極情事以醜之耳。余謂不然，此是實語。夫己氏能爲陽翟大賈，復有祖士少之癖，堆錢如垛，乃其家食僅僅自奉，外眷屬俱享監門，時不免菜色，即日給一豆羹，猶未下鹽也。竊以此證之，爲海内一噱。

蘇子云：人能碎千金之璧，而不覺失聲於破釜，亦此意。

孟子曰：「好名之人，能讓千乘之國，苟非其人，簞食豆羹見於色。」

仁賢章

夫一介之士，苟無密友，則緩急無所恃矣。上天之行，一失其道，則草木猶或干之矣。千金之家，久而不治，則執券誅負者紛然至矣。於此三言，可想此章之義。政事所該者廣，不止理財，而理財亦在其中。《周禮》九職任萬民，生之有道也。九賦取財賄，取之有度也。九式節財，用之有節也。總是開源節流一意。

孟子曰：「不信仁賢，則國空虛；無禮義，則上下亂；無政事，則財用不足。」

得國章

祖龍吞噬，二世而亡；其得天下，蟪蛄之伎倆耳。孟子之言率亦有驗。

孟子曰：「不仁而得國者，有之矣；不仁而得天下者，未之有也。」

丘民章

此等議論超越千古，非孟子不能發。對君輕而言，宜曰「民爲重」，而乃曰「貴」，予奪之權，自民主之，非「貴」而何？知此，然後敢定湯武之案。得乎丘民而爲天子，自然失乎丘民而爲一夫。故曰：「聞誅一夫紂矣。」

子得罪於父，可因姑姊妹謝也，父乃赦之。臣得罪於君，可因宰執左右謝也，君乃赦之。昔者桀紂得罪於民也，至今未有爲謝也。李崆峒曰：高必自卑，大必由衆。故自高無卑，無卑則危；自大無衆，無衆則孤。得丘民爲天子，衆之謂也，無得罪於群臣、百姓，卑之謂也。孔子曰：「無衆寡，無小大，無敢慢。」

孟子曰：「民爲貴，社稷次之，君爲輕。是故得乎丘民而爲天子，得乎天子爲諸侯，得乎諸侯爲大夫。諸侯危社稷，則變置。犧牲既成，粢盛既潔，祭祀以時，然而旱乾水溢，則變置社稷。」

百世章

胡雲峰曰：四時之風，莫和於春，莫清於秋，無有不動者。然曰動，猶有迹也。仲尼，元氣也，渾然無跡矣。

孟子曰：「聖人，百世之師也，伯夷、柳下惠是也。故聞伯夷之風者，頑夫廉，懦夫有立志；聞柳下惠之風者，薄夫敦，鄙夫寬。奮乎百世之上。百世之下，聞者莫不興起也。非聖人而能若是乎？而況於親炙之者乎？」

合言章

何謂「仁也者，人也。合而言之，道也」？如蓋合盂，本非二物，仁生人，生人之謂道。周海門曰：人如燈，仁則燈之明，道指光輝燭照而言。如言明也者燈也，合而言之光也。

孟子曰：「仁也者，人也；合而言之，道也。」

去魯章

「道」字，孟子發之。孔子無意，自然止速如此，非謂有「道」在，而率循之也。言「道」，以示後作則。

孟子曰：「孔子之去魯，曰：『遲遲吾行也，去父母國之道也。』去齊，接淅而行，去他國之道也。」

陳蔡章

天地不交，否極之世，氣數之窮也，在聖人則何與焉！

孟子曰：「君子之厄於陳蔡之間，無上下之交也。」

貉稽章

引文、孔煞有意見，必文、孔而後可以勿恤謗議，不然亦當自修。王文成曰：人若着實用功，隨入毀謗欺慢，處處得益，處處是進德之資。若不用功，只是魔也終被累到。

貉稽曰：「稽大不理於口。」孟子曰：「無傷也。士憎茲多口。《詩》云：『憂心悄悄，慍於群小。』孔子也。『肆不殄厥慍，亦不隕厥問。』文王也。」

昭昭章

謝象三曰：非昭昭不成其爲賢者，然賢者亦第自使昭昭耳，其所以使人昭昭即在此，非又推己及人也。

孟子曰：「賢者以其昭昭使人昭昭，今以其昏昏使人昭昭。」

山徑章

孟子謂高子曰：「山徑之蹊間，介然用之而成路〔一〕，爲間不用，則茅塞之矣。今茅塞子之心矣。」

總見心學不可少有間斷，孟子拔茅，與孟母斷機，是一般教法。

校勘記

〔一〕劉師培於《古書疑義舉例補五》云：「間介」即「扞格」，形容山徑障塞之形，當於「間介」句。今仍從朱熹於「蹊間」句。

追蠡章

高子曰：「禹之聲尚文王之聲。」孟子曰：「何以言之？」曰：「以追蠡。」曰：「是奚足哉？城門之軌，兩馬之力與？」

趙希鵠云：追，琢也，今畫家滴粉令凸起，猶謂之追粉。蠡，剥蝕也。「追蠡」，言禹之鍾款文追起處剥蝕也。趙岐註非。

發棠章

孟子以發棠比之逐虎，虎之爲害，豈在一逐之而遂可已耶！齊之苛政猛於虎，不能使之行仁政，而徒勸之行小惠，是猶虎之害人徒以一逐爲功矣。方竊自嘆自笑，其尚可再也乎哉！「則之野」，文理不通。楊升庵有讀法：「卒爲善」句，「士則之」句，「野有衆逐虎」句，與下「其爲士者笑之」前後相映，當從此句豆〔一〕。

齊饑。陳臻曰：「國人皆以夫子將復爲發棠，殆不可復。」孟子曰：「是爲馮婦也。晉人有馮婦者，善搏虎，卒爲善士。則之野，有衆逐虎。虎負嵎，莫之敢攖。望見馮婦，趨而迎之。馮婦攘臂下車。衆皆悦之，其爲士者笑之。」

校勘記

〔一〕據楊升庵説，其句逗如下：「晉人有馮婦者，善搏虎，卒爲善，士則之。野有衆逐虎。」今仍按通説句逗。

性命章

韓求仲曰：世人期縱欲，則曰性實固然，此直曰「命」，見天原不命人以嗜欲。世人思委棄，則曰命實爲之，此直曰「性」，見天決不限人以昏愚。要引人制欲歸理，同還性命之初而已。

子輿二言，原自渾合。耿楚侗曰：聲色臭味安佚通於命，則嗜欲莫非天機。仁義禮智天道盡其性，則天道渾乎人事。

孟子分明以性言性，人便得執「食色、性也」之説，不若以命言性，而性之説明。以命言命，人便得執「降材，爾殊」之説，總不若以性言命而命之説著。

「命」字正宜在境通塞上説，方與首節「命」字無兩。晏嬰智矣，而不知仲尼，豈非命也〔一〕？此註甚合。

陳洪範問魏聘名，聖人之於天道如何？答云：如京師人買床帖，却用得著。馬君常曰：到得聖人無如之奈何方謂之命；命者，理窮於數之謂也。湯武君臣，周公兄弟，可類觀矣。

照上數句該説「天道之於聖人」，不知天道虚而無形，只賴聖人做出，如克諧、放伐等事，千聖不一局。然其於天道相湊合處，如針芥相投，是以曰「之於天道」。味二「也」字，已透徹性命關捩。

「知之於賢者」句多不明，女試看試官在簾内取門生，其所得意卷子，真以全副精神注之，及至額數已定，落之孫山，其得意未嘗少減，「命也，有性」於此可想。

「聖人之於天道」，如孔子「五十而知天命，六十而耳順」，恰像有個分限，日復一日，年復一年，孔子只是不放手，可不是命也而又有性焉？

孟子曰：「口之於味也，目之於色也，耳之於聲也，鼻之於臭也，四肢之於安佚也，性也，有命焉，君子不謂性也。仁之於父子也，義之於君臣也，禮之於賓主也，智之於賢者也，聖人之於天道也，命也，有性焉，君子不謂命也。」

校勘記

〔一〕本章朱熹注引張子曰：「晏嬰智矣，而不知仲尼，是非命耶！」

善信章

袁七澤曰：若論本地風光，實泊然其無可欲也，非己可有也，本虛而無所謂實，無所謂光輝也，故必化之而後入聖。化者，若冰之融於日，若金之鎔于火。祝石林曰：善、信、美、大、聖、神有階級，無階級，人信「聖而不可知之」之神，不信百姓日用而不知之神，《易》曰：「利用出入，民咸用之謂之神〔一〕。」夫善，一神也，誰則信之？能信善之爲神，而後爲有諸己，而後爲信。

浩生不害問曰：「樂正子何人也？」孟子曰：「善人也，信人也。」「何謂善？何謂信？」曰：「可欲之謂善，有諸己之謂信，充實之謂美，充實而有光輝之謂大，大而化之之謂聖，聖而不可知之之謂神。樂正子，二之中、四之下也。」

校勘記

〔一〕語出《易·繫辭上》。

歸儒章

不是慈悲心，全是降伏法，如宗、岳禦群盜，距之皆爲吾敵，收之皆爲吾用，其中有擒，有放，有恩，有威，非大法王不得輕試此手段也。自爲是卑暗門，愛人是高明門，故有力量。人多先誤入墨子一路，却教他近裏抽身，非楊能勝墨也。

孟子曰：「逃墨必歸於楊，逃楊必歸於儒。歸，斯受之而已矣。今之與楊、墨辯者，如追放豚，既入其苙，又從而招之。」

布縷章

《禹貢》：「織縞絲紵，總銍秸服。」自帝王時，三征大備，非起於末世也。用一緩二，良法美意至矣，非孟子之姑以云救也，但其先有分田樹畜諸政，不沾沾靠着催科。今世惟知有征，但使用一緩二，民不德矣。

讀《禮》，疑圖按織麻曰布，析絲曰縷，帶殼曰粟，脫殼曰米，布縷出於五畝之宅，匹婦所蠶也，其成在夏，故夏征之。粟米出於百畝之田，匹夫所耕也，其成在秋，故秋征之。力役出於同井之家，丁男所賦也，至冬有暇，而始征之。力役有二：其一軍賦，以冬而更番；其一工賦，以冬而應役。徭役則在軍賦之中，顧役則從工賦之便，皆力役之征也。三者之外，更無征焉；而用之又各以其時，亦可以見民之不擾矣。

黄會稽曰：在上者，所用之時，即切所緩之心；在下者，寬一分之用，即受一分之賜。

孟子曰：「有布縷之征，粟米之征，力役之征。君子用其一，緩其二。用其二而民有殍，用其三而父子離。」

寶三章

韓求仲曰：提醒世主，全在「寶」字，仁親以爲「寶」，惟善以爲「寶」，每以「寶」字爲世主引經發汗之藥。

孟子曰：「諸侯之寶三：土地，人民，政事。寶珠玉者，殃必及身。」

盆成章

胡敬齋曰：君子以有才爲幸，小人以無才爲幸。陳眉公曰：「聞得大道，其才自不小。」

盆成括仕於齊，孟子曰：「死矣盆成括。」盆成括見殺，門人問曰：「夫子何以知其將見殺？」曰：「其爲人也小有才，未聞君子之大道也，則足以殺其軀而已矣。」

上宫章

馮爾賡曰：世間不肖之人，往往借蔭有道之門牆，儒教中，爲盜賊逋逃藪久矣，此是實事。東郭子惠問於子貢曰：「夫子之門何其雜也？」子貢曰：「夫檃括之傍多枉木，良醫之門多疾人，砥礪之傍多頑鈍，夫子修道以俟天下來者不止，是以雜也〔一〕。」

孟子之滕，館於上宫。有業屨於牖上，館人求之弗得。或問之曰：「若是乎從者之廋也？」曰：「子以是爲竊屨來與？」曰：「殆非也。夫子之設科也，往者不追，來者不拒。苟以是心至，斯受之而已矣。」

校勘記

〔一〕見《説苑・雜言》。

仁義章

蘇子瞻曰：「孟子則以爲聖人之道始於不爲穿窬，而穿窬之惡成於言不言。人未有欲爲穿窬者，雖穿窬亦不欲也。自其不欲爲之心而求之，則穿窬足以爲聖人。可以言而不言，不可以言而言，雖賢人君子有不能免也。因其不能免之過而逐之，則賢人君子有時而爲盜。是二法者，相反而相爲用〔二〕。」

楊復所曰：說至「無受爾汝之實」及「以言餂」，「以不言餂」，則滿世界皆穿窬矣。非孟子精義之學，何以論至此。此陶石簣兢以去偷心爲學也。彼漫受禪家五戒，而謂盜決不犯者何足以語此！

孟子曰：「人皆有所不忍，達之於其所忍，仁也；人皆有所不爲，達之於其所爲，義也。人能充無欲害人之心，而仁不可勝用也；人能充無穿踰之心，而義不可勝用也；人能充無受爾汝之實，無所往而不爲義也。士未可以言而言，是以言餂之也；可以言而不言，是以不言餂之也，是皆穿踰之類也。」

校勘記

〔一〕語出《蘇東坡後集·九·釋教·南華長老題名記》。

言近章

舊說是兩平。「言近」句是闢楊墨，「守約」句是黜伯功。

孟子曰：「言近而指遠者，善言也；守約而施博者，善道也。君子之言也，不下帶而道存焉；君子之守，修其身而天下平。人病舍其田而芸人之田，所求於人者重，而所以自任者輕。」

性反章

張侗初曰：德，以無聲無臭爲主。性，體也。禮，是未發之中。哀，是已發之和。不回，是人生之直。信，是無妄之真。合之只一性。

查伊璜曰：李漢以文爲貫道之器，斯爲善敘昌黎，因悟中禮一端，「動」字所該極廣，可包舉下三項，悉歸至德。子瞻稱仲尼一生治禮而不暇乎他，正屬此意。堯舜以前尚未有《禮記》、《周禮》等書，放勳、重華動容自然中禮，豈非性之？

孟子曰：「堯舜，性者也；湯武，反之也。動容周旋中禮者，盛德之至也。哭死而哀，非爲生者也。經德不回，非以干禄也。言語必信，非以正行也。君子行法，以俟命而已矣。」

藐視章

家大父曰：古來真正英雄皆從戰戰兢兢中來，彼游説之徒亦有能藐大人而逞其雄者，要只是俠氣所使耳。乃孟子浩然之氣，有卒然遇之，王公失其貴，賁育失其勇者，定自不同也。

陸庸成曰：孔子畏大人，孟子藐大人，畏則不驕，藐則不諂，中道也。

孟子曰：「説大人，則藐之，勿視其巍巍然。堂高數仞，榱題數尺，我得志，弗爲也。

食前方丈，侍妾數百人，我得志，弗爲也。般樂飲酒，驅騁田獵，後車千乘，我得志，弗爲也。在彼者，皆我所不爲也；在我者，皆古之制也，吾何畏彼哉！」

寡欲章

「養心」在「盡心」下一等工夫。道曰：「不見可欲，使心不亂。」釋曰：「心如牆壁，可以入道。」即此寡欲養心之旨。

張元岵曰：嗜欲雜投，心無處所；寡欲養心，所謂水清而魚肥也。

孟子曰：「養心莫善於寡欲。其爲人也寡欲，雖有不存焉者，寡矣；其爲人也多欲，雖有存焉者，寡矣。」

羊棗章

張侗初曰：人子如生如存這點念頭，終身不解，觸物偶動，特借羊棗形出，若計較羊棗膾炙，便認影作真，於不忍源頭何啻千里！曾子以蒸藜不熟出妻，然則曾晳嗜羊棗，而曾母嗜蒸藜也，曾子又當不忍食蒸藜〔一〕。

曾參耘瓜，誤斬其根，曾晳怒，建大杖擊其背。曾子仆地，有頃乃甦，欣然而起，進於曾晳曰：「嚮也參得罪於大人，大人用力教參，得無疾乎？」退而就房援琴而歌，令曾晳聞之，知其體康也〔二〕。

曾皙嗜羊棗，而曾子不忍食羊棗。公孫丑問曰：「膾炙與羊棗孰美？」孟子曰：「膾炙哉！」公孫丑曰：「然則曾子何爲食膾炙而不食羊棗？」曰：「膾炙所同也，羊棗所獨也。諱名不諱姓，姓所同也，名所獨也。」

校勘記

〔一〕事出《孔子家語・七十二弟子解》

〔二〕《孔子家語・六本第十五》。曾子耘瓜，誤斬其根，曾皙怒，建大杖以擊其背，曾子仆地而不知人久之。有頃乃蘇，欣然而起，進於曾皙曰：「嚮也參得罪於大人，大人用力教參，得無疾乎？」退而就房援琴而歌，欲令曾皙而聞之，知其體康也。

反經章

張侗初曰：簡正是狂好處，道本易簡，真率而出，不效世之繁縟瑣屑，所謂簡而文也，故曰：「斐然成章〔一〕。」

王陽明曰：不掩其言，固是狂者短處，是亦狂者好處，見其正大光明，全不自家揜護也。

祝石林曰：狂者得聖人之神，狷者得聖人之骨，鄉愿行聖人之皮。衆人以皮相，故原之；聖人以神相，故賊之。

楊復所曰：「其初」兩字，最可玩味，人之本來個個豪傑，個個聖賢，世上多少齷齪下流不長進之事，都是後來增入。今不忘其初，所以能進取也。若一忘其初，便視古人如天下矣，尚敢進而取之乎？若靠幾個狂狷，嘐嘐踽踽，適遭鄉愿侮慢，濟得甚事？救世君子所以思狂思狷，正要與吾黨共鼓舞庶民。庶民既興，野夫遊女皆有志氣骨力，那闇媚風氣如雲霧之消散，何獨一二鄉愿？故曰「斯無邪慝矣」。可知今日奄奄不振，只是世無大力君子。

尋常説「不屑」，咸謂不愜氣耳，若云「屑，潔也[二]」，則「不潔不潔」矣，未是。

萬章問曰：「孔子在陳曰：『盍歸乎來！吾黨之士狂簡，進取，不忘其初。』孔子在陳，何思魯之狂士？」孟子曰：「孔子『不得中道而與之，必也狂狷乎！狂者進取，狷者有所不爲也』。孔子豈欲中道哉？不可必得，故思其次也。」「敢問何如斯可謂狂矣？」曰：「如琴張、曾皙、牧皮者，孔子之所謂狂矣。」「何以謂之狂也？」曰：「其志嘐嘐然，曰：『古之人，古之人。』夷考其行而不掩焉者也。狂者又不可得，欲得不屑不潔之士而與之，是狷也，是又其次也。孔子曰：『過我門不入我室，我不憾焉者，其惟鄉原乎！鄉原，德之賊也。』」曰：「何如斯可謂之鄉原矣？」曰：「『何以是嘐嘐也？言不顧行，行不顧言，則曰古之人，古之人。行何爲踽踽涼涼？生斯世也，爲斯世也，善斯可矣。』閹然媚於世也者，是鄉原也。」萬章曰：「一鄉皆稱原人焉，無所往而不爲原人，孔子以爲德之賊，何哉？」曰：「非之無舉也，刺之無刺也，同乎流俗，合乎污世，居之似忠信，行之似廉潔，衆皆悦之，自以爲是，而不可與入堯舜之道，故曰『德之賊』也。孔子曰：惡似而非者：惡莠，恐其亂苗也；惡佞，恐其亂義也；惡利口，恐其亂信也；惡鄭聲，恐其亂樂也；惡紫，恐其亂朱也；惡鄉原，恐其亂德也。君子反經而已矣。經正，則庶民興；庶民興，斯無邪慝矣。」

校勘記

〔一〕《論語・公冶長》：「子在陳曰：『歸與！ 歸與！ 吾黨之小子狂簡，斐然成章，不知所以裁之。』」

〔二〕《孟子・盡心下》：「不屑不潔」句朱熹注：「屑，潔也。」

道統章

張侗初曰：千古聖人道脉只是一「知」，「知」便徹天徹地，心口不傳而道以傳，特就當世異世分個見聞耳。其實見知不屬面承，聞知不關耳受；面承耳受之知有限，聖人傳心之知無窮。

王陽明曰：千聖本無心外訣，六經須拂鏡中塵。又云：如今指點真頭面，只是良知更莫疑。得此解者，則雖隔幾千萬歲，猶然若見堯、舜、湯、文、孔子於一堂。堯舜三傳，聞者一而見者必二。孟子領出微旨，覺單絲孤掌之懼，恍然言下。

此孟子一片憂危惕厲之心。蓋既以私淑，而又恐其不得與斯文道統幾絶也。作自任看者，吾不謂然。

萊朱即仲虺，爲湯左相。蓋薛國之公子宦游至商。散宜生，文王四臣之一也。吕尚有勇謀而爲將，散宜生有文德而爲相。

孟子曰：「由堯舜至於湯，五百有餘歲，若禹、皋陶則見而知之，若湯則聞而知之。由湯至於文王，五百有餘歲，若伊尹、萊朱則見而知之，若文王則聞而知之。由文王至於孔子，五百有餘歲，若太公望、散宜生則見而知之，若孔子則聞而知之。由孔子而來至於今，百有餘歲，去聖人之世若此其未遠也，近聖人之居若此其甚也，然而無有乎爾，則亦無有乎爾。」

附録

壽王白嶽八十

雉巒曾不住頑仙，都是文人抱慧業；紫陽溪水翰墨香，晚年得證長生訣。方曉還丹在典墳，白嶽先生恣饕餮。先生持世八十年，自識之無至耄耋，日夜鑽研故紙堆，筆冢書倉爲窟穴；座前足跡砌皆穿，簷際微明捧卷接；含毫呵凍嚙冰霜，揮汗鈔書沐日月。廣蒐直欲逐癡龍，博採有時類魏蝶；廉書千卷積如山，儕輩見之皆吐□〔一〕。□書〔二〕無不洞筋骸，牛背眼光如缺列；生金頑鐵入陶冶，一到紅爐同點雪。更能端確似温公，字字楷書敢褻越？立言不朽自千秋，金籙丹書藏柳篋；第恐人言行秘書，後車將到蟠溪碣。

校勘記

〔一〕「吐」後疑爲「舌」字。

〔二〕「書」前疑爲「覽」字。《瑯嬛文集·廉書小序》：「先生瀏覽群書，博中求約，如燒丹抱朴，止取九轉靈砂，煮海張生，但素百朋貝母。」

圖書在版編目(CIP)數據

四書遇 /（明）張岱著;朱宏達點校. —杭州：浙江古籍出版社，2017.5(2023.1 重印)
（張岱全集）
ISBN 978-7-5540-0924-6

Ⅰ.①四… Ⅱ.①张… ②朱… Ⅲ.①儒家②四书—研究 Ⅳ.①B222.15

中國版本圖書館 CIP 數據核字(2016)第 296811 號

四書遇

（明）張岱 著

朱宏達 點校

出版發行 浙江古籍出版社
（杭州市體育場路 347 號 郵編:310006）
網　　址 https://zjgj.zjcbcm.com
責任編輯 况正兵
封面設計 劉　欣
責任校對 余　宏
責任印務 樓浩凱
照　　排 浙江時代出版服務有限公司
印　　刷 浙江新華數碼印務有限公司
開　　本 880mm×1230mm　1/32
印　　張 19.125
插　　頁 8
字　　數 392 千
版　　次 2017 年 5 月第 1 版
印　　次 2023 年 1 月第 2 次印刷
書　　號 ISBN 978-7-5540-0924-6
定　　價 88.00 圓(精裝)